発生の起源と目的

発生の起源と目的

フッサール「受動的綜合」の研究

山口一郎 著

知泉書館

凡例

一、〔 〕鉤カッコは筆者が必要に応じて補足のために使用しました。

一、（ ）丸カッコは引用文の場合、原文に含まれる（ ）であるか、筆者が原文の原語として補足のために使用しました。

一、『フッサール全集（Husserliana）』の引用後の、ローマ数字がその巻数を、直続する数字がその頁数を意味しています。

はじめに

フッサール発生的現象学の「発生」には、「受動的発生」と「能動的発生」の区別があります。受動的発生の超越論的規則性が受動的綜合（passive Synthesis）といわれ、この受動的発生の根本原理である受動的綜合は、フッサールの他者論と時間論という二つの主要テーマのあいだを往復する探求の歩みをとおして、次第に明瞭に理解されてきました。

他者論と時間論とは、相互にその問いの鋭さを深め合うことで、次のような必然的関連性の見解にいたりました。すなわち、自己と他者の根底において同等の根源をもつとされる相互主観的「等根源性」の必然的及び十全的明証性が、その本質からして相互主観的である間モナド的時間化（intermonadische Zeitigung）によって超越論的に根拠づけられうるという見解です。そして、この超越論的根拠づけの根幹において働いているのが、まさに、この間モナド的時間化における時間内容の生成（発生）を可能にしている、この受動的綜合に他ならないのです。

自己と他者の等根源性が間モナド的時間化によって超越論的に根拠づけられるとは、この時間化における時間内容の生成が、受動的綜合の二つの規則性、すなわち「連合と触発」によって超越論的に解明されうることを意味しています。

しかし、ここで「超越論的」というのは、もちろん私たちの「現実の経験」から離れているのではなく、私たちの「生きた経験」がそのままの経験として成り立つための諸条件を、普遍的規則性として呈示しうることを意味するのです。ちょうど、それは、フッサールが『内的時間意識の現象学』で試みた、計測に使用される客観的時間（時計で計る時間）を内的時間意識によって「構成されたもの」として、その構成のされ方が解明されたように、私たちの日常生活に見られる具体的な諸事例に、超越論的規則性としての連合や触発が働いていることを指摘し、解明し、この規則性の働きなしに、それらの諸事例の経験が、その経験のままに成り立ちえないことが、明晰に理解されうるのです。

そしてこの「明晰な理解」の仕方とは、ちょうど、「三角形とは何か」という「三角形の本質」が理解されているからこそ、黒板にチョークで描かれたいびつな三角形が三角形として見え、男女の仲で生じる目には見えない「三角関係」の三角の意味が理解できるのです。現象学の超越論的問いにおいては、少なくとも、この幾何学における数理の理解の明晰さと同様の、むしろ、数理を可能にしている論理の明晰さのレベルでの明晰な理解が求められるのです。

これまで、筆者は、この日常生活における諸経験の事例において、受動的志向性による受動的綜合が働いている様子を現象学による分析をとおして呈示してきました。

まずはじめに取り上げられた事例は、フッサールが『受動的綜合の分析』で指摘している「座って仕事をしているとき、ふと、ある曲のメロディーの一節が聞こえてきて、その聞こえたメロディーの一節だけでなく、それ以前の、気づかずに過去把持されていたメロディーの諸節の全体が意識された」という事例です。

続いて、「ふと、教室が静かになったと思ったら、それまで点いていた空調が止まったことに気づいた」という例や、気づかずに未来予持が働いていることに関して、「考え事をしながら歩いていて、躓きそうになった」場合の「躓きの理由」といった事例があげられ、最終的には、すべての「ふと、感じ分けられた感覚の変化」に、意識にのぼることなく受動的綜合として働いている過去把持と未来予持の、意識に上らない感じ分けの働きが解明されました。

とりわけ、本書で多用している事例は、「電車の急ブレーキで隣の人の足を踏んでしまった」という事例です。この事例の示しうる明晰な論点は、①「足が先に動き、直後にそれに気づいた」という「時間の前後関係」の疑うことのできない明証的な直観の体験。②足の動きという運動感覚が、意識にのぼることなく、その意味で無意識に、まさにその運動感覚として過去把持されていること。③意識にのぼることなく過去把持された運動感覚は、「自分の足の運動感覚である」こと。少なくとも、この三つの論点に疑いをはさむ余地はない、と思われます。

（1）この意識に直接、疑うことができないほど明瞭に与えられている「時間の前後関係」は、「時間の流れの直観」ともいえます。時計で計測する時間とは異なった次元で、出来事の順番が、いかなる疑いも挟まれることなく確信されているのです。身体の意図をともなわない不随意運動の場合、起った出来事（足の動き）が先（前）で、そのことの意識（気づき）が後なのです。そして、先の出来事が、直後の今の出来事（運動感覚の意識）の現在に対して、過去に起った出来事を意味するのです。こうして、「過去と現在」という時間の意味は、起った出来事の前後関係として、しかも混じり気のない真実として、私たちに直接、直観されているのです。

（2）このとき、今（現在）の直観に与えられている「運動感覚」が、いったいどのようにして、そのような直観の内容（運動感覚）を担う出来事として与えられているのか、問うとき、『内的時間意識の現象学』で呈示されている「過去把持」をとおして、と答えることができます。「過去把持（Retention）」はもともと、『内的時間意識の現象学』で、「音が聞こえる」という事例の分析をとおして、「音が聞こえるという音の持続の意識」を成り立たせている「特有な志向性」として発見されました。この「電車の急ブレーキの足の動き」の場合、意識される以前の足の動きの運動感覚が、この過去把持をとおして過去の出来事としてでき上がり、それが直後に意識されると説明できるのです。しかもこのとき重要であるのは、「音が聞こえる」というとき、過去把持は覚醒した意識において働いていますが、この不随意運動の運動感覚の場合、その過去把持の働きが意識されずに働いているということなのです。このことから、（a）この意識されていない過去把持の明証性は、『内的時間意識の現象学』で「特有の志向性」と性格づけられていた過去把持が、『受動的綜合の分析』において、明確に「受動的志向性」と規定されることにより、自我の関与をまったく含まない受動的志向性からなる受動的綜合による過去把持として、その明証性が確証されることになります。（b）この意識にのぼる以前の不随意運動による運動感覚は、過去把持の交差志向性（Querintentionalität）において時間内容として、すなわち「運動感覚」という「本質の同等性」として、受動的綜合である連合をとおして先構成され、それが、立っているという立位のバランスをとる本能志向性の発する強力な触発力によって、自我の関心を強く惹きつけ、自我の対向をとおして、意識の直観において構成されたものとなったのです。

（3）「意識されずに動いた足が、自分の足であることは疑えない」ということには、大変重要なことが含まれています。その第一は、「足が動いた」と気づいた瞬間に、自・他の身体の区別がついていることです。この自・他の身体の区別は、一九二〇年代に始まる発生的現象学において、すべての「意味と価値の生成（発生）」の探求領域が明らかにされ、そもそもこの自・他の身体の区別はどのように生成したのか、と問われることになります。ということは、この「電車の急ブレーキで隣の人の足を踏んでしまった」という事例は、時間の過去と現在の意味の起源を露呈するとともに、自・他の身体の区別の生成を問う発生的現象学による相互主観性の生成の問いの入り口に、私たちを導いているともいえるのです。

このとき次の論点が重要といえます。（a）この例にみられる不随意運動のさいの受動的綜合による運動感覚と、意図的に行われる随意運動のさいの能動的綜合による運動感覚との、疑いえない、峻厳な感じ分け（故意か過失かの峻別）は、自我の関与しないとされる受動的綜合と、自・他の身体の区別を前提にする自我の関与による能動的綜合との厳密な区別の典型的事例であることです。（b）この自我の関与を含まない受動的志向性による受動的綜合と自我の関与を含む能動的志向性による能動的綜合との区別が、文字どおり精確に理解されていれば、『デカルト的省察』第五省察における、受動的綜合としての連合の根本形式である「対化（Paarung）」による相互主観性の基礎づけ（相互主観的自然としての間身体性の超越論的根拠づけ）は、的確に理解されえたはずです。この相互主観性の基礎づけに対する、ほとんどの後続する現象学者の批判は、受動的綜合の無理解に起因するとしてその無効性を露呈することになるのです。（c）この連合の根本形式である対化とU・マトゥラーナとF・ヴァレラによるオートポイエーシス論の鍵概念である「カップリング（coupling）」との「身体性、時間、意味、他在性」の四つの観点からする共通性の指摘は、現象学と脳科学研究との相補的協働研究をめざす神経現象学の研究領域を確定し、学際的哲学研究の一事例として、その方向性を明示しえている、ということができます。

これまで述べられた「発生の起源」をめぐる「間モナド的時間化」による相互主観性の基礎づけの方向性に対して、「発生の目的」の議論は、受動的綜合による受動的発生と能動的綜合による能動的発生との関係をめぐって展開されています。すなわち、受動的発生の領域において受動的綜合をとおして生成している「衝動の目的」と、能動的発生の領域において能動的綜合をとおして生成している「理性の目的」との関係づけにおいて、「発生の目的」が論究されているのです。

ここで「発生の目的」の「目的」といわれるのは、それぞれ受動的志向性による受動的綜合と能動的志向性による能動的綜合の志向内容に他なりません。ただし、受動的志向性からなる受動的綜合によって「先構成された（vorkonstituiert）」志向内容と能動的志向性からなる能動的綜合によって「構成された（konstituiert）」志向内容との認識論上、及び存在論上の違いがあります。

衝動志向性は、受動的志向性による受動的綜合として働き、その充実／不充実による先構成は、意識にもたらされたり、もたらされなかったりします。受動的綜合である連合（Assoziation）そのものの働きは、つねに意識にのぼることはありませんが、それによって先構成されたものが意識にもたらされるかいなかが、問われるとき、決定的役割を果たすのは、他の受動的綜合の規則性である「触発（Affektion）」です。

触発とは、自我（的確には「意識生（Bewusstseinsleben）」）の関心を呼び起こす（覚起する）ことであり、その覚起する力が、触発力と呼ばれます。この触発力には、強弱の程度差の違いがあります。先に挙げられた「電車の急ブレーキ」の例で、つり革につかまって本を読み、その文章の内容に向かっていた自分の関心（意識的注意）が、急激に、意識にのぼらない受動的綜合である連合によって先構成された、足が動く「運動感覚」に奪われたのは、「立位を保つ」という生存本能の本能的衝動志向性のもつ触発力が強大であるからです。

受動的発生の衝動の目的が語られ、衝動志向性の充実／不充実が問題にされるとき、時間化の源泉である「生き生きした現在の留まりと流れ」が、相互主観的な衝動志向性の充実をとおしてその「留まりと流れ」として生成していることが明らかにされました。つまり、フッサールの時間化と相互主観性が、自我論に先行し、自我論を包摂するモナド論による間モナド的時間化として生成していることの超越論的根拠づけが達成されたのです。

たとえば、授乳といった本能的衝動志向性は、母と子のあいだの当の本能志向性の相互の覚醒をとおして初めて志向として生成し、充実されます。その授乳という相互の本能志向性の充実は、授乳本能の覚醒による両者に属する授乳志向の未来予持の充実が過去把持され、その両者に内属する過去把持が同時に作動する未来予持となります。こうして両者にとって共通の一つの授乳の衝動志向性の充実が、両者にとって共通の一つの時間内容として、共に働く一つの過去把持の交差志向性に沈澱していくことになるのです。

このともに生きられる「生き生きした現在」の共同時間化をとおして、授乳志向の衝動志向性が形成されてくるとともに、過去把持をとおして沈澱化してきた授乳志向は、まさにその授乳志向が充実されない「欠損」をとおして、乳幼児に「授乳志向の不充実」として原意識されることで、授乳志向が、授乳という衝動志向性として授乳の充実に目的づけられている「衝動の目的」が、原意識されてくるのです。

しかし、ここでの「衝動の目的」とは、受動性の領域における受動的綜合による受動的発生の目的論の総称を意味しており、時間論では、「生き生きした現在」における間モナド的時間化における衝動志向性の働き、相互主観性論では、受動的相互主観性（間身体性として働く共感による情動的コミュニケーションの成立）の働きを含んでいます。また、倫理学における価値覚（Wertnehmen）の領域では、快／不快という感性的な、いわば受動的価値覚に属し、自我の形成と能動的綜合を前提にする善／悪についての知性的価値判断（価値覚）とは区別されねばなりません。

第一部第一章で取り上げられる「心身関係の発生」についての考察にみられるように、この発生のプロセスは、「衝動の目的」と総称される受動的発生から、「理性の目的」と称される能動的発生への発展として性格づけられます。しかし、注意しなければならないのは、発展とはいっても、発展の前段階は、後の段階によって乗り越えられ、克服され、放棄されていくのではなく、受動性と能動性の段階は、層が重なるという重層構造をなしているということです。

つまり、能動的発生による「理性の目的」が実現されるとは、つねにそれに先行して受動的発生による「衝動の目的」の充実が前提にされていることを意味するのであり、言い換えると、受動的発生において働く受動的綜合は、能動的発生において働く能動的綜合をいつも「基づけている」といえるのです。

ただし、受動性には、「能動性以前の受動性と能動性における（由来する）受動性」（フッサール『経験と判断』を参照）がみられるように、能動的綜合（知覚、言語、判断、比較、推測等）の習慣化をとおして受動的綜合へと転化した、その意味で、「能動性に由来する受動性」が、いつも「能動性以前の受動性」に働きかけています。

このことは、「心身関係の発生と発展」にもあるように、能動的綜合の発生と発展は、たえず家庭での育児や、学校教育における受動的相互主観性による情動的コミュニケーションと能動的相互主観性による言語的コミュニケーションをとおして、それぞれの生活世界内の共同体において具現化されてきます。このとき、社会共同体の成員である個々人としての私たちは、種々の個別的な社会問題に遭遇し、「理性の目的」とされる、すべてのモナドに内在し、発展しつつある「完成態（エンテレヒー）」（アリストテレス）の理念に向けて、それらの諸問題の解決を求めるのです。

この個別的社会問題の事例として本書、第三部では、次の諸事例を発生的現象学の観点から考察しました。

第一の事例は、西田哲学とフッサール哲学を「直観と反省」という視点から解明する認識論的考察をとおして、西田の「純粋経験」とフッサールの「受動的綜合」を対応づけることで、社会哲学の根幹にかかわる、ブーバーとフッサールによる人格相互の関係である「我‐汝‐関係」と西田の「私と汝」という論稿との対照考察の事例です。これによって明らかにされたのは、まず、「個々の汝」との我–汝–関係をとおしてのみ、「永遠の汝」との我–汝–関係が初めて可能になる、とするブーバーの見解のもつ社会哲学構築上の重要性です。さらに、同様に重要であるのは、成人した人格相互のかかわりとしての我–汝–関係は、社会制度や学問と文化を形成する「我–それ–関係」そのものを排斥するのではなく、むしろ「理性の目的」という完成態という理念に向けて邁進することで初めて、各自の自己中心性から解放された我–汝–関係が実現するという見解です。

第二の事例は、現代人の直面する地球規模の公害問題に対処する指針として、「国際的な共通了解事項」とさる、二〇〇〇年にEUで制定された「予防原則」の適用にかかわる事例です。ここで問われるのは、この予防原則の、二〇一一年に発災した福島原発事故への適用の妥当性の問いです。そこで明らかになったのは、包括的な科学的リスク評価に徹する予防原則の、科学的確実さと不確実さについての科学的判断の客観性に照準を合わせている根本原則が、専門家にさえ理解されずに議論されていることです。これに加えて、放射線の専門家による科学的データの解釈の相違に戸惑う被災者のほとんどは、国や行政への不信から、専門家による科学的評価や説明をまったく受け付けない態度ができあがってしまっていることです。自然および生活世界の数学化を前提にする科学技術に正面から向き合い、それを的確に理解する、「理性の目的」に向かう判断力の養成が、日本の社会において、必須のものとされるのです。

第三の事例として取り上げられるのが、理性に基づく「人間性の実現」という「完成態」の理念に向かう哲学としての現象学が、自然科学研究の成果とされる、核技術を含む科学技術の発展にどう対応していくのか、その学際的哲学としての現象学の可能性を問おうとする事例です。この学際的哲学としての現象学として、ここで、F・ヴァレラの提唱する「神経現象学」が検討されるのです。ヴァレラは、これからの生命科学の発展は、現象学的還元という現象学の方法をとおさねば、不可能である、と主張します。この現象学的還元の方法には、「(1)還元、(2)直観、(3)不変項、(4)安定性」が含まれるとされ、それらについて、詳細で厳密な方法論的吟味が重ねられ、現象学の方法論に裏づけられた生命科学の将来が描き出されます。他方、現象学は、まさにこの現象学的還元の方法にそくして、哲学としては遂行することのできない生命科学研究の研究成果を、積極的に「本質直観」の事例化に取り込むことになります。そしてこの現象学による本質直観の成果が、ふたたび生命科学の行使する現象学的還元の「(2)直観」に活用されることになり、このような現象学と生命科学との相補的協働研究の方向性が明らかにされるのです。

第四の事例では、この神経現象学による研究成果の一つといえる、オートポイエーシス論の鍵概念である「カップリング」と、受動的綜合の規則性である連合の根本形式とされる「対化」との相応関係(共通性と相違)が、どのように、患者とセラピストとのあいだのリハビリのプロセスに反映しているかが描写されます。これによって、リハビリの現場で、カップリングと対化が、いかに決定的な役割を果たしているのかが、確証され、リハビリの目指す方向性が明確に示されるのです。

これまで述べられてきた「発生の起源と目的」という標題のもつ意味内容は、まさにその概略に他なりませんが、その概略においてさえ、受動的綜合の概念が、能動的綜合との対比をとおして、発生的現象学の骨格を形成していることが明確にされてきました。

ここで、まとめとして強調しておきたいのは、まず第一に、自我の能作が関与しているかいないかを原理的基準とすることで、「エゴ・コギト(ego cogito)」の自我の自己意識によって峻別されていた心身二元論が、その根底から覆される、受動的綜合による受動的発生の研究領域が確定されること、次に、この心身二元論は、能動的発生による能動的綜合をとおして発展しうる、「理性の目的」とされる相互主観的精神共同体における、理論理性と実践理性の「完成態」（そのつど実現する個々の「我-汝-関係」）において、克服されているといえることです。

この筆者の主張が、本書において、さまざまな人間の経験領域における具体的事象分析をとおして、現象学的明証性にもたらされるに十分な論述となっていることを期待しつつ、読者の皆様のご批判を頂ければ幸いです。

目次

第Ⅲ部　発生的現象学の展開

発生の起源と目的

――フッサール「受動的綜合」の研究――

序論　他者と時間——改めて受動的綜合を問う

ここで述べられる序論の目的は、これまで展開してきた「受動的綜合」についての筆者の考察を、「他者と時間」という大きな問題設定の枠組みにおいて、その体系的な連関を明らかにしてみようとすることにあります。したがって、フッサール発生的現象学における受動的綜合をめぐる原理的連関の大枠を、できるだけ明確にするように努めてみるつもりです。

I　他　者

以下に展開されるフッサールの他者論をめぐる「対化の概念」の解明や、「受動的綜合が作動しえないとき」についての考察は、本書、第I部第三章「相互主観性論と受動的綜合」において、十全的明証性における事象分析に向けて、徹底した現象学的論証が重ねられることになります。そのさい、第I部第二章の「受動性と能動性の関係についての原理的考察」における受動的綜合の原理的解明が、他者論の超越論的論証の基礎づけに寄与していることが明確に示されることになります。

（1）受動的綜合としての「対化」の理解

これまで多岐にわたって論及されてきたフッサールの『デカルト的省察』第五省察は、近代哲学の出発点ともいえる「自分の自己意識」だけでなく、「他の人の自己意識」の明証性をともに生きることができるのか、という相互主観性の哲学的根拠づけを目指しています。そのとき、この根拠づけを可能にするとする根本的見解として呈示されたのが、受動的綜合の原形式としての「対化」の概念です。ところが、この受動的綜合とそれに対峙される能動的綜合との違い、すなわち能動的綜合を基づけつつ作動している受動的綜合において働く受動的志向性と、この受動的志向性を前提にする能動的志向性の区別でさえ、現象学研究者によって、明確に理解されているとはいえないのが、現象学研究の現状といわれなければなりません。

たとえば、このフッサールの呈示する「対化（Paarung）」の概念を批判する代表者といえるのが、徹底した「他者の他者性」を主張するE・レヴィナスです。そして、このレヴィナスの他者論の最大の弱点は、まさに、この受動的志向性と能動的志向性の区別がつかずに、受動的綜合としての「対化」を理解していないことにあると言えます。このことから帰結する多くの論点は、まさに当の無理解をとおして、受動的綜合の相互主観性の根拠づけのさいの役割がかえって明確になるという、逆説的な反面教師の効果を生むことになっているのです。

① 受動的志向性は、自我の関与、ないし能作を含まない志向性です。フッサールの発生的現象学において、自我極の発生を前提にし、自我の能作を含んでいる能動的志向性の生成が問われることで、幼児期において、受動的志向性による受動的綜合が純粋にそれとして作動している発生の原初的段階が、確定されました。この発生段階の確定は、当然ですが、レヴィナスでは行われておらず、このことから帰結するのが、メルロ＝ポンティやフッサールにおいて開示されている「幼児期の対人関係」という固有の問題領域が、レヴィナスの「他者論」の

射程から完全に欠落しているということです。レヴィナスにとって、人間は、幼児の始めから、他者の他者性を備えた個別的人格なのです。このことは、自我の形成という人間関係の考察において欠かせない観点が、レヴィナスの「他者論」において欠落し、人間の社会性並びに社会生活の根底を考えるさいの根本的欠陥といわれねばならないでしょう。精神病理学の病因論の根底に幼児期の自我形成が問題として横たわっていることが無視されてはならないのです。

②　さらに重要な指摘は、受動的志向性は志向性であって、経験心理学の規則性に属するのではなく、ここで言われる「自我の発達」とは、発生的現象学における受動的志向性と能動的志向性の生成についての探求の課題であることです。発達を述べるのは、自然科学としての心理学だけではないのです。フッサールは、「心理学的根源と現象学的根源」の区別について考察し、いわゆる心理学的根源の問いとは、根本的にそして本質的に「因果的な、つまり心理的なものの『実在性』に結びつけられた問いである」[1]のに対して、現象学的根源の問いとは、「現象学的発生、構成の段階の基づけの秩序」[2]の問いであると述べています。

ということは、発生とは、志向性による構成の問いであり、発生というアプリオリな規則性が、理性と関連していること、すなわち現在の経験の動機づけが存在の根源として関係づけられている過ぎ去った意識を遡及的に示すこと、このようなこととして解明される発生的現象学の探求の場が、開示されているといえるのです。この経験論的心理学と発生的現象学の原理的相違は、最近の脳科学の発見とされる「ミラーニューロン」が「他者の行動の意図の理解を因果的に説明可能にする」といった、自然科学者によって自覚されていない原理的矛盾の徹底的批判を可能にするのです。さらにそれだけでなく、意識一般を「無意識の脳内活動」から説明しようとするB・リベットの「意識の遅延説」の、洗練されてもなお働き続ける二元論的考察の限界をも指摘し、「ミラーニューロン」の発見のみならず、リベットの実験データそのものの発生的現象学の構成論への統合が、可能になっているのです[3]。

③　レヴィナスにおいて幼児期の対人関係が解明されないことは、同時に、成人における「我-汝-関係」ないし、「出会い」という能動的綜合の極地において生起する出来事の意味が、理解されないことにつながります。というのも、成人において自他の区別を前提にするなかで生じる出会いとは、幼児期の「生得的汝に向けた我-汝-関係」の、成人による社会生活における再実現を意味するからです。能動的綜合が働く極としての自我極を前提にしながら、その自我極に振り返ってしまう自己中心化から解放されて、「汝」に直向きに関係するとき、頑是ない幼児の周囲世界に直向きに向かう無心な態度が再実現し、出会いが生起するとされるからです。この出会いをフッサールは、「人格主義的態度」における「我-汝-関係」と呼びます。ブーバーだけでなく、フッサールにおいても、真の他者である汝との出会い、人格同士の関係性が成立しているのです。レヴィナスの場合、どうしてそれが不可能とされるか、時間の問題と関連づけて後に詳論されます。

④　他者の他者性とは、志向性の内実である関係性においてのみ、その真の意味をもちます。生命体と周囲世界の間に生じている意味の生成は、現象学において「相互覚起（wechselseitige Weckung）」によって、他方、オートポイエーシス論において「相互作用（interaction）」によって解明され、それぞれの作動的規則性として、「対化（Paarung）」と「カップリング（coupling）」が挙げられます。この対化とカップリングとの相応関係は、本書第Ⅲ部第四章において、リハビリテーションの現場でどのように関わり合っているのかが、詳しく論ぜられることになります。

こうして、対化とカップリングは、原理的に、実在論的原理ではなく、また観念論的原理でもなく、関係性として作動する現象学の志向性の原理に属するといえるのです。この根本的立場が明確であれば、人間の関係性を基軸にした「他者論」の骨格が、超越論的自我による自我論の呪縛から解放されて、「モナド的生」の志向的関係性による間モナド的現象学の目的論において確定できるのです。この間モナド的現象学の目的論の詳細は、第Ⅰ部第三章の六節と七節、第Ⅱ部第一章において展開されています。このとき倫理学は、モナド的生の本能的コミュニケーションの構成層を確定し、「倫理以前の倫理」に基づけられた「倫理を超えた理性の目的論」へと方向づけられうることになります。(4)

(2) 受動的綜合が作動しないとき

受動的綜合は、それがまさに働かないとき、人間関係にとって不可欠な基盤という受動的綜合の特性が明確になります。それは、松尾正氏の『沈黙と自閉』における自閉症患者の事例、小林隆児氏の自閉症児の情動的コミュニケーションの欠落であったり、D・N・スターンの「無調律」という間情動性の欠損といった事例において、間モナド的な本能的コミュニケーションとしての受動的綜合の未発達ないし欠損と性格づけられるのです。受動的綜合は連合という規則性において働くとされます。自閉症は感覚障害と規定されます。健常者の場合に感覚野において連合をとおして統一されている感覚内容のまとまりとその持続や変化が、統一されずに、無秩序に侵害してくるというのです。

① このことから明確になるのは、まず第一に、「感覚の秩序」そのものが、感性の形成過程をとおして、発生的現象学において解明されねばならないということです。そのさい、フッサールは、『受動的綜合の分析』(5)において、個別的感覚野における、連合と触発力の働き方を解明しただけでなく、異種の感覚野間の連合を指摘し、

原共感覚からの個別的感覚野の生成という探求の方向性を示唆しました。ミラーニューロンにおける運動系と知覚系の「変換ないし翻訳」と言われる機能は、すでに生成済みの運動系と知覚系を前提にしており、その間の変換や翻訳を説明しようとする限り、その説明は不可能であるといわれねばなりません。リゾラッティは、運動系と知覚系の幼児期における結合の発達を示唆しますが、両系をそれとしてすでに機能するとする前提において結合の可能性を考察しても、両系列そのものが、対化やカップリングをとおして生成するという根本的洞察に達することはできていないのです。

② しかも、フッサールは、「感覚とは相互主観的にのみ作動する」ということを、相互主観性を解明するさいに、感覚経験の本質として確信していました。そのことが、現に、自我論を包摂しうる間モナド的コミュニケーションという経験の現場で、開示されることになったのです。上記に挙げた三つの事例（松尾と小林とスターンの事例）は、能動的運動感覚や知覚による対象構成、言語的意味の把握など、自我極をへた自我の関与を前提にする能動的志向性が作動する以前の、「受動的相互主観性」という「間モナド的な本能的コミュニケーション」における障害を、意味するのであり、その障害の生成を探求するためには、個々人の個別的感覚野の相互主観的生成過程が解明されなければならないのです。

③ アスペルガー症候群を当事者として語るD・ウィリアムズが、感覚刺激がペアにならないこと（対化が生じないこと）が、自閉症患者にとって、感覚の秩序が成立しえない原因として理解していることは、幾重にも、強調されなければならないことです。ペアにならないとは、そのつど与えられる感覚刺激が、過去把持されていかないことを意味し、過去把持されなければ、それに応じた未来予持も成立しえず、未来予持の志向の充実／不充実をとおして成立しえる感覚質の連合（対化）が、生成しえないことを意味しているのです。このことは、重

症の脳性麻痺児の感覚秩序の不成立にも妥当することなのです。

Ⅱ　時　間

後に受動的綜合をとおして成立することが明らかにされた「感覚の持続と変化」という現象の分析と、「内的時間意識」の分析は、並行して進展しました。そのさい、「感覚の持続」は、持続する実在する外界の事物からの感覚刺激によっても、また、「持続」という観念による判断をとおしても、真に把握されることはありません。形態心理学でいわれる「仮現運動」にみられるように、空間移動する実在物から発する継続する視覚刺激がなくても、左右に点滅する光が動くようにみえます。視覚的運動感覚が生じるのです。また、左右に点滅する光点が〇・六秒間隔以上になれば、その左右の光点に、いくら「運動」の観念を当てはめようとしても、視覚的運動感覚は生じえません。

また、感覚の持続（たとえば、聴覚における単音の持続）は、新カント派のいうように、時間の流れを超えた超越論的自我の知の働きによって、外界に実在して、継続する複数の単音からの刺激を、それぞれの刺激に対応する複数の表象（観念）を当てがい、それを同時に取りまとめることによって成立するのではありません。複数の想起を知覚において取りまとめようとしても、複数の想起は、同時には成立しえません。(6) 新カント派のロッツェは、超越論的自我の働きとしての意識作用は、それが働くのに、作動するための時間を要しないといった、私たちの直証的な意識体験に真っ向から反する超時間的な意識作用をとおしてしか、感覚の持続を説明できないのです。

（1） 感覚の持続と変化が過去把持の二重の志向性によって生起すること

これに対してフッサールは、感覚の持続を、意識作用である知覚と想起によってではなく、特有な志向性である過去把持によって成立するとしました。過去把持の志向性は二方向に働いており、過去把持の交差志向性（Querintentionalität）において、時間内容（単音の感覚質）の持続が成立し、その延長志向性（Längsintentionalität）において、「今、今、今、……」の継続の意識の統一が成立します。感覚質の持続がどのように交差志向性において成立するかという問いは、『内的時間意識の現象学』における「時間内容の過去把持の交差志向性における合致（Deckung）」によって説明され、さらにこの「合致」が一九二〇年代には、「連合」と言い換えられていくのです。(7)

① 過去把持の志向性が解明される途上で、数学的意味での「時間点」の連なりから、時間意識の成立を説明しようとする企ては、意識体験の明証性によって完全に否定されます。フッサールは、一九〇六／〇七年の『論理学及び認識論入門』で数学的論理と哲学的論理を区別して、「数学者は、……演繹的理論の技術者である。哲学者の扱う事象は、他方、批判的根拠づけであり、究極的な評価である。……数学者は、数学的なものに、そこに与えられている諸対象と同様、向かってはいても、反省によって、主観的源泉と主観的に構成されている客観性の意味と可能性についての問いを追及することはない」（XXIV, 163）としています。(8) 感覚と時間についても同様です。現象学が「時間とは何か」を問うとき、「自然数とは何か、序数とは何か」を問う数学基礎論で、「数とは何か」をその認識論的成り立ちから問うように、時間の意味そのものの成り立ちが哲学の問いとして一貫して問われているのです。

② こうして、フッサールは、感覚の持続の成り立ちを問い、まずは、能動的志向性による「意識作用と意識

内容」の相関関係による解明を試みました。しかし、この相関関係の解明をとおしては、時間内容の構成を説明できたとしても、そこにすでに意識内容として与えられている「時間の流れの統一」を構成しているはずの意識作用をさらに求めねばならないことになる、いわゆる意識作用の「無限遡及」という問題にぶつかることが判明したのでした。このことをとおして、無限遡及に陥ることなく時間内容と時間の流れの統一を明証的に呈示できる規則性として、原意識と過去把持の二重の志向性が開示されたのでした。

③　ここで開示された原意識と過去把持を分離することはできません。原意識は原印象の今の意識ではありません。原意識とは、あらゆるコギト（感覚、知覚、判断、推量、その他）が作動するそのさなかに、その作動そのものが、実的に（reell）持続して与えられることを原意識するのですから、原印象の今点を意味しえず、過去把持的原意識として持続そのものが、そこにそのまま意識されている（自己構成されている）といえるのです。そして、この過去把持的原意識の自己構成の仕方が、二重の志向性として開示されました。

このことは、『ベルナウ草稿』においても原理的に一貫しているといえ、『ベルナウ草稿』の編集者がいうように、「原現前化（Urpräsentation）は、もはや時間意識の根源的核と特徴づけられることはなく、過去把持的で未来予持的な変様の持続がそこで交差するようなたんなる限界点にすぎない[9]」のです。したがって、原現前化においてあたえられる原印象を過去把持から分離して、「他者の他者性」をこの原印象に依拠し、論拠づけようとするレヴィナスの試みが、フッサールの時間論において成立しえないことは、以上の論証から明白なことなのです。フッサールの時間論において、出会いともいわれる我-汝-関係が可能であるのに対して、レヴィナスにおいて、他者の他者性を原印象に依拠して、志向性の彼方に汝を位置づけることから、彼にとって、我-汝-関係の生起が不可能になっているのです[10]。

④　こうして、感覚の持続は、過去把持の発見によりその明証性が獲得されることになります。とりわけ、過去把持の交差志向性において時間内容の自己合致によって、感覚の持続（たとえば同じ単音の持続）の構成の仕方が呈示されました。この感覚本質の自己合致が、さらに「受動的な合致綜合(11)（passive Deckungssynthesen）」として分析され、受動的綜合の概念が確定されていくことになります。感覚本質の自己合致は連合と規定され、連合におけるヒュレー的与件と過去地平に眠る空虚形態との相互覚起（連合）をとおしてそのつど感覚の意味内容が成立しますが、そのさい、相互覚起する触発力の源泉は、複数の感覚野から生じる感覚質の触発力を統合する「原触発としての衝動」にあることが開示されました。

つまり、諸感覚の感覚質の成立が、最終的に本能志向性の覚醒と衝動志向性の形成という大きな方向づけにおいて、「触発と連合」という受動的綜合によって解明されることになったのです。これが、「衝動の充実が生きした現在の流れと留まりの成立を条件づける」という命題の内実なのです。フッサールは、よく知られたテキストにおいて、「普遍的な衝動志向性が、立ち留まる時間化として、あらゆる本源的な現在を統一的に生成し、具体的にすべての内容が衝動充実の内容であり、その目的に向けて志向しているというように、現在から現在へと駆り立てるのである(12)」（XV, 595）と明記しています。

（2）　自我論的時間論の克服としての間モナド的時間論

この本源的時間化といわれる生き生きした時間の流れは、受動的志向性として、受動的綜合である連合をとおして働いている衝動志向性の充実、ないし不充実によって生成しています。ということは、当然のことながら、「現象学する自我が時間を構成する」とする、フッサール自身の命題は、フッサールがこの命題に明確な制限を設けていることにそくして、正確に理解される必要があります。この当の命題は、フッサール全集第三四巻『現象学的還元について』において、「体験の流れの、明証的で時間的な所与性において前提にされ、活動している本当の時間化は、超越論的な現象学する自我の時間化である」（XXXIV, 181）、とされる命題です。現象学する自我が時間を流れるものにしているというのです。ただし、フッサールは、ここで、直接この文章に続けて、「しかし、もちろんこのことは、体験の時間化がたえず活動しているというのではなく、その上、超越論的な現象学する自我を、すなわち、カッコづけにおいて活動的である自我を必要とする、超越論的で純粋な体験の時間化として、活動的であることなのではない。明らかであるのは、たえず流れることが、それ自身のうちに、流れることとして、現実の志向性をもつのであれば、私たちは、無限遡及に陥ってしまうことである」（同上）、と述べています。

ここで明らかなことは、

① 「自我を必要とする体験の時間化」がそれ自身の内に、ここで「現実の志向性」といわれる能動的志向性を含むのであれば、必然的に無限遡及に陥るということです。このことは、すでに過去把持が開示されたさい、明確に指摘されていたことであり、いわゆる能動的志向性としての意識作用の構成による意識内容の成立という図式では、時間の持続の意識は無限遡及に陥ることなく説明できないことからして明らかなのです。ここで体験の概念にかんして、『論理学研究』の頃から、志向的体験と非志向的体験に区別されなければならないことが思い起こされる必要があります。『論理学研究』で非志向的体験とされていた体験が、受動的志向性による体験や感覚、感情、本能、衝動として規定され、分析されてきたことを再確認せねばならないのです。

② ここでいわれる「現象学する自我」とは、現象学的還元をとおしてたえず現象学的分析を遂行する自我の

ことです。当然、能動的志向性を駆使する自我に他なりません。とすれば、二〇年代より展開している発生的現象学において、受動性が能動性を基づけ、能動性は受動性を前提にするという、発生的現象学の開示した根本原則にそくして、現象学する自我が構成する時間化は、自我の関与を含まない受動的志向性としての衝動志向性による「生き生きした現在」の時間化の先構成を前提にしているのでなければならず、現象学する自我の時間構成に、衝動志向性によるモナド間の時間の先構成が先行しているのでなければならないことも明白なのです。

③　衝動志向性は、モナド間（間モナド的）にしか覚醒されえず、形成されえません。ということは、感覚や感情と同様、時間は、間身体的な相互主観性の領域においてしか生成しえないことを意味します。自我論的時間論が克服され、間モナド的時間化というフッサールの時間論が成立する必然性は、まさに、この衝動志向性による「生き生きした現在」の先構成から帰結することなのです。超越論的他者論が、自我（原自我をも含めて）論によって根拠づけられないように、時間論も、自我による根拠づけは不可能であり、自我を包摂しているモナドの概念、しかも、無意識に働く「間モナド的な本能的コミュニケーション」をとおして生成していることが開示されてきたのです。

④　対化とカップリングとの原理上の相応性を主張するN・デプラスは、両者の特徴として、両者ともに時間化を構成するとしています。W・ブランケンブルクが、精神病理学をオートポイエーシス論の方向づけと同じ方向性に見ていたことは、無窓のモナドではなく、有窓のモナドのモナド的展開の病理に方向づけられていたことを意味するのです。

Ⅲ　受動性と能動性――生命の出会い

受動的綜合と能動的綜合の関係、言い換えると、受動性と能動性の関係について、第一に、受動性が能動性に先行し、能動性を基づけること、第二に能動性が受動性を活性化させること、第三に、究極の能動性が受動性に類似してくること、この三つの観点から考察し、モナド論的現象学の全体を概観するなかで、受動的綜合のそこでの位置づけを明らかにしてみたいと思います。

(1)　受動性が能動性を基づけるとはいかなることか。

この受動性が能動性を基づけることとは、フッサールの超越論的論理学の探求分野で、もっとも明瞭に示されています。フッサールは『能動的綜合』（『フッサール全集』第三一巻）という『受動的綜合の分析』に続く講義において、事物の知覚、たとえば、散歩しながら家並みを眺めていくとき、受動性と能動性がどのように交錯しているかを知覚判断の表現をたどりながら分析しています。そのさい、能動的綜合とは、「対象化」及び「主題化（特定の知覚対象を主題にすること）」の能作を意味しています。このとき、知覚の主題とされるのは、家の外観であったり、外壁の色合いだったり、屋根の形だったり、自分の関心の置き所によって、継続したり、変化したりしていきます。それぞれの主題にそくして、さまざまな家の外観を比較したり、壁の色や家の大きさや高さを比べたりするのも、「判断、比較、計測、推量」などの能動的志向性の能作に属しています。しかし、自分の関心や注意が変化、変転していくことそのこと自体は、はじめから住宅街の調査をしているのなら別ですが、どうしてそのように変化していくのか、跡付けようとはしませんし、跡付けるのは難しいようです。この跡付けの難しさは、ちょうど、歩いていて、「ふと何か思い浮かぶ」ときとか、「変な夢を見た」とかいった場合と同様です。

これにも増して不可思議なのは、外壁の色が色の広がりとしてまとまりつつ、他の色の外壁の色と比べられることです。たとえば、ピンク色の壁が見えるとき、ピンク色とこのピンク色の広がりとは、別々に分けて見ることはできません。このことをフッサールは、色という本質（意味）と広がりという本質（意味）とは、お互いを必要としあっていることから（色がない広がりは表象できず、広がりのない色も表象できません）お互いがお互いを基づける、「相互基づけ」の関係にあるといいます[13]。

しかし、ここでさらに問われうるのは、相互基づけをそれとして認めた上で、いったいどのようにして相互に基づけあっているのか、ということです。また、この相互基づけは明らかとして、色合いが次第に変化して、たとえば、ピンク色が次第に紫色や赤に変化するとき、（a）色は変化しても色の変化であって、音の変化ではないこと、（b）次第に色が変化するとき、どこかで、ピンク色はここまで、紫色はここから、というように、色の種類を区切っていることも明らかといえいます。この（a）で言われている、少しずつ変化しても、色の変化であること、色と色が隣接しているのであって、色に音が続いているのではないことと、（b）の色の種類を区切っていること、あるいは、他の壁の色と比較したり、広さ（面積）を比較したり、計測することとは、同じ志向性の働きということはできない、とフッサールは主張します。

① 色や音など、個別的感覚野の感覚（本）質は、乳幼児期の原共感覚からそれぞれ、感覚形態として形成されてきます。ですから、色の広がりや音の持続などは、このように個別的感覚野における個別的感覚質の連合（合致）という受動的綜合として、そのつど、生成しているといえるのです[14]。

②　ですから、（b）の色の種の識別や色の比較、広がりの計測にともなう、能動的志向性による能動的綜合が働くさいには、すでに受動的綜合による「色の広がり」を、それとして必然的に前提にしているといえます。しかも、（b）でいわれる色の種の識別の場合、隣接する色合いの類似性は、観念（表象）上の類似性ではありません。観念上の区分けではありません。ちょうど、仮現運動の場合のように、感覚素材が与えられるのに応じて、観念（色の識別）が生成しうるのであり、でき上がり済みの観念としての色の識別が、与えられる感覚素材を区切るのではありません。色の種の類似性は、色が色である本質の同一性とは段階がことなっているのです。

③　色の種の類似性や音の種として類似性は、ヒュームのいう観念連合としての類似性とはことなります。フッサールが的確に批判するように、ヒュームの観念連合は、「類似性、隣接、因果関係」に類別され、自然法則とされる「引力」に喩えられ、自然法則のような法則性をもつとされます。これをフッサールは、連合の「自然主義化」として批判します。ヒュームの連合は、現在の脳神経科学の有力な立場としての連結主義（connexionism）の理論的背景になっているといえるでしょう。しかし、ここでフッサールのいう「類似性」は、志向が向かう〝ノエマ的意味〟（狭義のノエマを意味しないことは注意すべきです）の類似性であり、感覚の次元における感覚本質の意味内容であり、表象以前の形態の意味内容とされます。受動的綜合において、無意識をも含む意識生と周囲世界とのあいだに、相互覚起をとおしてそのつど生成する感覚形態の意味内容の類似性を意味するのです。

④　感覚形態の意味内容は、原共感覚からの、たとえば、喃語の模倣の場合にみられる運動感覚と聴覚の形態化による相互の際立ちをとおして、形態の類似性そのものが成立してくるとされます。類似性と対照性（コントラスト）は感覚形態そのものの形成にそくして連合として生成してくるのです。したがって、現象学でいわれる

類似性としての連合は、でき上がり済みの観念同士の類似性や連合ではなく、そのつど成立する感覚形態の連合による類似性の成立を意味します。

⑤　こうして成立する「色の広がり」の射映が内的時間意識における感覚内容の持続的変化をとおして「壁の色」として対象構成され、知覚されます。ですから、主題にそくして色や形の比較が行われるそのつど、それらの知覚に先行して「色の広がり」が、受動的綜合という連合による感覚のまとまりとして生成しており、それらの知覚は、この「色の広がり」の生成が欠けたところに働きようがないのです。それらは、ちょうど、時間意識の生成のさい示されたように、能動的志向性としての想起（Erinnerung）は、感覚及び知覚の体験をその体験としている受動的志向性としての過去把持と未来予持の能作が先行し、働かない限り、想起の対象を見出しようがなく、能作として働きようがないのと同様です。こうして、受動性（受動的志向性）と能動性（能動的志向性）の関係のうち、受動性が能動性を基づけるという関係が明白なものとされるのです。

（2）能動性が受動性を覚醒させること

とはいっても、受動性から能動性が生成してくるのではないばかりか、能動性の関与なしに、受動性そのものが覚醒してこないことが、見落とされてはなりません。育児のさいの間モナド的関係性について考えてみるとき、たとえば、授乳のさい、授乳という母と子のあいだにおこる状況は、まずは、母と子のあいだに生起する本能の覚醒をとおして経過するものとみなすことができます。赤ちゃんを抱き上げたり、あやしたりするとき、母親は多くの場合、優しく言葉を語りかけながらそうしています。母と子のあいだに喃語の模倣のし合いが生じるとき、乳児の側に「ゼロのキネステーゼ（運動感覚）」が原意識され、自他の身体の区別が成立しはじめ、随意運動による能動的志向性の地平の形成につれ、それに応じた周囲世界から働きかける他の人々の能動的志向性による能動的関与との相互の関係性において、感覚形態と知覚表象の豊饒な差異を含んだ意味地平が生成してきます。

このとき、能動性が受動性を覚醒するとは、たとえば、情動調律にそくしつつ、受動性に基づく養育者の側の喃語の模倣のヴァリエーションが、乳幼児の側の類似したヴァリエーションを生み出すきっかけを与えている、といった事例に認められます。また、言語の学習のさい、養育者の側の言葉による語りかけ（言語使用という能動的綜合の行使）が、幼児の側の言語使用能力を覚醒し、活性化することになります。その経過は、次のように描けるでしょう。（ａ）言語使用以前に、その前提として、情動調律による情動交換をとおして、幼児と養育者とのあいだに、たとえば哺乳瓶とか、おもちゃといった事物が、情動調律を媒介にした客観的同一物の認識として成立しています。（ｂ）養育者の側から、これらの客観的同一物に、いつもそれぞれ同一の言葉が宛がわれて、語りかけられます。幼児は、そのとき、ちょうど喃語の模倣のときのように、相手の発声の運動感覚と音声の連合が、〝自分〟の発声の運動感覚と音声の連合として聞こえます。そこに成立した連合によって先構成されたものに対して、覚醒化されてきた発声を生み出す随意運動の能力を、すなわち、能動的志向性による能動的綜合を遂行することができるようになるのです。

したがって、言語の学習とは、養育者の側から発話のさいの随意運動の能動的志向性による言語表現が、幼児の模倣を誘発することが、その基礎となっています。この模倣能力は、感覚野間に生起する受動的綜合としての連合を前提にしています。言葉を使うことで、この特定の知覚と発話のさいの運動感覚との連合のパターンを示すのが、養育者の側の積極的な関与であるのです。こうして、養育者の側の能動的綜合による特定の知覚と運動感覚の連合の呈示が、幼児の側に類似した連合の生成を促します。創出された連合が類似した連合を生み出すのです。これが、能動性が受動性を活性化させることに他なりません。成人の能動性が幼児に働きかけ、受動性の形成を前提にする能動性の形成を促すのです。

(3) 究極的な能動性が受動性に類似してくること

幼児期の我-汝-関係は、自我極が形成される以前の受動的綜合の領域において生起しますが、成人における我-汝-関係は、自我の関与を経た能動的綜合の極致において成立します。このブーバーの我-汝-関係は、フッサールにあって、人格主義的態度における「我-汝-関係」として、共通の目的に向けた意志の共有をとおして実現されうるとされています。能動的綜合の極致というのは、最高度に実現される能動性の極みにおいて、ものごとに集中し、成りきることで、自我の固執と自己中心化から自由になり、「自《おの》ずから」といわれる自然な世界を生きることともいえます。フッサールにとっての我-汝-関係は、人格主義的態度において可能になるのであり、個別的な「自然な態度」、「自然主義的態度」、「超越論的態度」だけでは実現することはありません。自然主義的態度における自然科学の知見、また超越論的態度における哲学の知見は、能動的綜合を駆使して実現する知性の見識ではあっても、それだけで、感性と知性の全体にかかわる人格主義的な態度での我-汝-関係の実現にはいたりません。

ここで、フッサールの人格主義的態度における我-汝-関係とブーバーの我-汝-関係に共通する特徴ではあっても、西田幾多郎の「私と汝」の考察においては背景に退いている重要な論点を、指摘してみたいと思います。フッサールとブーバーの場合に、三人称的視点で成立する「我-それ-関係」が、我-汝-関係に包摂され、統合されるのに対して、西田の場合、「我-それ-関係」は、それ自体、絶対的三人称ともいえる、絶対無の別名である絶対的彼（Er）といった宗教的次元にいたるためのたんなる障害とみなされ、完全に無視され、否定されるということです。もちろん、我–汝–関係において、また西田の「私と汝」においても、自我の自己中心化から解放され、真の自由が実現されてはいるのですが、西田の場合、「自己否定」、「自我の否定としての無我」というように、作用としての「否定」という能動的表現が強調されるのに対して、ブーバーの我–汝–関係の場合、ものごとに完全に集中するとき、自己中心化は生じていない、ということそのものが、強調されていることです。このことをブーバーは、「汝の天空がひろがっているかぎり、因果律の風は吹きやんで私の足元にうずくまり、宿命の渦は凝固して動くことがない(15)」、と表現したり、我–汝–関係において、「排除されるべき、いかなる〈「我–それ–関係」〉もない(16)」と表現されたりします。

フッサールの場合、我–汝–関係を実現する人格は、「自然な態度」に対して現象学的還元を遂行し、自然主義的態度による実在するものの因果性による探求の本質を、超越論的態度における「本質直観」をとおして解明することで、この三つの態度を統合する人格主義的態度を生きているのです。このとき重要であるのは、まさにこの本質直観のさい、ここでいわれる「能動性の極致に生成する受動性」が実現していることです(17)。というのも、本質直観のプロセスにおいて、決定的なことは、「自我の関与をいっさい含まない純粋な受動性の深みから、受動的綜合である連合をとおして本質が先構成されてくる(18)」ことなのです。この能動性の極みにおいて、本質直観が、受動的先構成として成立することは、特筆すべきことといえます(19)。

他方、実は、西田の依拠する仏教の「無我」や「無心」の思想は、仏教哲学の根本原則として、当然ながら日常生活において、上田閑照氏のいう「二重地平(20)」として生きられているはずです。それが実際に生きられている現実が、最も鮮やかに活写されているのが、鈴木大拙の『禅と日本文化』であるといえるでしょう。それぞれの実生活の只中で、それぞれの生業をとおして、農夫であれ、漁師であれ、武士であれ、工作者であれ、商人であれ、芸道に励む者であれ、無心が実現する様子が鮮やかに描かれています。実生活への集中が、無心を実現しているのです。にもかかわらず、あえて問いただされねばならないのは、現在の日本において、どうして無心の態度において、民主的な社会制度の実現が進展していないのか、その理由です[21]。

なお、本書第Ⅲ部第一章「西田幾多郎とフッサールにおける直観と反省」では、以上の論点が、さらに詳細にわたり、原理的解明にもたらされます。

(4) 受動性と能動性からみたモナド論的現象学

フッサールは、一九二〇年代以来、ライプニッツのモナド概念を積極的に取り入れることで、モナド論的現象学を展開することになります。しかし、それはモナドを実体として理解するのではなく、現象学の根本概念といえる志向性概念を基軸にしたモナド論的現象学の構想でした。志向性はこれまで述べてきたように、受動的志向性と能動的志向性からなります。モナドの発展が、受動的志向性による受動的綜合と能動的志向性による能動的綜合の発展として理解されるのです。受動的志向性は、「能動性以前の受動性」と規定される本来的な受動的志向性と、「能動性が転化した受動性」とされる、能動的志向性の充実／不充実が過去把持をとおして過去地平に沈澱化し、潜在的な含蓄的志向性になった、能動的志向性を起源にする受動的志向性に区分されます。

ここで注意されねばならないこととして、まず、この能動性が転化した受動性でさえも、能動性そのものが「能動性以前の」本来的な受動的志向性を、前提にしていることです。また、能動的志向性が習慣化と反復をとおして、能動的綜合独自の創造的展開の領域が、成立することも考慮されねばなりません。この能動的綜合の究極の次元において、能動的綜合において働いている自我の能作が、その自我中心性を喪失し、「無私、ないし無我」に統合される可能性が認められます。このようなモナド的現象学の概観において、特徴的なことが幾つか挙げられねばなりません。

①　フッサールのモナド論的現象学の最も重要な特徴は、志向性という根本概念の規定によるという点です。受動的志向性には、自我の関与が認められません。自我の対向が生じる以前、先触発の領層において、意識にのぼる以前に受動的綜合が生じています。いわば、この無意識において働く受動的志向性は、ライプニッツの意識にのぼることのない「微小表象」に対応するといえます。しかも、ライプニッツの指摘する、この微小表象が「心身関係を説明し、モナド間の調和を説明できる[22]」とすることは、フッサールにおいて、受動的綜合である連合による対化が心身関係、ならびに相互主観性の成立を解明しうることと適確に対応しています[23]。志向性を本質とするモナド的生の現象学は、ライプニッツにおいて実質的な説明が展開されることのなかった微小表象が、原共感覚からの個別的感覚野の連合へと発展するとするフッサールの発生的現象学において、受動的志向性の充実／不充実による必当然的明証性という哲学的論証性を獲得しているといえるのです。

②　さらに注目すべきは、先に述べたことですが、受動的綜合としての対化の概念は、オートポイエーシス論のカップリングに対応し、神経現象学の方向性が呈示されていることです。受動的綜合としての対化とカップリングは、生命体と周囲世界との相互覚起として、オートポイエーシス論においては、相互作用として働き、モナドの発展の土台を形成しています。オートポイエーシス論において、心的システムと物的システムのカップリングによって心身関係が成立するとするとき、すでにでき上がり済みの両システムのあいだにカップリングが生じるのではなく、カップリングをとおして、心的システムと物的システムがそれとして生成し、連動することです。

そのカップリングがどのように相互主観性を可能にしているのか、ヴァレラ自身、積極的に展開できませんでしたが、一ついえることとして、「ミラーニューロン」が、相互主観的コミュニケーションの成り立ちを説明できるといった実在論的な主張は、ヴァレラにそくした神経現象学では、原理的に不可能であることです。ミラーニューロンにおいて運動系と知覚系のカップリング（対化）が起こっているとはいえても、このカップリングは、運動系と知覚系の「変換」とか「翻訳」といった「比喩」で説明できるのではありません。

③ 脳神経科学の用語として「伝達の抑制と促進」あるいは、「制御」といった用語が用いられますが、何のための抑制か、何のための促進か、この「何のための」という「目的づけ」や、フィードバックではない「フィードフォーワード」の予測の機能や、なんらかの意味の想定そのものは、自然科学の考察である因果関係の考察そのものには原理的に含まれていません。本来、自然科学は、いつもすでに生じている事実と事実のあいだの因果関係、及び実験の場合も同様、仮定に基づいて一定の事実を事実として起こし、その結果の事実を確定し、事実上の因果関係の探求に終始します。この因果関係そのものの中に、前もっての予測が含まれているはずはないのです。また「意識の自由か、因果による決定論か」という二者択一は、近世哲学に特徴的な二元論的設問であり、「複雑系自然科学」にしろ「自己組織化論」にしろ、この枠組みでの考察に留まって、そのことを自覚できない限り、二元論的考察法そのものの起源を明らかにすることはできません。

このとき、この二元論的枠組みでは捉えられない「対化」や「カップリング」の次元が開示されることはないのです。「自由か因果か」という二者択一は、「主観／客観」、「観念／実在」、「精神／物質」、「質／量」といった二者択一とその根源を同じとするものであっても、現象学の志向性の概念には妥当しません。とりわけそれが明確に示されるのは、受動的志向性、それも本来的受動性という特性をもつ受動的志向性の場合です。というのも、無意識に働くとはいえても、能動的志向性からの変様としての受動的志向性と区別される、無意識に働く本来的な受動的志向性は、感覚形態の連合として、「意識された自由か、意識されずに因果的に規定されてあるはずの実在物か」という対立項が形成される以前に、対化やカップリングとして作動しているからです。

④　モナド論的現象学は、衝動志向性に基づく「理性の目的論」と特徴づけることができます。しかし、目的論といっても、ライプニッツの「予定調和」とか、プラトンの「イデアの世界」とか、キリスト教神学の「神の国の実現」などのような決定論的に規定しうる可能性を見込んだ目的論ではありません。むしろ、超越論的規則性が開示されてくるプロセスにそくして、方向性そのものが明らかにされてくるような目的論なのです。「生きる」という生命の根本的動機は、いったいどこに向かっているのか。モナド論的現象学の方向性は、理性をとおして、人間モナド（Menschenmonaden, XV, 596）がお互いに普遍的規則性を共有しうる方向に大きく定まっているると論じます。もちろん、この論述そのものが普遍性をもちうるか否かという問いそのものが、プロセスをとおして初めて開示されうることに変わりはありません。

ま　と　め

さて、こうして受動的綜合の超越論的規則性をめぐって、その概観を振り返ることが試みられました。ここで、まとめとして語りえることは、次の四点となるでしょう。

①　受動的志向性と、その連合として働く受動的綜合の開示は、静態的現象学から、意味の生成を問う発生的現象学への展開のなかで実現してきました。受動的綜合としての対化連合は相互主観性を超越論的に根拠づけて

いるのですが、これまでなされてきた対化の概念への批判のすべては、端的にいって、能動的志向性と受動的志向性の区別ができていないことに由来するといえます。発生的現象学における受動的相互主観性の成立いかんという観点からして、自閉症や統合失調症の治療論への方向性が定まってくることも、強調されねばならない論点でしょう。

②　受動的志向性である衝動志向性が、「生き生きした現在」の時間の流れは、早くも、遅くも、流れるように流れるという「生きた時間の謎」の規則性を明らかにしました。このことこそ、衝動志向性は間身体性においてのみ作動しうることからして、時間化、及び存在化は、間モナド的コミュニケーションとしてのみ成立しうることの必然性を証示しうるのです。このとき時間は、無論カントのいうたんなる「感性の形式」なのではありません。時間はそれ自身生成するものであり、モナド間に働く本能志向性をとおして時間内容として生起してくるものです。この元来、共有される時間内容が、共有される感覚本質であり、原初的な客観的共有時間が成立し、「固有感覚」とも称される「運動感覚」の原意識をとおして、自・他の個別的身体を流れる個別的身体に分割された個別的時間が成立します。

③　事実学としての実在物を前提にした自然科学は、客観的に存在するとされる実在物との関連で客観的時間の存在を想定し、前提にしています。時間が生じたのは「宇宙が生成した一三七億年前」として、「一三七億年前」以前にも可能な時間の問いを封印するのでしょうか。絶対者が時間を創造したとするときも事態は同じです。創造以前の時間を問うことは意味をなさないのでしょうか。現象学の時間論は、モナド間に共有される生きた時間からの客観的時間の生成を論証します。母子関係における「眼差し」や「指さし」を媒介にした伝達をとおした客観的世界が形成されてきます。そこに数の学習が加わることで、客観的世界を数で計測することをとおして

成立するのが、いわゆる客観的時間に他なりません。

④「間身体性」、「間モナド的」といわれるときの「間」という特性が、的確に理解される必要があります。すでに志向性の概念の説明にあるように、志向性は主観に発して客観に達し、「～として」という意味づけをしているのではありません。自我の関与する能動的志向性であれ、自我の関与しない受動的志向性であれ、いつもすでに関係性そのもの、意味づけそのものができ上がるか／でき上がらないか、しているのです。志向性が成立している関係性の成立の仕方、意味づけの仕方を解明するのが、現象学の分析です。そしてこの関係性は、そのつどでき上がる「間」と特徴づけることが、もっともふさわしいと考えられます。というのも「間」そのものがいつも先立つということは、あらゆる種類の二元的思惟から自由になることを意味するからです。

注

（1）E・フッサール『間主観性の現象学　その方法』邦訳、一七七頁。
（2）同上、一九二頁。
（3）これら、脳科学における方法論的考察の欠如について、山口一郎『感覚の記憶』一二七頁以降を参照。
（4）「倫理以前の次元からの倫理の生成」については、山口一郎『人を生かす倫理』第二部を参照。
（5）E・フッサール『受動的綜合の分析』での、異種の感覚野の相互触発について「たとえば心臓の音のリズムが、それに似た灯火信号のリズムを覚起することがある」（同、邦訳二五五頁）としています。
（6）感覚の持続の時間意識としての現出は、新カント派の認識論によって時間点の連続の超時間的な知的統合として理解することもできません。「複数の表象の経過を把握するのに必要なのは、これらの表象が一つの関係づける知のまったく同時に与えられた対象であることであり、その知が、唯一の不可分な作用においてまったく分割できないように統合されていることである。……すべての表象は、……端的にいって、多くの要因の比較を含み、それらの間の関係を表現するすべては、時間を欠いた統合する知の成果としてのみ考えられうるのである」（Hua. X, 19f.）。22. Hua. とローマ数字については、本序論、注（8）を参照。
（7）E・フッサール、Hua. X, 93 を参照。
（8）以下、本序論の引用後の、ローマ数字は『フッサール全集（フッサリアーナ）』の巻数を示し、それに続くローマ数字は、その頁数を意味する。
（9）E・フッサール、Hua. XXXIII のD・ローマーの序文、XLI 頁を参照。
（10）このことについて、山口一郎『存在から生成へ』二二二頁、『人を生かす倫理』三〇七頁を参照。
（11）E・フッサール、Hua. XLI, S.171.
（12）E・フッサール『間主観性の現象学　その行方』邦訳、五四七頁を参照。
（13）「相互基づけ」については、『論理学研究』第二巻、三の第二章第十六節、邦訳五三頁以降を参照。

(14) 山口一郎『感覚の記憶』は、この原共感覚からの個別的感覚野の発生を主要なテーマにしたものです。
(15) M・ブーバー、『ブーバー著作集Ⅰ　我と汝、対話』邦訳一四頁を参照。
(16) 同上、一二頁を参照。
(17) 原始仏教の実践哲学を解明しようとする和辻哲郎が、仏教の「法観」にフッサールの「本質直観」が対応すると指摘していることは、注目すべき論点といえます。このことについて、山口一郎『文化を生きる身体』二二八頁及び次頁を参照。
(18) このことに関して、『存在から生成へ』二六七頁を参照。
(19) 西田が「物きたって我を照らす」ということは、まさに「受動的先構成」という事態を呈示するものとなっています。このことに関して、上田閑照『西田哲学への導き』二九頁を参照。
(20) この「二重構造」については、上田閑照『経験と場所』一八〇頁以降を参照。
(21) このことに関して、間文化哲学研究の可能性を問うなかで、日本における国際哲学の可能性を論じた国際哲学研究センター設立記念シンポジウムにおける論文、山口一郎「国際哲学研究の可能性」を参照。
(22) G. W. Leibniz, Neue Abhandlungen über den menschlichen Verstand, Darmstadt, 1985, S. XXVII を参照。
(23) 微小表象と受動的綜合の関係について、詳細は本書第Ⅱ部第一章を参照。

第Ⅰ部　開かれくる受動的綜合の世界

序論では受動的綜合の領域の大まかな枠組みが述べられました。この章では、この大まかな枠組みについての論述の内実を、詳細な記述をとおして現象学の目指す十全的な明証性にもたらすことが、その目的とされます。

そのさいまず第一に、「心身関係」を主題として取り上げるのは、心身関係が哲学の問題となるその設問の成立を、フッサールの発生的現象学における記述をとおして明瞭に理解することができるからです。発生的現象学において「心と身体の関係を問う」とは、いつ心は「心となり、その意味をもち」、身体は「身体となり、その意味をもつ」のか、その意味の生成を問うことです。それによって、すでに生成済みの心と身体の意味を前提にした関係性の問い、たとえば「心は身体にどのような影響を与え、その逆も成り立つのか」とか、「他者の身体を外から知覚できても、その内面は経験できない」、あるいは「他者との本当の出会い、いわゆる我‐汝‐関係はそもそも実現可能か」といった問いに対して、真の意味での解決が、受動的綜合の次元において可能になることが、呈示されうることになるのです。

この心身関係を現象学的解明にもたらそうとする場合、『イデーンⅡ』の「物、心、身体、感情移入、人格主義的態度等」の領域的存在論の枠組みで議論を展開する可能性も与えられています。しかし、ここでは、心身関係と他者論とを関連づけることで、日常生活における人間関係において問われる心身関係を、乳児期から成長し、社会生活において「我‐汝‐関係」が実現するまでを、意味の生成を問う発生的現象学の観点から考察してみたいと思います。そのさい、M・ブーバーの乳幼児期の「我‐汝‐関係」と、能動的志向性からなる能動的綜合による「我‐それ‐関係」、そして成人における「我‐汝‐関係」、というように人間関係の成り立ちを三段階に区分けして現象学の分析にもたらすつもりです。

この、いわば発生のただなかから始まる現象学的記述は、第二章の「受動性と能動性の関係についての原理的考察」では、「心身関係」を問うて展開された具体的記述の徹底した原理的裏付け、つまり現象学の明証性〈必当然的明証性と十全的明証性〉に照らし合わせた原理的考察が展開されます。そのさい、主要な主題となるのは、「受動性が能動性を基づけるとはいかなることか」、「受動的綜合における類似性は、種〈スペチエス〉としての本質とどう違うのか」、「過去把持の交差志向性における〈垂直の合致〉の連合概念への展開」などとなります。

第三章では、相互〈間〉主観性論をめぐり、発生的現象学における「時間、連合、創設」という原理的規則性の観点による原理的基礎づけをとおして、新たな社会哲学の基盤が呈示されます。そのさい第一章の心身関係の発生的考察、および記述と第二章の受動的綜合の規則性についての原理的考察が、徹底した基礎づけと目的論的方向性を明確にすることを可能にするのです。

第一章　心と身体の関係

――「我―汝―関係」の現象学――

「心と身体の関係」について問うということは、普段の私たちの生活ではあまりないことだと思います。普段、私たちは、相手の気持ちは相手の表情をとおして自然に伝わっている、と思っています。気持ちは表情に現れているのが普通です。しかし、そうはいっても、相手の凍り付いた硬い表情とか、言葉に気持ちがこもっていないとか、言葉と表情の背後に、かたくなに動きをみせない「相手の心」を感じるときもあります。

心の内面と身体の表情とがどんなふうに繋がっているのか問われるのは、さまざまな表情をみせる相手を前にする場合に限りません。はたして、自分にとって、自分の内面は、直接はっきり感じとられ、分かり切っているといえるでしょうか。私たちは、そもそも作られた表情としてしか、自分の表情を見ることはないのではないでしょうか。試しに、自分の笑っているときの顔の表情をみたくて、鏡に向かって笑いかけてみてください。そのとき、自分の自然な笑い顔が見えていると思う人はだれもいないでしょう。そこに見えるのは、もう自分で作った笑い顔でしかなく、自分の自然な笑い顔（内面の発露）でないことは、なぜだか、見た瞬間に分かってしまいます。相手のふとした笑顔に強く心を動かされるのに、そのような自分の笑顔を自分で見たことはないし、これからも永久にないことを考えると、実に不思議なものです。「あなたの笑い方、お母さんにそっくり！」と言われるとして、お母さんの笑顔が見えても、自分の笑顔をみたことはないのです。

心と身体の繋がりの不思議は、他にも、ごく身近にもあるものです。他の人に操られると操ったいのに、自分で自分の身体を操っても、操ったく感じないのは一体どうしてでしょうか。生理学的にみて、操るときの刺激は同じように与えられているはずです。昨今の脳科学研究は、この理由を次のように説明してくれます。私たちが身体を動かそうと思ったそのとき、その直前に、すでに運動指令の信号が、筋肉に脳から伝えられていて、それだけでなく、それと同時に、その指令通りに運動したかどうかチュックする準備ができ上がっているというのです。どこをどのぐらい強く、どんなふうに操るのかその運動の仕方が、運動指令の信号をとおして決められ、その仕方にあっているかどうか、予測どおりかどうか、確かめる準備ができている、というのです。ですから、実際に自分で自分の身体を操っても、実際に操る前から、どこをどのぐらい強く操るのか、予測されていますので、予測が予測どおり起こっても、ただそれだけです。操られるときの「不意さ、意外さ、驚き、新鮮さ」を伴いません。だから操ったくないのです。また、もちろん当然のことですが、自分の脳内で起こる運動予測と、他の人の脳内で起こる運動予測は、別々の身体のなかで起こっています。他の人の操る動作は、他の人の脳内活動をとおして予測されて起こっているのであり、自分では起こすことはできません。予測できない操りだからこそ、操ったいのです。

このように、人間の「心と身体の関係」を、「自分の心と身体の関係」と「他の人の心と身体の関係」というように、自分と他の人の区別にしたがって問うことができます。このときすぐ思いつくことは、自分の心と身体と他の人の心と身体のあいだは、踏み越えられない深淵によって隔絶されていることです。結局一人一人別々に生まれ、一人一人別々に死んで行くのが人間の現実だというわけです。身体として生まれ、身体として死んで行くことがその人の心の死でもあるというわけです。人生これだけの話なら、ある意味で楽なものです。結局、各自、自分の身体の健康だけ考えればいいのですから。そうはいかないことは、人間関係の中でしか生きようがない人間にとって、分かりきったことです。職場のストレスのほとんどが、個人に限られた心身関係から生じるのではない、まさに人間関係のストレスなのです。

この人間関係そのものを哲学の中心に据えることで、人間の心と身体の関係について説得力のある見解を示しているのが、対話哲学の代表者マルティン・ブーバー（一八七八―一九六五年）です。彼は、人間の相手に対してとる態度の違い、つまり「我-汝-関係」と「我-それ-関係」の違いをとおして、人間の心と身体の関係を考えています。

まずは、ブーバーのいう「我-汝-関係」についてその概略だけ説明しておきましょう。「我-汝-関係」の「我」とは、各自にとっての私のことで、「汝」とは、古語に由来する「あなた」のことです。しかし、ブーバーは、この汝を人間としてのあなただけでなく、山や川、草花や動物と言った自然も、私にとっての「あなた」になることがあるとしています。それだけでなく、たとえば「キリスト教の精神」とか「仏教の無我」とか、精神的なものも、私にとっての汝（あなた）になりうるのです。この「我」と「汝」との関係といわれる我-汝-関係とは、汝にひた向きに向かうことで我を忘れ、汝と一つになることを意味します。そのとき、本当のあなたに出会い、私が本当の私になるというのです。この出会いとは、一体どういうことなのか、のちほど幾つかの事例ではっきりすることになります。この「汝」に対して「我-それ-関係」の「それ」は、汝の部分的特徴とか性質（性格とか能力）を意味するとされます。ということは、相手を心という「それ」と、身体という「それ」に分けて、相手は心と身体を併せもつと考えることそのものが、「我-それ-関係」において相手を見るということなのです。

簡単にいえば、我-汝-関係において一つになっている「汝」において、「心と身体」は分かれてはいないが、我‐それ‐関係において、相手は、心と身体に分かれているということなのです。しかし、ブーバーが、人間の心と身体の関係を、このように、「我‐汝‐関係」と「我‐それ‐関係」において違ったふうに考えるとしても、そもそも私たちは、冒頭で見られた幾つかの実例のように、自分の心と身体、他の人の心と身体というように、当然のように、心と身体を区別して、その関係を問おうとしています。ですから、我‐汝‐関係において、我を忘れて汝と一つになるとき、心と身体は分けられない、ということこそ、日常生活では考えにくいことのように思われます。このような少し考えるのが難しい「我を忘れて汝と一つになる」という「我‐汝‐関係」そのものを、分かりやすい言葉で、丁寧に説明して行くことのできる哲学として、ここで現象学を導入し、多くの具体的な実例を出しながら、「我‐汝‐関係の現象学」を、分かりやすく述べていきたいと思います。

この「我‐汝‐関係」の現象学は、大きく三段階に分けて説明されます。

まず、第一段階は、乳幼児期における我‐汝‐関係の段階です。ここで乳幼児期というのは、いまだ自分が自分であることが自覚できない乳幼児が生きる時期という意味です。この時期の、とりわけ生後四ヶ月ぐらいまでの乳幼児は、自分の身体と他の人の身体の区別ができていないとされています。ということは、自分の身体に住まう自分の心と、他の人の身体に住まう他の人の心の区別もできないことになります。このような段階で、そもそも心と身体の関係がどのようになっているのかを明らかにしようとするのが、私たちの第一の課題です。

次の第二の段階では、自他の身体の区別がついてきます。自分の身体は自分で動かせますが、他の人の身体は動かせません。怪我して痛いのは自分の身体であり、他の人の身体の痛みは、自分の身体のように直接痛みとして与えられていません。痛いと直接感じているのは自分（の心）であり、他の人の痛みは、自分（の心）には、直接感じられません。自分の心と身体と他の人の心と身体は、別々に与えられているとしてしか、考えられません。幼児は言葉を使うこともできるようになり、学校に通い、教育を経て社会人としての大人の生活が日常になっている段階です。この段階である「我‐それ‐関係」においては、人間の心と身体は、当然、区別されて考えられています。しかし、この段階でも、第一段階の乳幼児期の我‐汝‐関係が完全に消失してしまっているのではなく、実は、意識にのぼらなくても根底になお、働いていることが、のちほど、明らかにされます。

　第三段階は、成人の我‐汝‐関係が成立しうる段階といえます。この段階では、すでに第二段階と同様に、自分の心と身体、そして他の人の心と身体が区別されています。このごく当たり前の日常生活の只中に、我を忘れて汝に向かい、汝と一つの世界を生きる、「出会い」ともいわれる我‐汝‐関係が実現するのです。このとき、「我を忘れる」というのは、いちいち、自分を振り返る暇も関心もないぐらいに、汝に引きつけられ、ひた向きに向かっていることを意味します。第一段階では、いまだ、振り返ってみる自分そのものができ上がっていないのですから、振り返りようがありません。しかし、この第三段階では、我‐汝‐関係の体験そのものは、そのままのあり方で持続することなく、日常生活の我‐それ‐関係に立ち戻るようになるのが、人間の宿命だとされています。

　このように、それぞれの段階で、心と身体の関係がどのように考えられるか、段階を追って、説明されますが、第一段階の説明にはいる前に、まずはまえもってはっきりさせておきたいことがあります。それは、哲学としての現象学の説明と脳神経科学や生物学などの自然科学の説明との違いについてです。なぜその必要があるかといえば、多くの人々が、脳の話（先ほどの擽りの話）には耳を傾けても、難しそうな哲学の話は、「私には分からない」と始めから敬遠する人々が多いからです。ですので、まずは、身近な、個人個人、実感され、体験される時間と、自然科学で使われる時計で計られる時間とを比べてみて、現象学と脳科学の話の、いったいどちらがどれだけ分かりやすく、また納得できる説明になっているのか、はっきりさせてみたいと思います。

第一節　自分の身体で実感される時間と時計で計られる時間――現象学研究と自然科学研究

それでは、まず私たちの日常生活からの実例として、「満員電車で起こること」を挙げてみましょう。電車にのっていて、つり革につかまって文庫本を読んでいたところ、突然、急ブレーキがかかります。「アッ」と思う前に、すでに隣の人の軸足を自分の足が踏みつけていました。このとき、誰でも分かることですが、自分が「わざと踏みつけた」のではなく、予想できなかった急ブレーキで、足が「勝手に」動いてしまったのです。意図せずに足が動いてしまったのですが、動いて踏みつけたのは、自分の足であることは、まちがいないので、普通は隣の人に、「どうもすいません」と謝ります。踏まれた人も、「わざとでないこと」は分かっていますので、痛い思いはしても、「大丈夫です」としか、言いようがありません。

同じ自分の足が踏まれることでも、「わざとか、そうでないか」は大違いです。わざと踏みつけるときは、そのつもりで、意図的に踏みつけます。その時の踏みつける身体の動きは、意図を伴った随意運動といわれます。随意の随は、随伴する、伴うという意味です。そのつもりという「心、あるいは意識や意図」が伴われた運動なので随意運動というのです。しかし、「足が勝手に」というときは、そのつもりがなく、意図も意識も心も伴っていませんので、不随意運動といわれます。随意運動と不随意運動の違いは、心が伴っているか、いいかえると自分のすることに「気づいているか、いないか、そもそも自覚しているか、いないか」の違いなのです。この実例の中に、心と身体のつながりについて、いろいろ、興味深いことが含まれています。

（1）各自の実感から始める現象学

まず、「わざとか、わざとでないか」、「随意運動か、不随意運動か」の違いが問題になります。このとき、随意運動の場合、心が身体を動かすので、心が先で、身体の運動は後になります。しかし、電車の急ブレーキのときは、身体が先に動いてしまっており、心がそれに気づくのは、その後です。このとき、随意運動にしろ、不随意運動にしろ、心と身体の運動の「後先の違い」がはっきり区別できているのは、もちろん自分自身の心の中でできていることです。「わざとか、わざとでないか」問題がこじれて刑事沙汰になったとき、他の人の前で、「わざとではなかった」とはっきり言い切れるのは、しばらくたった記憶の中でさえ、その前後関係が間違いなくはっきりしているからです。このように、自分の心に絶対間違いなく直接体験できていることから出発するのが、現象学です。他の人は何と言おうと構わない、自分にとっては、絶対に間違いないといえる実感から始めるのです。

となると、他の人からみれば、自分の「正気も狂気」も区別ができない、「たんなる自分勝手」とどこが違うのだ、ということになります。これでは、誰にでも当てはまる真実を求めるはずの、学問としての哲学になるのでしょうか。その疑念に現象学は次のように答えます。現象学は、一人っきりの絶対の孤独の中で、ものごとの真実を噛みしめている私の心の根底が、実は私にとってかけがえのないあなたの心の根底とつながっていたことを、最終的に明らかにすることができます。そのさい現象学は、まさにこのことが、各自の心の奥底で確かめ合い、照らし合うことができることを、誰もが納得できるように説明しようというのです。ということは、「心と身体の結び付き」について考えるというとき、現象学は、まず、各自、個人としての一人一人に実感できることを基準にして、本当のことか、疑わしいことか、真実か、虚偽かを、実感のままに、確かめ決めて行くことから始めようとするのです。

（2） 実感する時間と時計の時間とどちらが本当の時間か

さてこのとき、次のような反論がでてくることでしょう。そのような各自の、一人一人別々の勝手な実感などあてにならない。現に、見栄だとか、世間体とかで、嘘を平気でつく人は、たくさんいる。人のいうことは、信用できない。誰にでも納得できるというなら、実験で証明できる自然科学を頼りにするほかない。理想的には、嘘発見器を証言者に備え付けて、脳波をはかり、「わざとか、わざとでないか」決めるべきだ、こういった反論です。しかし、これまで、重要な裁判のとき「嘘発見器」を使ったという事例は、いままでないと思います。平気で嘘をつく人にとって、普通、人が嘘をつくときの心の動揺が、脳波に現れないことは、容易に想定できます。それでもなお、脳波がいつ起こるのかは、電子時計といったもっとも精度の高い計器で精確に計ることができるので、各自の心の中で直接感じる、不随意運動の場合のような出来事の前後関係より、時計で計った出来事の前後関係のほうが、はるかに精確であり、本当のことだ、と言う意見がもっともなようにも聞こえます。いったい、実感される体験の時間と時計で計る時間とどっちが、本当の時間なのでしょうか。

① 体験の時間と時計の時間との違い

ここで、体験の時間と時計の時間の違いがはっきりする例を挙げてみましょう。アメリカの乳幼児精神医学の第一人者、ダニエル・スターンという著名な研究者がいます。[1] 彼は、養育者（母親）と幼児のあいだに自然に生じている情動交換が、子供の成長にとってもっとも大切だといいます。情動交換というのは、喜怒哀楽といった様々な感情を共に体験することです。そしてこの情動交換は、赤ちゃんが泣き出せば、母親がすぐに抱き上げたり、あやしたり、いつも赤ちゃんの感情の動きに即応するように起こっています。この母子間の「情動交換」がいつも同時に起こっているので、それは、研究者のあいだで「相互交流的同時性」と呼ばれました。この同時性とは、お互いのあいだに共に感情を共有できる生きた共同体験の同時性なのです。

ところが、医学者であるスターンは、情動交換が本当に同時に起こっているのか、確認したくて、母子の脳波を計測した多くの研究者の実験結果をまとめました。そして実験の結果、母子の感情の動きを示す脳波には、精確にみると時間上のズレがあるので、最終的にこの「相互交流的同時性」の説は、客観的な説として成り立たない、とされたのです。時計で計る時間が本物で、母と子のあいだに通い合う感情の交流は、同時と感じられているだけで、本当は同時ではない、というのです。つまり、自然科学の世界では、主観的に同時と感じられていても、客観的に計測された時間としては、同時ではないというのです。

② 共に体験される時間の同時性こそ「同時」の意味の源泉であること　これに対して、現象学は、この自然科学による実験結果を、自然科学上の計測結果として認めたとしても、それをそのまま真実として受け止めることはしません。それに代えてまずは、赤ちゃんの情動の変化に即応しているようにみえる母親に直接尋ねてみて、「同時と感じるか、感じないか」聞いてみます。ちょうど、電車の急ブレーキのときの「身体の運動が先で、その気づきが後か」と尋ねてみるのと同じです。そのときの母親の答えは、おそらく、多くの事例から、「赤ちゃんが初めてにこっと笑ってくれたとき、嬉しくて涙がでた」とか、「急に泣き出したので、不安になった」とか、赤ちゃんの情動の動きに同時に即応しているといった答えになるでしょう。脳波を計って、仮に、〇・三秒とか、

○・二五秒ズレて、自分の脳が反応しているとか言われたところで、急ブレーキのときの「身体の動きと気づき」のズレほどのズレは、感じられないと答えるでしょう。また別の例として、「赤ちゃんを抱いていて、眠ったかなとおもって、ベッドに寝かせようとしたとき、そのことに気づいて赤ちゃんが目を覚ました」といったことがあります。このとき、母親が抱き、赤ちゃんが抱かれている状況が続いた後、母親は、寝かせようとする自分の動きに即応した赤ちゃんの身体の変化を直接感じたのでした。「抱き抱かれ」という、当然同時に生じている状況の持続が、母と子のあいだで共有されています。この共有される同時性こそ、つまり、母と子のあいだでともに体験される同時性の持続こそ、同時の意味の源泉なのです。

③　数値では決まらない「過去・現在・未来」という時間の意味

それに対して、時計で計る時間は、数字で表現されます。たとえば、ちょうど正午の一二時からみて、一秒前は一一時五九分五九秒、一秒後は、一二時○分一秒ということになります。ちょうど一二時になったとき、一秒前の一一時五九分五九秒は、すでに過去の時間で、一秒後の一二時○分一秒は、まだ来ていない未来の時間に属します。では、一一時五九分五九・五秒はどうでしょうか。もちろんまだ一二時なっていませんから、過去の時間です。一一時五九分五九・七五秒は？　まだ過去です。一一時五九分五九・九九九九九九……と無限に一二時に近づけても、どこまでが、数値の上で過去なのか、永久に決めることができません。数値が無限小にたえまなく続いていくからです。未来の方向でも同じことです。いつ未来が始まるかと思って、未来が始まる時点をさがしても、一二時○分○・一秒、一二時○分○・○五秒、一二時○分○・○二五秒、一二時○分○・○一二五秒といったように、無限に切り刻んでいっても、無限小の始まりを決めることはできません。このままでは「過去と未来」が決まらないだけでなく、同時というときの今（現在）、ここでいう○（ゼロ）の時点もきまりません。

④　出来事の前後関係の実感から生まれる時間の意味

数値の上で、何秒後から過去が始まるのか分からないので、自然科学研究者は、−t といった記号を用いて、どんな数字でも当てはまるように、これを過去とします、とお互いに研究者同士約束します。しかし、「過去とします」というときの、「過ぎ去る」、あるいは「過ぎ去った」という意味は、いったいどこから持ってくるのかといえば、せいぜい、過去という「言葉の意味だ」というのが自然科学者の最終的な答えになるでしょう。そして「過去という言葉の意味」は、いったいどこからくるかと問えば、初めに電車の急ブレーキの例で挙げた、不随意運動のときの実感された出来事の前後関係でしか、答えようがないのではないでしょうか。必要があれば、裁判でも証言できる自分の実感、出来事の前後関係の直観、つまり、「身体の動きが先でこれが過去に属し、それに気づいたのが後で、気づいた今」を意味するという確信です。私たちの日常の経験では、起こる出来事にいつも、時間の順序があることが、否応無しに実感されているのです。キーボード上にかかってしまったコーヒーは、元のカップにもどりません。事故を起こす前にもどれたらと願うドライバーにとって、時間は非情です。事故の前にはもどれません。これを時間が逆にはもどらない「時間の不可逆性」といいます。

⑤　現象学は「実感の成り立ち」を問う哲学

電車の急ブレーキの例で、確認しておきたかったことは、まず第一に、随意運動と不随意運動の区別です。次に、「過ぎた過去、ちょうど今とか、まだきていない未来」とかいう時間の意味は、時計の時間の数値そのもの、あるいは、時間点そのものに見つけようとしても無理であり、私たちは、その数値に、時間の意味を宛てがっているだけだということです。そして、この実例をとおして「現象学とは何か」という問いに、まずは、次のように答えることができます。それは、現象学は、ちょうど、随意運動と不随意運動の区別のように、各自にとって、絶対疑えない実感の世界を基礎と出発点にして、この絶対疑えない実感そのものが、どのようにしてそのように、感じられているのか、その実感の成り立ちを問おうとするのです。ということは、時間に関していえば、言葉の意味、ないしどの言葉でも通用する概念の意味をそのまま使用する自然科学者や、概念の意味とその分析に終始する哲学の立場とことなり、現象学は、言葉や概念の意味以前の、絶対疑いきれない実感の明らかさ（明証性といわれます）から出発しようとするのです。そして、さらにそれだけに留まらず、たとえば不随意運動の場合、どうして出来事が先に感じ、後でそのことに気づくのか、その実感の理由をさらに追求しようとします。つまり、時間の前後関係の直接的体験を確信することから始めますが、現象学は、たんにその確信に留まるのではなく、その確信がどのように確信されているのかを明かにしようとするのです。現象学は、一体全体、何が確信されるか、そして、どのように確信されるのか、「何」と「どのように」という二つの視点から、その探求を展開するのです。

第二節　乳幼児期の我‐汝‐関係における心と身体の関係（第一段階）

（1）養育者（母）と赤ちゃんのあいだでともに生きられる共有体験される時間

さて、乳幼児期の我‐汝‐関係について考えてみるとき、日本でよく見られる母親と赤ちゃんとの「添い寝」という例から始めることができます。添い寝をするとき、赤ちゃんが寝入ってくれる前には、ぐずったりして、呼吸の仕方は、少し早めで、寝ているときの呼吸の仕方と違っています。母親が添い寝でそばに横になっているとき、赤ちゃんの呼吸の早さを直接感じているだけでなく、赤ちゃんの側も横になっている母親のゆっくりした呼吸の仕方を感じていると思われます。このとき生じるのが、発達心理学者の言う「引き込み現象」と言われる事柄です。お互いの呼吸の仕方が、同調し合って、短かった呼吸が次第に長くなっていき、二人とも寝入っていくこともあります。また、母親が赤ちゃんが寝入ったことを見計らって、赤ちゃんをベッドに寝かせようとして、そっと抱き上げ、ベッドに寝かせることができたり、まだ寝入っていなかった赤ちゃんの身体から自分の身体を離した途端、赤ちゃんが目を覚ましてしまう、といったことも起こります。このとき起こっていることを少し細かく考えてみましょう。

①　外からくる感覚と内からくる感覚を区別できない赤ちゃん

赤ちゃんは「無様式感覚（知覚）（amodal perception）」の世界という特有な感覚の世界を生きています。無様式感覚（知覚）というのは、色とか音とかいう外部からくる感覚と身体の内側で感じる、運動感覚などの内部感覚の区別がつかない、その意味で、様式をもたない、無様式な感覚のことをいいます。ですから、母親が添い寝してくれているとき、赤ちゃんは身体の内と外の区別もなく、穏やかで温かな身体全体の感触と心臓と呼吸のリズムを母親とともに全体として、一つのこととして体験しているのです。このときとくに強調することができるのは、赤ちゃんと母親の呼吸のリズムが次第に長くなりながら、一つの同じリズムとなっていくことです。このとき「長くなる」と感じ分けられるためには、赤ちゃんが、長さの区別ができるのでなければなりません。

そして自分の呼吸の長さが一定の長さとして感じられるためには、呼吸のときの運動感覚（実は、無様式感覚の世界を生きる乳児には、他の感覚とはっきり区別されて感じられてはいません）が、その一定の長さとして感じられているのでなければなりません。さらに、呼吸の一定の長さが、長さとして感じられるためには、胎児のときから全身で感じているはずの、心臓が動くときの運動感覚のリズムが、ベースになりながら、呼吸の始まりと終わりの一続きが、一定の一続きになっていなければなりません。そして呼吸の始まりと終わりの一続きが、一続きになるためには、呼吸の始まりと終わりが区別されねばなりません。始まりは先で、終わりは後です。この始まりと終わりの時間の前後関係は、先に出した例では、「不随意運動」の場合の「運動感覚が先で、そのことに気づいたのが後」といったように、大人の私たちには実感されています。

②　呼吸のズレを感じる赤ちゃん　赤ちゃんの「呼吸の始まりと終わり」の場合、それが感じ分けられているのは確かです。そうでなければ、母親の呼吸に合わせて、次第に長くなっていくはずがないからです。少しずつし長くなるためには、呼吸が始まって、終わると感じられるときに、実は同時に終わるのではなく、たとえば、〇・一秒ズレた、少し長めの終わりを感じるのでなければなりません。ズレがズレとして感じられなければ、ズレを補正するように長くすることができません。大人の私たちは、何か一緒に行動する時、たとえば綱引きのとき、ダンスのとき、合唱のときなど、呼吸を合わせるのが大事だといいます。赤ちゃんは、意図的にとはいえませんが、自然に呼吸が合うようになることで、次第に呼吸が長くなっていき、ぴったり調子が一つになり、同調しながら眠りに入っていくのです。

③　出来事が残っていくということ——「過去把持」について　呼吸のリズムがだんだん一つのリズムになって

いくためには、そしてそもそも、リズムがリズムであるためには、「吐いて吸って、吐いて吸って、吐いて吸って」というように、ちょうど、ドアをたたく音の「トン、トン、トン」というように、始めの「吐いて吸って」が、二回目の「吐いて吸って」に続き、三回目の「吐いて吸って」につながって、はじめて「吐いて吸って」のリズムができ上がります。始めの「トン」、二回目の「トン」、三回目の「トン」というように、「トン、トン、トン」のリズムになります。そしてここで大切なことは、始めの「トン」が聞こえて、二回目の「トン」が聞こえるとき、始めの「トン」が「トン」としてそこに残っていなければ、二回目の「トン」が聞こえるとき、同じ「トン」が二回目になったと感じられないということです。始めの「トン」が「トン」として残ることを、「トン」の音が、心理学の言葉を使えば、「感覚記憶」にとどまるといいます。一回目の「トン」が感覚記憶されて残ることは、過ぎ去りつつ残っていくので、「過去になって残っていく」、「過去がつかまれて残っていく」こととして「過去が把持される、過去把持されていく」と現象学ではいわれます。先に聞こえる「トン」が過去把持されていくとか、運動感覚として感じる「吐いて吸って」が過去把持されていく、といわれるのです。

④　過去把持をとおして気づける「呼吸の乱れ」

母親が赤ちゃんが寝入ったと思って、抱き起こし、ベッドに赤ちゃんを移そうとするとき、完全に寝入っていない赤ちゃんは、ビクッと身体を動かし、眼を覚ましてしまう場合があります。呼吸のリズムが一つになっていたところに、母親が身体を離そうと思った瞬間に、赤ちゃんはそれを感じ分けて、呼吸のリズムが崩れてしまうからです。このとき、赤ちゃんは、どうして「呼吸のリズム」の崩れを感じてしまう、あるいは感じ分けることができるのでしょうか。寝込む前の長めになった、ゆったりした呼吸のリズムが続いているとき、繰り返される長めの呼吸は、そのつど、過ぎ去っていきつつ、その呼吸が感覚記憶に残り、過去が残って、過去把持されていました。繰り返しの長めの呼吸が、そのつど、生じていれば、そのまま寝入っていたはずですが、どうして、呼吸のリズムが違う、と感じられたのでしょうか。同じリズムの呼吸が続くのであれば、それにことさら気づくことなく、寝入っていたはずです。「同じ」ということは、過去把持された呼吸と今の呼吸が、比べられてはじめて同じと感じられます。違うというときも、過去把持された呼吸が感覚記憶に残っていてはじめて、つまり、それと比べてはじめて「違う」と感じられるはずです。比べられることがなければ、「同じ」とも「違う」とも感じ分けられません。赤ちゃんは、繰り返し過去把持された長めの呼吸と、急にそのリズムを崩す「呼吸の乱れ」の違いに驚いて、ビクッと身体をうごかしたのです。

⑤ 母子間に共有される一つの呼吸――同時性という時間の意味の源泉

母と乳児の添い寝のときに、呼吸がぴったり同調していることは、一つとして感じられる身体のなかを、同じ一つの呼吸が持続して流れていくことを意味しています。外から見れば二つの寄り添う身体に、同じ一つの呼吸が流れていくのです。このとき、赤ちゃんにとっても、また母親にとっても、身体が別々に感じられることはありません。すこやかな眠りの呼吸が、二人の世界をすっぽり包んでいます。これが、もともと、二人で一つの同じ呼吸が、二人で一つの同じ身体のなかを流れる「時間の流れ」の「同時性」という時間の意味の源泉といえましょう。これまではっきりしてきたように、数値で示される時計の時間のどの時間点の上にも、「同時」の意味を見つけることはできません。そして、この一つの呼吸の同時が崩れ、大きな感覚の変化に驚かされるとき、いままで同時であった「時間の流れ」に一区切りがつき、同じ呼吸は、過去のものになります。こうして、そもそも共有される感覚の持続と変化が、現在と過去の時間の意味の源泉であることが、納得できると思われます。

⑥ 身体と身体とのあいだに生じる共有感覚（共感）という人間関係の基礎　この言葉以前の身体と身体がよりそい、呼吸を同じくしている、身体と身体とのあいだを流れる、いわば間身体的な共有体験は、人間のコミュニケーションの基礎ということができるでしょう。人間関係の基礎なのです。この基礎が基礎であることは、この基礎が欠ける場合に明らかになります。強度の自閉症に病んだ田中（偽名）さんと医師の松尾さんとのあいだで、ここで述べられている母と子のあいだの添い寝に似た、そばで寝ていることで、この人間関係の基礎が、再度、築き直された事例は、[2]いかにこの人間関係の基礎が重要であるかを治癒のプロセスとして示しえています。

自閉症の病態は、感覚障害に基づく発達障害とされます。それによって、言葉によるコミュニケーション以前に働いているはずの、気分や雰囲気や感情などによる情動的コミュニケーションが成り立たない症状とされているのです。医師の松尾さんは、パニックに陥って、ベッドに横になって震えている田中さんから少し離れた部屋のすみで、椅子に座ってうつらうつら寝入ってしまい、そのことで、田中さんも緊張がほどけ、同じように寝入ることになり、お互いにときどき目を覚ましては、ふたたび寝入るということを繰り返すなかで、この母と子の添い寝に似た体験が共有されていったのでした。

(2) どのように自分の身体は、自分の身体になったのか。

さて、初めに挙げた電車の急ブレーキの実例では、「自分の身体の動きが先か、心が身体を動かすのか」と問われました。しかし、ちょっと考えてみてわかるのは、電車に乗っているのは大人だから、電車の急ブレーキでも、つり革を手にバランスをとって立っていられるのは当たり前だということです。とはいえ、どうやって、注意しなくても立ったままでいられるようになったのか、私たちの大人の記憶にははっきり残っていません。それでも、立って歩けるようになった自分の身体には、記憶に残っていない、自分の身体の発達の歴史があります。私たち大人は、幼い幼児ではありませんので、ことさら注意しなくても、考え事をしながらでも歩けます。しかし、初めて立って歩けるようになった幼児の頃、それこそ、全身注意の塊になり、時に倒れたりする失敗を重ねながら、自分の身体を自分で動かせる、随意運動を獲得しようとした時期がしばらく続いたはずです。

ということは、不随意運動と随意運動の違いの例からはじめた私たちは、ことさら注意しなくても「立っていられるとか、立って歩ける」という不随意運動の起源をたどって、すでに記憶にない、子供の頃の随意運動の生成にたどり着くことになったわけです。そして仮にですが、不随意運動は、実はすべて随意運動をその起源にしているとすれば、初めに挙げた「わざとか、わざとでないか」という区別は、絶対とはいえないことになってしまいます。不随意運動は、もともと随意運動だったのであれば、随意運動の「わざと」の名残がそこにあってもおかしくないし、わざとでないふりをして、わざとやっているのではないか、と疑われてしまうからです。もし、こうして随意運動と不随意運動の区別がなくなれば、「故意と過失」の区別がつかなくなり、自分の行動に対する責任、つまり心が動かす身体という「あなたの心が、身体を制御する全責任を負う」といえなくなってしまい、「わざとじゃないんです」と確言できないことになってしまいます。

そこで、ここで二番目の事例を挙げて、いったい私たちは、どのように、自分の身体を動かすことができ、ここで言われる随意運動をすることができるようになったのか、各自の実感に訴えながら、考えてみることにしましょう。

その実例というのは、赤ちゃんにとって、まだ「自分」、あるいは「私」ということが自覚されない、いわゆる「自我の形成以前」に生じる出来事です。赤ちゃんの生後ほぼ八ヶ月ごろを頂点にして、赤ちゃんは、「ル、ル、ル、ル」とか、「バブ、バブ、バブ、バブ」とか言葉にならない、リズミカルで流暢な発声（これを喃語といいます）を繰り返します。そのとき母親とか祖母とか、養育者は、上手にその喃語を真似て、赤ちゃんによく似た喃語を返してあげます。この模倣が繰り返されるなかで、その「ルルルル」や「バブバブ」が少しずつ変化して、強くなったり弱くなったり、終わりの方の音が高くなったり、低くなったり、早くなったり、遅くなったりしながら、それがそのまま、お互いに上手に真似られたりします。そのときには、その発声にともなう、情動の変化も、先程述べた「情動交換」のように、二人のあいだでお互いに上手にまねられて、ちょうど喃語の木霊の変奏のように、楽しく続きます。

このようなときに、突然、赤ちゃんが「キョトン」とした表情をして、母親の顔をじっと眺めるということが生じます。もちろん、それは誰かの「キョトン」の真似ではなく、赤ちゃんの側で不意に浮かぶ、内発的な「キョトン」です。このときフッサールは、この「キョトン」を、赤ちゃんが自分の（発声のさいの）身体の動き（運動感覚）に初めて気づけた瞬間である、と説明するのです。この「キョトン」が、赤ちゃんにとって、「自分の随意運動」を随意運動として自覚できるきっかけになっている、というのです。私たちが問うている「随意運動の起源」が、この母子間の喃語の模倣での「キョトン」とした赤ちゃんの表情にあるというのですが、このことをじっくり説明してみたいと思います。

①　赤ちゃんにとって何が意外だったのか

「キョトン」とした表情というのは、普通、何かに驚いたり、意外と思ったりするときの表情です。フッサールは、このキョトンを、赤ちゃんがそれと「自覚せずに予想していたことが、生じなかったので、そのことが、赤ちゃんにとって意外であり、驚いた」というのです。この「自覚せずに予想する」というのは、たとえば考え事をしながら歩道を歩いていて、歩道の凹凸に気づかずに転びそうになるとき、起こっているはずのことです。というのも、どうして転びそうになるかといえば、歩道を歩くときの両足に感じる歩道の堅さと平坦さが、いちいち気にとめることなく、予想されていて、その予想によって足を出していたからこそ、その予想が外れて、転びそうになったのです。ほかに、転びそうになれる理由がどこにあるのでしょうか。では、この「キョトン」のとき、自覚されずに予測されていたことは、何なのでしょうか。

② 伝染泣きの理由——自他の身体の区別ができない赤ちゃん

このことの説明に入る前に、生後三ヶ月半から四ヶ月ぐらいまでの赤ちゃんに起こる「伝染泣き」について述べておきます。伝染泣きというのは、この時期の赤ちゃんは、自分の周りにいる他の赤ちゃんが泣き出すと、それが直接伝染して、自分も泣いてしまうことを意味しています。赤ちゃんは自分で泣くとき、泣くときの身体全体が動いている感じ(運動感覚)とその泣き声が同時に感じられて(聞こえて)います。伝染泣きというのは、泣き声が聞こえた途端に、実際に泣き出すことですから、泣き声が聞こえると同時に、泣くときの身体で感じる運動感覚が呼び起こされて泣き出すということです。ということは、実は赤ちゃんは、自分が泣いているのか、他の赤ちゃんが泣いているのか区別がつかないのです。もちろん、この赤ちゃんの伝染泣きを、赤ちゃんを抱いているお母さんは、外から見ていて困ってしまうのですが、赤ちゃんにとって、他の赤ちゃんが見えるわけでもなく、もちろん、自分を外からみているわけではありません。この時期の赤ちゃんにとって、泣き声が聞こえるときは、泣いているときなのです。

③ 感覚野全体にひろがる感覚刺激

このような、外から聞こえる泣き声と、泣くときの運動感覚の区別がつかず、泣くという一つのことが起こっているときの、赤ちゃんの感覚の世界は、幼児発達心理学では、先程述べたように、「無様式感覚」の世界と呼ばれます。つまり、声が聞こえる聴覚と身体の動きの感覚である運動感覚という二つのことなった感覚の仕方（様式）が、区別されていないのです。そして、この無様式感覚を生きる赤ちゃんの脳の働きを映像でみてみると、赤ちゃんにどのような感覚刺激（音とか、色とか、においとか、運動感覚、などなど）が与えられても、そのすべての感覚刺激は、脳の感覚野全体に広がっていることが観察できます[3]。大人の脳の感覚野の場合、視覚刺激は視覚野で、聴覚刺激は聴覚野で、運動感覚刺激は、運動感覚野でというように、それぞれの感覚野が別々にそれぞれの感覚刺激を受け取っているのですが、乳幼児の脳では、すべての感覚刺激がすべての感覚野で受け止められているのです。ですから、赤ちゃんの泣き声が聞こえるということは、すべての感覚野でそれが受け止められますので、その後、生育して運動感覚野になる感覚野でも受け止められ、実際に泣いているときの運動感覚野が働くことになってしまうわけです。ところが、四ヶ月を過ぎることになると、この伝染泣きは止み、他の赤ちゃんが泣き出しても、泣くような状況にない赤ちゃんは、泣かずにいる、ということが始まります。無様式感覚の状態が、少しずつ、変化しはじめるのです。そして、多彩な喃語が発声されるころになって、あの「キョトン」が起こるのです。

④　運動感覚が感じられないお母さんの声

さてここで、ふたたび、喃語のさなかに起こる赤ちゃんの、驚きをみせる「キョトン」に戻ってきました。フッサールはこの赤ちゃんの「キョトン」を次のように理解します。赤ちゃんが自分で喃語を声にして出すときには、赤ちゃんは喃語を発するときの、身体全体の運動感覚を感じ、それだけでなく、同時に自分の出した喃語が聞こえています。運動感覚と声が聞こえる聴覚が、いつも一緒になって（セットになって、あるいは、ペアになって）聞こえているのです。しかし、母親が赤ちゃんの喃語を上手に真似てくれるとき、とてもよく似た喃語の声は、聞こえても、その喃語の声といつも一緒だった、（ペアになっていた）喃語を発するときの運動感覚が感じられないことに気づいて、ハッと驚くというのです。つまり、自分が喃語を発しているとき、いつも、「喃語の声と喃語の運動感覚、喃語の声と喃語の運動感覚、喃語の声と喃語の運動感覚……」というように継続していたのが、母親が喃語を発するとき、喃語の声が聞こえても、いつもペアになっていたはずの運動感覚が感じられないというのです。いつもペアになっていたので、声と運動感覚は、ペアとして、いつもつながっていました。ペアとなってつながっているというのは、ペアの片方があれば、他の片方があるのが当然だ、ということです。ですから、ちょうど、「考え事をしながら歩いている」ときのように、自分で意識にのぼることなく、歩いている歩道の「堅さと平坦さ」が予測されているように、喃語の声が聞こえれば、運動感覚が意識にのぼらずに予測されているといえます。声と運動感覚のでき上がっていた結び付き（連合）、つまり、自分の喃語の場合、声と運動感覚の連合が、ペアの相手をいつも予測して、その予測がいつも満たされていたのが、母親の喃語の模倣の場合、その予測が満たされないことで、意外という驚きが「キョトン」に表現された、というのです。

⑤　運動感覚を伴う自分の身体と伴わない他の人の身体

この「キョトン」の驚きに込められていることは、私たちの心と身体の結び付きを考えるとき、多くの重要なことを告げてくれます。このとき赤ちゃんが気づいたことは、声には、運動感覚をともなう声と、運動感覚を伴わない声があることです。運動感覚をともなう声が発せられる、赤ちゃんにとっての「ここのこの身体」と「この運動感覚をともなわない声」が聞こえる「別の身体」との区別が、はっきりしてきます。何回繰り返しても、運動感覚をともなう声が聞こえている「ここの身体」は、いつも「ここの身体」であり、運動感覚をともなわない「別の身体」の声は、方向を変えて、いろいろな方向から聞こえてきます。こうしてでき上がってきた「ここの身体」は、後に、自分で動かせる、随意運動を担う「自分の身体」であることが、自覚されるようになります。このとき、赤ちゃんは、母親の喃語にない、欠けるものとしての「ゼロの運動感覚」[4]に気づいたともいわれます。このとき「声と運動感覚が一つだった」ことから、運動感覚が欠けることで、ゼロの運動感覚が気づかれました。しかし、それは同時に、運動感覚から区別される「声」が声として、「声と運動感覚の連合」から分離されて、声という連合の対の一方の項として（聞こえない場合の「ゼロの聴覚」として）区別されて聞こえてくるのです。こうして無様式感覚から、運動感覚と聴覚がそれぞれ区別され、別個の運動感覚野と聴覚野が次第にでき上がってくる、と考えられています[5]。

⑥「自分の心と身体」と「他の人の心と身体」の区別がつくとき

こうしてでき上がってきた「自分の身体」と「他の人の身体」の区別は、自分の身体は自分で動かそうと思えば、自分で動かすことができても、他の人の身体は、動かしたいと思っても動かせない、どうしようもない現実として痛感されてくるのです。もはや第一段階での、自他の身体の区別がつかない、宇宙全体の身体性が崩れ去り、この「動かそう」と思う当の思いを担うのが、まさに「自分の心」であることが、はっきりし始めるのです。ということは、いつも身体が動くとき運動感覚を感じる「自分の身体」と、運動感覚を感じない「他の人の身体」とが区別されるとき、それと同時に、その「自分の身体」を動かすことのできる「自分の心」が獲得されることだ、といえるのです。そして、そのことは、運動感覚を直接感じられない「他の人の身体」と「その他の人の身体を、自分が自分の身体を動かすように、動かしている他の人の心」も、そのような心として直観できるようになったことを意味しているのです。まさに、第一段階から、心と身体が区別される第二段階への歩みがなされたといえます。

（3）無様式感覚から形成されてくる、色や音や運動感覚などの個別的な感覚の世界

さてここで、先ほど挙げたスターンが言及している、他の発達心理学研究者が行った実験の一つをご紹介します。これによって、先に挙げた喃語の場合の「声と運動感覚の連合」に代えて、「見えるものと運動感覚との連合」がどのようにでき上がってくるのかが、はっきりすることになります。

ここでスターンの言及する実験では、生後三ヶ月の乳児をベットに寝かし、天井にはモビールが下がっています。乳児が足を動かすと、足の指に眼に見えない透明のビニールの糸がつながれていて、モビールが動くようになっています。すると、乳児は足を蹴ればモビールが動くことをすぐに学習します。その数日後、この乳児を同じベットに寝かせますが、こんどは、このモビールにつながったビニールの糸を切っておきます。乳児は頻繁に足をけってモビールを動かそうとしますが、糸が切られているので、いくら足を蹴っても、モビールは動きません。

①　乳児の「運動記憶」の形成

この実験によってスターンが示そうとしているのは、乳児が学習によって、足を動かせばモビールが動くという「足の動きとモビールの動き」のつながりをすでに運動として記憶できているということです。そのことをちゃんと記憶できているので、同じベットに横にされて、同じモビールが見えると、「足を動かしてモビールを動かそう」とすることができるというわけです。この実験によって、スターンは、

生後三ヶ月の幼児には、状況に合わせて、自分の足を自分で動かせるための「運動記憶」が形成されているというのです。

②「ゼロの視覚像」の意識　乳児の喃語と養育者による喃語の模倣の場合に、乳児が驚いたのは、自分が喃語を発しているときの「運動感覚」が母親の上手にまねる喃語の模倣には、欠けていることでした。この実験の場合は、乳児が足を動かすときの運動感覚と動くモビールの視覚像との連合が問題になります。乳児にとって、学習をとおして、いつも足を動かせば、動くモビールがいつも見えました。ところが、どうしたことか、運動感覚があれば、動いてみえるはずのモビールの動く視覚像が動かない、見えない、欠けているのです。つまり動いてくれない視覚像としての「ゼロの視覚像」が、強く意識されるのです。こうしてゼロの運動感覚によって、運動感覚が運動感覚として意識にもたらされたように、ゼロの視覚像によって、運動感覚と区別される視覚像の世界が区別されてくるのです。

③随意運動の自覚の形成　このように、すべての感覚刺激がすべての感覚野で受け止められていた無様式感覚の世界から、ゼロの運動感覚やゼロの視覚、ゼロの聴覚などをとおして、それぞれ、運動感覚野や視覚野、聴覚野などが、別々に区別されてくるようになります。こうして、ともに見たり、聞いたりすることのできる世界が、乳児と養育者のあいだに形成されてくると同時に、運動感覚だけは共有できないことが、乳児に自覚できるようになってきます。そして自分の身体は、運動感覚とともに動かすこともできますが、他の人の運動感覚は直接体験できず、直接動かすこともできないことが、はっきり自覚できるようになってくるのです。こうして、

第二段階への道が準備されてくることになります。

第三節　「我-それ-関係」の形成と心と身体の関係（第二段階）

（1）赤ちゃんにとっての空間の世界の拡大について

第二段階では、自他の身体の区別が成り立つことと同時に、自分の随意運動をとおして、たとえば、「這い這い」することで、赤ちゃんにとって、身の回りの空間の世界が拡大することになります。また、随意運動ができるようになる乳児は、手にしたいものに腕を伸ばす「リーチング」や指差しの動作ができるようにもなります。その頃の幼児が、養育者（両親や祖父母など）とのあいだにある事物（おもちゃや哺乳瓶など）をめぐるかかわり合いのなかで、空間がどのように体験されることになるのか、考察することができます。たとえば、幼児が椅子にすわっていて、テーブルの上にのっている熊のおもちゃの「プータン」の方向に「アー」といいながら、手を伸ばしているとします。そのとき、母親がプータンを取ってあげようとプータンを手にするとき、幼児は、不満げな様子で、一段と「アー」を強めながら、同じ方向に手を伸ばしています。幼児の取りたがっていたのは、プータンの隣にあった「哺乳瓶」でした。母親は「ミルク?」といいながら哺乳瓶を取ってあげ、幼児は哺乳瓶を手にして飲みだします。この母と子のあいだにいつでも起こりうるような実例から、「共有する空間」についてどんなことが分かるのでしょうか。

①　母と子のあいだの情動の一致が同じ物を同じ物にすること　この例で大事なことは、赤ちゃんがプータン

を手渡されようとして、不満げな様子をして、手を伸ばしつづけるとき、母親は、その不満げな表情（不満という情動表現）を、表情が生じたと同時に、感じることができ、「プータンがほしいのではない」と分かることです。赤ちゃんの情動の動きは、母親にとって、いつも直接、伝わってくるものです。ちょうど、添い寝のあと、ベッドに寝かせようとして赤ちゃんの身体から離れようとした途端、赤ちゃんが身体を「ビクッと」させるときの情動の変化が直接母親に感じられる場合と同じです。こうして、この母親と赤ちゃんのあいだの「情動交換」は、赤ちゃんが手にしたいのは、「プータン」か「哺乳瓶」か、という赤ちゃんにとって大きな違い（ということは、母親にとっても重要な違いになりますが）が二人にとって分かるための、重要な基準ないし尺度になっているのです。つまり、二人のあいだで感じ分けられている「満足か、不満か」という情動の感じ分け、すなわち赤ちゃんの喜びと満足をその喜びと満足として共感し、不満足を不満足として共感できることが、「欲しがっているものが何であるか」その二人にとって妥当する当のものの客観性の基準になっているのです。言い換えると、二人のあいだの情動の一致が、物の客観性（プータンがプータンであって、哺乳瓶ではなく、哺乳瓶が哺乳瓶であって、プータンではないこと）、すなわち、周りの世界のなかにある物の同一性の根拠になっているのです。

②　運動感覚と視覚と触覚がともに働いている身近な空間

この例のように、プータンの方向に「アー」といいながら、手を伸ばせるということは、自分の身体を動かせる随意運動の能力ができ上がっているということを意味します。もし、熊のプータンが近くにあって、自分の腕をどのぐらい伸ばせば、取りたいプータンに手が届いて触ることができ、それと同時に、プータンに触っている自分の手を見ることもできます。自分が伸ばしている手がプータンに届いているのが見えるとき、いくつかのことが同時に行われていることを意味しています。まずは、手を伸ばすときの運動感覚を感じていることです。次に自分の動く手が自分に見えていること、それだけでなくプータンに届いて触れているという触覚感覚もあります。つまり、運動感覚と視覚と触覚が一つになってはじめて、「熊のプータンに手が届く」ということが生じているのです。幼児にとって身近な空間にある物は、手に取ることができます。このとき、見ながら触っているとき、つるつるの物の表面の感触とその見え、ざらざらなものの感触とその見え、といったふうに、それぞれの触覚とその見え（視覚）の対（ペア）が、体験されています。こうして幼児は、幼児の経験の層を厚くしていきます。ですから、幼児にとって、手を伸ばしてプータンに手が届くとは、手を伸ばすときにすでに、手が届いたときに与えられるはずのプータンの「感触とその見えのペア」が、予測されていることを意味しています。このことから、自分の身体を操っても、操ったくない理由は、操ろうとして手を動かすとき、もうそのときの操ったさが予測されていることにあることは、明らかといえるのです。このような予測が運動感覚をとおして、手が実際に届いたときに、予測どおり、満たされることになるからです。このようにして、自分の身近な空間は、身体運動のときの運動感覚をとおして、到達点に位置するそのものの触覚と視覚の対（ペア）が与えられるということで、いつも、すきなときに、すきなだけ確かめられる、いつもすきなだけ、「乗り越えられる」なじみのある空間になるのです。

③「ミラーニューロン」の形成についての現象学による説明　近年、「ミラーニューロンの発見」という脳科学の研究成果が知られるようになりました。成人の脳には、運動系と知覚系のニューロンが信号を交換する、ないし翻訳することで、他の人の身体運動を見るだけで、自分で行う運動のように、その運動の意図が映ってくるニューロン群が発見された、というのです。そして研究者は、このミラーニューロンは、乳幼児期に学習によっ

て形成されてくるとしています。この主張は、ちょうど本項②で述べた、乳幼児が手を伸ばしてプータンを手に取ろうとしているときの、運動感覚の変化と自分の手の視覚像の変化とが、ぴったり調和しつつ統一されてくること、そしてこの運動感覚と視覚の連合が学習され、練習されて次第に獲得されてくることに、ぴったり相応しているといえるでしょう。ここで特徴的なのは、現象学による無様式感覚から個別的感覚野の形成は、受動的綜合としての連合をとおして、志向性の充実ないし不充実によって一貫して論述し、説明ができるのに対して、ミラーニューロンの働き方については、とりわけ、どのように「変換したり、翻訳したりするのか」脳生理学的説明は、まったく不充分であることです。

④　数値では表現できない客観的空間の意味の源泉——母と子が共有する空間

幼児の身の回りの空間は、自分で手の届かないものを母親が取ってくれることで、自分にとってだけでない、他の人にとっての空間にもなります。二人にとっての客観的な空間になるのです。熊のプータンに手が届きません。赤ちゃんが手を伸ばしています。すると、母親が、プータンを手にして、自分に渡してくれます。自分が手を伸ばす先のものがプータンであること、その同じプータンを母親が自分に渡してくれたこと、このことは、一連のプロセスをとおして、最後に、自分がプータンを手にすることで、確実な自分の経験になります。つまり、どんなふうにプータンが、実際に見えているのかにおかまいなく、さまざまな見え方をする同じプータンが、二人のあいだで確かめられ合っているのです。実際、幼児とプータンのあいだの間隔と、母親とプータンのあいだの間隔が、どのぐらいあるのか、どうでもよいことなのです。幼児は、奥行きの感覚が十分に形成されていないような年齢の場合、遠くに見える建物で足場を組んで工事している人が小さい人形のように見えるとき、「あの人形を取って！」と母親にねだるのです。ということは、幼児と母親のあいだにそのつどでき上がる客観的空間は、幼児の発達に応じて、その内容が変化していくことを意味しているのです。

しかし、このとき決定的に重要であるのは、いわゆる客観的空間とは、このようにして、二人のあいだに同じプータンができ上がり、同じ哺乳瓶ができ上がってくることで、それら客観的なものとしてのプータンと哺乳瓶が行き来する客観的空間としてでき上がってくるということです。ですから、時計で計る数値で表現される時間に何の意味もないことが示されたように、一八八九年から一九六〇年のあいだ、一メートルのメートル原器によって決められたメジャーで計られる数値によって表現される客観的空間そのものには、何の意味も見出せないのです。右とか左、上下とか、内と外といった空間の意味は、いわゆる客観的空間のどこを探しても見つからないのです。

⑤ 視覚と運動感覚の調和と一致

このように、人と人とのあいだで確かめられ合う「客観的事物（身の回りにあるすべての事物）」を仲介にして、客観的空間が次第に拡張されてきます。そのとき重要な役割をはたしているのが、幼児が自分の身体そのものをどのように経験しているのか、ということです。両手を合わせて「パチン」とたたいたり、右手で左手を触ったり、左手で右手を触ったりしながら、そうしていることをじっと見つめています。このとき生じているのは、右手で左手を触っているときの「動かす右手」と「動かすのが見えている右手」とがぴったり調和しながら一致していることです。また「触れられている左手の触れられている感じ」と「触れられている左手の個所の移動が見えていること」ともぴったり調和して一致しています。

⑥　対の片方が欠けることで対になった感覚質の違いが分かることこのような調和と一致は、成長した私たち大人にとって、あたり前のことですが、幼児にとっては、次第に獲得されていくことになる「学習の課題」であり、身体記憶として経験されていくものです。先に、「赤ちゃんの足に透明なビニールの糸をモビールと結んで、足を動かせば動くモビールが見える」ようにしていて、糸を切ったとき何が起こるかという実験例がありました。二、三日のあいだ「足の動きの運動感覚」と「モビールが動いて見えること」が一つのこととして起こっていたのに、糸が切られて、足の動きだけ感じられて、動くモビールが見えないことで、運動感覚だけ感じられ、見える動きが欠けたのです。このとき、D・スターンは、運動感覚が記憶されて、身体記憶になっている証拠だとしました。なぜなら、赤ちゃんが同じ状況におかれると、自分から足を動かして、モビールが動くのを見ようとしたからです。記憶に残っていなければ、足を動かすはずがないからです。この実験で赤ちゃんは、生後三ヶ月ぐらいですので、まだ無様式感覚の世界を生きていて、まだはっきりした運動感覚（内部感覚）と見えるモビールの動き（外部感覚）が区別されていないと想定されます。

このとき、糸がつながっているあいだは、足の動きとモビールの動きは一つのこととして起こっています。区別されないまま、足の運動感覚と見えるモビールの動きがいつも対（ペア）になって与えられています。糸が切られると、モビールの動きを見たくて足を動かすのですが、いくら足を動かしてもモビールは動きません。それまで起こっていた「運動感覚－動きの見え」という対ができ上がりません。運動感覚だけ与えられて、動きの見えが、欠けることで、実際に感じられている運動感覚（内部感覚）と、見えるはずの視覚上の物の動き（外部感覚）とが分断してくることになります。見えるはずのモビールが動かないのですから、視覚上の物の動きは、自分の足の動きと違っていることが、足で動かそうとすればするだけ、思い知らされることになるのです。こうして「運動感覚‐動きの見え」という対になった一つの感覚は、運動感覚と視覚上の運動とに区分され、自分の身体でしか感じられない運動感覚と、外に見える物の動きとが、はっきり区別されていきます。この経過と並行して、自分の手を動かす運動感覚とその見えとは、いつもぴったり調和し、一致していることも経験されます。熊のプータンに届くように手を伸ばせば、自分の手がプータンに届いているのが見えます。速く動かせば速く届き、ゆっくり動かせばゆっくり手が届くことが確かめられます。「運動感覚‐動きの見え」の対がいつも調和と一致を見せています。いつでも決まって対になって与えられ、一方の変化が他方の変化と合い相応し、調和して与えられているのです。

⑦ 考え事をしながら歩ける理由

ただし、この運動感覚（内部感覚）と見える動き（外部感覚）の調和と一致は、「伝染泣き」のときの調和と一致とは、もう違ったものになっています。というのも、「伝染泣き」の場合、いまだ「ゼロの運動感覚」に気づく以前であり、随意運動は生じていません。それに対してこの段階では、随意運動のさいの運動感覚と、見える動きとの調和と一致が、問題になっているからです。いいかえれば、随意運動が動機になって働くことで、見える動きが結果として視覚上の動きの現われ（現出）として見えているのです。

このような「随意運動の運動感覚と見える動き」の対のつながりが確かなものになってくるにつれて、目を閉じて手を動かすといった随意運動を起こすときに、目を開ければ見えるはずのその手の動きが自然に想い浮かぶようになっています。それだけでなく、実際に手を動かさなくても、見えているところまで手を動かすには、どのような運動感覚を結果としてもつような動きをすればよいか、見当がつきはじめます。プータンがどこに見えるかによって、手の伸ばし方が違ってきます。近くにあれば少しだけ、遠くにあれば、大きく伸ばします。物を握ったり、つかんだりするのも、物の形によって、握り方やつかみ方が違ってきます。目の前に広がる歩道をみれば、どのぐらいの歩幅で歩けばいいか分かりますし、ジョッキングしているのであれば、どの程度の早さで走ればいいのか、足の動きを前もって決めることができます。それどころか、いつも歩いている歩道であれば、しっかり見なくても、歩くことに注意をせずに、考え事しながらでも歩けるようになります。

(2)　共有される感覚をとおしての「言葉」と「数」の獲得

母親が熊のプータンを赤ちゃんに手渡したり、哺乳瓶を手渡してあげるとき、いつも母親は「プータン?」と聞いたり、「ミルク?」と聞いたりしながら、赤ちゃんに手渡してあげます。赤ちゃんが手を伸ばして指差す「プータン」や「哺乳瓶のミルク」が、母親とのあいだに同一のものとして、言葉が使われながら手渡されることで、実は、多くのことが起こっています。

①　母と子のあいだにでき上がる客観的事物　赤ちゃんが「プータン」に手を伸ばしているときに実際に見えている「プータンの視覚像」と母親に見えている「プータン」の視覚像は、角度や隔たりにおいて、違った見え方をしているはずです。しかし、赤ちゃんと母親のあいだに、同じ「プータン」が受け渡しされ、その同じものが「プータン」と名づけられることで、さまざまな角度で、またさまざまな隔たりで見える「同じプータン」が一つの「同じもの」として二人のあいだで確認されています。ここでは、母と子のあいだに共有される空間において、二人にとって共有される、たんに母の主観(心)にとってだけ妥当するのではない、また子の主観(心)にとってだけ妥当するのではない、母と子のあいだにでき上がる、その意味で、相互主観的(心と心のあいだに

相互に成り立つ）な客観的な事物としての「プータン」や「哺乳瓶（ミルク）」ができ上がるのです。いわゆるそれぞれ別々の主観（心）に与えられる主観的世界に対して、すべての主観にとって妥当する、自然科学や精神科学といった学問の世界の客観性、すなわち客観的真理は、実は、この養育者と子のあいだに成立する客観的事物の客観性にその基礎をおいているのです。この言葉以前の客観的事物の成立なしに、学問の客観性は成立し得ないのです。

②　現在の感覚を超えて通用する言葉の客観性

この言葉以前の客観的事物としての「プータン」や「哺乳瓶（ミルク）」の客観性は、これらの事物に名前が与えられていることをとおして、つまり「プータン？」とか「ミルク？」とか母親に尋ねられながら、繰り返し手渡されることをとおして、言葉をとおした客観性という、高次の客観性を獲得することになります。どうして高次であるかというと、いったん間身体的な言葉以前のものの客観性と言葉の客観性との結びつきが確かなものになると、実際にそこにその当のものがなくても、その当のものの名前である言葉をとおして、そこにないその当のものを欲しがったりできるからです。その言葉によるそのものの同一性が、いま与えられている時間と空間を超えて通用するようになるのです。プータンという事物とプータンという言葉の同一性が確立してくるということは、その同一性が言葉として記憶に残っていくことを意味しています。言葉が自分で使えるようになった幼児は、「プータン！」ということで、身近にない「プータン」を探したり、母親にもってきてくれるよう頼んだりできるのです。こうして、幼児は、さまざまに見えたり、さまざまな感触で与えられる「プータン」や「哺乳瓶」をそれぞれ同一の一つのもの（対象）として知覚できるだけでなく、知覚された対象とその名称（言語表現）との結びつきが記憶に残ることで、時間と空間を超えて、しかも、文字による表記をとおして、学問の対象としての高次の客観性が獲得されることになるのです。

③　言語の多様性と概念の意味の抽象性　　このとき、言葉は、感覚と知覚のもつ視覚、聴覚、触覚などの身体性と具体性との分離しがたい結びつきから自由になります。それと同時に、言葉の意味の源泉であった、感覚と知覚の身体性と具体性の裏付けを欠く抽象的な概念の意味の世界が、でき上がってくることにもなります。ここで言われる概念の意味と言葉（言語）の意味とを区別することは、難しいことではありません。言葉の意味は、その国の言葉と切り離せませんが、概念の意味は、どの国の言葉で語られても、ほぼ同じ意味内容をもっています。たとえば、日本語の「花」という言葉は、その言葉に即した意味の広がりをもっています。たとえば、「花見」の花であったり、「花より団子」の花だったり、「花は桜」といったときの「花」であったりします。それに対して、ドイツ語のBlumeは、辞書でみると、日本語で「花」と訳されていますが、Blumenkranz（花の冠）のBlumeであったり、Blumenstrauß（花束）のBlumeであったりします。しかし、花という日本語の言葉であれ、Blumeというドイツ語の言葉であれ、言葉が違っていても、それぞれの言葉で表現されている一般的な意味内容は共通しています。ですから、花もBlumeも言葉として違っていますが、概念としては同じ意味内容をもつのです。

④　概念の意味の源泉は、人々のあいだの共有体験であること　　学問の世界は、自然科学であれ、精神科学であれ、この概念を使用します。ですから、言葉の違いを超えて、学問研究がそれとして成立するのです。「時間」と「空間」は、ドイツ語ではZeitとRaumといいます。自然科学研究の方法論の基礎である客観的時間と空間は、

これまで述べられたように、「−t」や「+t」のように、記号を用いて、「過去」や「未来」の意味を時間軸上に記して表現しようとします。しかし、先に述べたように、この時間軸上には、どこを探しても、一般的な意味内容である概念としての「過去」も、また「未来」も探し出すことはできないのです。ただ「−tや+t」のような記号に「過去」の意味と「未来」の意味を宛てがっているわけです。そして、この過去と未来の概念は、もともとたとえば母と子のあいだの添い寝の場合のように、一致した呼吸の持続をとおして共有体験される「現在」が続き、それが崩れることで、その現在が「過去」になるといった時間の共有体験に由来するのです。

⑤ 動く物の方向が注意の向け方で違ってしまうこと——仮現運動の例

「過去や未来の意味」を時間軸上の「−tや+t」のような記号に宛てがっているのだ、ということの意味は、次に事例でより明瞭になるでしょう。それは、物が動いているように見えるというとき、実は、物に「動く」という意味を見ている人が宛てがっていることが、実体験できる仮現運動の実例です。仮現運動の実例には多くのものがあります。ここでは、まったく同じ形の八つの女の子の顔が正八角形の位置に描かれた画像が二面あって、その二面に描かれた八つの女の子の顔の位置は、全体に少しズレて描かれています。その二面の八つの顔が、〇・二秒間隔で点滅して示されると、ただそれだけで、八つの顔が、右に回ったり、左に回ったりしているように見える実例です。右回りで回っているように見えるその動きを追い続けると、右回りを続けます。しかし、ちょっと、左上に注意を向けると、その同じ八つの女の子の顔の動きがたちまち左回りをし始めるのです。また改めて右斜め上に注意を向けると右回りをしはじめます。ということは、見る人の注意、あるいは関心をどこに置くかで、その八つの女の子の顔の運動の方向が決まってしまうということが実体験されているのです。女の子の顔ですから、どっちに動こうとどうでもいいかもしれませんが、カジノで回転するルーレットだったら大事です。動く方向が違えばゲームになりません。ところが、いま述べたように、実は、女の子の顔はどちらにも動いていないのです。ですからこのように見える運動は、仮現運動と呼ばれます。ということは、私たちの注意する心が、外にある物の動きの方向を決めていて、動く世界を妄想し、勝手に幻覚の世界を作り上げてしまっている、といわれなければならないのでしょうか。

⑥　心と物の出会いをとおして決まる物の運動の現れ方

心配には及びません。心が物の現われを勝手に決めているわけではありません。たとえば、左右の画像の点滅の時間間隔が○・六秒以上になると、左右の画像は動きません。左右別々に点滅している画像が見えるだけなのです。ということは、動きがみえるのは、実際に外にある物の与えられ方と見る心の注意の向け方という、物の側の条件と心の側の条件が、ふたつとも揃ったときに、物の運動の現れ方が決まるのです。江戸の小咄に、「鐘が鳴るのか、鐘木が鳴るか、鐘と鐘木の相《あい》がなる」という句があるといいます。鐘も鐘木も物ではありますが、鐘木を引いて鐘（物）を打とうとする心を鐘木と見立てれば、心と物の出会いで鐘の音が響くということになります。このことを赤ちゃんの授乳本能が目覚めて、授乳が始まるのは、母親の側の授乳本能が同時に目覚め、授乳が生じることに当てはめれば、心と物の区別以前の生命と生命の響き合いのなかにこそ、私たちの世界がそのつど、成り立ってきているといえるでしょう。

⑦　物はみんなで数えること

物の側の条件を明らかにしようとするとき、時計で計る、数値として表現される時間は、上の例でみられるように、とても重要な条件となります。たとえば、一秒間隔で、左右の像が点滅しても、左右の画像は動かないからです。となると、物の側の条件を明らかにする自然科学研究に欠かせない「数の世界」の成り立ちを問わなければならないことになります。たとえば、数が数えられるようになった兄弟が苺を公平に分ける例に見られるように、「一つ、二つ、三つ、四つ」というように、まずは数の言葉が覚えられなければなりません。しかし、正しく数えるためには、数を覚えるだけでなく、いったい何を数えているのか、たとえば「飴玉の苺ではなく、本当の苺」を数えていることが、二人の兄弟に、確認されていなければなりません。「本当の苺は、飴玉の苺のように、表面がテカテカではない」とか、苺が苺として数えられていないと、正しく数えることにはならないのです。数の世界は、数える物がないときには、数の世界になりません。数える物というとき、どうして人間は、そもそも物を数えるか、数える動機を問う必要があります。簡単にいうと、物が、どのぐらいあるかは、生きていく上で重要だからです。本当の苺は、飴玉の苺と違ってテカテカしていないし、噛めば噛めるし、果汁がでておいしいということが、兄弟二人ともちゃんと、いわば、「客観的な苺」として分かっているのです。そしてこの食べておいしい苺の数は、一つ、二つ、三つ、というように、一つ増えれば別の数になっていくことを二人はしっかり覚えていて、自分のお皿に「一つ、二つ、三つ、三つ、四つ……」といって苺を数えようとする兄の「ずる」を、妹は見逃しません。「三つの後は四つ」がくるという、誰にでも通用する整数の客観性が保証されることで、数の世界が成立しているのです。

⑧ 社会生活の枠組みを決める、言葉と数値による「我‐それ‐関係」 自他の身体と心がしっかり区別されている「我‐それ‐関係」の社会生活における積極的意味も、強調されねばなりません。教育と学問と文化のもつ社会生活における積極性です。たとえば、個々人の人権と自由に基づく労働法の領域を取り上げてみましょう。我‐汝‐関係が一人称である私と二人称であるあなたとの関係であるとすれば、我‐それ‐関係は、一人称である私や

私たちと三人称である彼、彼女、それ、それらとの関係、あるいは、二人称であるあなたやあなた方と三人称である彼、彼女、それ、それらとの関係を意味しています。労働法の世界は、この三人称の世界で問題とされ、情動的コミュニケーションを土台とする擬似的な家族関係が、もち込まれてはなりません。労働時間とそれにみあった報酬は、労働法の根幹である我‐それ‐関係において規定される、明確な言語と数値を遵守するのでなければなりません。

⑨　**自分の思いを言葉にすること――周りの人の情動に呑み込まれないために**　教育の最大の課題は、自分の思いや考えを、自分の言葉として表現する練習と学習にあると思われます。クラスの仲間やグループの中で、自分に起こってくる漠然とした「仲間はずれにされる思い」、「好き嫌いの思い」、「不公平と感じる思い」、これら情動的コミュニケーションで主要な動きを示す「快／不快」、「肯定／否定」という自分の内部に動く情動の動きをしっかり自覚して、それに流されるのではなく、それを言葉にし、文字にすることが重要です。それによって、グループによっていじめられたり、いじめたりするときに生じる自分の気持ちを自覚し、それに距離を持ち、言葉にすることで、自立した個人の思いの自覚的表現能力が、形成されてくることになります。グループ内で生じる情動の動きに呑み込まれることなく、明確な自己の判断にたち、行動する基盤が形成されてくることになります。

（3）「我‐汝‐関係」が崩れて「我‐それ‐関係」になってしまうこと（馬を撫でる体験）

さてここで、一一歳の少年が、馬との出会いをとおして、「我‐汝‐関係」が「我‐それ‐関係」へと瓦解してしまう例を挙げて、第二段階から第三段階への橋渡しにしてみようと思います。ブーバーが、一一歳の少年だった身の体験を振り返った事例です。すでに少年ですので、当然、自分と他の人の身体の区別がついてきて、随意運動の運動感覚がそれとしてしっかり感じられるようになっており、「それが何であるか」が分かる知覚ができ上がり、言葉と数が使え、「我-それ-関係」の世界を生きるようになっています。この少年がかけがいのない相手としての汝を、初めて自覚的に体験した事例です。

少年は、こっそり、祖父母の農園の馬小屋に忍び込み、馬のたてがみを撫でる体験をしました。そのときの体験を、ブーバーは、「私があの動物に触れて経験したのは、他者というもの、他者というものの並はずれた他者性であった、……手のしたに生命にみちたものが脈動しているのを感じていると、まるで私の掌の皮膚に生命力そのものの原素が接しているかのようであった、……しかもそれが私をいざない寄せ、おのれを私にゆだね、私とたがいに根源的に汝を言い合っていたのである(6)」というのです。ここで「他者というものの並はずれた他者性」というのは、「自分で自分を擽っても擽ったくない」ように、他者が他者の身体を他者自身で動かすときの運動感覚は、他者の内でしか直接感じられません。つまり、他者の他者性は、「自分の身体をそのつもりで動かすその運動感覚を担っているような」他者の随意性であるということです。このように馬は、少年が〝自分〟の身体を撫でるがままに撫でさせていたのであり、撫でられるのが不快であれば、身体を後ろに退けることもできたのです。それだからこそ、少年は、馬が「おのれを私にゆだね」といっているのです。それだけでなく、少年が直接「手のしたに」感じているものは、「生命にみちたものの脈動」であり、「生命力そのものの原素」と表現しています。いわく言いがたい「命そのもの」といったものを、お互いに感じ合っているということができるでしょう。「お互いに」といえるのは、馬が「私をいざない寄せ」といっているように、お互いを「汝」として認め合い、あい対することで、お互いに「汝を言い合っていた」といえるからです。言葉以前の「我‐汝‐関係」が生じていたわけです。

しかし、このとき、次のような出来事が生じます。「けれどもあるとき、……馬を撫でているうちに私はふと、何とそれが私を面白がらせてくれることだろうかとおもった、……すると私は突然、私の手を感じたのだ。遊びはそのあとも、続けられたが、あのことはもう感じられなかった[7]」というのです。いったいこのとき何が生じたのでしょうか。「なんて面白いんだろう」と思ったというのですが、普通、私たちは、相手の話に真剣に向かい合い、相手を見つめながら話をきくとき、相手の話の内容に入り込んでいってそれを共に経験するのであっても、相手の話し方を外から眺め、話し方を観察しているのでありません。少年は、馬に触れているとき、直接「生き生きした生命の脈動」そのものを感じていたのであり、それに感じ入っているのであり、それについて、その感じについて「面白い」と評価している（思っている）のではありません。ただただ感じ入ることと、その感じについて「どう思うか」というのは、別のことなのです。それは、ブーバーが、一本の樹に対して、「汝」との関係にはいることと、その樹の種類、物理化学的特性、数学的特性、知覚対象としての諸性質等々の「それ」という特性の総和として、つまり「それ」としての思いの総和として対峙することとは、別のことである、と述べていることに通じています。

このように「なんて面白いんだろう」と思った、ということは、そのように心が動いた、働いた、ということを意味します。まさにそのとき、「私は私の手を感じた」、「馬を撫でていた、あるいは、撫でている自分の手を感じる」ということは、「そうしている自分の身体」を身体として感じたということを意味します。ピアノの演奏のさい、音楽そのものに一つになった演奏が起こっているとき、鍵盤を弾いている自分の両手の指を感じることはありません。演奏が崩れてしまい、音楽の外に引き出されてしまうとき、音楽を立て直そうとしている手の指を感じてしまうことになります。音楽と一つになっている「我-汝-関係」のただ中では、心と身体は一つの音楽のなかで分離することなく生きて働いています。「ああしよう、こうしよう」と考えている自分はおらず、思うように動いたり、動かなかったりする自分の身体も意識されていません。西田幾多郎が、「純粋経験」といって、無心にことが生じる「主客未分」、つまり、「思う主観（心）」と「思われた、ないし考えられたものである客観（たとえば身体）」とが分かれていない、「未分」の状況でこそ、剣道で言えば「気剣体一致」ということが生じています。ところが、この状況が崩れてしまうと、そのとき一つになって働いている心と身体が二つに分かれ、思っている心と道具として使われる身体に分離してしまうのです。これが、我-汝-関係が崩壊して、我-それ-関係になってしまうことを、意味しているのです。

上にあげた事例をまとめると、ここで語られているのは、少年と馬とのお互いにとっての生命同士の触れ合いが、少年が「なんて面白いのだろう」と心で感じた（意識した）瞬間に、撫でている自分の手（つまり、自分の身体）を感じたというのです。そこで生じていた本当の触れ合いが、瓦解し、崩れてしまい、触れ合いの後に残ったのは、「楽しいと感じる」自分の心と、「自分の手」という自分の身体の区別である、というのです。

第四節　我-汝-関係における心身関係（第三段階）

（1）生きられた心身合一 ——オイゲン・ヘリゲルの弓禅一致の体験

次に出す事例は、第二次世界大戦以前、一九二四年から二九年まで、東北大学で、弓を学んだオイゲン・ヘリゲルというドイツ人哲学者の体験談です。彼は、「弓禅一致」を信条とする阿波研造を師として弓を学び、ドイツに帰国するときには、五段の免状を受けたとされています。彼の書いた「弓と禅」についての本は、鈴木大拙の書物と並んで、ヨーロッパに禅ブームを起こしたといわれています。[8]

へリゲルは、阿波範士の教えに即して、呼吸に集中して弓を射る練習を重ねました。そこで、弓をひくとき、呼吸に集中できるか、できないかが、直接、弓を引く動作に大きな影響を与えることを体験します。かなりの力（一二～一六キログラムぐらい）をいれないと、弓を張ることはできません。呼吸に集中しながら、弓を張らなければなりませんが、その只中にあって、往々にして、ふと「もう張っていられない」という思いや「いつ弓を放てばいいのか」とかいった迷いが心をよぎるときがあります。そのとき、そう思った途端に、かならずといっていいほど、きまって生じるのは、自分の呼吸の乱れだ、とヘリゲルはいいます。そして、それと同時に、腕に力がはいることに気づき、意図的に弓を張り続けようとしたり、あるいは、しかたなしに、弓を放ったりして、正しい、呼吸と一致した弓を射ることはできなくなってしまいます。ふと「心に生じた思い」が、直接、ただちに、弓を張るという「身体の運動」に、影響を及ぼすのです。ということは、無心にという、どんな思いももつことなく、つまり、「呼吸に集中せねばならない」という思いさえなく、弓を引けているときには、私たちが日常生活で、「～と思って、思いながら」という心が働いていない、ということであり、その意味での心は無いから、無心なのです。そして、そのとき、当然ですが、「自分の身体」についてのいかなる「思い」もありません。ところが、何らかの思い（「もう張っていられない」とか「どうすればいいのか」といった思い）が起こった途端に、自分の身体に気づき、身体を制御（コントロール）しようとするのです。

このように、心の持ち方が、直接、身体運動に影響を及ぼすということは、私たちの日常生活において、いつも経験していることかもしれません。たとえば、考え事をしながら歩道を歩いていて、凹凸に気づかずに転びそうになるとか、「十分注意して」、行動しないと、怪我をしたり、いろいろな不都合が起こります。しかし、「呼吸に集中しながら弓を張る」というこのヘリゲルの場合に特徴的なことは、「思いが生じる」、「気になる」以前は、長い練習を経て、呼吸に集中するなかで、目的とされていた心と身体が一つになるという心身合一といわれるような行動が、成立していたということです。その実現していたと思われる心身一如が崩れるという体験です。もちろん、意図的に崩したわけではありません。しかも、当然のことながら、この、思いが生じることのない「弓を引いている時の心身一如」は、何もせずに「ぼけっと」していたり、「何も考えずに眠っている」ときに、何の思いも、考えも浮かばない時の状態とまったくことなっています。一心に弓を引いている時、意識にのぼるものが何も無くても、意識は、透明な輝きにも似た覚醒の極みにあります。このような覚醒した意識における活動（弓を引くこと）において、何かについての思いや気づきが何もないということが、心身一如といわれるわけです。では、ここで、呼吸に集中にしたまま、弓を引く動きと完全に一致している状態の実現と、それがどうして崩れるのか、ということについて、改めてよく考えてみましょう。

（2）少年ブーバーの体験とヘリゲルの「弓禅一致」の体験

このヘリゲルの心身一如が崩れる体験と、馬と汝を語り合っていた「我‐汝‐関係」が崩れて、自分の「面白い」という思いと、自分の手を感じるという「我‐それ‐関係」が生じてしまった少年ブーバーの体験とを比べてみると、興味深い相違や共通点がみえてきます。心と身体の関係について触れながら、対比的考察をしてみましょう。

①　起こっている「無心」だけが尊いこと

ヘリゲルの弓の場合、弓は一人でするものです。そのさいの課題は、正しい呼吸に即して弓を引き、矢を放つということです。しかし、この課題をこなすとは、ただ、「正しい呼吸に即して弓を引き、矢を放つこと」という「考えや思い」をもつことではなく、まさにそう行動することであるのは、当然のことです。どうすればいいか、頭で理解することと、それを実際にやってみることとは、当然別のことです。行動によって、心と身体が一つになるということが実現されるわけです。実際、呼吸と一つになるということは、言うのは、やさしいですが、どんな状況でも、一つになって、それだけになっていることは、実現の難しい大変な課題であり、そのためには座禅の修行のように長い練習が必要とされるのです。先ほど、「弓は一人でするものです」といいました。また座禅も一人でしているように見えます。しかし、ここで言葉にしている「一人」ということやその「一人」という思いは、弓や禅で無心が実現しているときには、まったく生じていません。私の心と私の身体という思いは、生じていませんので、「一人も沢山の人」という思いも起こっていません。「自分」と「他の人」との区別は、どうでもよく、起こっている「無心」だけが尊いことなのです。ですから、「赤子の手のように、石榴《ざくろ》の実がはじけるように、自然に手が開いて弓が放たれた」とき、つまり無心の弓が実現したとき、阿波範士はヘリゲルに近づいてきて、頭を下げてこういいました。「私は、あなたに頭を下げたのではない、起こったことに頭を下げたのだ」、といったのです。「赤子の手のように」ということは、自分と他の人の身体の区別がつかない、世界全体にひろがる身体を生きている赤ちゃんには、自分という心も生じていませんので、当然、心と身体の区別も起こっていません。このような「赤ちゃんの手」に、大人のヘリゲルの手がなれたということなのです。

② 〈いま、ここ〉において無心に感じ合うこと

少年ブーバーの体験の場合、馬という相手がいます。相手は、自分の態度に応じて応答したり、応答しなかったりして、お互いに「汝」、つまり、「向かい合う本当の自分」を交換できたり、できなかったりするというのです。そして、ここで重要なのは、馬を撫でることで直向きに向っているときの少年には、「それがどんな感じか」意識にのぼらせることなく、直《じか》に感じており、いやむしろ、ただただ感じ合っているだけだということです。このことは、まさに、「いま、ここにおいて」、無心に、感じ合っているということです。しかし、ここでは、座禅の場合のように、呼吸に集中する「無心になる工夫や練習」が行われているのではありません。「私をいざない寄せている」生命の脈動に感じ入るということが起こっています。すばらしい山の景色に飲み込まれるように、また美しい音楽に浸りきるようでもあり、人が感動につつまれるかのようです。そのような汝との出会いを、ブーバーは、「神様からの贈り物（恩寵）」とも名づけます。そして、それが「自分ではないもの」、「他者の他者性」、「生命の原素」というように、初めて言葉で表現できるのは、まさにこの無心に感じ入っている体験の後なのです。また、そのような表現ができるのは、体験したことが体験した自分に残り、その残ったものに言葉をあて、そのように表現できているからです。この体験後、何十年もたって、大人になったブーバーの心に、馬との「我‐汝‐関係」という体験として、いつでも思い出せるように残っているのです。この少年ブーバーの我‐汝‐関係も、そしてヘリゲルの無心に実現した弓の体験も、無窮の意識の覚醒の極みで深く強く体験され、自覚され、記憶に残り、彼らの人生を貫き、生きる意味として残り続けたのです。

③ なぜ「ああしよう」とか「こうしよう」と思ってしまうのか

ヘリゲルが弓を引いていて「浮かぶ思い」

は、集中が途切れた後の出来事でした。少年ブーバーが「ふと思う」というときと同じです。馬に向う直向さが途切れたとき、「なんて面白いんだろう」という感じが意識にのぼったのでした。しかし、なぜ、そもそも、感じ入っていた状況が、中断し、途切れてしまうのでしょうか。ヘリゲルの弓の場合は、その集中が途切れる理由は、比較的はっきりしています。練習を積んでも弓を引くときには、それなりの力が必要であり、阿波範士がいうように、「赤子の手のように、熟した石榴《ざくろ》の実が自然にはじけるように」、弓を放つヘリゲルの手は自然には開きません。「いつ、どのように弓を放てばよいのか」という思いや迷いが生じるのもうなずけます。他方、自然に手が開かないのは、意図的に手を開いて弓を射ようとする自分がそこにいるからともいえます。しかし、普通、心と身体の関係というとき、「ああしようとか、こうしようとかする意図的、つまり、随意的な心の働き」が心であり、それに従うように身体を制御したり、コントロールしたりするといわれます。ということは、意図性や随意性が生じる以前に、しかも、最高度の意識の覚醒において生じている活動が、心身一如の活動といえるようです。

それに対して、ブーバーは、「ふとなんて面白いんだろうと思って、自分の手を感じた」という出来事そのものに注目して、それを「翻転《ほんてん》」と名づけます。翻訳の翻と書き、翻《ひるがえ》る、振り返って意識するという意味で、転は、自転車の転で、「ころがる」という意味をもちます。簡単にいえば、「自分の行いを振り返って、意識してしまった」ということができるでしょう。自意識過剰ということがあります。極端になると、自分のやることなすこと、すべてを外から眺め、回りの人の反応を気にしすぎるとか、自分を自分で縛り付け、自己批判ばかりして、にっちもさっちもいかない、といったことにつながっています。自然な受け答えができず、全部計算済みで、へまをしてはならない、と自分を縛り付けているのです。いったい、何の計算をしているのでしょうか。結局、最終的には、「自分の得になるように」、「自分が可愛くてしょうがない」のです。この翻転は、たんに集中のさなかに自然に「なんらかの思いや迷い」が生じてしまうことなのではありません。ブーバーは、翻転を、汝という他の存在をそのありのままに受け止めずに、「自分の思いにしてしまうこと」、「自分のものにしてしまうこと」、「自分の経験の一こまにしてしまうこと」といっています。では、そもそも「自分の思い」にしてしまってどうしていけないのでしょうか。「もう弓を張っていられない」と感じてどうして、理想の弓が実現しないのでしょうか。「なんて面白いんだろう」と思って、どうして「馬をそのまま受け止めること」ができなくなってしまうのでしょうか。

④　我–汝–関係と無心において、自己愛と自我への執着から解放されていること

もう一度、二つの場合に集中が途切れてしまうことに立ち戻ってみましょう。ブーバーの場合、馬に触れる中で直向きさが自然に途切れ、弓の場合、目的遂行の只中で集中が途切れます。前者では、自然な集中が起こる相手がいるのに対して、後者の場合、集中することが向うその先は、「弓禅一致」という目的として与えられています。また、両者の場合に共通であるのは、相手に向かう場合であれ、目的に向う場合であれ、直向きにそこに向っている場合には、向っている自分そのものに振り返る暇も興味もないということです。そもそも自分に振り返るということは、どのようなことなのでしょうか。物事に集中できないから自分に振り返るのか、自分に振り返るから物事に集中できないのか、いずれにしても、その根底に働いているのは、「自己愛」ということです。ブーバーがいうように、自分自身を我–汝–関係における汝にすることはできません。自分自身に向かって、自己を忘れて集中することはできません。また、ヘリゲルの場合にみられるように、「自我への執着」から解放されなければ、心身一如は実現しません。ヘリゲルは、「赤子の手のように」弓を放つことができないとき、思いあまって、馴染んでいたピストル射撃の技術を、弓を放つさいに応用しようとしました。自分の身体知としての技術を利用して、目的を達成しようとしたのです。そのとき、阿波範士は、そのヘリゲルの作為（所作）を見抜き、彼を破門しようとしました。自分の身体を道具として使うことで、無心になろうとしても、無心は実現しません。「ああしよう、こうしよう」と考えながら、身体を使っているあいだは、無心の実現はないのです。

第五節　心と身体の《あいだ》の関係性からみた心身関係

自我が形成されていない乳幼児の段階から、自他の身体の区別と自分と他の人との区別がついている段階、さらに無心において生じる我–汝–関係の段階まで、心と身体の関係について考えてきました。ここで、現象学の視点を前面に出しながら、まとめてみることにしましょう。そのさい重要になるのは、心と身体のあいだの関係です。

①　赤ちゃんには、心と身体の「あいだ」がまだでき上がっていないこと　心と身体のあいだ、というとき、心の働きと身体の働きが別々にあって、別々に働いているということが言われているのではありません。その別々の働きのあいだに、この心と身体のあいだができ上がるのではありません。身体の内側で感じる内部感覚と外からやってくる外部感覚の区別がつかない、無様式感覚を生きる乳児にとって、自分の身体と自分の心の区別はついていません。伝染泣きにみられるように、自他の身体の区別がつかず、世界全体が一つの身体なのですか

ら、心と身体の区別が立っていない以上、心と身体の区別を前提にした、心と身体のあいだができ上がっているのではないのです。このとき、まだでき上がっていない〝心〟と〝身体〟のあいだをあえて問えば、本能を生きる生命体としての赤ちゃんと周囲世界とのあいだの世界が、一つの身体であるときの、本能的欲求をとおしてでき上がってくる世界との関係性としての〝あいだ〟、ということができるでしょう。

② 本能的欲求（受動的志向性）を生きる赤ちゃん

赤ちゃんと母親のあいだに授乳本能が覚醒し、そのつど、定期的に授乳が行われることを、現象学では、授乳の「本能志向性が充実する」と呼びます。本能志向性の「志向性」というのは、志が向かう性質ということですので、広く心の働きと理解してよいといえます。しかし、普通、私たちが「自分の心、あなたの心」というように、しっかり、自分と他の人の区別がついた「心」は、赤ちゃんにはいまだでき上がっていません。ですから、ここでいう赤ちゃんの本能志向性とは、本能的欲求が、欲求するものに向かう働きということができるでしょう。本能的欲求にはさまざまな欲求があり、生まれたばかりの赤ちゃんの反射的とされる本能的運動には、手に触れる物を摑むもうとする把握反射、床に足先が触れると歩こうとする歩行反射、赤ちゃんの唇に触れると母乳を吸入するような吸綴《きゅうてつ》反射、などが挙げられます。これらすべての赤ちゃんの本能的活動が、さまざまに目的づけられ、意味づけられ、価値づけられていることは明らかなことです。しかし、ここで目的や、意味や価値といっても、本能的欲求ですから、それが意識にのぼることはありません。意識されずに投げかけられ、期待され、予測されている目的や意味や価値なのです。そして、この本能の志向性のように、意識にのぼることなく、目的づけられ、意味づけられ、価値づけられている志向性を、フッサールは、「受動的志向性」と呼びます。

③　受動的志向性とは意識にのぼらない「意味づけと価値づけ」であること　この受動的志向性[9]という言葉は、意識にのぼってない志向性を表現するのに適切かどうか、問題があります。というのも、受動と能動というのは、受け手と行為者というように、意識した自我が前提にされ、意識して行為することを能動といい、行為されることの意識を受動というからです。しかし、ここで、「意識にのぼっていない」ということが重要ですので、「行為されることの意識」という意味での受動と誤解されてはなりません。ですから、電車の急ブレーキで起こった「不随意運動」の場合、意識にのぼっていないことから受動的志向性が働いているといわれます。意識されていない目的づけ、すなわち意味づけや価値づけは、まさに、「倒れないように身体のバランスをとる」ことに他なりません。しかも、ここで重要なのは、意識にのぼる以前に、すでに、「身体のバランスをとる」という意味づけや価値づけが行われてしまっていることです。生きて生活している生命体としての自分と周囲の環境との「あいだ」が、「意味づけと価値づけ」という関係性として、気づく以前にすでにでき上がっているのです。意識されずに身体のバランスがとれた場合を、身体バランスの受動的志向性が充実されたといい、とれなかった場合を、充実されなかったというわけです。いずれにしても、充実されたり、されなかったりすることで、たとえば、受動的志向性としての授乳本能志向性が、つまり生命体としての赤ちゃんと母親のあいだが、いつもすでに、意識される以前にでき上がっていることが、ここで強調されなければならないことなのです。

④　純粋な受動的志向性と、能動的志向性を起源にする受動的志向性との違い　この「倒れないように身体のバランスをとる」ことは、もともとは、赤ちゃんが随意運動として学習して獲得した、しっかり意識された、その意味で受動的ではない能動的志向性によってでき上がりました。そのような心と身体が区別された上で「身体

のバランスをとる」能動的志向性が、わざわざ意識せずに受動的志向性として働くことができるようになったのです。ですから、この受動的志向性は、もともとしっかり立っているという随意運動の能動的志向性を起源、あるいは、源泉にしているのです。しかし、このような能動的志向性が受動的志向性として働くことができるようになる場合と、まったく違った起源をもつ受動的志向性があります。それは、欠けることをとおしてしか意識に上らない受動的志向性です。典型的であるのが、喃語の模倣をとおして赤ちゃんの意識にのぼってきた「ゼロの運動感覚」や「ゼロの聴覚」、動かないモビールをとおして意識された「ゼロの視覚」や「ゼロの運動感覚」などです。それぞれ他の感覚質が意識にもたらされているとき、その感覚質と対（ペア）になって働いていた「ゼロの感覚質」として、そこに働らく感覚質として意識にもたらされるのです。

⑤　純粋な受動的志向性としての本能志向性　この能動性を起源にしない、もともと意識にのぼらないままの受動的志向性の典型的な例が、授乳の本能志向性です。このときこそ、自他の身体の区別と自他の心の区別が生じていない段階での受動的志向性による、母と子のあいだの間身体性の働きが、はっきりと現れているといえます。というのも、母乳やミルクを飲む乳児の授乳活動は、授乳という受動的な本能志向性が子と母のあいだで同時に覚醒し、周期的に充実されることで、習慣化されることになります。覚醒された授乳本能志向性は、授乳という目的、すなわち意味と価値の充実に向けられています。ちょうどそれは、母と子のあいだの「添い寝」のように、呼吸のリズムが、過去に残っていく過去把持の受動的志向性と、そのリズムを予測する未来予持の受動的志向性をとおして、一つの呼吸のリズムになっていきながら、一つの共有される時間が流れていくことと同じことなのです。

相互の授乳本能志向性が授乳本能志向性の求める目的や意味や価値の充実において、充実した授乳本能志向性が、過去把持され、未来予持されていくことで、一つの共有される時間が流れていくのです。この授乳の本能志向性が満たされ、充実されたり、添い寝をとおして一つの呼吸が共有体験されることで、母と子のあいだがそのつどでき上がっていきます。こうして共有される時間と空間が成立していくのです。この「あいだ」は、受動的志向性をとおして、いつもその目的、ないし意味や価値を充実しているか、していないか、いずれにしても、意味づけや価値づけという関係性が、はじめからでき上がっているのです。ということは、いまだ「心」にも「身体」にもなっていない生命体としての赤ちゃんと、同じく本能志向性を生きる母親とのあいだが、情動的コミュニケーションの基礎として形成されてきているといえるのです。

⑥　言語的コミュニケーションにおける成人の心と身体の「あいだ」　随意運動が生じ、自他の身体及び自他の心の区別ができ上がっている第二段階における成人間の心と身体の「あいだ」は、どのように理解されればよいのでしょうか。

成人間の知覚と言語を前提にする「言語的コミュニケーション」における心と身体の関係は、言葉による「問いと答え」という状況を舞台にして考えることができます。心に浮かんだ思いを言葉にして相手に伝え、相手の答えに即して行動するという通常のパターンです。買い物とか、レストランでの注文とか、相手に自分の願いを伝え、それを満たしてもらうのです。言葉をとおして人々の活動の空間と時間が拡大することは、心身関係を考えるさい、決定的に重要なことです。文字（たとえば、『源氏物語』）をとおして、時間を超えて、平安時代の貴族の生活空間が彷彿としてきます。主人公の気持ち（心）や息づかい（身体性）さえ、想像をとおして、間接的にとはいえ、自分の経験になります。アインシュタインの相対性理論を分かりやすい入門書をとおして、自分でさえ理解できるものになります。この第二段階において「文化と学問」の世界が実現し、その中を生きることができるようになるのです。

⑦ 言語的コミュニケーションは情動的コミュニケーションを前提にすること

ただし、注意せねばならないのは、そもそも情動的コミュニケーションによる共有される感覚の同一性なしには、言葉は言葉になりえないことです。つまり、第一段階の共有する感覚によって、共有される時間と空間において、根源的な意味での「客観的な、同一のもの（同じプータン、同じ哺乳瓶）」ができ上がっています。この〝客観的な〟同じものに言葉が宛てがわれているのでした。共有しうる言葉は、共有感覚を前提にして、はじめて言葉になりうるのです。ということは、第二段階の言語的コミュニケーションの基礎とその背景には、いつも言葉以前の情動的コミュニケーションを可能にしている受動的志向性による間身体性が働いている、ということなのです。心と身体の区別が区別として成立する前提に、心と身体の区別がつかない共有感覚が生きて働いているからこそ、自他の身体の区別と自他の心の区別が、それぞれの区別になりえているのです。このことを忘れてしまって、言葉の意味だけで、言語的コミュニケーションが成り立ちうると誤解することは、言語的コミュニケーションそのものの意味と目的が、つまり、人間の文化と学問そのものの目的が、幼児期の「我‐汝‐関係」から発して、成人のあいだの我‐汝‐関係へと方向づけられていることを自覚できないことに起因するといえるでしょう。

⑧ 「我‐それ‐関係」において展開する精神科学と自然科学

第二段階の「我‐それ‐関係」における、学問の研究対象としての心と身体の関係性の探求は、言語と数をとおした高次の客観性、すなわち人間にとって普遍的に妥当する価値とされる「人格」や「自由」などの解明にあてられています。心を研究対象とする心理学と身体を研究対象とする医学や生物学や脳神経科学は、別々の研究領域として、両者の関係が問われない場合には、いまだ、普遍的価値とされる人格や自由、我-汝-関係や無心といった人間全体の理解につながることはありません。我-それ-関係の領域に属する学問としての哲学である現象学は、この心と身体の関係を、意識にもたらされる以前の受動的志向性と、意識された随意性が含まれている能動的志向性という二段階の志向性の視点から、解明しています。これまで明らかにされたように、純粋な受動的志向性は、心と身体の区別が生じる以前に、生命体と周囲世界のあいだの意味づけや価値づけという関係性として働いています。そして、能動的志向性による知覚や言語の使用や数学などをとおして、心の学問としての精神科学と、身体を物の因果関係として考察する自然科学が、積極的に展開されていくのです。

⑨ 学際的学問に方法論的基礎を与える現象学

このとき現象学が指摘しうる他の現代哲学を凌駕する論点は、次のところにあります。第一にあらゆる精神科学が前提にする、無意識まで含めた心の働きは、受動的志向性と能動的志向性の階層構造によって説明できることです。第二に、あらゆる自然科学がその研究対象とする物質（物質としての身体を含む）の探求の前提にされる客観的時間と空間は、その意味の根源を、生命体のあいだの受動的志向性としての本能志向性の充実をとおして共有される、流れる現在にもつことが、明らかにされていることです。こうして、心と物としての身体の区別を前提にする精神科学と自然科学は、現象学の受動的志向性と能動的志向性による階層構造において、心と身体への区分以前の段階をも含めて、志向性の学として統合され、学際的学問の方法論的基礎を与えているといえるのです。

⑩　第三段階の「我‐汝‐関係」における心と身体の再統一の実現　第三段階における心と身体のあいだについてまとめてみましょう。第一段階の我‐汝‐関係は、心と身体の区別が生じる以前に、生命体と周囲世界とのあいだの意味づけと価値づけという関係性として成立していました。第二段階である心と身体の区別の成立後の我‐それ‐関係において、心と身体の学問研究や文化活動が展開していました。そして、第三段階に実現する我‐汝‐関係においては、ヘリゲルの弓禅一致の体験にみられるように、自我中心性から解放された、精神の高みである無心の境位において、心と身体の再統一が実現するといえます。第二段階で分割された心と身体の断絶は、無心において統一にもたらされます。ただし、この統一の体験は、継続して持続し続けるのではなく、体験後、ふたたび第二段階の生活上の体験に立ち戻ります。しかし、その体験の意味そのものは、残り続けて、生きる意味に方向性を与えつづけ、再度訪れうる我‐汝‐関係に向けた生活が目指されるのです。

第二章　受動性と能動性の関係についての原理的考察

前章では、方法論的吟味、とりわけ後期フッサール現象学の主要性格といえる「発生的現象学」の方法論の吟味なしに、まさに発生的現象学の主要課題の一つといえる心身関係の構成の問いが、ブーバー哲学の基本原理といえる「我-汝-関係」と「我-それ-関係」の関係という観点から、端的な現象学による記述と分析にもたらされました。そのさい取り上げられた「電車の急ブレーキのさいの意識に上らない運動感覚の過去把持」や「喃語の模倣をとおしての『ゼロの運動感覚』の原意識による自他の身体の区別の成立」、また「乳幼児の原共感覚からの個別的感覚野における個別的感覚質の生成」などの事例の解明にあたって、受動的綜合の規則性である「連合と触発」のアプリオリに働く明証性については、現象学的記述と、いわゆる経験主義的心理学による外部観察による法則性の確定との、根本的相違によって対置される方法論としての原理的確証の手続きは、遂行されませんでした。しかし、他方、自然科学（経験主義的心理学もここに属する）が前提にするいわゆる「客観的時間と空間」に、時間と空間のもつ「意味づけ」と「価値づけ」が与えられていないことについては、十分な検討がなされ、現象学による受動的志向性の先構成と能動的志向性による構成という二重の志向性の分析領域が、確定されたといえるでしょう。

そこでこの章で問題にしたいのは、前章で取り上げられた事例の解明にさいして活用された受動的綜合の規則性としての連合と触発の明証性そのものを、改めて定題化することで、受動的綜合と能動的綜合が、理論理性および実践理性の領域でどのように関係し合っているか、という両綜合の関係の問いです。ここで問われる超越論的明証性の問いは、フッサール自身にとって、一九二二年から二三年にかけての冬学期の講義『哲学入門』にあたっての痛烈な自己批判を機に、発生的現象学における明証性の基準の問いとして探求されることとなりました。この自己批判とは、『イデーンⅠ』で示された超越論的自我（純粋自我）による「ヒュレー－ノエシス－ノエマ」の構成論における「純粋自我への超越論的還元の素朴性」を意味します。つまり、『イデーンⅠ』の構成論において、「時間と他者」の明証性が、そもそも定題化されていないとする「超越論的構成論」における明証性の問いの欠如による「超越論的素朴性」の露呈を意味するのです。

ここで定題化されている「時間と他者」の明証性の問いとは、まさに発生的現象学の中心的研究課題とされる「時間と連合と原創設」のうちの「時間構成」の明証性、および「他者構成の基盤として働く受動的綜合である連合」の明証性の問い、ということができます。そしてこの『哲学入門』の講義で解明されたのは、時間の明証性に関して、過去把持の必当然的明証性であり、他方、他者の主観の構成に関しては、「超越論的自我の明証性」から出発せねばならないとする問題領域の確定にとどまり、受動的綜合である連合の明証性の議論には到達していませんでした。

このような明証性をめぐる問題状況にあって、この章では、まず、受動的綜合と能動的綜合のあいだの基づけ関係の基本を確認した上（第一節の課題）、受動的綜合の規則性である「連合的綜合」が成立するときの超越論的条件性ともいえる「類似性（Ähnlichkeit）」の概念と、本質の概念に属するスペチエス（種）の概念との区別を、明確にすることにします（第二節の課題）。というのも、『内的時間意識の現象学』で呈示され、『哲学入門』において改めてその必当然的明証性が論証されている過去把持の交差志向性において、時間内容の構成が、「本質同等性」による「垂直の合致」として呈示されてはいても、この段階においては、時間内容の構成における連合の類似性の役割はどこにも示されていないからです。他方、前章で示された原共感覚からの、個別的感覚野の個別的感覚質の原意識（I）以前の原共感覚の原初的領層における感覚形態の生成こそ、まさに受動的綜合の連合における類似性の形成と対応している、とする類似性の位置づけが可能になります。つまり感覚質そのものの発生の問いが、感覚質の原意識（I）以前の感覚形態の類似性の生成の源泉を、開示することができるのです。

こうして過去把持の明証性の内実が、その交差志向性における時間内容の構成と延長志向性における時間の流れの統一の構成が、同時に生成する過去把持の二重の志向性の作動として開示されることになります。ここで改めてこの過去把持の二重の志向性である Querintentionalität（交差志向性）と Längsintentionalität（延長志向性）の訳語の適切性が問われなければならない（第三節の課題）のは、交差志向性における時間内容の「垂直の合致」による構成が、過去把持の横軸に表現された「横の志向性」においては、成立しえないことを確認し、この垂直の合致が、受動的綜合としての連合として理解されねばならない必然性を、論証する必要があるからです。この過去把持の二重の志向性の解明は、さらに、意識された過去把持の明証性から、意識にのぼることなく作動している過去把持の交差志向性における受動的綜合（連合）の働き方の解明に導かれる（第四節）ことで、過去把持の受動的志向性としての特性、またそれに対する想起の能動的志向性としての特性が、徹底して理解されること（第五節）で、受動的綜合の明証性が、根本的に確証されることになります。

第一節　「受動性が能動性に先行する」とはどのようなことか

受動的綜合と能動的綜合の基づけ関係を明らかにするにあたって、まずは、『能動的綜合』（Hua. XXXI）第一節に述べられている「能動性と受動性の関係」、という本章の主題にぴったり当てはまる論述を、引用してみましょう。ここでフッサールは、この関係について次のように述べています。

「受動性は、それ自体で第一のものである。[1]なぜなら、すべての能動性は、本質的に受動性の根底とその受動性においてすでに先構成された対象性を前提にしているからである。したがってこのことは、本来的なロゴスの自発的能作にも妥当する。一般的にいえることは、本来的ロゴスの形成物を成立させる自我の能動的能作の研究は、注意する対向とその派生体を媒体とすることのなかで行われることである。」（Hua. XXXI, S.3f.）

（1）「即自的に第一のもの」としての受動性

ここで受動性とは「即自的に第一のもの（das an sich Erste）」といわれています。いったいこの「即自的に第一のもの」とはどんなもののことなのでしょうか。このとき、まず始めに参照することができるのは、『形式的論理学と超越論的論理学』（Hua. XVII）において、同じ用語が、発生的現象学の観点から述べられていることです。フッサールは、当書の第八六節において、「超越論的判断論の即自的に第一の主題としての先述定的経験の明証性。根源の判断としての経験判断」を解明するとして次のように論述しています。

ここでフッサールは、発生的現象学の観点から超越論的判断論を考察するにあたって、「一般的な意識論」および「普遍的な意識発生（Bewusstseinsgenesis）」の命題として、「自己能与（Selbstgebung）の様相の意識は、あらゆる対象性のあり方に関して、すべての他のそれに関係づけられた意識の仕方に対して、それらを発生的に二次的なものとみなして先行する。自己能与の意識は、いつも、過去把持と未来予持の道を経て、自己能与しない空虚意識へと移行する」（Hua. XVII, 217）と述べ、「このことに即せば、この発生の観点において即自的に第一の判断論は、明証的判断の理論であり、明証的判断の理論（それとともに判断理論一般）において即自的に第一のものは、述定的明証性の、経験と呼ばれる非述定的明証性への発生的遡及である」（同上、S.217）としています。

①　この文章から明らかなように、すべての形成済みの意味の発生を問う発生的現象学の観点からして、「即自的に第一のもの」とは、超越論的論理学における、「述定的明証性から非述定的明証性への発生的遡及」を意味しています。ここで「非述定的（nichtprädikativ）」と言われるのは、『形式的論理学と超越論的論理学』第八六節の標題にある「先述定的（vorprädikativ）」という語と同義であり、「述定的」という規定が、能動的綜合の領域、そして「先述定的」という規定が、受動的綜合の領域に属することは明らかなことです。ということは、超越論的論理学に属する超越論的判断論は、「明証的判断の理論」であって、述定的な論理的判断の明証性は、発生的分析をへることで、つまりその明証性の源泉をたどることで、先述定的明証性にたどりつくというのです。たとえば「電車の急ブレーキ」の場合の「自分の足が動いたのは、それに気づいたときより先である」という判断の明証性は、それが言語による述定的に判断される以前の先述定的な経験の明証性に遡及するのであり、それが受動性において与えられている「即自的に第一のもの」であるといえるのです。いうまでもなく、この経

験において直接的に明証的に与えられているのは、「運動感覚が実際の動きの後に感じた」という時間の前後関係の直接的な感覚体験なのです。

②　ということは、受動性と能動性との関係を、現象学の鍵概念の一つである明証性の概念に即せば、先述定的経験の明証性は、述定的判断の明証性に先行しており、すなわち先立って生起しており、発生的に第一であるのが、受動性に属する先述定的経験の明証性であることです。しかも「発生的に先行する」とは、受動的な先述定的経験は、二次的でない、一次的な自己能与の意識としてすべての他の意識の仕方に先行するということを意味するのです。そして、ここで、この「自己能与の意識」の明証性だけでなく、同時にその意識そのものの成り立ちについても問われなければならないことも、明らかになります。

③　さらにこの先述定的経験の明証性は、同じく超越論的論理学の解明が目指された『経験と判断』においては、「生活世界の明証性」への遡及を意味するという表現に明示されている、ともいえます。『経験と判断』の第一〇節の標題において、「生活世界への遡行としての経験の明証性への遡行。生活世界を覆っている理念化の解体」といわれているように、発生的現象学における生活世界への遡及とは、まさにここで述べられている超越論的論理学における先述定的明証性である「経験と呼ばれる非述定的明証性」(Hua. XVII, 217) への遡及、すなわち「即自的に第一のものへの遡及」に他ならないのです。

（2）先述定的な経験の明証性

次に明らかにしてみたいのは、そもそも、明証的判断理論における先述定的な経験の明証性が、発生的現象学の観点から問われるとは、いかなることなのか、ということです。ここで改めて、静態的と発生的の規定される現象学の特徴を明確にしてみる必要があります。そのさい、さまざまなテキストに言及できますが、『形式的論理学と超越論的論理学』の付論Ⅱの第二節「志向性の一般理論」についてのテキストの中から、「静態的」と「発生的」の区別について、その特性を引き出してみましょう。

　そこでは、まずは、以下の論述が参考になります。

「〝静態的〟な分析は思念された対象の統一によって導かれ、不明瞭な与えられ方から、志向的変様としてのその指示関係を追求しながら、明晰なものに向けて解明に努めるのに対して、発生的な志向分析は、全体的で具体的な関連へと方向づけられており、この関連においてあらゆる意識とその志向的対象そのものがそのつどそこにある。そのとき即座に問われるのは、その状況に属する他の志向的指示関係であり、その状況においてたとえば、判断する能動性を行使している者がいたりする。したがってともに問われることになるのは、生の時間性の内在的統一であり、この生は、この統一においてその〝歴史〟をもち、それも、そのさいあらゆる個々の意識体験が、時間的に出現するものとして、その固有の〝歴史〟を、すなわちその時間的発生をもつようなあり方でもつのである。」（XVII, 316）

①　ここでいわれる静態的な分析というのは、ここで「思念された対象」といわれる特定の対象が、「知覚されたり、再想起されたり、空虚意識」といったさまざまな「本質類型（Wesenstypen）」からなる意識の仕方を、ノエシス‐ノエマの相関関係という観点をとおして解明し、顕在化していく分析を意味しています。端的にいっ

て、ここで展開されるのは、「対象構成」にかかわる能動的志向性による能動的綜合の構成分析であるということができます。それに対して、発生的分析が、生の全体的で具体性な関連（状況）を、生の時間性と歴史性に即して解明するとは、いったいそもそもどのようなことを意味するのでしょうか。このとき、この章の冒頭に述べた『哲学入門』におけるフッサールの超越論的還元の素朴性という自己批判に照らし合わせると、「生の時間性の内在的統一」という解明の課題の意味が明瞭になります。というのも、この自己批判の内実は、『イデーンI』の執筆時において、「時間と他者の明証性」が現象学の分析にもたされていなかったという、時間性と他者性の構成を定題化しえない超越論的素朴性の指摘に他なりません。この明証性の確証をとおしてこそ、時間（歴史）と他者（社会）を担った意識生の全体性と具体性の解明の方向性がはじめて定まってくるからです。つまり、（1）で検討された超越論的論理学における受動性の領域に属する「即自的に第一のもの」への発生的遡及の必然性は、静態的分析と性格づけられる『イデーンI』の論述の自己批判をとおした、「時間と他者」の経験の明証性を問う発生的現象学の探求方向のもつ必然性を、意味しているのです。

② 発生的現象学の主要主題は、「時間と連合と原創設」といわれます。上記の引用で指摘されている時間性の発生的分析は、さらにこの『形式的論理学と超越論的論理学』では、「すべての他の本質形式が遡及的に関係づけられる志向的発生の普遍的な本質形式は、内在的時間性の構成の本質形式であり、それは確固とした規則性において、あらゆる具体的な意識生を支配し、すべての意識体験に存続する時間的存在を与える」（同上、318. 強調は筆者による）と明確に論述されています。このことから、先述定的明証性に属する「内在的時間性の構成」の明証性が、発生的遡及である「即自的に第一のもの」の明証性を指していることは明らかといえます。しかもこの時間意識の構成への発生的遡及は、内在的時間性の規則性である「過去把持と未来予持」の明証性への遡及

であることが、「あらゆる本源的な所与性（自己能与の所与性）」が、「二重の発生的影響」をもち、この「二重の発生的影響」として、一方では過去把持をとおして、また他方で「〝統覚的〟影響」である未来予持をとおして作動しているとされています。この未来予持にあたる「〝統覚的〟影響」については、その働き方が、「類似した新たな状況において、それまでいつも構成されていたそれ以前のものが、類似した仕方で統覚される」（317）とされているのです。そして、この類似性を介した〝統覚〟の仕方こそ、志向的発生の規則性としての「連合」に他ならないのです。

（3）受動的綜合である連合の明証性

発生的現象学の発生的分析の主題は、連合であるとされています。「即自的に第一のもの」に遡及してそこに開示される領域が、生活世界の明証性とされ、この領域において、経験の先述定的明証性が定題化され、この先述定的明証性は、時間性の明証性と同時に受動的綜合の規則性である連合の明証性によって成り立っているとされているのです。連合は受動的綜合の根本形式ともいわれますが、どのように超越的論理学の研究領域の中で主題化されることになってきたのでしょうか。

一九二〇／二一年に執筆された『受動的綜合の分析』の準備草稿のなかで[2]、論理の基礎である知覚の存在様相を問題にして、内的意識の内在的現在における内在的知覚の絶対的明証性と、それに不可分に結びついている「想起や予期」という準現在化（Vergegenwärtigung）との「協調性」について語り、その協調性を可能にしているのが、連合であるとしています。フッサールはここで、「私が考えるに、わたしたちが連合と名づけるすべてのものは、現象学的に、いわゆる連合項のあいだに存続する、相互に想起するものの意識関連として性格づけられるということである。『ヴェスヴィオ火山』という思いが『ナポリ』を想い起こすというとき、それはたんなる客観的事実なのではなく、二つの思いは、意識に即していえば、ただ、いっしょにそこにある、あるいは、前後してそこにあるというのではなく、一方が他方を指示し、一方についての意識において、他方についての意識への前もっての指示が向かっているのである。前もっての指示は、超越するものの意識においてだけあるのではなく、内在においてもあり、その中には、同時のものから同時のものへと、そして現在的なものから現在的なものへの向かう前もっての指示がある。たとえば、一度ならず何回も、色の与件が匂いの与件とともに立ち現われるとき、もう一度それが起こるときに、たんにこの色と匂いが一緒にそこにあるようになるというだけでなく、その意識に即した共属性（Zusammengehörigkeit）をもつことになるのだ。すなわち、その内在的与件には、同時にあったものへの前もっての示唆が固着していて、その所与性は、他の意識において固着して示唆している意識にとって決して妨げになるものではない。しかし、前もって示唆された与件がともにそこに立ち現われないとき、その与件が意識に即して『欠けている』ということになり、その前もっての示唆は、空虚であり、同時に妨げられているということになる。私が考えているのは、したがって、現在的なものの準現在化というこの様式がその普遍的意義をもち、ここで私たちの考察にもたらされるということである」（XI, 241. 強調は筆者による）と論述しています。長い引用になりましたが、ここで連合に関して数多くの重要な論点が、指摘されているといえます。

①　ここで指摘できるまず第一の論点は、連合は、二つの思い（「ヴェスヴィオ火山」と「ナポリ」という思い）のあいだを相互に指示し合っている志向性として作動しているということです。ここでいわれる「指示や示唆」は、志向性による「意味づけ」と「価値づけ」を意味しています。この二つの思いが、「たんなる客観的事実で

はない」ことは、連合がたんなる心理学的事実の規則性として理解できないことを意味しています。仮にたんなる客観的事実であるとして場合、この種の連合は、偶然と確率の問題とされ、「ヴェスヴィオ火山」の思いと「ナポリ」という思いは、フッサール個人にとってその連合によって意識に現出したとしても、他の人にとって、「ポンペイ」が想起されるかもしれず、それだけでなく、フッサール個人にしても、ときには「ナポリ」が、ときには「ポンペイ」が想起されることは十分に考えられることです。しかし、この心理的事実として偶然に生じる並存だったり、因果的前後関係として考えられることは、いったいどのように「客観的事実として」説明できるというのでしょうか。原理的にそのような説明は不可能といわれなければなりません。となると、一層真剣に問われることになるのは、どうしてこの連合が、志向性として性格づけられ、しかも、受動的志向性による受動的綜合と性格づけられなければならないのか、という問いであることになります。

②　このとき、重要な指摘となるのが、上記引用文における「同時のものから同時のものへと、そして現在的なものから現在的なものへの向かう前もっての指示がある。たとえば、一度ならず何回も、色の与件が匂いの与件とともに立ち現われるとき、もう一度それが起こるときに、たんにこの色と匂いが一緒にそこにあるようになるというだけでなく、その意識に即した共属性（Zusammengehörigkeit）をもつことになるのだ」という記述内容です。ここでいわれる「意識に即した共属性」が連合による先構成を意味します。ところが「色の与件（Farbendaten）」と「匂いの与件（Geruchsdaten）」といわれるときの「与件（Daten）」は、本質（Wesen）とはことなっており、ここで色の感覚質と匂いの感覚質との共属性とはいえないことが重要です。ことなった感覚質どうしが、ともに属するような共同の感覚質としてこの連合を意識することはできません。「与件」は「素材」とも訳され、「感覚素材」という訳語により、感覚（本）質の意識以前の、素材どうしの「意識に即した共

属性」と理解されているのです。さらに重要であるのは、この引用の文頭の文章での「相互に想起するものの意識関連」とされている連合の性格づけにおいて、ここでいわれる「相互の想起」は、幅のある生ける現在における「想起」であることです。そうでなければ、「現在的なもの」としての感覚与件どうしの想起は考えられないからです。

③　ここでいわれる「内在的与件」は、互いに指示（示唆）し合っている、つまり、志向性（意味づけと価値づけ）が働き合っているとされています。このことが「固着して示唆している」ということは、「色の与件」と「匂いの与件」とのあいだの「結びつき」が固着と表現され、連合という結びつき方の別の表現になっていることを意味しています。しかもこの記述で興味深いことは、この連合という結びつき方は連合している両方の項（連合項）の片方が「欠けている」と意識されるとき、その特定の片方の志向（指示ないし示唆）が「空虚」なものとして意識され、その志向が充実されないことに気づかれる（原意識される）ということです。

この志向の不充実をとおしてその「空虚」な志向が原意識されるという事例は、すでに第一章の論述のさい、喃語の模倣において、母親が喃語を模倣したとき、そのとき立ち現れるはずの「運動感覚」が「欠けている」ことに気づき、乳児の「ゼロの（空虚な）運動感覚」の原意識が生成した事例とぴったり相応しているということができます。ともに内在的感覚与件として、その共属性をとおして結びつきながら連合していた「〝運動感覚〟と〝聴覚〟」は、その〝運動感覚〟が欠けることで、〝聴覚〟と連合していたはずの〝運動感覚〟の不充実をとおして「ゼロの運動感覚」が原意識され、運動感覚の運動感覚としての「感覚質の原意識」が生成するのです。

④　ということは、前章で記述された「心身関係」についての発生的分析、とりわけ原共感覚からの個別的感覚野の感覚質の生成の記述のさい活用された受動的綜合の規則性である連合による分析は、超越論的論理学の判

断理論において述定的明証性の先述定的明証性への発生的遡及による「即自的に第一のもの」の明証性によって、すなわちフッサールのいう「現在的なものの準現在化という様式のもつ普遍的意義」の明証性として原理的に裏づけられているといえるのです。ここで「現在的なもの」と「準現在化」といわれる様相の変化において、「準現在化」において志向の不充実としての「空虚なもの」が原意識されているのですが、それ以上に重要であるのは、「現在的なもの」の占める現在において、「色の与件」と「匂いの与件」がそれぞれの感覚質の原意識以前に、すなわち感覚質としての意識にのぼる以前に、感覚素材どうしの連合がすでに成立していて、その連合項が一方の欠損を介して原意識にもたらされることの明証性が、確証されていることなのです。

（4）受動的綜合である連合の意識にのぼらない過去把持と未来予持による生成の明証性

受動的綜合は、「コギト（思うこと）」と呼ばれる自我の活動性をともなわない連合と触発の働きとされています。発生的分析の観点からして、この純粋な意味での受動的綜合が作動しているのは、自我の活動性がその源泉としている自我極が形成される以前の乳幼児の意識生においてであるといえます。この発達の段階における受動的綜合の働きを発生的分析にもたらすためには、発生的現象学の方法である「脱構築」の方法が用いられることになりますが、その方法は、端的にいって、自我の活動性（能動性）による構成能力を脱構築して、能動的綜合の能力をカッコづけし、受動的綜合のみ働いている先構成の領層の志向分析を、試みることを意味します。発生的分析の観点からすれば、時間意識の構成層において、能動的綜合である「再想起と予期」を脱構築し、過去把持と未来予持だけ作動しているとして、乳幼児に与えられていると想定される受動的綜合である連合の志向分析を、記述してみるのです。

しかし、発生的現象学の方法としての脱構築は、時間と連合の発生的分析の当初から方法として活用されていたのではなく、むしろ、静態的分析を重ねることをとおして、たとえば、ここで呈示されている超越論的論理学における判断理論の明証性の問いをとおして、つまり存在様相の明証性の問いである「現在的なものの準現在化への様相変化」の様式の普遍的意義のもつ明証性が開示されてくることで、様相変化において働いていなければならない連合の明証性が開示されることになったのです。知覚の現在と想起の過去という存在様相の変化が判断理論の明証性の問いとしてその探求の課題とされたのでした。そのさい現在における内在的知覚の絶対的明証性に対して、準現在化する能動的綜合としての再想起における、いわゆる「記憶違い〔再想起の錯覚〕」を事例として呈示することで、意識にのぼる以前の過去把持と未来予持による、意識にのぼる以前の受動的綜合である連合が生じていてはじめて、記憶違いという現象が、その現象になることを現象学的記述にもたらしえたのです。

このフッサールが呈示する事例は、以下の引用文で次のように描写されています。

「たとえば、シルスマリア〔スイス、エンガルディン地方の避暑地〕の記憶が浮ぶ。そこに私は若い作家の姿をみる。私たちは、楽しく語り合っていた。グンドルフの『シェイクスピア』についてだった。〔そのとき〕ふと疑いが「生じ」、それによると、そこに二番目の像が立ち現われ、私はその同じ若者と、フェクスタール〔シルスマリアから少し離れた谷の地名〕の民宿の小さな部屋にいる。それは彼の住まいであり、彼は私に、グンドルフの『シェイクスピア』を読み上げ、私たちは、そこで、それについて語る。私はあらためて、初めに思い出した記憶像に立ち戻ってみる。そこでは、その記憶持続の一つの断片が、純粋にそれ自体をそのまま与えており〔自己能与しており〕、途切れることなくそのままそこに留まっていることに気づく。しかし、その若者が話すのを聞き、その話された内容を与えられているままによく聞いてみると、その記憶の持続に、以前は気づかなかった小さな飛躍があったことに気づいた。その飛躍において、気づかずに、その再生産されたもの〔シルスマリアの像〕が、他の記憶像〔フェクスタールの像〕に飛び込んできて、その像が、いわば視覚の側面に即して第一の状況を一貫して隠してしまい、〔ある場所での〕ある話が他の話とすり替わってしまったのだ。よく見てみると、同時に、あるいは、すでにそれ以前に、一つの状況における同じ人物とその人に属する外的な現出の仕方が、他の状況における同じその人とその外的な現出の仕方に入れ代わったのである。明証的であるのは、この二重性は、実のところ、気づかれることなく、特有な重なり方によって、すなわち一つの記憶像の一部が他の記憶像の一部を覆い隠すことで、すでに統一的にそれ自体をそのまま与える出発点の像に横たわっていたのであり、それが分離しつつずれながら二重になったということである。」（XI, 269. 強調は筆者による）

①　ここで分かりやすい例として描かれている「記憶違い（想起の錯覚）」の描写において注目すべき第一のことは、気づかれることなく「シルスマリア」の記憶像が、「フェクスタール」の記憶像を覆い隠していたことです。フッサールもいうように、「シルスマリア」の記憶が浮んだそのとき、すでに記憶像の重ね合わせはでき上がり済みだったわけです。この記憶像の重なり合いは、実際に行われた若者との歓談の後、そのことが思い出されるまで、意識にのぼらない潜在的志向性からなる過去地平において、能動的意識が関与していない意識にのぼらない受動的綜合である連合をとおして、先構成されていたのでした。

②　このとき問われるのは、どのようにしてこのような重なり合いが可能になるのか、という連合の働き方

です。このときフッサールは、明確にシルスマリアの記憶像とフェクスタールの記憶像が「連合している」(XI, 270) として、その連合は「一方の状況の類似したものが、他の状況のその類似したものを想起するのである」(同上) と述べています。この類似したものどうしの相互の想起は、「類似した対 (Ähnlichkeitspaar)」(XI, 271) の統合とも呼ばれ、「この統合は、一つの過去と他の過去のあいだを架橋し、あるいはまた、知覚に即した現在と過去とのあいだを架橋する」(同上) ともされています。ということは、この「類似的なもの」とはいっても、本書一〇一頁で示された「色の与件」と「匂いの与件」との相互の想起とされる連合の場合の二つの「色は色、匂いは匂い」というときの「感覚与件相互の類似性」と、「一つの過去と他の過去」を架橋し、「視覚に即した現在と過去」とを架橋する場合の能動的綜合による対象構成を前提にした「ノエマ的意味内容」の類似性とは、明確に区別されねばならないことになります。

③ ここで、強調されておかねばならないのは、受動的綜合として働く連合の明証性が、記憶違いにおける「二重性が気づかれることなく、特有な重なり方によって、すなわち一つの記憶像の一部が他の記憶像の一部を覆い隠すことで、すでに統一的にそれ自体をそのまま与える出発点の像に横たわっていた」ことの明証性として、つまり、意識にのぼらない、気づかれることのない受動的綜合としての連合の明証性として、確証されていることです。電車の急ブレーキのさい、「気づくことのない、意識にのぼることのない過去把持」をとおして受動的綜合である連合による「運動感覚」が先構成されていたことが、明証的であるとされているのです。

(5) 現実の直観と想像の疑似定立——直観を結びつける類似的連合と能動的綜合

一つの過去と他の過去とを架橋する例として挙げられたシルスマリアとフェクスタールの記憶像の重なりは、

感覚与件の類似性による連合ではなく、感覚与件を前提にしてはいても、能動的綜合による対象知覚と地名という言語表現にかかわる記憶像どうしの類似性による連合として働いています。この高次の能動的綜合を前提にした記憶像の重なり合いであるにもかかわらず、その意識にのぼる以前に先構成されていた重なり合いが、受動的綜合である連合として生成しているとされるのは、周知のように、受動性の概念が、「能動性以前の受動性」と「能動性における受動性」に区別され、ここで生じている二つの地名にかかわる記憶像どうしの連合は、地名を使用するさいの能動的綜合による「ノエマ的意味」が、過去把持をとおして沈澱することで、過去地平における潜在的志向性としての記憶となり、意識にのぼることのない潜在的志向性の「ノエマ的意味」の類似性をとおして、受動的綜合である連合によって先構成された、といえるからです。つまり、能動的綜合による対象構成が潜在的な受動的志向性に転化した「能動性における受動性」において受動的綜合である連合が作動しているのです。

『能動的綜合』の第四章「客観化の段階行程」において、この能動的綜合においてそれに先行して働いている受動的綜合である連合が、知覚の現在と想起の過去の架橋となる「ノエマ的意味」の類似性による連合として、また、知覚の現実性と想像における可能性との比較による「概念形成」のための「受動的先構成の特有なアプリオリ」（XXXI, 77）として作動していることが、次のように論述されています。

①　この第四章の第一七節では、能動的綜合における「客観化」の第三段階として「一般性意識に基づいた概念把握する判断」が主題とされ、この段階に移行するためには、フッサールは「比較と同等性と類似性」という関係性の考察が必要であるとしています。というのも、「比較と概念形成の能力の普遍性は次のことに基づいている。それは、何らかの形で現実性、あるいは可能性において対象的に構成されているもののすべてが、まさしくアプリオリに、名辞として比較関係において出現し、形相的同一化と一般的なもののもとに位置づける判断作

用の能動性によって概念把握されうることである」（XXXI, 77）とされるからです。つまり、対象的に構成されているもののすべての比較をとおして、初めて概念把握が、可能になるのであり、そのさい、対象構成は、定立による知覚の現実的対象構成だけでなく、疑似定立による想像の可能的対象構成をも含んだすべての対象構成を意味しており、それらの比較関係が必要とされるのです。

②　この現実的対象性と可能的対象性の関係についてフッサールは重要な指摘をします。「全体と部分や部分と部分のあいだのような関係は、現実性とそのような〔想像の場合の〕可能性とのあいだには、原理的に存立しえないことである。ないしはそれらの関係は、一方の関係項が現実的なものとして意識され、他方の関係項が虚構として意識されるといった場合には、自己所与性においては構成されえないことである。全体が現実的であるとき、部分もまた現実的であり、虚構が現実的なものとともに全体へと結合されることはありえない」（XXXI, 75）とする指摘です。全体と部分の関係といえる対象知覚における「基体とその属性の規定」による述定的判断は、知覚の現実性において遂行されており、想像の虚構による疑似定立的な可能性と両立することはないというのです。このことは、たとえば、現実に見えている四桁の数字に、想像した「0」を付け加え、五桁の金額を疑似定立したところで、五桁の金額が、その「自己所与性」にもたらされるわけがない、といった事例で十分、明白でしょう。

③　となると「すべての対象構成の比較」が可能になるためには、現実的対象構成と可能的対象構成のあいだをアプリオリに比較関係にもたらしうる特有な「結合の仕方」が、作動していなければならないことになります。この結合の仕方こそ、まさに受動的綜合としての連合であるとされるのです。フッサールはここで、「意識の現在のうちでともに意識されているすべてのいかなるものも、事象的な結合のうちで結合されていようとい

なかろうと、連合が統合することができる。部分の全体としての全体、すなわち全体への部分としての部分の結合は、関連する全体の直観の統一、すなわち結合の直観の統一のうちでのみ与えられうる。しかしそれに対して、同等性、あるいは類似性は〔それら関連性に〕まったく無頓着である。同等性や類似性がそれらに無頓着であるのは、まさにその源泉を、いわゆる連合の統一をとおして先構成される結合において純粋にもっているからである」（XXXI, 76）と述べているのです。

ここで「事象的な結合」といわれるのは、「事象的な結合の関係（結合の関係）と、比較の関係は現実性を現実性と関係づけられるだけでなく、現実性を可能性にも関係づけることができる。比較の関係を区別する。あるいはまた、それらが関係づけるものは、持続的に関連する直観において結合されて構成されてある必要はない」（同上）といわれているように、全体と部分の関係のように、「直観として関連し合う直観の持続的統一」において与えられている結合を意味しています。それに対して連合による統一（ないし統合）は、この事象的な結合に拘束されることなく、すべての対象性のあいだに同等性と類似性を介して「紐帯を創るのであり、しかも、とりわけ類似性連合として創るのだ」（XXXI, 77. 強調は筆者による）とされるのです。

④ この類似性連合の内実は、先に述べたように、感覚与件どうしの類似性連合と、ノエマ的意味どうしの類似性連合に区別されます。フッサール自身、この感覚与件どうしの類似性連合について、「したがって、それによれば感覚的（sinnlich）な同等性と類似性もまた根源的な連合であり、触発の統一である」（同上）と述べているのです。しかもこの類似性連合は、「一般性の意識の源泉でもあり、また同時に、概念把握する判断の、すなわち完全な意味での判断の源泉でもある」とされ、これによって、まさに「連合の原形式がこの源泉である」のであり、「それは受動的な先構成の特殊なアプリオリとしてあることなのであり、この上にこそ能動性の新たな

段階が構築されるのである」(同上)というように、能動的綜合としての判断が、受動的綜合である連合のアプリオリによって基づけられていることが、論述されているのです。となると、ここでさらに問われなければならないのは、この類似性連合というときの、類似性(ないし同等性)の内実、とりわけ感覚与件どうしの類似性とは、いったいどのような類似性でありうるのか、という問いです。

第二節　連合における「類似性」とは何を意味するか——ヒュームとカントとの対比をとおして

類似性という概念は、通常、「この色とその色はよく似ている」というとき、「似ている」ということを表現する概念です。「よく似ている」といわれるように、類似性には、似ている程度の違いがあります。似ているを超えて、まったく同じであれば、類似しているとはいわれず、「同じ」とか、「同一」とかいわれます。少しの違いがあるので「似ている」にとどまるのです。

次に類似性について、たとえば「類としての色に属するが、種差の違いで赤だったり、緑たったりする」というときの色という類の同質性と赤や緑の種に属する類似性に区別されます。しかし、現象学で言われる類似性は、類や種という、上位概念と下位概念とに分析する概念分析のさい、種差として表現される類似性が意味されているのではないことが、もっとも注意されねばならない論点なのです。

(1)　ヒュームにおける類似性とその認識論的破綻

この種として理解されない類似性を的確に理解するために、まずヒュームの理解する類似性と対比してみることが有効です。そのさい、まず次のような具体的事例を取り上げてみましょう。たとえば、ここで「黄色と橙と赤」というように色彩が段階的に順次変化していく一メートルぐらいの長い色の帯が見えているとします。そのとき、それぞれ黄色、橙、赤の色の範囲内では、直接隣り合う色同士は、とてもよく似ていて見分けることはできません。しかし同時に、少しずつ色合いが変化していき、黄色は橙になり、橙は赤になっているように見えます。

この事例に接して、ヒュームは「印象（impression）と観念（idea）」による認識論的構図によって、この事例を説明しようとします。ヒュームはすべての観念（ここで種概念とされる「黄色、橙、赤」）は印象の複写による再現とみなしており、もともと印象に由来していて、厳密に一対一対応する、つまり特定の印象にそれに応じた特定の観念が対応するように与えられているとしています。そしてそのことが例外なく妥当することを論証するさい、ヒューム自身、一つの例外として呈示しているのが、この漸次的に変化する色彩の例なのです。

どうして例外になったしまうかといえば、ちょうど黄色から橙に「なっていく」とき、また橙から赤に「なっていく」ときの「なり方」が問われるからです。黄色から橙になっていくとき、「なる」その境界線を見極めようとしても、隣同士はとてもよく似ていて印象としても、また観念としても区別できません。あえてそこに境界線を引いて、境界線の左側は黄色で、右側は橙としてみます。しかし、境界線の左の黄色は、その印象にその起源をもちます。境界線の右側の橙も同様です。もしすべての観念は印象に一対一対応しているのであれば、見分けがつかない境界線の左と右の色の観念は、その色の印象に由来していることになり、その印象に忠実であれば、観念によって勝手に、左側は黄色、右側は橙と決めることは許されないことになります。

しかし、他方、どこかで黄色か橙かという観念上の区別を設けなければ、つまり区別できない印象に、観念の側から、種差としての黄色と橙を宛てがうことがなければ、黄色が橙になる経過が目に見えないことになってしまいます。したがって、ヒュームは、この漸次的な色彩の変化の場合、どこかで、観念が印象に先立つことを例外として認めようとするのです。

このとき、実は、ヒューム自身、実在する印象と代表象（representation）としての観念という認識図式そのものが、この色彩の漸次的変化の知覚の理解を困難にしていることに気づいていません。この色彩の漸次的変化の場合、その理解を困難にするのは、隣同士隣接する色が類似していて見分けられないことにあります。ヒュームは、この類似性を観念連合（association of ideas）の一規則としての類似（similarity）とみなします。となれば、印象と観念の関係からして、上記の境界線の左の色の観念と右の色の観念の類似性は、左の色と右の色の印象の類似性に依拠することになります。このとき、見えたままの左の色と右の色の類似性を、印象の類似性に還元しようとすれば、そこに相違が認められない以上、観念上の相違（種概念としての黄色と橙との種差）に求めざるをえなくなるのです。

このとき、「漸次性」とか「程度」という観念を補足しても事情に変わりはありません。それらの観念には、印象が対応していなければならず、次第に黄色から橙に変化していくとき、どこかで、橙になる境界線を引かねばならないことに違いはないからです。したがって、この事例で明らかになるのは、印象から観念が生成するとするヒュームの感覚主義的認識論が、認識論として破綻していることに他ならないのです。

（2）感覚野における感覚質の融合

ここで参考になるのは、フッサールの『論理学研究』で「全体と部分」の関係が論究されるさい、「感覚野における感覚質」（vgl. XIX, 253）の「広がり」について語られ、「その特殊性は、感覚質の本質をとおして、ないし広がり一般の本質をとおして規定されているが、それぞれの本質は、それぞれの仕方で視覚的感覚、ないし視覚的野の本質単位において含まれており、その野には、すべてのそのような諸単位が秩序づけられている」（XIX, 254）とされていることです。

この「諸単位の秩序づけ」のさい、重要な役割を果たしているのが、「融合（Verschmelzung）」の概念です。次の融合にかんする文章は、内容上、受動的綜合である連合概念の基礎として働いているといえるでしょう。「感性的な直観の具体的なものが、その隔離してあることを隣接する契機の間隔によるものだとしても、全体で、ある具体的なものの際立ちは、その全体の内容の相互に際立たせる契機の際立ちに対して、それ以前の際立ちなのである。このことが依拠しているのは、具体的なるもののさまざまにことなった諸契機の、特別に内的な融合であるといえよう。つまり、その融合の相互の『浸透』に依拠しているのであり、この浸透は、変化や否定のさい、相互の依存性においてそれ自身を明らかにしている」（XIX, 248）というのです。

ホーレンシュタインは、この「融合」の概念の由来を、聴覚心理学者であるシュトゥンプの融合概念にみています。シュトゥンプの融合概念の特徴は、「シュトゥンプは、融合として同時の諸感覚のあいだの関係とみなすことのできるという特有な関係と名づけ、この融合によって諸感覚は、たんなる総量としてではなく、ある全体を形成し、それによって不完全にのみ区分され、数多性として認識される[3]」としています。

ということは、たとえば「黄色から橙をへて赤へ」と漸次的に、グラデーション（漸次的変化）をもちながら変化するとき、全体として黄色、橙、赤の際立ちは、眼差しの移行に沿ってそのつど生じてきます。このとき、「隣接する契機の間隔」によって、全体が、全体としての際立ちを見せることは、確かですが、黄色から橙への全体としての変化にさいして、橙が全体として捉えられるまさにそのとき、いままで黄色であった全体との、つまり以前の際立ちの全体との隔離が生じているのだ、というのです。そしてこうしたことが、そもそも生じうるのは、「諸契機のあいだに内的に浸透し合う類似性の融合」に依拠するからであるとするのです。

（3） 感覚質以前の類似性――茶色という持続する現出

フッサールは、自身の理解する連合において働く類似性を、受動的志向性による受動的綜合と捉えています。このとき、このフッサールの類似性は受動的志向性として働きますので、ヒュームの印象に還元されないばかりか、ヒュームのいう観念にも属しません。このフッサールのいう類似性が受動的志向性の働きであって、種の概念（ヒュームの観念）として理解できないことは、重要で決定的な論点です。

① このことがはっきりと記述されているのは、『内的時間意識の現象学』で、目の前にあるビール瓶の茶色は、種概念としての「茶色」ではない、と論述しているテキストにおいてです。ここで、フッサールは、茶色のビール瓶の色の広がりを見えるままに描いてみるとき、この広がっている茶色について、「この茶色、いったいこれは何なのか？ これは種（Spezies）であるのか？ そうではない」（X, 239）として、次のようにその論拠を呈示しています。このとき、問われるのは、そこで見えているビール瓶の茶色は、種概念である「茶色」が具体物に個体化したものと理解することの正当性の問題なのです。

「種が個体化したもの、すなわちこの茶色というものは、ここでは思念（Meinung）の同一のものなのである。〔しかし〕この思念の根底には、茶色の現出（Erscheinung）が位置している。茶色の現出は、茶色の持続を示しており、この現出は拡張した現出であり、そこにおいて拡張した対象がそこにあって、思念は、その持続に向かっているのではなく、持続し、その持続において同一である、すなわち統一と自同性（Selbigkeit）において思念されているその〔種としての〕茶色に向かっているのである。」（X, 240）というのです。

フッサールがここで区別しているのは、「思念の対象としての茶色」と「茶色の現出」との違いです。思念とは「思うこと」であり、志向を意味しています。思念の対象は、ここで「思念の同一のもの」、すなわちここで「種の個体化したもの」を指しています。ということは、茶色の持続ともいわれる茶色の現出と種として個体化された茶色とは、区別されねばならないとされているのです。

それでは、色彩の変化は種概念によって知覚されているのでないとした場合、このビール瓶の茶色の広がりは、茶色の現出（持続）として、どのように感じられているというのでしょうか。茶色が茶色のまま持続して広がっているこの色のまとまりはどのように、そのように見えているのでしょうか。ここで言われている茶色の現出の仕方が問われることになり、この問いをとおしてこそ、フッサールのいう受動的綜合である連合に働く類似性が露呈されてくるのです。

②ここで述べられている「現出の仕方」に関連して、時間意識の分析が行われた同じ時期に、Phanseologie（通常「現出論」と訳されている）という観点が呈示されてくることは、注目すべきことといえます。この観点は、一九〇八／〇九年の『倫理の根本問題』（『フッサール全集』第二八巻）及び一九〇九年夏学期の『認識の現象学入門』（『フッサール資料集』第七巻）において、下記のように、現出することそのもの（Erscheinen）が絶対的時間流において「実的に（reell）」に与えられていることが論述されています。

一九〇八／〇九年の『倫理の根本問題』で導入されているPhanseologie（現出論）の概念は、「phenomenonという現出するものと現出〔という語〕に対して、ギリシャ語の表現であるphansisは、体験としての現出することそのもの（das Erscheinen selbst）と称せられることから、私たちは、いま問われている領域を現出論的（phanseologische）領域と名づける」（XXVIII, S.307f. 強調は筆者による）とされています。ここで明らかであるとされるのは、「アプリオリな様式の現出論的認識の強靱な流れが存続せねばならないことである。……さらにまた、現出論的与件（Daten）についての一般的な、しかも無条件に一般的な諸命題が可能であり、たとえば、あらゆる個別的な〔現出論的〕与件は、その時間の流れをもち、その現象学的-時間的広がりをもち、そこにおいてその与件が流れ込み、流れつつ漂うのである」（同上、強調は筆者による）としているのです。

　また、一九〇九年夏学期の『認識の現象学入門』では、この現出論と時間流の関係は、より明瞭に、「現出論的と私たちが名づけるのは、コギタティオ〔思うこと〕をその実的な存続体に即して探求する研究のことである。……〔知覚や想起の〕多様性の統一は、必然的に究極的な時間流の多様性に遡求されるのであり、その時間流において、それらの諸統一が必然的に描出されており、その現出的な時間の流れにおいて射映しているのである。……私たちは、絶対的な現出論的時間流について語り、そこにおいてすべての諸統一が構成されていると言明する」（『フッサール資料集』Bd. VII, S. 157. 強調は筆者による）と論ぜられているのです。

　この内的時間意識の分析を背景にする、すべての意味構成の現出論的時間流への必然的遡求という認識論的観点は、その窮極的絶対性にもかかわらず『イデーンI』の「ノエシス-ノエマの相関関係」における構成論に組み込まれることなく、この観点が大きく展開してくるのは、二〇年代の「発生的現象学」の発展を待たねばならないことになるのです。

（4）　眼球運動のさいの運動感覚とそれにともなう視覚像のあいだに働く連合

ここでは、この現出論的時間流の具体的分析事例として、「眼球の動きのさいの運動感覚と、その動きに応じた視覚像の変化」とのあいだに働く連合とその時間意識についての記述に、向かってみましょう。フッサールは、すでに一九〇七年の講義である『物と空間』のなかで、このことを次のように述べています（KはKinästhese（運動感覚）、bはBild（像）の略号で、それぞれ眼球を動かしたとき感じる運動感覚と、見えている視覚像を意味しています）。

「K_1が安定した経過で、新たな時間区間t_1からt_2においてK_2に変化すると、〔視覚〕像b_1はb_2に変化する。K_2からK_1に戻ると、その同じ時間区間で同様にb_2からb_1に戻る。Kのあらゆる任意の変化は、bの変化を一義的に、一方の変化で満たされている同じ時間区間が、他方の変化も満たしているというあり方で条件づけている。……他方、どのようにそれらの内容〔運動感覚と視覚像〕が、それらの固有のあり方でいかなる基づけの統一も所持していない以上、連合をとおしてのほか、統一にいたりえないことを除外することはできない。ここで連合という標題で問題にされるのは、たとえばKとbが多くの頻度で一緒に体験されたというように、心の内部でαが出現することが、折りにふれてβを体験するという習性によって、優先されるといった発生的―心理学的事実なのではなく、現象学的事実なのであり、それは、ある種の共属性（Zusammengehörigkeit）という現象学的事実であり、一方の信憑性が他方の信憑性を動機づけ、一方が他方に属する何かとして、その他方のものと固有な仕方で一つのものとしてあるように、一方の他方へのある種の指示、という現象学的事実なのである。しかも、この統一は内的な本質の統一、すなわち基づけをとおした統一ではないのである」（XVI, S. 177f. 強調は筆者による）と論じられているのです。

この引用文で多くの重要なことが述べられています。

①　運動感覚の変化と視覚像の変化が、同じ時間区間において連合をとおして統一されていること（連合が内的時間意識の内部で生成していること）。この指摘は、時間と連合の関係について考えるさい、決定的に重要な論点といえます。このとき、運動感覚と視覚像の連合が、本質の統一を前提にする基づけ関係と区別され、本質の生成以前に、運動感覚と視覚像の「共属性」は、「相互の指示関係」として理解されていることが分かります。この共属性について、連合の明証性について語るさい、「色と匂いの共属性」について、述べられていたことを想い起こしてください（本書、一〇一頁を参照）。とりわけ興味深いのは、「一方が他方に属する何かとして、その他方のものと固有な仕方で一つのものとしてあるように」と記述されていることです。「一つものとしてある」というのは、Einiges をそう訳したものです。ということは、ここで、本質の一致以前に生じている本質形成以前の、特有な指示関係として「一つのものとして」の連合の仕方が、さらにそれとして解明されねばならない課題とされている、ということができるでしょう。

②　この連合は、心理学的な事実上の体験が二つ偶然一緒に起こることが、頻度を重ねて習慣になったとするような心理学的事実の規則性ではないこと（ヒュームの連合との明確な相違）。このことも、フッサールの連合を理解する上で、重要な論点です。経験論的な心理学的事実には、当然ながら、現象学的事実に含まれる指示関係、広い意味での「動機づけ」である志向性という特性が含まれていないのです。

③　この連合は、信憑性の動機づけであり、指示としての「志向性」という性格をもつが、本質のあいだの基づけによる統一ではないこと。この論点についてフッサールは、この同じ『物と空間』において「それによって本質による統一を欠く、現象学的与件がある種の本質外の統一にいたるような連合的志向と充実」（XVI, S. 179）

について語っています。つまり、連合的志向とその充実は、種概念の本質にかかわる志向とその充実ではなく、それと区別されなければならないのです。『物と空間』の講義がなされた一九〇七年に、すでに「連合的志向とその充実」について言及されていることは、特筆に値することといわれなければなりません。

（5）カントの超越論的構想力の現象学的分析としての「受動的綜合」の分析

先ほど問題にした、フッサールによるヒュームの感覚主義批判に関連して「色の現出の仕方」を問うとき、同様に、現象学的分析の特質を際立たせるのに役立つのが、カントの超越論的構想力との対比です。カントは超越論的構想力を説明するにあたって、「直線を引く」事例を呈示し、「握取（Apprehension）と再生（Reproduktion）と再認（Recognition）」という三つの超越論的総合とそれを根底から統一する超越論的統覚の自我によって論述しています。

このとき握取の総合において生産的構想力が働き、線分が描かれ、この描かれた線分が再生産されることで過去の線分として保持されていき、それとともに描かれていく線分は「直線」という概念として再認されることをとおして、言い換えれば、その概念に導かれて、まっすぐに描かれる線分になっていくのだ、という説明がなされています。そのとき、このときの三つの総合が一つに統合されるのは、自我の超越論的統覚によるとされていることにも、注意が向けられねばなりません。

この「直線を引く」という同じ事例は、フッサールによって現象学的分析として次のように記述されるといえるでしょう。フッサールの場合、直線を描こうとするとき、概念として表象される「直線」が前提にされる必要はありません。「まっすぐな線」と「曲がった線」の違いは、筆記具を手にして書いてみるとき、書く経過をとおしてそのつど確かめられ、感じ分けられてくるのです。それはどのように手を動かせば、どんな線が描かれてくるのか、手を動かしているときに感じる運動感覚と、描かれてくる視覚像の拡張としての線分との、ぴったり一致した（合致した）つながり、すなわち「連合」によって解明可能であるとされるのです。つまり、「直線」の現出の仕方が、運動感覚と視覚像という二つのことなった感覚領域（野）のあいだの連合によって説明できるというのです。

① それではここで、カントのように、概念による再認を前提にせずに、どのように直線が引けるのか、フッサールに即して描写してみましょう。「こう書けばこう見える」というある特定の運動感覚の持続と視覚像の形成とのあいだの相応関係が連合とみなされるとき、運動感覚$K_1 \rightarrow K_2$の変化と視覚像$b_1 \rightarrow b_2$の変化が同一の内的時間の持続$t_1 \rightarrow t_2$において連合しているといえます。筆記具で直線を引くと言った事例より、より簡単な、「自分の人差し指を動かし、その指の動きを見る」といった事例にしてみると、このときにも同じ規則性が働いているのが分かります。「人差し指を速く動かすか、ゆっくり動かすか」で、眼に見える「人差し指の動き」の違いは、ぴったりそれぞれに相応しています。運動感覚の感覚質と視覚の感覚質は、それとしてことなっているにもかかわらず、「速く動かそうと思えば、速く動かし、速く動いていること」を視覚で確認できます。随意運動の運動感覚と視覚像との連合です。

② しかし、随意運動は、自我の能作を含む能動的志向性の働きであり、指の指としての視覚像の変化の知覚も能動的志向性の働きですので、二つの能動的志向性のあいだに働く連合が、受動的志向性としての受動的綜合であるということは、いったいどのようなことと理解されうるのでしょうか。連合といって、やはり、二つの能動的志向性のあいだの連合なのでしょうか。種の概念（観念）のあいだの類似性による連合ではないとすれば、

いったいどのように働いているのでしょうか。

③　このとき、この章の冒頭に挙げられた、発生的現象学の観点からみたときの「即自的に第一のもの」という論点に戻ってみると、この問いに対する解明の糸口が見出されます。能動的な随意運動のさいの「能動的運動感覚」と、発生的にそれに先行する、本能的な不随意運動のさいの「受動的運動感覚」の区別が、決定的に重要になってくるのです。先の「心身関係」の考察のさい展開された発生的現象学の記述にみられたように、運動感覚や視覚などの個別的感覚野は、乳幼児における原共感覚から派生的に形成されてきます。運動感覚の原意識は、本能的な不随意運動としての喃語の発声と養育者によるその模倣を機に、「ゼロの運動感覚」として原意識にもたらされました。この「ゼロの運動感覚」として、原意識にもたらされた運動感覚は、原意識される以前に、受動的に先構成されていた「〝運動感覚〟―〝聴覚〟（〝　〟がついているのは、いまだ原意識される以前の「空虚な形態」であることによる）」の対化の連合が、その連合項である〝運動感覚〟が欠けることで、「欠けたゼロの運動感覚」として原意識されたのでした。

④　この原意識されたままの「ゼロの運動感覚」は、自他の身体の区別の基礎を意味し、この基礎が築かれることから自他の身体の区別が、しっかり形成されてくることになります。この身体中心化をへてこそ、その基盤の上に自我極が形成され、自我極に発する自我の能作による能動的志向性が、形成されてくるといえます。したがって、「ゼロの運動感覚」の原意識は、いまだ不随意運動のさいの受動的運動感覚であり、運動感覚としての感覚内容の統一は、受動的綜合である連合によって生成しているといえます。自我の能作を含む随意運動のさいの能動的運動感覚が、原意識されるようになるには、自我極に発する自我の能作が、原意識されなければならないのです。このとき、乳幼児において「ゼロの感覚質」がそのまま、自我極の形成以前に原意識される場合の原

意識が原意識（Ⅰ）とされ、自我極が形成されて後、自我極に発する能動的志向性による能動的綜合が働き、それが働いたそのとき、その働きのありのままが原意識される場合が原意識（Ⅱ）と呼ばれます。(4) この原意識の違いを明確にすることで、自我極形成が基準になる受動性と能動性の区別が、過去把持と同様、時間論の領域でさらに詳細に解明されうる重要な指標が、提供されることになるのです。

⑤　したがって、発生的現象学の観点からして、能動的運動感覚と受動的運動感覚の関係を考えるとき、受動的運動感覚が、能動的運動感覚に先行し、能動的運動感覚は、受動的運動感覚を前提にする、したがって、能動的運動感覚の明証性は、受動的運動感覚の明証性に遡及的に遡るといわれなければならないのです。となると、先に述べられた「速く動かせば速く動くように見える」というときの能動的運動感覚と視覚像の能動的綜合としての知覚との連合には、それが生じるときに前提にされている、下部構造として働く受動的運動感覚内部の連合と受動的綜合として働く、知覚が前提にする視覚の感覚野内部の連合が、働いていなければならないことになります。この前提条件として下部構造としての受動的綜合である運動感覚と、視覚の連合が先行しないと、能動的綜合としての運動感覚と視覚知覚の連合は、成立しえないのです。

（6）　過去把持の交差志向性における時間内容の構成の問い

運動感覚と視覚像のぴったり相応する変化について言及したさい、運動感覚の変化と視覚像の変化が、同じ時間区間において連合をとおして統一されていること、つまり連合が内的時間意識の内部で生成していることについて述べられていました。このことについてフッサールは、同じく『物と空間』の講義で、明確に次のように述べています。

「前経験的時間経過において拡張する像の持続（視覚野の諸像）は、運動感覚的状況の持続性との時間的合致と融合において流れ出ている」（XVI, 187. 強調は筆者による）。つまり、視覚像の持続と運動感覚の持続が、内的時間意識の時間の流れにおいて合致し、融合しているというのです。当然ですが、ことなった感覚質のあいだの合致と融合は、能動的志向性による種概念としての本質の合致と融合として理解することはできません。それは、受動的志向性による受動的綜合としての連合（類似性連合）によって初めて理解可能になります。

この連合の解明に直接、向かう前に、さまざまな時間内容が、過去把持の二重の志向性においてどのように構成されてくるのか、『内的時間意識の現象学』での論述に向かい、ここで語られている「合致」や「融合」の意味を明らかにしておきましょう。そのさい、時間と連合の事象的関連を明らかにするにあたって、『内的時間意識の現象学』における時間図式の説明を軸にして解明を進めることにします。この時間図式は、『内的時間意識の現象学』の九三頁に描かれている作図（図1）で、OとE_1とE_2の横軸とE_2とE_1'とO′の縦軸（過去把持の交差志向性）に描かれている「垂直の合致（vertikale Deckung）」（X, 93）の概念によって、時間と連合の関係を的確に表現している作図といえます。

この作図とそれについてのフッサールの記述をとおして明らかになってくるのは、この縦軸の過去把持の交差志向性において、時間内容の二重の合致が説明されていることです。その一つは、「結合する本質同等性の合致」（同上）であり、二つ目の合致は、「あらゆる垂直の系列に属する物の統握の過去把持的な射映がその一貫する合致において物の統握としてそこにある」ような物の「同一性の合致」（同上）であると述べられてい

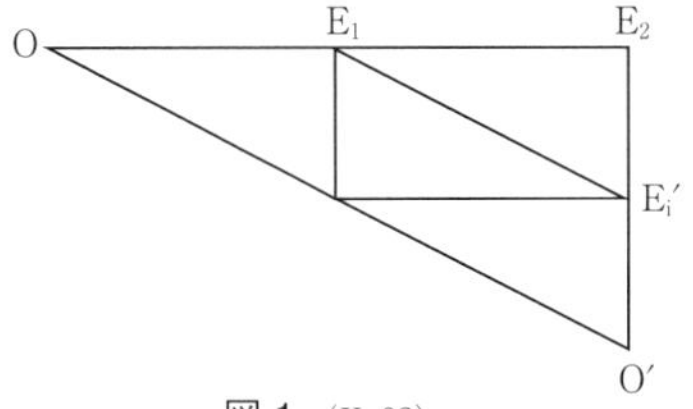

図１（X, 93）

ます。ここで、過去把持の交差志向性における時間内容の「垂直の合致」が、連合による合致であることの解明に向かう前に、この解明にとってかえって障害になってしまう、従来の過去把持の二重の志向性の訳語について、明確にしておく必要があります。

第三節　過去把持の二重の志向性とその訳語について

フッサールの『内的時間意識の現象学』第四三節の原文九三頁には、「事物の現出の構成と事物の構成」に関連して、図1の時間図式が描かれています。

フッサールはこの図式に次のような説明を加えています。私たちは「この図式の垂直の列に、ただたんに一貫した、現象学的時間構成に属する（それによれば、瞬時に、原与件E_2と過去把持的な変様であるO'とE_1'とが一体化している）垂直の合致をもっているだけでなく」（X, 93）というように、縦軸に描かれた過去把持の変様について述べています。

ここで問われる「過去把持の二重の志向性の訳語」の問題とは、この時間図式で「垂直の列」の縦軸に働く過去把持と、Oから始まる原与件E_1と原与件E_2というように描かれている横軸に働く過去把持という二つ（二重）の過去把持の志向性の適切な訳語は何か、という問題なのです。

著者は、この「垂直の列」といわれる縦軸に働く過去把持を、フッサールの一方の過去把持の志向性であるQuerintentionalitätであると理解し、これに「交差志向性」という訳語を与え、他方、横軸に働く過去把持を、フッサールのいうLängsintentionalitätと理解し、それに「延長志向性」という訳語を与えました。そしてこの訳語の適合性と妥当性については、さまざまな機会にその論証を重ねてきました[5]。しかし、このことを改めて周到に根拠づけねばならない必要性を痛感したのは、二〇一六年に公刊されたフッサール『内的時間意識の現象学』の翻訳において、谷氏が過去把持の二重の志向性に次のような訳語を当てていることによります。

谷氏は、過去把持の一方の志向性であるQuerintentionalitätを「横の志向性」と訳し、他方のLängsintentionalitätを「縦の志向性」と訳しています。そして、この谷氏と同じ「横の志向性」と「縦の志向性」という訳し分けは、谷氏だけではなく、谷氏の訳出以前に公刊されている立松弘孝氏の『内的時間意識の現象学』の訳出において使用されているだけでなく、『現象学事典』の事項「時間」についての斎藤慶典氏の論述、及び「時間意識」についての榊原哲也氏の論述においても、同様に使用されているのです。

この訳語の対立をこのままにしておくことができない理由は、実はこの訳語による過去把持の二重の志向性の理解は、この『内的時間意識の現象学』第三九節の標題である「過去把持の二重の志向性と意識流の構成」の解明に直接かかわるのはもちろんのこと、以下、言及されるように、フッサールの時間論全体の理解の根本、及び現象学の他の根本問題である相互（間）主観性の構成の問題にも深く関わることになるからです。

この訳語の対立点を、周到な論証は後ほどの課題として、まずは、明確に表に記載しておくことにします。

ドイツ語	訳　　語	
	谷　訳	山口訳
Querintentionalität	〔横軸の〕横の志向性	〔縦軸の〕交差志向性
Längsintentionalität	〔縦軸の〕縦の志向性	〔横軸の〕延長志向性

ここで、過去把持の二重の志向性であるQuerintentionalitätとLängsintentionalitätとが、時間図式において、その縦軸に働くのか、横軸に働くのか、二者の訳において、逆に理解されて

いることが明瞭に示されています。なお、斎藤氏と榊原氏の場合、「横の志向性」と「縦の志向性」とが、「横軸と縦軸の区別」にどのように対応しているかについて、明確な対応関係の説明はなされていないことが、確認されておかねばなりません。

さて、この訳語の問題を取り扱うにあたって、フッサールが、『内的時間意識の現象学』の本文において、時間図式を、この第四三節（原文九三頁）だけでなく、第一〇節（原文二八頁）にも描き、それぞれ、その時間図式に、横軸と縦軸に即して説明を加えていることにまずは注目せねばなりません。そしてこれらの時間図式とその説明に加え、当の過去把持の二重の志向性を正面から詳しく論じている第三九節を読解することで、「横の志向性」に対する「交差志向性」と「縦の志向性」に対する「延長志向性」の訳語の適合性と妥当性について論究してみたいと思います。

（1）　訳語の適切／不適切を判断するさい、重要な判断基準になるのは、一般読者の方々がその訳語をとおしてどのような意味内容を思い描く（表象する）と想定されうるのか、ということです。そしてここで問題にされる過去把持の「縦の志向性」と「横の志向性」の「縦と横」の訳し分けのさい、読者は、「縦と横」の区別をどのように表象しているのかが問われることになります。簡単にいえば、上記の時間図式を眼にする読者は、この図を見て、見えている横軸に横の志向性を、そして見えている縦軸に縦の志向性を宛てがうのが一般的ではないのか、ということです。

このとき、身近な例として、パソコンで文章を作成する場合、文字の方向を「縦書き」にするのか、それとも「横書き」にするのか、設定しなければならないことが挙げられます。「縦書き」の場合、文字は上から下へ垂直方向に書かれ、「横書き」の場合、文字は左から右へ、水平方向に書かれます。この二つの方向を取り違えては、正しくページを設定することはできません。また数学で座標軸を描くとき、通常、原点０から水平方向に横軸としてＸ軸が描かれ、上下の垂直方向に縦軸としてＹ軸が描かれます。この二つの水平方向の横軸と垂直方向の縦軸が取り違えられることもありません。

ということは、「縦の志向性」という訳語に接する読者は、垂直方向の縦軸に働く志向性を想定し、「横の志向性」という訳語では、水平方向の横軸に働く志向性を想定しながら、過去把持の二重の志向性についての論述を読み進めることになるはずです。

普通このように理解される「縦横」の方向の違いを前提にして、谷氏の訳語である「縦の志向性（Längsintentionalität）」と「横の志向性（Querintentionalität）」に即して第三九節のテキストを読み進める場合、内容上、多くの不可解な論点にぶつかることになります。その論点を直接、明確にする前に、念のため確認しておきたいことは、谷氏自身、「縦と横」に訳し分けるとき、縦軸方向の縦と横軸方向の横という通常の「縦横」の区別を、まさにそのように確定し、訳し分けに活用しているということです。

谷氏は、氏の著作『意識の自然』において、「『横の志向性』は、この横軸方向において、……『縦の志向性』はこの縦軸系列の諸位相……を把持している」[(6)]として、横を横軸に、縦を縦軸に方向づける通常の一般読者の理解に即して訳し分けているのです。この谷氏の理解は、もちろん、この『意識の自然』の文章に限定されているのではありません。仮に、谷氏が『内的時間意識の現象学』の新訳のさい、「横軸と縦軸」との「横の志向性と縦の志向性」の対応関係を、逆に捉え、「横軸の縦の志向性」、及び「縦軸の横の志向性」と理解しているのであれば、谷氏の『意識の自然』の読者に対して、そのことについて、はっきりした説明が必要とされるはずです。

この軸の方向と志向性の方向が、『意識の自然』の場合と同一であることは、以下、氏による新訳である『内的時間意識の現象学』の三カ所に明確に表現されているといえます。

① 第一一節の「原印象と把持的変様」の個所では、谷氏は、Längsintentionalität（縦の志向性）の Längs- につながる Längsrichtung を「縦方向」という訳語をあて、「単に、流れの縦方向で以前の把持それぞれが……」（谷訳、一二一頁）と訳しています。このときさらにこの縦方向を含む文章に、谷氏の訳注（85）が付けられ、「ともに「流れの縦方向」――この「縦」は第一〇節の時間図表での垂直方向であろう――に関する記述であろう」（谷訳、一二三頁）とされているのです。つまり、「流れの縦方向」は、時間図表の「垂直方向」を意味しているのです。

② また第四三節の「事物現出の構成と事物の構成」では、同様に、Längsrichtung が「縦方向」と訳され、「縦方向の意識流にしたがう〔ように下降していく（235）〕かぎり」（谷訳、三三六頁）と訳出されています。この〔　〕づけは谷氏によるもので、ここに訳注（235）がほどこされ、そこでは「ここでは時間図表の縦方向（垂直方向）が考えられている」（同上、三九三頁）と明記されているのです。ここでも Längs- の「縦」が時間図式の「垂直方向」に考えられていることは明らかです。

③ さらに第一〇節での時間図式の縦軸に図示されている E―P、―A、（本書一三四頁の図2を参照）に関連して、谷氏は「直線 E―A、が疑似-時間性であり」（谷訳、五五七頁、訳注（39））と述べていることに明白に示されています。なぜなら、ここでいう「疑似-時間性」は、谷氏の翻訳に即して、「他方の〔縦の〕志向性のなかでは、流れ〔それ自体〕の諸位相の疑似-時間的な組み入れ〔＝配列〕が〔おのれを構成するのであり〕」（三一九頁、強調は筆者による）とあるように、明らかに Längsintentionalität（谷氏による「縦の志向性」）に属しています。した

がって、谷氏が「直線E—A、が疑似‐時間性であり、」とすることは、明らかに、谷氏の「縦の志向性」に属する「疑似‐時間性」が、時間図式の縦軸（垂直方向）に描かれたE—P、—A、において表現されていることを意味するに他ならないのです。つまり、縦の志向性が縦軸のE—P、—A、において理解されているのです。このように「縦の志向性」を縦軸において理解することは、それによって同時に、横の志向性を横軸において理解していることは必然的なのです。

（2）過去把持の二重の志向性の訳語の問題に直接、入る前に、いったい、この「過去把持の二重の志向性」がどのような問題背景において導入され、どのような問題の解明のために必要とされていたのかを、明らかにしておきたいと思います。

① この第三九節の標題は、「〔過去〕把持の二重の志向性と意識流の構成」（三一三頁）となっています。「過去把持の二重の志向性」と並んで、「意識流の構成」というテーマが立てられていますが、いったい『内的時間意識の現象学』で「意識流の構成」というテーマが立てられるのは、そもそもどのようにしてなのでしょうか。それは、この『時間講義』(7)では、普通、私たちが「時間」という言葉のもつ「現在、過去、未来」、「時間の長さや短さ」などの意味が、私たちの意識の流れをとおして作り上げられている（構成されている）と考えられているからです。具体例をだせば、たとえば「部屋のドアがトン、トン、トンと三回ノックされた」とします。そのとき、トンという音が三回続けて聞こえます。このトンという音そのものは別にして、直接、「時間の意識」だけに制限すれば、初めのトンの音の始まりと二番目トンとの時間の上での間隔（長さ）と二番目のトンと三番目のトンのあいだの時間上の間隔と、三回目のトンが聞こえたその今（現在）において、一回目のトンと二回目の

トンは、すでに過ぎ去った「過去の音」として聞こえています。聞こえる音そのものは、別に「ドアがノックされるときのトン」でなくても、柱時計が三時を告げる「ボン、ボン、ボン」でもかまいません。聞こえている音がどのような音であるかということと、その音が鳴る時間上の間隔、つまり時間の長さそして、「現在と過去の違い」とは分けて考えないと、純粋に時間の意識の成り立ちを問うことはできません。

② この時間の意識がどのように構成されている（成り立っている）のか、明らかにしようとするにあたって、フッサールは、この第三九節の冒頭で、ある特有な困難な問題を呈示します。

「あるまとまった（持続する行程や客観に属する）流れが経過したとき、私はその流れに振り向くことができ、い、い、流れは想起において統一を形成しているようにみえる。ということは、明らかに、意識の流れが、意識において統一〔したもの〕として構成されているのである。たとえばこの意識の流れに、ある音の持続の統一が構成される。しかし、この意識の流れそのものが、音の持続の意識の統一として再度、構成されている〔ことになる〕。そうすると私たちはまた、この統一もまったく同じように構成され、同様に構成された時間の列であることになり、時間上の今と以前と以後について語らねばならなくなるのではないのか」（X, 80. 強調は筆者による）というのです。

この文章をこのまま読んで、いったい何が問題にされているのか、理解することは大変難しいことです。この文章の内容を具体例に即して、その解読を試みましょう。先ほど挙げられた「ドアのトン、トン、トンというノック」の例をもう一度、取り上げます。その三回のノックの音は、フッサールによると、「想起（Erinnerung）において統一を形成しているようにみえる」とされています。三回目のトンが聞こえたとき、同時に初めのトンを想起し（想い起こし）、二番目のトンを想起して、その「トン、トン、トン」という三回のノックの音が、三回のノックの音として統一され（一つにまとめられ）、構成されているというのです。

これでうまく説明できているように見えるかもしれませんが、よくよく考えてみると、実は、これでは何の説明にもなっていないことが分かります。「三回目にトンと聞こえること」と「一回目のトンの想起」と「二回目のトンの想起」とは、本当に同時に起こりうるのでしょうか。もし同時だとすれば、聞こえた三回目の「トン」と想起された一回目の「トン」と二回目の「トン」が、三重に重なって一つの「トン」としてしか聞こえないはずで、「トン、トン、トン」という時間間隔を挟む「トン」の順番は聞こえないことになります。

③　では本当は同時ではないとして、まず最後の三番目の「トン」を聞き、次に初めのトンを想起し、その次に二番目のトンを想起して、初めの三番目のトンにつなげるとしてみます。つまり聞くこと（知覚すること）と想起することは、「意識の流れ」にそって起こっていて、そのつどトンを知覚し、初めのトンと二回目のトンを順番に想起したから、「トン、トン、トン」と聞こえたのだとしてみるのです。しかし、この初めのトンと二番目のトンを順番に想起できるためには、その順番がすでに順番どおり記憶に残っていなければ、つまり想起されていなければなりません。そうでなければ、順番どおり想起できないからです。ということは、もうすでにそこに想起されているはずのその順番は、いったいどんなふうに想起されていたのか、改めて、その想起のされ方が問われなければならないことになります。もともと「想起されている（構成されている）はずの音の順番」の「想起（構成）の仕方」を問い、それが「すでに想起されている（構成されている）順番にそって想起している」とされ、さらにその「想起されている、想起の仕方」が問われなければならないのです。フッサールは、この「構成されている構成の仕方」を繰り返し、無限に遡らなければならないとされる問題を、構成の「無限遡及」の問題と名づけます。ということは、フッサールがこの文章で「この意識の流れそのものが、音の持続の意識の統一と

して再度、構成されている〔ことになる〕」といっているのは、「トン、トン、トンという想起されている（構成されている）音の順番」（「意識の流れそのもの」の一つの具体例を意味します）が、再度、どのように音の順番に即して想起されている（構成されている）」（「音の持続の統一として構成されている」）のか、無限に問われなければならない、ということを意味するのです。

④　他方、そもそも現象学的分析とは、私たちの意識に直接、与えられているがままの意識現象を記述し、その構成のされ方を分析しようとします。となると、私たちの意識に直接与えられている「トン、トン、トンというノックの断続音」の明白な意識体験に対して、無限に繰り返される「想起」をとおしてそのように意識されているという説明が与えられても、そんな説明は、無理なこじつけとしか思えません。したがって、そもそもある立論が無限遡及として露呈化されてくるということは、たんなる論理上の循環とか破綻という論理的推論上の難問なのではなく、論理上の説明の上での破綻に他ならず、言い換えれば、意識体験の明証性に対する立論の不備の露呈を意味するだけであり、他の理論による構成の解明が要求されることを意味しているだけのことなのです。立論の不備をもって、意識体験の明証性の不成立を主張することほど、非現象学的立論はありえないとされねばなりません。ということは、あらゆる意識現象は、意識によって構成されているとする現象学の認識論的論説は、時間意識の意味内容の構成には、当てはまらないのではないのか、と問われることになるのです。一〇年以上、時間意識の構成の解明に努力していたフッサールは、その当時、構成する意識を「意識作用（Bewusstseinsakt）」と、この意識作用によって構成されている「意識内容（Bewusstseinsinhalt）」とする認識論的構図を、その解明の基礎においていました。ここで言われる「想起」が意識作用に属し、「想起された内容」が意識内容に属するとされるのです。したがって、この意識作用と意識内容の認識構図による、意識作用として構成する「想起」に

よっては、すでにそこで意識内容として構成されている「想起されたもの」の「構成の仕方」を無限に辿らなければならない「無限遡及」の問題が生じざるをえないことが、明白になったのです。

⑤　そして、この難題の解明をとおして新たに発見されたのが、「想起」という意識作用として構成する意識ではない、「過去把持（Retention）」という、構成する意識の根底に働く「特有なあり方の志向性」（X, 118）（後に受動的志向性と呼ばれる）なのでした。ですから、この第三九節では、意識の流れ（たとえば「トン、トン、トン」というノックの断続音）が、意識作用としての想起をとおしてではなく、特有な志向性とされる過去把持によって、どのように意識にもたらされているのかを、解明しようとするのです。しかもこの過去把持の志向性は、二重になっていて、このノックの断続音の音が、同じ音である「トン」という音（時間内容）として聞こえる聞こえ方にかかわる過去把持である Querintentionalität と、一定の間隔で前後して順番どおり聞こえる聞こえ方である「意識の流れの統一」にかかわる過去把持である Längsintentionalität が、同時に働いているとされるのです。

（3）　過去把持の二重の志向性の訳語の問題に直接、向かうとき、当然ですが、第三九節のテキストの内容を的確に理解することが要求されます。

①　フッサールは、過去把持の二重の志向性について論述するにさいして、「一方は、〔音という〕内在的客観の構成に役立つ、すなわち音の構成に役立つ志向性であって、……もっとはっきり言い換えれば、まさに音の〔過去〕把持である」（谷訳、三一五頁）としています。一方の過去把持の志向性で時間内容としての音が構成されている（過去把持されている）というのです。このとき、注意されねばならないのは、音の構成が、「内在的客観」の構成と表現されていることです。ここで重要であるのは、ここでいわれる「内在的客観」の「客観」は、

いわゆる「客観的時間」が現象学的還元をとおして「カッコづけ」されていることから、時計で計測される客観的時間というときの「客観」を意味するのではなく、「内在的に構成されている時間内容」を「内在的客観」と表現していることです。だからこそ、志向性としての「音の過去把持」とも表現されているのです。

②　このとき、フッサールは、音の過去把持は、Querintentionalitätにおいて構成されているとしています。このことを谷氏は、この「音のほうに〔まなざしの〕方向を取るときには、すなわち、『横の志向性〔Querintentionalität〕』のうちに……入り込んで注意しつつ生きるときには、〈持続する音〉が、その音の持続のなかでずっと広がりながら、現にそこに立つ」（谷訳、三一七頁及び次頁）と訳出しています。つまり、音の持続が構成されるQuerintentionalitätを「横の志向性」と訳し、「音の持続」は、Längsrichtungの「縦方向」ではない、横方向の「横の志向性」において構成されている、とみなしているのです。となると、ここで問われなければならないのは、はたして、音の持続は、横軸の横の志向性においてどのように構成されていると見做すことができるのか、ということになります。

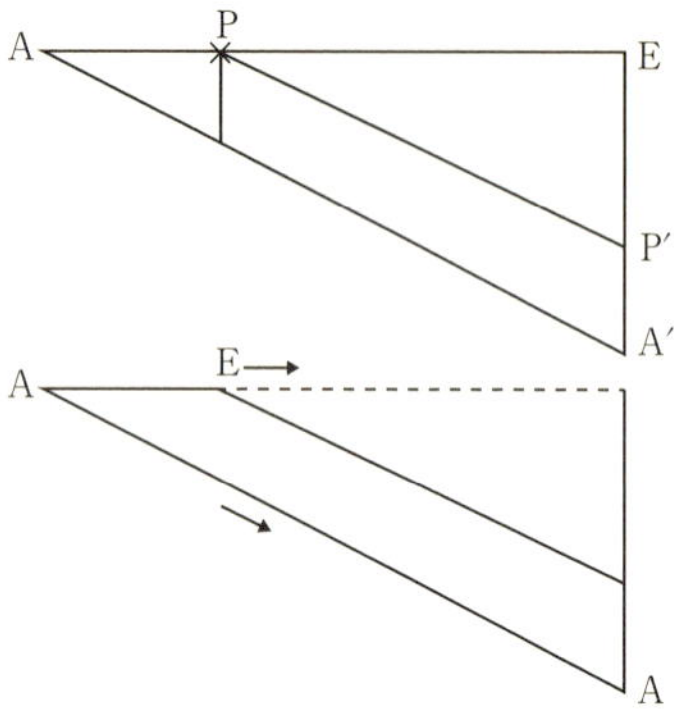

図２　第10節の時間図式（X, 28）

③　端的にいって、「音の持続」が、横軸で表記される「横の志向性」において成立すると理解することは以下の理拠により不可能だと思われます。というのも、第一〇節（谷訳、一一九頁）と第四三節（谷訳、三三九頁）で描かれている時間図式、図2と図1において、いずれも、時間内容の持続は、縦軸の過去把持において表現されているとしか理解できないからです。

第一〇節の時間図式の図2では、縦軸のE—P′—A′は、「位相持続体（過去の地平をともなう今点）」（X, 28）が構成されていると述べられ、第四三節の時間図式、図1では、縦軸であるE_2—E_1'—O′は、「垂直の合致」における、「原与件E_2と過去把持的な変様O′、およびE_1'が一体化されている」（X, 93）、と述べられています。

④　つまり、第一〇節の時間図式における縦軸の「位相持続体」は、横軸においてAからPをへてEまでの「今点」（AEは「今点たちの系列」（谷訳、一一九頁）と訳されている）が与えられ続けることで、それらの過去把持をとおして縦軸に構成された位相持続体であり、このことが、「新たな今がいつも登場することで、〈今〉は〈過ぎ去った〉（＝過去）〉に変化し、その場合、先行する点のもつ過去たちの経過連続性〈持続性〉は、全体として「下方に」移動し、ひとしなみに過去の深みに入っていく」（同上）と明確に論ぜられているのです。つまり、横軸のAからPまでの各今点が過去に変化し、それぞれの今点に発する複数の過去の経過持続体（位相の持続体に他ならない）、たとえばPの下方の縦軸に描かれている位相持続体は、今点が継続してEにいたろうとするとき、まさにそのPの下方の縦軸の全体として「下方」に移動しつつ、さらなる過去の深みに入っていき、Eの今点が登場したときには、P′—A′の位相持続体の全体として、Eと同時に与えられている過去の深みに位置づけられ、図示されることになるのです。

つまり、横軸のAからEまで今点が与えられるそのつど、縦軸に描かれた位相持続体は、過去へと変化した（過去把持された）過去の経過持続体として、「下の方向」に、過去の深さを増すことで、位相持続体の全体の深さを拡大していくのです。まさに、この拡大する経過持続体（位相持続体）の拡大の仕方が、複数の今点を頂点とする縦軸に描かれた過去把持の位相持続体の下方への移動的深化として、縦軸の過去把持の志向性に図示されているのです。この複数の縦軸の位相連続体が新たな今が与えられるそのつど、拡大していくことを、まさに縦軸にこそ表現できても、横軸の横の志向性に図示することは、当然ながら、できるものではありません。

⑤　この位相持続体の過去把持をとおしての過去へのたえざる深まりは、第四三節の時間図式、図1の縦軸であるE_2—E_1'—O'の「垂直の合致」についても同様に妥当します。この時間図式において、OからE_1へと感覚与件が与えられるにつれ、E_1の下方の縦軸には、そのときの「垂直の合致（この場合、感覚本質の同等性の合致）」による感覚内容（E_1とその下方の縦軸）が構成され、次にE_2の感覚与件が与えられるときには、そのE_1とその下方の縦軸は、その全体として、E_1が過去把持されたE_1'とOが過去把持されたO'との垂直の合致によるE_1'—O'として、E_2の下方に沈澱していることになります。こうして縦軸において、垂直の合致をとおして構成される感覚内容は、まさに、新たな感覚与件があたえられるそのつど、垂直の合致による過去把持の深化拡大によって的確に図示されることになるのです。そのさい、当然のことですが、垂直の合致による時間内容（たとえば音の持続）の構成を横軸の横の志向性に表現しようにも、表現し難いことは、明白といわれなければなりません。

⑥　このように「音の持続」（音の過去把持）が縦軸に図示される過去把持の「交差志向性」において構成されているのでなければならないのに対して、他方の過去把持の志向性は、「まなざしは、流れ〈それ自体〉にも、ひとつの〈流れの区間〉にも、向かうことができ、すなわち、音の始まりから音の終わりまでのあいだの〈流れる意識〈それ自体〉〉の経過にも向かうことができるのである」（谷訳、三一五頁）とされ、さらに「意識の流れの中では、……流れそれ自体の統一性が、一次元的な疑似-時間的な秩序としておのれを構成するのである」（谷訳、三一七頁）と述べられています。このとき、谷氏は、この音の持続ではなく、意識の流れそのものに向かう過去把持であるLängsintentionalitätに「縦の志向性」という訳語を当て、縦軸の方向に向かう過去把持と見做し

ているのです。このことは、先ほど述べたように、谷氏が上記の第一〇節での時間図式の縦軸に図示されている$E—P'—A'$を、「直線$E—A'$が疑似-時間性であり」（谷訳、五五七頁、訳注（39））と述べていることに明白に示されています。つまり、意識の流れの意識は、横軸に沿って流れるとはされずに、縦方向（垂直方向）に、縦軸にそって流れると理解されているのです。

⑦　このとき、「流れの区間である音の始まりと終わり」という意識の流れの統一は、第一〇節の時間図式、図2では、$A—E$の横軸が、「今点たちの系列」（一一九頁）と規定され、同じ一〇節の時間図式の下の図式でE↓は、「他の客観によって満たされるかもしれない今の系列」（同上）と規定されていることから、この意識の流れの統一を構成するLängsintentionalität は、横軸の「延長志向性」と訳出されねばならないはずです。第四三節の時間図式、図1でも、事態は同様であり、左から右へ描かれている横軸$O—E_1—E_2$は、Oから始まって、E_1の感覚与件の今点とE_2の感覚与件の今点が与えられる、今点の連続的系列が図示されているのです。ここで補足として付け加えておかれねばならないのは、どうしてこの「今点の系列」が過去把持の志向性（「延長志向性」）として理解されねばならないのか、ということです。それは、フッサールの内的時間意識の現象学的分析において、幅をもたない純粋な今点は、「抽象的捏造物」として退けられ、すべての今点は、それに直属する過去把持と、直前のまだ来ぬ今に向けられた逆向きの過去把持（すなわち未来予持）とからなる、直後と直前に限定される過去把持を必然的に含有した過去把持の志向性と理解せねばならないからなのです。

⑧　横軸の過去把持を含有する今点の系列に、縦軸の志向性としての「縦の志向性」を読み込もうとすることは、この今点の系列の水平方向に、縦軸に描かれている垂直の合致による時間内容の構成を当てはめようとすることに他なりません。それが不合理であることは、横軸の水平方向には、過去把持を含む今点の始まりと終わり

が図示されてはいても、縦軸の垂直の合致による感覚与件とそれ以前の感覚与件の過去把持の重なりからなる時間内容の構成（縦軸における音の持続の構成）が図示されているのではないからです。

⑨　この「縦と横」が逆転されることで生じる不可解さは、第三九節の過去把持の二重の志向性についてのまとめの論述の理解において、もっとも明瞭になることになります。谷氏はこの個所を、「一方の〔横の〕志向性のおかげで、内在的な時間、すなわち、そのなかに〈持続するもの〉の持続や変化が含まれるところの客観的な時間、真正な時間がおのれを構成する。他方の〔縦の〕志向性のなかでは、……この流れ〔それ自体〕は、いつもそして必然的に、流れる「今」-点すなわち現下性の位相を有するとともに、また、〈先ほどの-現下の〉そして〈後ほどの-現下の（まだ現下でない）〉諸位相の連鎖を有している」（谷訳、三一九頁及び次頁、〔　〕は谷氏自身の補足を意味する）と訳出しています。ここにおいて「縦と横」の逆転が端的に現れています。「内在的時間、〈持続するもの〉」と表現される時間内容（たとえば「音の持続」）、そして「真正な時間」は、横軸の「横の志向性」ではなく、縦軸の交差志向性にこそ構成されているのであり、「流れる『今』-点、諸位相の連鎖」は、縦軸の「縦の志向性」ではなく、横軸の延長志向性において構成されているとしてしか理解のしようがないのです。

⑩　この三九節の文章を離れて、時間講義のための準備草稿五〇番では、直接、「縦軸（Ordinate）」という用語が用いられ、「縦軸は全体として、想起の持続体であり、あらゆる後に位置する想起は、あらゆるそれ以前の想起をうちに含んでいる」（X, 330）、とされています。ここで「想起」と記されている語は、まさにこの五〇番の草稿の後半において、初めて「過去把持（Retention）」の語によって言い換えられることになり、内容的にまさに過去把持を意味しているものです。ということは、ここで縦軸において含まれているのは、過去把持の交差志向性における過去把持の持続（体）に他ならないのです。また、同じ草稿では、同様に直接「横軸

(Abszissenachse)」という用語が用いられ、「この客観的持続を私たちは、その諸点とともに横軸OXに描いている」(X, 329)として、三三〇頁に描かれた時間図式を説明しています。この今点の列によって描かれている横軸が、延長志向性に該当するのは、当然のことであり、フッサールがこの草稿において、縦軸の交差志向性と横軸の延長志向性によって、過去把持の二重の志向性を理解していた、ということができるのです。

(4) 訳語の妥当性についての議論に関連して、どうしてこのような縦と横の方向性の取り違いが生じてしまったのか、ドイツ語の翻訳上の問題に焦点を絞って、明らかにしてみましょう。

① このとき明らかになるのは、Querintentionalität の "quer" というドイツ語は、ほとんどのドイツ語の辞書で、形容詞として「横の、横切った、はすかいの、斜めの」などと訳され、それに加えて「交差した」という訳語が与えられていることです。(8) また Querrichtung は「横方向」、Querflöte は「横笛」、Querschnitt は「横断〔面〕」と訳され、そのような quer が「横の」とされて、Querintentionalität が「横の志向性」と訳されることは、翻訳上、当然のことと思われることです。それに加えて、谷氏は、この「横の志向性」という訳語を確定するさいに、英訳者 Brough の "transverse intentionality" を参考にして、Brough 自身、その訳注で、tranverse という形容詞が、「流れの方向を横切る」というときの「横切る、横断する」を意味するとしていることを紹介し、「横の」という訳語の裏付けの一つとして言及しています。(9)

② ところがここで、注意しなければならないのは、意識の流れの方向が左から右へと水平方向とされるか、上から下への垂直方向とされるかによって、横切る(横断する)方向がそのつど違ってくることです。横断歩道でも同じです。どの方向から来てもその道を横切るので、横断歩道といわれるのです。そして、私たちの時間意

識の分析にさいしての意識の流れは、第一〇節の時間図式においても、また第四三節の時間図式においても、明らかに、横軸の「今点の系列」に沿って、左から右に流れているのであり、上から下への縦軸に沿って、意識の流れが流れているわけではありません。なぜなら、この縦軸に意識の流れを想定しようとしても、この方向に位置する時間位相は、いつも今点を頂点にする過去把持された時間位相の重層的に沈澱した過去把持の位相持続体でしかないからです。この縦軸に意識の流れにたえず与えられてくる新たな今点を求めても、そこに見出すことはできないのです。

③ このように、二つの時間図式において意識の流れの方向が、横軸に水平に流れるように図示されていることから、その流れを横切れば、当然、垂直方向に横切ることになり、縦軸に沿って横切る方向が決まってきます。したがって、確かにこの縦軸方向に即して「縦の志向性」と訳すことが、正しい方向を示すという意味では、適切とはいえるのですが、辞書の訳語として quer の語には、「縦」という意味はまったく含まれていない以上、「縦の志向性」と訳するには無理があります。また、意識の流れの方向が上から下へと描かれた場合（現に『ベルナウ草稿』〔『フッサール全集』三三巻〕二六三—六六頁にかけての時間図式の場合）、その流れを横切れば、水平の横の方向に横切ることになってしまうため、むしろこの「縦と横」という訳語を使用せずに、quer の語意に含まれる「交差する」という意味を生かした「交差志向性」という訳語が工夫されたのでした。「縦と横」という訳語を回避して、このように意識の流れがどの方向を取ろうとも、その流れに交差する交差志向性という訳語の「適合性と妥当性」が再確認されうると思われるのです。

④ また、谷氏は過去把持の Längsintentionalität を「縦の志向性」と訳するにさいして、同様に、英訳者の Brough の "horizontal intentionality" という訳語を参考にし、Brough 自身が述べるその訳語についての訳注を訳

出して紹介しています。その Brough 自身の訳注によれば、「この志向性は、流れに沿って縦方向に（lengthweise）走る」とされるのです。このことが、縦方向を意味する「縦の志向性」と訳す一つの根拠とされています。しかし、この Brough 自身の訳注で述べられている英語の lengthweise には、「縦の（に）」の意味だけでなく、ドイツ語の lang, lange の原義に含まれる「長い（く）」の意味が含まれています。ですから、lengthweise は、「流れに沿って長く」と訳することができます。とはいえ、逆に強調されねばならないのは、Längs- の含まれる単語である Längslinie の「縦線」、Längsrichtung の「縦方向」など、「縦」の意味は含まれていても「横軸」の「横」の意味は含まれていません。このことから、意識の流れが水平に横軸に沿って流れてはいても、それを過去把持の「横の志向性」と訳すのは、訳語としては適切とはいえず、むしろ、Querintentionalität の場合と同様、「縦と横」という訳語を使用せず、ドイツ語の lang と lange の原義に含まれている「長い（く）」を生かして、Längsintentionalität を「延長志向性」と訳すよう提言したのでした。この場合、意識の流れがどの方向に向かおうとも、その流れに沿って、延長していく意識の流れを図示することができるのです。

⑤　なお、意識の流れを「流れに沿って縦断する」という意味で「縦の志向性」と訳し、「意識の流れを横断する」という意味で「横の志向性」と訳すとして、あくまでも「縦と横」の訳語に留まろうとする場合、第一〇節と第三四節に描かれている時間図表における水平に描かれた横軸と垂直に描かれた縦軸との関係と、過去把持の二重の志向性との関係に関する誤解が、完全に払拭されるよう、的確に表現されるのでなければなりません。Längsintentionalität は、両時間図式において水平の横軸に表現されていますので、「流れに沿って縦断する」意味の「縦の志向性」と訳出する場合、「横軸方向の縦の志向性」と、はっきり明言し、Querintentionalität はその流れを横断する「横の志向性」として「縦軸方向の横の志向性」と明記する必要があることになります。となれ

ば、斎藤氏の『現象学事典』の事項説明である「時間」における時間図表において、図表の横軸の上に「縦の志向性」と明記することで、読者の誤解を避け、読者にとって横軸に延長しているLängsintentionalität（縦の志向性）と、縦軸に流れを横切って横断しているQuerintentionalität（横の志向性）という正当な理解のための大きな助けとなると思われます。

（5）訳語の適合性／不適合性の問題は、『内的時間意識の現象学』における過去把持の二重の志向性の正当な理解にかかわるだけでなく、この時期の時間論だけでなく、以後の時間意識の構成分析にさまざまな影響を与え、さらに時間論を介した「相互（間）主観性論」の相互主観的意識流の構成の問題にも、大きな影響を与えることになります。

①　その第一の論点は、第四三節の時間図式において縦軸に描かれた交差志向性における「垂直の合致」による時間内容の構成をめぐり、この「垂直の合致」の仕方のさらなる現象学的分析の進展の可能性にかかわる論点です。谷氏が縦軸に働くと理解した「縦の志向性（Längsintentionalität）」は、意識の流れの統一を構成しているのであり、意識の流れに与えられる今点と今点との統一の仕方をさらに問うことができたとしても、縦軸の交差志向性において「垂直の合致」による時間内容の構成の仕方をさらに現象学的に解明することはできません。「垂直の合致」の仕方を問うとは、そのつど与えられる感覚与件の意味内容と過去把持され続けて拡大深化する過去把持の意味内容との合致の仕方を問うことなのです。

②　縦軸の過去把持の交差志向性における時間内容の構成は、さらに『受動的綜合の分析』において、過去把持の交差志向性における変様の仕方の詳細な分析にもたらされることになりました。ここで、時間内容の「垂直

の合致」の仕方が、現在に与えられる感覚与件の意味内容と、過去地平に潜在的志向性として沈澱している空虚形態ないし空虚表象の意味内容とのあいだの相互覚起としての連合の規則性が、開示されるにいたったのです。このことは、先に述べられた「シルスマリアとフェクスタールの記憶違い」が生じるさいの類似性を介した連合の規則性にみられるように、現在に与えられる感覚与件の意味内容と、過去地平に沈澱している潜在的志向性としての過去把持された空虚形態ないし、空虚表象とのあいだの相互覚起という連合の規則性として、過去把持の交差志向性における時間内容の構成として分析されていったのでした。この受動的志向性による受動的綜合である連合の規則性は、谷氏による横軸の「横の志向性（Querintentionalität）」によるとされる「音の持続」の構成の仕方の解明をとおして開示されることはありえません。なぜなら、現在の今点から、横軸にそって左の方向に、すなわち、すでに過去になっている以前の今点の方向において解明しようとしても、横軸の過去把持の延長志向性には、意識の流れにおける今点の系列が構成されているだけであり、時間内容の「垂直の合致」が構成されてはいないからです。

③　この時間内容の「垂直の合致」による構成は、三〇年代のC草稿では、次のように記述されています。「原印象から〔次の〕原印象への移行が真実に意味するところは、新たな原印象が以前の原印象の直接的に過去把持的な変化と同時的に一つになることであり、……内容的な原融合が、印象とそれに直接する原過去把持とのあいだに両者の同時性において生起しているのである」（HM, VIII, 82）[10]というのです。「垂直の合致」による時間内容の生成が、この論稿では、印象の今と原過去把持の過去の契機との同時性において時間内容が生起するとする、「生き生きした現在」における時間内容の成立（生起）として描かれているのです。もちろん、ここでいわれる「融合」とは、類似性をとおした連合による融合に他なりません。この記述は、第四三節で述べられている

ように、垂直の縦軸の交差志向性においてのみ、印象の今と過去把持の過去の契機とのあいだの「同時性」として理解できても、横軸において横並びに隣接し合う二つの今点、すなわち二つの今点のあいだの「延長志向性」における「同時性」というように理解することは、原理的に不可能なのです。隣接する二つの今点のあいだに同時性は成り立ちえないからです。

④　同じく三〇年代の論稿で、「生き生きした現在の立ち留まりが、衝動志向性の充実によって生成する」という「生き生きした現在における時間内容の共有による、相互主観的共現在としての時間化」が呈示されています。[11] このとき、まさに衝動志向性という時間内容の構成をへずして、この相互主観的時間化は生成しえません。これまで繰り返し強調されたように、時間内容の構成は、横軸の谷氏の訳語による「横の志向性」において構成されることはありえないだけでなく、相互主観的意識流の構成が、谷氏による縦軸の「縦の志向性」において生成すると理解することもできません。なぜなら、谷氏による「縦の志向性」において意識の流れの統一が構成されていると仮定したとしても、二つの意識の流れが連合をとおして共有し合える時間内容は、谷氏による「縦の志向性」においては、個々の主観の意識の流れの統一しか構成されていない以上、生成のしようがないからです。ということは、交差志向性における時間内容の構成と延長志向性における意識の流れの統一の構成を、谷氏の訳語に即して「横の志向性」における時間内容の構成と「縦の志向性」における意識の流れの統一の構成とみなすことで、相互主観性の根拠づけにおいて決定的な意味をもつ、生き生きした現在の相互主観的構成の解明への道が、閉ざされてしまうことになるのです。

⑤　ここで結語として主張したいことは、これまで述べられてきたように、Querintentionalität を「横軸の横の志向性」と訳し、Längsintentionalität を「縦軸の縦の志向性」と訳す、「横と縦」という訳し分けによる谷

氏の訳語は、フッサール後期時間論の解明にとっていかなる積極的な役割をはたせないだけでなく、かえって、「時間と連合と原創設」を根本的規則性として研究課題とする発生的現象学の進展にとって、障害となるといわれなければならないことです。このことからして、この論述を締めくくるにあたって、これまでの「横の志向性」を「交差志向性」に、そして「縦の志向性」を「延長志向性」に変更することを、ここに改めて明確に提言するものです。また、改めて強調されておかねばならないのは、「縦の志向性」というこれまでの訳語にあくまでも留まるとした場合、「縦軸の縦の志向性」と「横軸の横の志向性」という一般的通念に抗して、「横の志向性」は時間図式の縦軸に表現され、「縦の志向性」はその横軸に表現されていることを、明確に記載する（具体的には、『現象学事典』の事項「時間」での斎藤慶典氏によって描かれている時間図式の横軸の上に「縦の志向性」という訳語を記載する）ことが必須のこととして提言されることです。

第四節　交差志向性における「本質同等性」と延長志向性における「時間位置」の構成

以上、過去把持の二重の志向性の訳語の問題を踏まえ、改めて第四三節の時間図式に描かれた交差志向性における「垂直の合致」の内実の解明に向かってみましょう。この「垂直の合致」は、その第一の合致として「結合する本質同等性（Wesensgleichheit）の合致」とされ、第二の合致は「事物の同一性の合致」とされています。ここで、この本質同等性とは、何の本質を意味するといえるのか、また事物の同一性の合致とは何を意味するのか、問題にしてみましょう。このとき言えることは、この作図が描かれている第四三節において「物の現出の構成」が問題とされ、そのさい、現出する物の構成は、その根底に、「根源的な〔時間の〕流れにおいて感覚の統一の統一的な統覚が構成されている」(X, 92) とされ、感覚内容の統一とその統握による物の現出の統一というように二つの統一として「二重の合致」が理解されていることです。

ということは、ここで言われている「本質同等性」の本質に該当するのは、まずもって「感覚内容」の本質同等性とみなされるのでなければなりません。『内的時間意識の現象学』のテキストにおいて、過去把持の発見にいたる経過にあって、時間内容として記述されているのは、主に単音の持続や、色の広がりといった感覚印象の統一の仕方です。

ところが、これまで述べられてきた類似性による受動的綜合としての連合と、種概念としての本質の基づけ関係における統一との区別を、ここで述べられている「感覚内容の合致による統一」に当てはめると、少なからぬ問題が浮き彫りになってきます。というのも、フッサールの類似性による受動的綜合は、能動的綜合による類や種の概念による本質の統一とはことなっており、ここでいわれる「本質同等性の合致」は、むしろ、能動的綜合による種としての本質の統一と理解されるべきではないかと問われるからです。以下、この問題を、受動的綜合の規則性である「連合と触発」が明確になる以前と以後の二段階に分けて、考察してみることにしましょう。

(1) 過去把持における時間内容と時間位置の構成

ここで、過去把持そのものは、統握(作用)と統握内容という認識図式において働く能動的志向性ではなく、特有な志向性とされた受動的志向性として理解されねばならないとする過去把持の解釈を、改めて再確認する必要がでてきます。この過去把持の志向性が自我の能作を含まない受動的志向性か、あるいは、種の概念把握を可能にする、自我の能作を含む能動的志向性であるのか、という問いに対して、図1を少し変更した図3を用いた、フッサールの時間図式の解釈をとおして、改めて考察し直してみましょう。

EはEmpfindung（感覚）の略号であり、RはRetention（過去把持）の略号です。

さて、まずE_1（単音cの音）が聞こえるとします。このとき、単音cの音であるE_1がそもそものとき、どのようにして、まさにそのE_1として聞こえるのかという問いは、重要な問いですが、まずはここではそのままにしておいて、後のテーマとすることにしましょう。

①　この聞こえたE_1は、それと同時に、過去把持による変様のプロセスに移行します。この過去把持のプロセスは、E_1から$R(E_1)$への斜めに下降する線で描かれ、聞こえたE_1のもつ直観の鮮明度（E_1が意識に直観されているときの強度）が薄れて、空虚になっていくプロセスを意味します。そして、このとき重要であるのは、確かにE_1の直観の鮮明度は失われていくのですが、このE_1の感覚内容（単音cの音）の意味そのものは同一にとどまり、失われてはいかないことです。

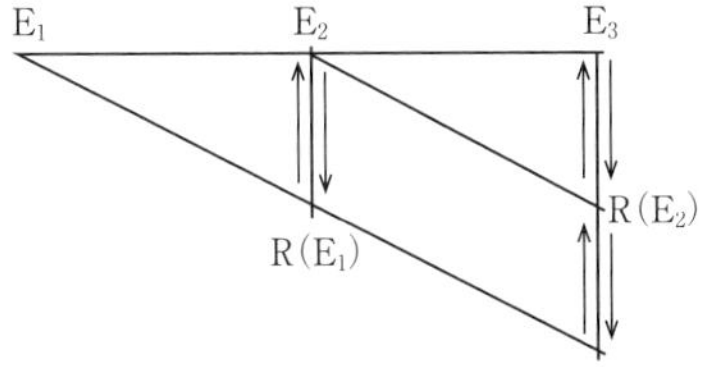

図３

このE_1の感覚内容の意味が失われていかないことは、E_2が聞こえたそのときに明白になります。というのもE_2が聞こえたそのとき、E_2と$R(E_1)$とのあいだに描かれている縦軸に過去把持の交差志向性が働き、E_2から$R(E_1)$への下向きの線と$R(E_1)$からE_2への上向きの線に描かれているように両方向に意味を覚醒し合うことで、E_2と$R(E_1)$とのあいだの意味の合致が生じるとされるからです。E_2の感覚内容の意味と過去把持されている$R(E_1)$の感覚内容の意味との意味の合致が生じるのです。さらにE_3が聞こえるそのとき、過去把持をとおして直観の鮮明度が失われた$R(E_2)$と、それ以上に直観の鮮明度が失われていった重なる過去把持をへたE_1である$R^2(E_1)$とのあいだに感覚内容の意味の合致が生じるのです。

このように、E_3—$R(E_2)$—$R^2(E_1)$の過去把持の交差志向性において、過去把持された$R(E_2)$と$R^2(E_1)$との直観の鮮明度の違いを含みながら構成されている感覚内容（単音cの音）の時間内容としての意味の合致は、同じ単音cの音が聞こえたことが意識に与えられているだけでなく、E_1が聞こえ、次にE_2が聞こえ、その後E_3が聞こえたというように、聞こえたE_1とE_2とE_3の順番も、順番どおり聞こえています。もし、単語「サクラ」の一語一語の音が順番どおり聞こえなければ、「サクラ」と言っているのか、「クサラ」と言っているのか、言った順に聞こえなくなってしまいます。では、このE_1とE_2とE_3の音の順番は、いったいどのようにしてその順番どおり聞こえている、といえるのでしょうか。

② このE_1とE_2とE_3の音の順番（言い換えれば時間位置）がどのように意識されるのかと問うとき、もっとも重要なことは、フッサールが「内的時間意識」の構成を解明しようとするとき、いわゆる自然科学で前提にされる時計で計測される「客観的時間」の流れは、判断停止によるカッコづけをとおして、この解明のさい、いっさい使用されることはなく、物理的客観的時間内の時間位置は、はじめから考察外とされ、想定することが許されていないことです。E_1とE_2とE_3の時間位置は、物理的客観的時間軸上の時間位置として前提にされてはならないのです。

このとき、フッサールは、この時間位置がそれとして順番どおり意識されるのは、過去把持の交差志向性において時間内容が構成されると同時に、それがE_1の今とE_2の今とE_3の今という今の連続の時間の流れとして意識される、というのです。そして、この今の流れとして意識されるされ方が、過去把持の延長志向性（Längsintentionalität）において意識される意識のされた方を意味します。

この延長志向性における流れの統一の構成のされ方を問うとき、参考にされるのは、フッサールのいうように、同四三節で述べられている「原初的な時間意識において事物の現出が構成される」（X, 90）その現出の構成のされ方です。フッサールはそこで、「内在的統一は、私たちが見たように、時間的な射映の多様性の流れにおいて構成される」（X, 91）としています。ここで重要であるのは、「内在的時間が、内在的現出において構成された客観の時間へと客観化されるのは、現象学的時間の諸統一としての感覚内容の射映の多様性において、ないしは、これらの内容の統握からなる現象学的-時間的射映の多様性において、同一の事物が、すなわちたえずすべての位相においてそれ自身を射映の多様性のうちで呈示する事物が、現出することをとおしてである」（X, 92. 強調は筆者による）というテキストの内容にかかわっています。

③　ここで言われている「感覚内容の射映の多様性」の現象学的時間の統一は、いうまでもなく、過去把持の交差志向性において、「垂直の合致」による時間内容の構成として成立しています。そして最終的には、感覚質の同等性に行き着きます。さらにこの感覚質の同等性は、種としての本質同一性以前の同等性であり、連合における「類似性」に相応することになります。つまり、先に述べたビール瓶の「茶色の現出、ないし持続」と、思念の対象とされる「種概念としての茶色」の区別にあるように、「現象学的時間の感覚内容の射映の多様性」である「事物の現出」が、「内在的客観」として統一されることで事物の同一性が構成されるということです。このことこそ、まさに「客観的時間へと客観化される」ということの内実なのです。

④　このとき「内在的に構成された客観の時間」に属するのが、延長志向性において確定される時間位置の順序ないし順番（E_1、E_2、E_3の音の順番）です。そしてその時間的秩序の基準になると考えられるのが、E_1が聞こえたときの直観の鮮明度と、それと同時に過去把持されていくときの直観の鮮明度の希薄化、ないし貧困化、空

虚化の程度の違いにあるといえます。この直観の鮮明度の違いは、もっとも端的に、E_1が聞こえ、過去把持され、E_2が聞こえたとき、E_2の直観の鮮明さの強度と、過去把持されたE_1である$R(E_1)$の直観の鮮明さの希薄化との違いに、明白な意識体験として、必当然的明証性において与えられているといえます。

しかも、この交差志向性にE_2—$R(E_1)$と描かれているE_2と$R(E_1)$との直観の強度の違いは、E_3が与えられるとき、そのまま、そっくり$R(E_2$—$R(E_1))$として、$R(E_2)$の内部に含まれているのです。フッサールはこの過去把持された時間内容が、新たな感覚内容が与えられるごとに、交差志向性において生成する時間内容そのものに含まれ、含蓄されていくこと（implizieren）と表現しています（X, 333を参照）。このように、過去把持の交差志向性は、生成した顕在的に直観されている時間内容を、直観の強度の希薄化とともに潜在化していく特有な志向性ということができるのです。

こうして、この直観の強度の違いが、出来事としての感覚の所与の順番を決めているのであり、この過去把持され、希薄化する程度差が、延長志向性において、この例でいうと、もっとも希薄なE_1、次に希薄なE_2、希薄化していないE_3の順（これが「現象学的時間の感覚内容の射映の多様性」に他ならない）に客観化された時間の流れの時間位置の順番として、意識されることになるのです。

（2）意識にのぼらない受動的綜合における過去把持の二重の志向性

さてここで、連合と触発による受動的綜合の働きが解明されて以後、過去把持の理解の仕方が、発生的現象学の領域において、意識される以前にすでに働いている過去把持にまで、拡大深化していくことになりました。これまで、繰り返し取り上げられてきた事例ですが、「隣の部屋から意識にのぼることなく過去把持されていたメロディーに、その特定の個所が自我への触発力を高めたことを契機にして、後から気づく」例とか、「教室が急に静かになったと思ったら、意識にのぼらずに過去把持されていたクーラーの音が止んだことに気づいた」例とか、「電車の急ブレーキで、無意識に足が動いたときの運動感覚が過去把持されていたことに、直後に気づいた」といった例など、意識にのぼる以前に過去把持されている感覚内容の事例を、多く挙げることができます。

① しかし、このときまず確認しなければならないことは、覚醒した意識のもとで知覚し、判断し、行為する日常生活において、過去把持は、通常、意識された過去把持として働いていることです。コンサートに行って音楽を聴くとき、相手の言葉に耳を傾け判断し、行為するとき、意識して音を聴き、言葉を理解し、判断し、身体を動かして何かを実行するときには、それぞれ、楽器の音がしっかり過去把持に残され、言葉の単音の順番が過去把持され、自分の発言の判断内容もしっかり過去把持に保持され、随意運動にともなう運動感覚がしっかり過去把持されています。本来、過去把持の志向性は、受動的志向性であり、受動的綜合において働いているのですが、『経験と判断』にあるように、この受動的綜合としての過去把持は、この場合、「能動性における受動性」として、意識された能動的綜合の基盤として働いています。能動的綜合としての対象知覚に、いつも受動的綜合としての過去把持が「感覚内容の射映の多様性の統一」を提供しているのです。

② この意識された過去把持の場合、交差志向性における時間内容の生成と、直観の飽和度の違いによる延長志向性における時間位置（前後関係）の構成という見解は、意識流の構成の仕方の解明として、明確な妥当性をもつということができます。他方、上記の例に挙げられた「意識にのぼらない過去把持」の場合、このような解明の限界が露呈してくることになります。というのも、これらいずれの事例においても、特定の感覚質がそれとして意識の直観にもたらされていません。感覚内容として構成される以前に、つまり交差志向性において感覚内

容が構成される以前に、それに先行した意識されない過去把持の時間位置が、構成され、その後にそれが事後的とはいえ、明証的に与えられることになるからです。したがって、ここでは、意識の直観に与えられている感覚内容の直観の飽和度の違いが前提になって、延長志向性における時間位置が構成されてはいないのです。

③　二つ目の解明の限界といえるのは、交差志向性における「垂直の合致」のさいの「本質同等性」といわれた感覚（本）質の合致は、本質の生成以前の類似性そのものの生成の視点からする「垂直の合致」の生成として解明されねばならないということです。つまり、感覚質の本質同等性の合致以前において、乳児における原共感覚からの個別的感覚野に生成する空虚形態としての類似性の生成の次元が開示されたのでした。これまで述べられてきたように、感覚内容を種としての本質として理解することは、その本質そのものの生成を問う発生的現象学において、その本質把握に先行する受動的綜合による類似性の生成の問いをとおして、その限界が、示されることになるのです。

④　この感覚質の生成の次元においては、それぞれの感覚質である「ゼロの運動感覚」や「ゼロの聴覚」、「ゼロの視覚」や「ゼロの触覚」などが、それぞれそれらの感覚質として原意識（Ⅰ）されていきます。このとき働いている受動的綜合としての連合と触発は、自我極の形成以前の段階であり、『経験と判断』で指摘されている「能動性以前の受動性」の領層で働いているといわれなければなりません。他方、これらの感覚質が原意識されるときには、原意識されたそのときの感覚質の直観の鮮明さ（飽和度）は頂点に達しており、それが過去把持をとおして過去地平に沈澱していくことになり、その飽和度は減少していきます。そしてここで注意されねばならないことは、原意識の直観の飽和度と、通常、「意識」といわれるときの、つまり、意識作用と意識内容の相関関係で考察されている「能動的志向性としての意識」とは、自我の能作の関与の有無をとおして、厳密に区別さ

れねばならないことです。原意識の直観の飽和度と、能動的志向性としての意識の直観の飽和度は、受動的意識と能動的意識によって区別されなければなりません。原意識において個別的感覚野の感覚質が形成されて、さまざまな感覚質が、前後して充実されることで生じる前者の場合、原意識の直観の飽和度が、そのつど過去把持をとおして減少していくのであり、このプロセスそのものは、能動的綜合の基盤として働く意識された過去把持の場合と同様であるといえます。しかし、ここで大きな違いとされねばならないのは、自我極の形成以前と以後で、受動的綜合をとおして先構成された時間内容に属する「触発力」のもつ意味なのです。

⑤　受動的綜合によって先構成された時間内容のもつ触発力は、自我極に向けられているとされています。発生的現象学をとおして解明されることになった、このあらゆる触発力が向かっている自我極そのものの形成を基準にしてみるとき、個別的感覚質の原意識（Ⅰ）は、いまだ自我極が形成される以前に作動しているといえます。ということは、それぞれの感覚質が原意識（Ⅰ）され、過去地平に潜在的志向性として沈澱していくとき、自我極が形成されていなくても過去把持の交差志向性をとおして、次第に感覚形態の同質性が獲得されてきて、そのように先構成された感覚形態が、〝感覚質の本質同等性〟の合致をとおして、感覚質の本質としての時間内容として構成されていきます。そして、意識されている過去把持の場合と同様、原意識（Ⅰ）されるそのつどの受動的志向性の充実による直観の飽和度とその減少との相違をとおして、延長志向性における原意識の時間位置が構成されていくといえます。たとえば、母と子のあいだの喃語の模倣にさいして、喃語の発声の強さや弱さ、リズムや抑揚の変化、またそれにともなう情動の変化など、それぞれのさまざまな違い（当然、原意識（Ⅰ）とともに構成される時間位置の違いを含む）として原意識（Ⅰ）されつつ、過去把持をとおして過去地平に沈澱していくのです。ということは、また原意識（Ⅰ）に与えられる感覚形態の志向の充実は、自我極からの対向なしに、それ

に特有な触発性をもっていることを意味しているのです。したがって、ここで注目せねばならないのは、自我極形成以前に、受動的綜合である連合をとおして成立している受動的志向性の充実による触発の力を、それとして、明確に確定する必要があるということです。この区別を触発と先触発の区別とすることができます。

（3）不随意運動のさいの運動感覚の先行は、どのように過去把持に与えられるのか。

① 先触発と触発の区別において、触発の触発力のもつ意味が大きくことなってくるのは、自我極の形成以後になります。「ゼロの運動感覚」が原意識される、不随意運動にともなう運動感覚の原意識（I）は、自我極形成以前に成立しています。この不随意運動が次第に制御できるようになって、能動的綜合としての随意運動を起こすことができるようになるとき、受動的綜合によって先構成されたもののもつ先触発の触発力は、随意性の担い手である自我のもつ関心（動機づけ）の置きどころ、つまり自我の関心による重要度の違いによって、意識にもたらされるか、もたらされないか、選択されるようになります。電車のつり革を手に、文庫本を読んでいるとき、その本の内容に自我の関心は向かっており、意識にのぼっているのは、その文章によって表現される世界です。そこに「急ブレーキ」がかかるとき、それまで意識の背景に沈み、受動的綜合によって先構成されていた不随意運動のさいの運動感覚が、すなわち自我の、というよりむしろ「生きる生命体」としての人間の関心（衝動志向性、ないし本能志向性の意味づけと価値づけによる志向内容）が、文意表現の世界への関心を突き崩し、意識の前面に突出してくるのです。

② 本の文章の内容を理解しようとする能動的綜合が働いているとき、文章理解の前提になる感覚内容（文字の視覚像）の統一を構成しているのは受動的綜合であり、その感覚内容の統一を前提にして、能動的綜合による

文章理解が可能になっています。そのさい、意識にのぼっているのは、文章の内容であり、受動的綜合による感覚内容の統一そのものは、前提にされているだけであって、それそのものが意識にのぼってはいません。それが意識にのぼってくるのは、文字がはっきり見えないとかいった場合であり、しっかり、文字の視覚像とそのつながりに注意を向けなければならないときです。このように、ある意味で、必要なときにいつもすでに働いているといえる本能志向性が、意識にもたらされるのは、能動的綜合である「本を読む」行為において、その前提になる感覚内容の統一を可能にしている受動的綜合の場合のように、「立位を保つ」という本能志向性の充実が、生命体の関心を引きつけ、意識にもたらされるといえるのです。

③　本を読んでいて、文字が見にくくて、その文字の視覚像に注意を向けるとき、注意の対象の変転は、スムーズに移行しています。ところが、「電車の急ブレーキ」や「聴かずに聞こえていたメロディー」の場合、また「聴かずに聞こえていた空調（クーラー）の音」といったいずれの場合にも、意識にのぼらない「足の動き」にともなう運動感覚の過去把持や、「メロディー」や「空調」などの音の聴覚刺激の過去把持が、先に生じていて（先行していて）、そのことに後で気づいた（意識した）という内的時間意識における時間の前後関係の明証性は、疑うことができません。ということは、意識にのぼらない過去把持の交差志向性において感覚内容が、先構成されていて、それが、触発の条件性を満たすことで（つまり、生命体の生存本能の充実のもつ触発力により）、意識された過去把持の延長志向性において、本能志向性の充実が、その意識に先行したことが、時間の前後関係の明証性として、必当然的に与えられるということを、意味しているのです。

④　となれば、これまで描かれている意識されている過去把持の二重の志向性による時間図式での時間内容と時間位置の記述は、意識にのぼらない過去把持の場合、その限界に達するといわれなければならないことになり

ます。というのも、意識にのぼらない過去把持の場合、まずもって、原印象と過去地平に潜在的志向性として存在する空虚形態や空虚表象とのあいだの連合による感覚内容（時間内容）の先構成は、かりに交差志向性に図示することができたとしても、意識にのぼっていない交差志向性とされねばなりません。意識にのぼっていないということは、直観の飽和度が与えられていないことを意味し、交差志向性に与えられる直観の飽和度の違いによる延長志向性における時間位置の構成という記述が、成立しえないことになります。それにもかかわらず、本能志向性の充実が先行して、それが後に意識の直観にもたらされたとする時間の前後関係の明証性は、どのように与えられているといえるのでしょうか。

⑤　この場合、意識にのぼらない感覚印象と過去地平に潜在的志向性として存在する運動感覚の空虚形態とのあいだの連合をとおして、運動感覚の感覚内容が、交差志向性に先構成されてくることは想定できます。その先構成されたものが、強い触発力をもつのは、それが本能や衝動や感情などの「価値志向」にとって重要な場合であり、本能や衝動の充足にとって、それがいつも意識にのぼっている必要はありません。「電車の急ブレーキ」のさい、意識される以前に、本能志向としての「立位を保つ」という志向性は、意識にのぼらない過去把持をとおして充実されており、その役割は果たされているといえます。そのとき、生きた現在の流れが、本能志向性の充実によりとどまり、時間が刻まれており、それが意識されるためには、時間を要するということなのです。ということは、意識にのぼる以前の受動的綜合の場合、たとえば本能志向性の充実の場合、環境の変化に即応した先構成が成立しているが、それが意識された能動的綜合に統合されるためには、そのための時間を要するということなのです。このことが、「時間の知覚は、知覚の時間を前提にする」（Hua. X, 189f. を参照）というフッサールの文章に表現されているのです。

⑥　先構成されたものを構成にもたらす意識化といえる能動的綜合に、時間が必要とされるとは、別の言い方によれば、意識作用の遂行は、実的な時間持続を必要とするということもできます。それが、ヴァレラの「現在時間意識」の分析における〇・五秒間に生じる「神経アセンブリ」における選択と創発のプロセスなのです。ということは、受動的綜合による先構成が、意識される構成にいたるためには、一定の時間持続を必要とするのですが、過去把持の交差志向性における時間内容（この場合、感覚内容）の成立のためには、実は、その〇・五秒における時間位相の始まりの位相がそのまま過去把持に残され、本能志向性のような生命体のもっとも大きな関心による時間内容が、〇・五秒内において生成し、時間が刻まれるのです。つまり、触発力をもつ強い運動感覚は、〇・五秒以内に先構成されますが、そのさいの最初と最後の位相が、運動感覚の感覚質として同質とされ、交差志向性に沈澱することで、直観にはもたらされない感覚位相の充実が、前後することになります。そのそれぞれの感覚位相の充実が、過去把持の交差志向性に残されているのです。しかも充実した順序としてなのです。

⑦　この「電車の急ブレーキ」の場合、この本能的運動志向の充実による運動感覚が、現実の「運動の起こり」よりズレて意識にもたらされます。ところが、能動的綜合である随意運動の場合、このようなズレは感じられず、文章を読んでいるとき、それまでは働いていた受動的綜合による視覚像としての文字の感覚内容に注意を向け直すときにも、このような時間のズレは感じられません。受動的綜合の働きに、スムーズに注意が移行しているのです。ところが、「本を読む」という能動的綜合のただなかに、不随意運動による運動感覚が割り込んでくるとき、不随意運動の場合に特徴的な、「運動の起こりと意識のズレ」がそのまま、時間内容と時間位置の秩序として直観にもたらされているのです。「あくび」であれ、「地震の揺れ」であれ、付随意運動にともなう運動感覚は、いつも身体の動きとその意識のあいだには、時間のズレが感じられるのです。

⑧　ということは、随意運動の場合の運動感覚の原意識（Ⅱ）と過去把持とのあいだに感じられない時間のズレが、不随意運動の場合の運動感覚の原意識（Ⅰ）と意識にのぼらない過去把持とのあいだに直接、感じられるということなのです。後者の場合、意識以前の過去把持が先で、その原意識が後ということです。受動的綜合としての感覚質そのものの原意識を原意識（Ⅰ）と呼び、能動的綜合の場合に働く原意識を原意識（Ⅱ）と呼び、二つの原意識を区別しました。たとえば指先を動かし、運動感覚と視覚像の変化の対になった相応関係は、内的時間意識における対連合として同時に意識されています。しかもこの運動感覚と視覚像とのあいだの連合は、原意識（Ⅰ）において過去把持をとおして形成されてきた、個別的感覚野における感覚質の感覚意味内容のあいだの連合の意味地平において、作動しています。能動的綜合における随意運動と他の感覚野の感覚質との連合は、原意識（Ⅱ）と過去把持をとおして同時に生じていると感じられています。そして「電車の急ブレーキ」が生じるとき、受動的綜合として働いていた「立位のさいも含まれた運動感覚」が、その急ブレーキ以前には、受動的綜合をとおしてつねに充実されていたにもかかわらず、特有な強い触発力をもたないことから、意識にはもたらされていませんでした。ところが、この急ブレーキの後、突出して意識にもたらされるのは、生命体の生存にとって起こったことの重要性が、触発力を高め、意識するように強く促すからです。では、このとき、感覚野の連合地平の全体と、「突発的な身体運動」の関係は、どのように考えればよいのでしょうか。

⑨　このとき、一般的に言えることとして、自分が受ける外からの働きかけ、とりわけ身体運動にかかわる働きかけの場合、つねに「運動の起こり」が先で、そこで過去把持されている運動感覚は、後に原意識（Ⅰ）によって意識されていることです。このときの随意運動と不随意運動の場合の過去把持の仕方の違いは、たとえば、自分で自動車の運転をしているときと、後部車席に座っていて「車酔い」するときの違いです。自分で運転する

ときは、随意運動による、運動感覚と視覚像の変化の相応関係を同時に意識しつつ、意識された過去把持と未来予持をとおして、能動的綜合の調和のとれた継続的な時間の流れが成立しています。それに対して、自分でハンドルを取らずに、車の揺れにまかせられているとき、運動感覚と視覚像の過去把持と未来予持による調和的連合が与えられることなく、「身体のゆれ」が与えられ、その過去把持が意識されるのは、いつも実際に過去把持された後であり、意識された過去把持を未来予持として志向し、それが充実することでの、能動的志向性の継続した充実は与えられません。これによって、どのような「身体の揺れ」が生じるのか、未来予持が立てられることなく、つねに受動的綜合として与えられる意識にのぼらない過去把持が、事後的に意識にもたらせられるという状況に陥っているのです。簡単にいえば、世界の動きに対処できない身体としての存在であり続けなければならない、ということなのです。

⑩　ではそのさい、交差志向性における時間内容と、延長志向性における時間位置の構成は、どのようになっているのでしょうか。まずもって、随意運動、不随意運動の両者にとっていえることは、交差志向性において意識にのぼることなく運動感覚が過去把持され、それが原意識（Ⅰ）にもたらされることで、直観の飽和度が実現することです。ということは、随意運動のさいの運動感覚の充実と、その原意識（Ⅱ）による直観の飽和度は、同時に成立していますが、不随意運動の場合の運動感覚の充実と、原意識（Ⅰ）による直観の飽和度とのあいだに、ズレが生じている、ということができます。この不随意運動の運動感覚は、原意識（Ⅰ）にもたらされる以前に過去把持の交差志向性において充実されています。充実されてはいても、生存のための重要性が低い場合は、原意識（Ⅰ）にのぼることはありません。しかし、「電車の急ブレーキ」の場合のように、起こったことを意識にもたらす必要があるとき、それが過去把持され、時間内容が先構成されるときの時間が、時間のズレとして、

直接、感じられるのです。

つまり、本を読むという能動的綜合が働いているさなかに、生存本能にとって重要である出来事が生じるとき、本能志向の充実が真っ先に優先され、意識にもたらされることを要求します。強力な触発力が、自我の対向を強いるのです。受動的綜合をとして先構成されていた運動感覚が、急ブレーキが生じる以前の運動感覚の未来予持とは合致せず、未来予持に相応しない急激な運動刺激が与えられ、それが意識されねばならないのです。この時間のズレは、したがって、能動的綜合が働いているあいだ意識の表面にでることのない過去把持にかかる時間が、そのまま時間のズレとして露呈してくるといえます。他方、通常、自我が過去把持によって先構成されたものに対向するとき、ちょうど、「聴かずに聞こえていたメロディーに対向するように」、すでに過去把持されたものに時間のズレを感じずに向かっているといえます。しかし、電車の急ブレーキの場合、過去把持された直後に意識が向かうことから、過去把持の先行の意識が遅れること、つまり、幼児期に形成された運動感覚と視覚像の意識上での連結（連合）、つまり、意識して過去把持しつつ、連合の成立を確かめていたその時間的秩序が崩されているのが、直観されるのです。

（4）原共感覚からの個別的感覚質の原意識（I）の生成における時間内容と時間位置の成立

ここで発生的現象学の視点から、間モナド的な本能志向性の充実／不充実をとおして生成する「生きた現在の留まりと流れ」を出発点にして、過去把持の二重の志向性そのものの生成について、考察することができます。間モナド的時間化において、授乳本能の志向が充実されているとき、個別的感覚野に分岐する以前の全体的な、たとえば授乳の本能の充足にあって、本能の充実が、共有される時間内容の成立として過去把持の交差志向性に構成され、それが同時に未来予持されていくと考えられます。この状況は、「添い寝」の場合も同様であり、次第に長くなる呼吸のリズムが母と子のあいだで共有されるなかで、原共感覚における睡眠本能の充足が、過去把持と未来予持をとおして成立しているといえます。ということは、乳児における本能的志向性の充実／不充実の考察にさいして、時間内容の成立とともに、どのように時間位置が原意識されるようになってくるかについて、この特有な次元での考察をすすめる必要があるといえるのです。とりわけ、時間内容が、原共感覚をとおして形成されることが重要です。この時期にあって、特定の感覚質として感覚内容が成立するのではないのです。

①　ということは、過去把持の二重の志向性、とりわけ、交差志向性における「内在的客観ともいわれる時間内容」の形成が、特定の感覚質の同等性に基づく時間内容の形成ではなく、原共感覚の特質にみられるように、内部感覚と外部感覚の区別がつかず、その意味で、主観と客観の極化も未分化なのです。したがって、内在的客観としての時間内容は、いまだ成立しておらず、むしろ、本能志向性の充実／不充実、つまり志向全体の充実／不充実が問題となり、その充実／不充実そのものが、時間位置の生成として、生ける現在の「留まりと流れ」、言い換えると、「変化と持続」を構成しているといえます。間モナド的時間化による時の刻みの構成です。この時の刻みは、原意識（Ⅰ）以前の本能志向性の充実／非充実によるいわば、意識以前の志向の充実／非充実によるといるのです。したがって、本能志向性の充実／非充実によって生成する間モナド的時間化は、いまだ意識された過去把持の二重の志向性をとおして生起しているのではない、といわれねばなりません。

②　原意識（Ⅰ）における感覚質の直観にもたらされない本能志向性の充実と、その過去把持と未来予持をとおして、原意識（Ⅰ）にもたらされる、個別的感覚質の直観化（表象化）以前の感覚形態が、生成してきます。表象化されていない感覚質の「空虚形態」相互の連合的連関が成立する中で、喃語の模倣など、幼児の生活世界

での環境とのさまざまな対応をとおして、この形態連合の一方の連合項が欠損することで、それぞれの「ゼロの感覚質」が原意識（I）にもたらされることが解明されてきました。(12) このとき、それぞれの「ゼロの感覚質」の原意識（I）のさい、それぞれの感覚質の形態に相応する志向の充実か不充実かが生起しているのであり、そのさい、それらの充実／不充実と原意識（I）のあいだの時間のズレは考えられません。充実されるかされないかが、ただちに原意識（I）にもたらされているのです。

③　志向の充実／不充実と時間のズレとの関係が問われてくるのは、個別的感覚野の感覚質間の連合の地平が形成されてくるとともに、自己の身体の内部及び中心という体性感覚野が形成され、随意運動が基軸になり、感覚野が、この基軸を中心にして、能動的綜合による受動的綜合の統合が完成していくときといえます。たとえば不随意運動のさいの運動感覚は、意識されていない過去把持（受動的綜合）をとおして、意識の直観に与えられることなく充実されています。そして、その先構成された運動感覚が意識にもたらされるためには、フッサールが「時間の意識（たとえば過去という意味の意識）を知覚する（過ぎたと分かる）ためには、知覚のための時間を必要とする」というように、意識が生成するための時間が必要とされます。このことが、脳神経科学によって、意識が生成するための〇・五秒として、B・リベットやF・ヴァレラによって確定されているといえるのです。ということは、意識される以前の〇・五秒間に生じている運動感覚の過去把持（受動的綜合）は、外的環境の変化（たとえば電車の急ブレーキ）に、時間のズレなく即応しており、そのことが、意識にもたらされるのが、〇・五秒後であることになります。

④　ところが、このような起こったことが何であるか、その〇・五秒後に意識されるというのは、頻繁に生じることではなく、通常の意識された過去把持をとおして随意運動が起こり、知覚、判断等の能動的綜合が生じて

いるのであり、そのとき、外的環境の変化に対して、意識しつつ即応していると感じられています。意識されない受動的綜合が生じる〇・五秒間の後に起こったことの意識が生じているとは感じられていません。意識されるための〇・五秒のズレは感じられていないのです。この外的環境の変化との同時性の意識は、リベットによって「初期EP反応への遡及（reference）」としてこの〇・五秒を遡ると説明されており、それは人間の幼児期における学習によって可能になるとされています。この現実の外界の変化への同時的対応は、フッサールにおいて、「能動性における受動性」という観点によって、受動的綜合による先構成が能動的綜合における構成として意識される「統合の仕方」として解明できます。つまり、〇・五秒間に受動的綜合をとおして先構成された感覚内容が、意識生の関心による触発の条件をとおして意識にもたらされるとき、たとえば、空虚形態としての運動感覚が、感覚刺激とのあいだの相互覚起によって、運動感覚として充実される、つまり運動の始まりと終わりとして統一されるとき、運動の始まりは時間点として過ぎ去っているのではなく、運動感覚という感覚内容として意識にのぼらずに過去把持されたものとして、運動の終わりが与えられたそのときに、音の始まりと終わりのように、運動の始まりと終わりとして、つまり運動感覚の位相の持続として意識されるといえます。つまり、〇・五秒前の運動の始まりは、リベットの場合の初期EP反応のように、精神がそこに遡る始まりの時点ではなく、〇・五秒たって意識されるまでに先構成される、意識にのぼることのない運動感覚としての感覚内容の充実（感覚位相の持続充実）の始まりを意味するのです。ですから、意識にのぼっていなかった運動の始まりは、過ぎ去っているのではなく、その始まりとして過去把持に残されており、意識の直観にもたらされることなく、交差志向性における感覚位相の過去把持の順番として下層から上層に向かって、充実の順番が残されていることになります。

⑤　この感覚位相の充実の順番が交差志向性に沈積してくる例として、時速一五〇キロのボールの軌跡が見

える以前に、そのボールをヒットにできるバッターの例をだすことができます。ボールの軌跡は見えませんが、ボールの位置の変化は、感覚位相の感覚内容の充実としてバッターの意識にのぼらない過去把持に残っていくからこそ、打った後に、「あのボールはカーブだった」とか「ストレートだった」とか記憶（過去把持）に残っている見えなかったボールの軌跡について語れるのです。環境の変化に、意識にのぼらない受動的綜合をとおして即応しているのですが、その即応そのものの意識は、その即応に遅れるのです。バッターボックスに立つという意識が最高度に覚醒している状況でさえ、意識をともなわない受動的綜合の充実が先行し、意識は事後的にしか働かないことが直接経験されているのです。

⑥　このように考えてくると、これまで問題にしてきた過去把持の二重の志向性は、根底に先行して働く受動的志向性としての、意識にのぼらない過去把持（受動的綜合）が、すでに無意識を含めた意識生にもたらされていることが前提になり、意識されている過去把持の二重の志向性として描かれているといえます。断続する音が聞こえるといった事例において、いつも感覚内容は、特定の感覚質をもった意識された過去把持において与えられています。それが二重の志向性として作図されているのです。ところが、意識の直観の飽和度が与えられる以前に、原意識（Ⅰ）に与えられた個別的感覚質の潜在的志向性である感覚の空虚形態が充実している場合、つまり受動的綜合が作動している場合、この意識にのぼらない過去把持は、能動的綜合（たとえば「本を読んでいる」場合）による意識活動の下部層（深層）に働いているのであり、意識されている能動的綜合における過去把持の二重の志向性の作図において隠れて働いている、といわれねばなりません。

⑦　「電車の急ブレーキ」の例は、まさに、この意識の下部層に隠れて働いている本能志向性の充実をとおして過去把持されたものが、その触発力によって意識の直観を要求し、意識されるまでの時間（〇・五秒という時

間のズレ）が原意識されたといえるのです。となれば、この意識にのぼらない過去把持の作図を試みる場合、触発力を加味した、意識化のプロセスが作図されうるような、新たな時間図式が必要となるといえるでしょう。この優れた一例として、F・ヴァレラがその「現在‐時間意識」で呈示している時間図式を挙げることができますが、ここでは、これ以上、それには言及せずに、フッサールの過去把持の二重の志向性の作図が、意識された過去把持の図式であることを確認しておくに留めたいと思います。

⑧　受動的綜合の充実が環境の変化に対して同時的に対応しているといえるのは、乳幼児期の原共感覚から感覚内容の原意識（Ⅰ）が形成されている時期と、いわゆる「我‐汝‐関係」ないし「無心」において行為が成立している次元であるといえます。乳幼児期の原意識（Ⅰ）の時期と、成人における無心の行為の次元において成立している同時性とに共通しているのは、原意識（Ⅱ）で原意識されている自我極に発する能動的志向性が、作動していないということにあります。原意識（Ⅰ）の時期には、いまだ自我極が形成されておらず、受動的志向性の充実が直観にもたらされてはいても、自我の対向以前の本能志向性や感覚内容にかかわる、受動的志向性の充実による触発力に応じた生ける現在の時間が、刻まれています。また「無心」の行為は、たとえば阿波範士がオイゲン・ヘリゲルに与えた指示にあるように、「赤子の手のように手を開く」ことは、まさに大人のヘリゲルが「自己意識」から解放され、ヘリゲルにとって「自分の手」が誰の手といえない「赤子の手」になったとき、矢を弓から、無心には放つことができたのでした。この二つの場合に共通にいえるのは、能動的綜合が働くときの原意識（Ⅱ）における自我の能作である能動的志向性が、乳幼児期には形成されておらず、「無心の行為」においては、克服されていて、明瞭な意識の直観が与えられてはいても、自我の能作が働いてはいない、ということなのです。

第五節　過去把持の第三の志向性？

以上の論述にあるように、過去把持の交差志向性に生成する時間内容が、その時間的射映における過去把持の位相に含まれた直観の飽和度の減少の順に、過去把持の延長志向性における時間位置が定まってくるとするのが、フッサールによる意識されていない過去把持の二重の志向性の論説の骨子であると思われます。それに加えて論じられたのが、受動的綜合の規則性である連合と触発の観点からする、交差志向性における意識にのぼらない過去把持をとおした時間内容の先構成と、それが意識にもたらされると同時に、当の意識にのぼっていなかった過去把持された先構成されたものが、意識の直観において明証的に与えられている構成されたものと同一であり、構成に先立つ先構成の時間位置（まさに構成に先立つ時間の前後関係としての時間位置）が明証的に与えられていることなのです。

この後者の場合、意識されている過去把持の二重の志向性による時間位置の構成の明証性の確証に限界がみられることが、明らかになりました。しかし、この『内的時間意識の現象学』の時期のフッサールにとって、いまだ二〇年代に展開し始める「受動的綜合」の観点は定題化されていませんでした。それにもかかわらず、この『内的時間意識の現象学』で露呈され、解明されている過去把持の概念は、作用志向性ではない、「特有なあり方の志向性」として、受動的志向性、及び受動的綜合の開示につながっていることが、改めて強調されねばなりません。この意識にもたらされていない過去把持が、受動的綜合である連合と触発の規則性に即して作動していることを的確に理解するために、改めて過去把持の二重の志向性における時間位置の構成の問いを、二重の志向性にさらに第三の過去把持の志向性を加えて考察する田口茂氏の『現象学という思考』での解釈[13]の妥当性をめぐり、再検討してみたいと思います。

（1）　田口氏は、フッサールの過去把持の二重の志向性の論説に対して、過去把持の、いわば「第三の志向性」を導入し、時間流の時間位置の構成を解明しようと試みています。この議論に向かうことで、過去把持の受動的志向性としての特質をより明確にすることができます。

田口氏は、フッサールの時間図式をもとに、上記（図４）のような時間図式を描いています（なお、〔　〕で補足されているのは、先に挙げられた筆者による図３で描かれた表記です）。氏によると、「原印象E_1は、現れるやいなや、E_1^2〔図４での$R(E_1)$〕へと〔過去〕把持的に変様される。しかし、〔過去〕把持E_1^2〔＝$R(E_1)$〕は、E_1を遡行的に指示するという構造をもっている。過ぎ去った今は、自らがかつては生き生きした今だったことを遡行的に指示している」（一九八[14]）としています。つまり、図４で描かれているE_1からE_1^2〔$R(E_1)$〕への下降する斜線で、過去把持される変様のプロセスが描かれていますが、このE_1^2〔$R(E_1)$〕から左斜め上に向かう斜線を、E_1に向かって遡行する過去把持のいわば第三の志向性が、構造的に成立しているというのです。

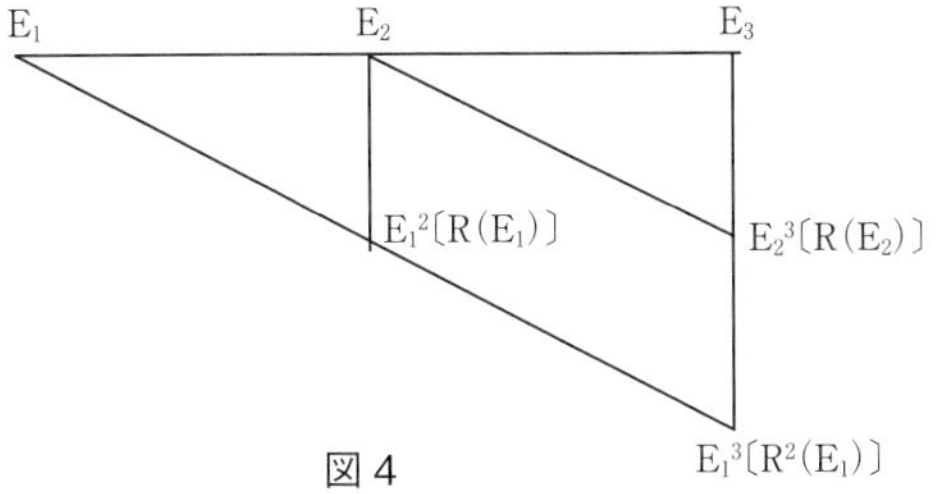

図４

この過去把持の第三の志向性は、田口氏による図の説明として、次のように「原初的な三角形の三辺」としてまとめて論ぜられています。「（1）ある「今」の生き生きした（原印象的な）与えられ方と、過ぎ去った（〔過去〕把持的な）与えられ方との差異（$E_1—E_1^2$〔$= R(E_1)$〕）、（2）ある「今」の過ぎ去った（把持的な）与えられ方と、新たに現れた「今」の生き生きとした（原印象的な）与えられ方との差異（E_1^2〔$= R(E_1)$〕$—E_2$）、（3）ある「今」と別の「今」という、ことなる原印象同士の差異（$E_1—E_2$）である」[15]とされています。

ここで「構造」と「差異」というフッサールの時間意識の分析で正面から取り扱われることのない概念の明確な現象学的規定は別にして、（2）でいわれている「差異（$E_1^2—E_2$）」が縦軸に描かれた過去把持の交差志向性に相応し、（3）でいわれている「原印象同士の差異（$E_1—E_2$）」が横軸に描かれたその延長志向性に相応することは明らかです。そしてフッサールにおいて言及されることのない第三の過去把持が、（1）で述べられている$E_1—E_1^2$〔$= R(E_1)$〕の過去把持の変様のプロセスを逆向きに遡行する志向性であり、「この遡行的指示を辿って、原印象E_1とE_2が、互いに差異化されつつ並列される」（一九九及び次頁）とされています。つまり、延長志向性における「今」の時間位置（E_1とE_2の時間位置）が、この第三の志向性によって、「差異化されつつ並列される」というのです。

この過去把持の変様についての「三つの差異」による、とりわけ、第三の過去把持の志向性による「今の並列」の論述に対して、いくつか重要な問題点を指摘したいと思います。この問題点の指摘は、これまで解明の対象であった過去把持の二重の志向性における、とりわけ交差志向性における「垂直の合致」による時間内容の構成の分析と対比させることで、その後者の明晰さを獲得することになるのです。

① ここで注意せねばならない第一の論点は、原印象E_2が与えられるとき、そこで同時に意識に与えられているのは、この原印象E_2と過去把持されたE_1、すなわちE_1^2〔$R(E_1)$〕だけであることです。フッサールの過去把持の二重の志向性による時間図式において、E_2が与えられるとき、縦軸の交差志向性には、「垂直の合

致」をとおして、E_2とE_1^2とのあいだに時間内容の合致が、成立します。田口氏の例を挙げれば、E_1^2である過去把持された「風鈴のチリンという音」と、E_2である「静けさ」とのあいだに、「音という本質」の「本質同等性（Wesensgleichheit）」（X, 93）をとおして、合致が生じるのです。この時間内容の構成だけしか、このE_2の今には与えられていません。これが、交差志向性に構成された「内在的な時間」であり、「真正な時間」なのです。フッサールの過去把持の志向性についての記述において、過去把持の第三の志向性とされる、「把持E_1^2は、E_1を遡行的に指示する」とする、そのような過去把持の志向性の働きについて言及されている個所は、どこにも認められていません。それだけでなく、いったい私たちの時間意識において、そのような過去把持の志向性は、どのように明証的に与えられているといえるのか、問われねばなりません。

②「過ぎ去った今」とは、今が過去把持されていることを、意味し、E_1という時間内容も含めて、E_1^2と表示されます。はたして「自らがかつては生き生きした今だったこと」という意識内容は、そもそもどのように構成されている、といえるのでしょうか。「構造上」、あるいは「構造的に」というのでは、それがそのまま、現象学的解明につながるわけではありません。「自らがかつて今だった」ということは、E_1の自己同一性を前提にします。同一である「自ら」とされるE_1が、今の様相と過去の様相を一貫して存続する、ということを意味します。「かつて今だった」ということは、「今は過去になっている」ということを、意味しています。したがって、ここで問われねばならないのは、E_1が「かつて今だったこと」が、はたしてE_1^2に、どのように過去把持されているのか、という問いです。E_1^2に与えられているのは、E_1の意味内容が、今の場合の直観の飽和度が減少した様相において、潜在的志向性として沈澱している、ということだけです。E_1^2から沈澱してきた過去把持の経過を、逆向きに「かつて今だったE_1」に向かって遡行する過去把持の志向の働きは、過去把持の交差志向性にお

いて与えられていないだけでなく、延長志向性においても、与えられていません。「かつて今だったE_1」に向かおうにも、「かつて今だったE_1」は、E_1^2として過去把持されているだけで、E_1が「今」だったときの直観の飽和度は、失われており、そこに与えられていないE_1の「今」の〝時間位置〟に、どうやって向かうというのでしょうか。今だったときのその「時間位置」は、時間図式の作図において、E_1の時間位置として三角形の角の位置に確認できても、E_1^2という過去把持されたE_1の意識には、与えられていません。過ぎ去っていて今は意識されていない今点に、また、過去把持においても与えられていない今点に、どうやって過去把持の志向が、向かうことができるのでしょうか。

③ E_1からE_1^2にいたる下方に向かう斜線で描かれた過去把持のプロセスは、E_1の意味内容の同一性が保たれたまま、E_1が与えられた今の直観の飽和度が、失われていく様相変化のプロセスです。この直観の飽和度が失われていく、減少化する、いわば一方向のプロセスにおいて、向きを変えた逆向きの、直観の飽和度の強さ、ないし高みに向かう過去把持とは、いったい、どのような過去把持でありうる、のでしょうか。過去把持は想起（Erinnerung）ではありません。想起でしたら、過去の出来事を想い起こして、過去の出来事を、そのときの〝今〟であるかのように、〝鮮明な擬似的直観〟において、追体験することができます。しかし、過去把持の志向性は、減少の一途をたどる直観の飽和度の消滅化に即しつつ、そのままそれを原意識することではあっても、失われつつある直観の飽和度の高みに向かう志向性として、私たちの意識の明証性において、原意識されてはいないのです。

④ 田口氏によるこの第三の過去把持の志向性は、延長志向性における今点の時間位置の構成を、次のように論じています。すなわち、「この遡行的指示を辿って、原印象E_1とE_2が、互いに差異化されつつ並列され

る。E_1もかつては原印象だったのであり、その点では、いま現に原印象であるE_2と同じ資格で並ぶのである」（一一九及び次頁）というのです。しかし、このとき注意せねばならないことがあります。それは、この「かつて原印象の今だった」、というすべて同じ資格をもつとする並列化の現象と、今点の順番、E_1の次にE_2が与えられ、その次にE_3が与えられいるときのE_1とE_2とE_3との前後関係（順番）が、決められる現出の仕方とは、区別されねばならない、ということです。「サクラ」と聞こえるか、「クラサ」と聞こえるか、「ラクサ」と聞こえるか、確かに「サ」も「ク」も「ラ」も一度、原印象の今であったことは、間違いなく、その意味で「並列に並ぶこと」はできても、それで「サクラ」の三つの単音の順序が、決まるわけではないのです。

⑤　この単音の順番が、どのように構成されるのか、という問いは、先に述べたように、『内的時間意識の現象学』において、逆説的な「意識の流れの自己構成」を、過去把持の二重の志向性によって解明しようとしたときに遭遇していた、延長志向性における「意識の流れの統一（音の始まりと終わり）」の構成の問題でした。このとき、田口氏の「遡行的指示」として働く第三の過去把持の志向性によれば、この構成は、E_1が与えられ、E_2が与えられ、E_3が与えられるそのとき、E_2^3からE_2に向かう遡行的指示と、E_1^3からE_{12}を経てE_1に向かう遡行的指示、という二つの遡行的指示が、同時に働くことで、E_1とE_2とE_3の並列化として理解されています。となれば、問われなければならないのは、いったいどのようにして、二つの遡行的指示とされる過去把持が、同時に、しかも、E_1とE_2の順序を間違えることなく（つまり差異化しつつ）、順番に沿った並列化を、遂行しうるのか、という問いです。「今だった同じ資格」による並列化だけでは、順番は決まりません。

このことを田口氏は、「互いに差異化されつつ並列される」と述べていますが、時間位置が定まる以前に、E_1とE_2はどのように「互いに差異化」できるのでしょうか。というのも、田口氏も主張するように、ここでは、いわゆる客観的時間の流れにおけるE_1とE_2の時間位置が、前提にされていてはなりません。しかし他方、この〝時間位置〟が前提にされずに、「今だった」E_1とE_2の直観の飽和度の最大値に向けて、どのように遡行的指示が、向かいうるのでしょうか。「今だった」ときのE_1とE_2の直観の飽和度そのものには、何の違いもありません。それぞれ、直観の飽和度の最大値を示していました。過去の出来事を想い起こすとき、出来事の前後関係〔順序〕を、間違えてしまうことが、よくあります。出来事が、かつて今だったことだけで、出来事の順番が、決まるわけではないからです。しかし、「サクラ」と「クラサ」と聞いたとき、その単音の順番を、間違えることはありません。その順番どおり、すでに交差志向性における直観の飽和度の違いによって、過去把持の延長志向性において、その順番が、構成されているからです。

⑥　この音が順番どおり過去把持されることを、フッサールは、過去把持の二重の志向性の分析をとおして解明しました。その解明をとおして、延長志向性における今点の系列は、交差志向性における過去把持の直観の飽和度の減少の度合いによって、その前後関係が、意識にもたらされる、という見解に即して、理解することができます。しかし、この見解にいたる以前、当の問題は、この音の順番〔音の始まりと終わり〕を志向性が構成するとした場合、意識作用が意識内容を構成するとする認識構図では、志向性による構成の無限遡及に陥ることから、音の順番は、特有の志向性である過去把持の延長志向性において、すでに構成されている、とされたのでした。このことは、『内的時間意識の現象学』の補足の論稿五〇番〔ここで初めて過去把持の概念が使用されました〕では、「意識の流れは、確かにそれ自体、再三再四連続する経過（Aufeinanderfolge）ではあるが、それ自身によって経過〔順番〕の意識の可能性の条件なのである」（X, 332）と述べ、過去把持をとおしてこそ、音の持続が構成されると同時に、音の順番も構成されることが、明証的に呈示されたのでした。

このとき、田口氏の遡行的指示としての過去把持による「差異化と並列化」において、問題にされねばならないのは、E_3が与えられるとき、仮に働くとされる遡行的指示としての$E_2^3 \rightarrow E_2$という過去把持と、$E_1^3—E_1^2 \rightarrow E_1$という過去把持が、同時に働くとした場合、同時に働いた過去把持によって充実される過去把持された位相内実は、まさに同時点に構成される他はなく、すでに過去把持に与えられているE_1とE_2との時間位置のズレ（差異）は、このE_1とE_2が同時に過去把持される、その同時点においては、いかにしても、構成されようもない、といわれなければならないことです。

⑦　となると、客観的な時間の流れにおける原印象の時間位置を前提にしない、といいながら、田口氏の議論において、根源的な時間流における今の原様態に位置する原印象に内属する時間位置が、やはり前提にされているのではないか、という疑念が生じることになります。これに対して、仮に、原印象そのものに時間位置が、属さないとする場合、「今だった」原印象の時間位置は、どこにも与えられる可能性はなく、過去把持が遡行的に向かおうにも、志向の方向が、定まりません。

他方、この原印象の原様態に、時間位置が属する、とした場合、その時間位置は、過去把持の変様をとおしても、「今だった原印象の時間位置」として何らかのあり方で、過去把持されているのでなければなりません。ところが田口氏によると、原印象は、それが意識された過去把持に変様すると同時に、その原様態は失われ、隠れた〝時間位置〟を過去把持にではなく、非時間的な〝時間位置〟を残しつつ、過去把持的様相化が、成立するときはじめて、同時に逆向きに、その〝非時間的時間位置〟に過去把持の志向が働く、とされる他ないのです。

⑧　フッサールの延長志向性における時間位置の構成に対して、田口氏が第三の過去把持の志向性を導入せねばならなかったのは、どうしてなのでしょうか。それは田口氏が、過去把持の交差志向性において時間内容が構

成されるさい、その時間内容が、直観の飽和度が、たえず減少する様相変化において与えられており、すでにこのことにおいて、時間位置の内在的客観化が、成立していることを、見落としているため、といえるでしょう。交差志向性における直観の飽和度の違いが、延長志向性における時間位置を、同時に構成しているのです。このことを見落とすと、時間位置の構成のために、原印象の原様態に属していても、過去把持の変様をとおしてその「痕跡」しか残すことのない〝非時間的時間位置〟を導入し、そこに向けて、直観の飽和度が減少するプロセスである過去把持ではありえない、直観の飽和度の頂点に向けて遡行する第三の志向性を援用せざるをえなくなるのです。

（2）この田口氏の過去把持の第三の志向性の議論にともなう、フッサールの時間論の分析内容とことなる幾つかの論点を、改めて明確に指摘しておきたいと思います。

① 氏によって、意識された遡行的指示として働く過去把持は、今であった原様態として与えられた、「かつて今として意識された」原印象の〝時間位置〟に向けて遡行する、と主張されています。この原印象の原様態と過去把持の変様の関係は、「それ自体では『つかみえない』原様態が、並列化の動きによって『つかみうる』ものとなる。だが、そこで『つかまれた』ものは、つねに変様態であって、原様態は、変様の働きにおいて、いわば『痕跡』として指示される仕方でのみ、経験のなかに立ち現れている」（二〇四）という文章に端的に表現されています。ここで述べられている「並列化」は、E_1、E_2、E_3の時間位置を構成する、今だったE_1とE_2へと遡行する過去把持によってなされます。ということは、この遡行する過去把持によって初めて、原様態が「つかみうる」、すなわち「把握しうる」ものになる、というのです。しかし、ここで改めて、具体例によって考えられ

なければならないのは、「どこかでチリンと風鈴が鳴る」（一九八）というとき、その聞こえる今に与えられている「チリン」は、短くても音の始まりと終わりをもつ音の持続として、聞こえています。そこには当然、その持続に応じた過去把持が働いていています。となると、この今に聞こえる「チリン」は、現在の原様態としてではなく、「痕跡」としてしか聞こえていないとされねばならないのでしょうか。

②　風鈴のチリンは、フッサールに即せば、「チリン」と聞こえる以前の感覚素材（与件）と過去地平に潜在的志向性として潜在している「チリン」に相応する音の感覚質とのあいだの相互覚起によって、つまり、原印象と原過去把持とのあいだの感覚内容の類似性による連合（融合）をとおして「チリン」と聞こえており、その今（Jetzt）には、原印象が過去把持との連合をとおして、まさにその原様態がそのまま、当然、「それ自体」として聞こえているのであり、遡行する過去把持をとおしての並列化による「把捉（つかまえること）、ないし把握」を待つまでもなく、そこにそのまま聞こえているのです。したがって、今に聞こえる「チリン」を原印象の原様態と過去把持の変様に分離して、「変様は、つねに『原様態の変様』である。それが『どこから』変様されてきたのかを、変様の現象そのものが遡行的に示している。」（二〇三）と理解することは、交差志向性において時間内容が、原印象と原過去把持の連合的融合をとおして生起するとするフッサールの見解とは、ことなっているといわれねばなりません。原様態の「どこから」と、そこに遡行的に志向する過去把持という、「生じた距離」をまたぐという意味での志向性は、フッサールにおいて「遠隔想起（Fernerinnerung）」（XI, 112）と呼ばれる想起に妥当しても、受動的志向性である過去把持には妥当しないのです。

③　このことがもっとも明証的に理解されうるのは、「電車の急ブレーキ」のさい、意識にのぼらない過去把持をとおして本能志向性の受動的綜合による「運動感覚」が先構成され、それが事後的に意識にもたらされる

という事例においてです。このとき原印象の原様態は当然のことながら、「今の意識」には与えられていません。「今だった」ことが意識に与えられていないとき、どのように、意識に与えられていない原様態に遡る過去把持が遡りうるのでしょうか。このとき「自分の足が動いてしまった」ことは、自分の意識に明証的に与えられています。起こってしまった足の動きの運動感覚が、それとして事後的に明証的に原意識されるからです。しかも、自我の意識をともなう能動的志向としての運動志向による運動感覚か、本能的志向としての運動志向による運動感覚かの区別、すなわち社会生活における行動の自由とその責任という明白な実践理性の基準に照らし合わせられる区別は、こうして必当然的明証性において与えられているのです。そしてこの区別が区別として成立しうるには、起こってしまった足の動きの運動感覚が、当の運動感覚の意識に先行したという時間の前後関係（時間の位置関係）が、原意識に明証的に与えられているのでなければなりません。このとき、第三の遡行的過去把持による原印象の並列化が生じていないことは、明白です。原印象の今の原様態の意識が与えられる以前に、すでに意識にのぼらない受動的志向性としての過去把持をとおして、時間の位置関係が、構成されているからです。

④　この本能志向性として運動志向による意識にのぼる以前に成立する運動感覚といった観点が、考察の視野から抜け落ちてしまう一つの理拠として、次のことを指摘することができます。それは、ここで述べられている「つかみえない原様態」と「変様としての過去把持によって『痕跡』として指示される」という見解は、レヴィナスによる原印象と能動的志向性としての過去把持という根本把握に相応しているということです。ここで「つかみうる」と表現されている過去把持の性格づけは、能動的志向性としての想起及び再想起に妥当するとしても、受動的志向性である過去把持には妥当しません。レヴィナスは、過去把持を通常の志向性、すなわち能動的志向性と理解し、受動的志向性としての過去把持を認めることができませんでした。受動的綜合として働いている意

識にのぼらない過去把持は、原印象の原様態を「痕跡」として先構成しているのではありません。意識にのぼらない運動感覚の先構成のように、原印象の原様態が原様態（意識にのぼらない運動感覚）になっているのは、潜在志向性としての運動感覚の空虚形態との連合的融合をとおしてなのです。

⑤　原印象の原様態と過去把持の変様という時間論の枠組みにおいて、過去把持が的確に受動的志向性として理解されえないことは、間身体性の構成のさいの受動的綜合として働く「対化」の理解に幾つかの問題点を帰結することになります。というのも「対化という身体の響き合いは、そのような原様態的経験——もろもろの身体の一切の並列に先立つもの——を遡行的に指し示しながら、その変様の出来事そのものとしてある」（二三二）というように、あくまでも、原様態を過去把持（変様）が遡行的に志向するという構造において「対化という身体の響き合い」が理解されているからです。このとき、乳児と母親のあいだの添い寝にさいして共有される呼吸のリズムの成り立ちは、意識にのぼることのない過去把持と未来予持をとおして、「身体の響き合い」として先構成されているといえますが、この原様態とされる「身体の響き合い」に遡行するとされる過去把持が作動しているとはいえません。というのも本来この「身体の響き合い」は、意識された今の原印象に与えられることなく、また、そこに向かって遡行する過去把持も作動することなく、自他の身体の区別以前に作動している、意識に先立つ受動的綜合である連合をとおして、先構成されているからなのです。言い換えれば、意識に与えられる原印象が意識された過去把持に変様するのではありません。このことは、不随意運動の起こりである運動感覚の始まりとその終わり（自分の足が動いて他の人を足を踏むまでの経過）が、それに気づく以前に過去把持されているからこそ、直後に意識される「運動感覚」が、まさに意識されずに動いてしまった当の自分の足の動きの「運動感覚」に間違いない、と確証できるのです。この意識される以前に過去把持の交差志向性において生成する「運動

感覚」という時間内容は、足の動きの始まりと終わりが、意識にのぼらない印象（感覚素材）と潜在的志向性としての運動感覚の「空虚形態」とのあいだの感覚内容の類似性による連合をとおして、先構成されているのです。そのとき、運動の始まりと終わりは、受動的綜合である連合による先構成のための時間持続として、交差志向性に過去把持されているのです。

⑥ 「身体の響き合い」を「原様態の変様」という観点から考察することは、原印象の原様態の「痕跡」としての変様、すなわち能動的志向性として誤解されている過去把持による変様という認識構図によって、「他者の他者性」との出会いの可能性を狭窄してしまうことになります。乳児と母親のあいだに純粋に生き生きと働いている「身体の響き合い」は、受動的綜合において生成しています。他者の他者性を、原印象の原様態とみなし、能動的志向性としての変様から峻別して、擁護しようとするレヴィナスは、[16] 受動的綜合としての「身体の響き合い」において、直接、他者の他者性と出会っていることを認めることができませんでした。先ほど述べたように、「風鈴のチリン」は、聞こえているそのままに、原印象と感覚の空虚形態の出会い（相互覚起）による「チリン」なのです。

⑦ この「身体の響き合い」について考えるさい重要なことは、発生の起源における「身体の響き合い」と「究極の能動性が受動性に似てくる」といわれる成人における「我‐汝‐関係」における「身体の響き合い」を区別しなければならないということです。成人の「我‐汝‐関係」における「身体の響き合い」は、汝との出会いという特質をもちます。そのさい問われるのは、はたして「原印象の原様態の変様」と「変様の原様態」[17] という考察をとおして、汝との出会いにおける「身体の響き合い」が、現象学的解明にもたらされうるのかどうか、という問いといえます。汝との出会いにおける間身体性は、たんに「すでに自我が巻き込まれている」という意味で

の間身体性を意味しません。むしろ、フッサールの人格主義的態度における「我–汝–関係」では、当の「身体の響き合い」はすでに前提にされることを基盤にして、家族愛と人類愛をとおして人格的かかわりが生成していきます。このとき、制御する自我も、巻き込まれる自我も、つまり能動的自我も受動的自我も作動することのない、自我の自己中心化、および身体中心化からさえ解放された「無私」を生きる「我–汝–関係」のあいだが成立しているのです。

第六節　時間と連合、そして触発——合致から相互覚起としての連合へ

さて、これまでの議論で、受動的綜合の規則性である連合の規則性の担い手といえる「類似性」の内実が、種の概念としての本質を意味しないことを明らかにすることで、過去把持の交差志向性における「垂直の合致」による時間内容の構成の仕方を問い、さらに、意識にのぼることのない過去把持における時間内容と意識の流れが、どのように構成されているのか、探求されてきました。この第六節では、過去把持の交差志向性における時間内容の垂直の合致が、どのようにして、連合による綜合である受動的綜合における時間内容の融合的合致として理解されていったのか、そのプロセスを解明しようと思います。このとき、「合致と受動的綜合」との関係について、フッサールによる明確な規定づけの文章を、この章の内容を方向づける文章とみなすことができます。フッサールは、『本質についての論説と形相的変更の方法について』（『フッサール全集』第四一巻）において、「すべての対象の意識は、合致の意識であり、場合によってより下部の段階における合致の意識を前提にしている。（1）合致の意識は、そのさい、意識の意識への受動的な結合の根本形式であり、こういった言葉を使おうとすれば受

動的綜合の根本形式である」(XLI, 171)としています。このテキストによって、交差志向性における時間内容の二重の合致が、受動的綜合である連合という規則性を意味していることが明記されているのです。

(1) 超越論的論理学における対化の概念

この合致の概念が、連合の概念につながっていくプロセスを明らかにすることにとって、「受動的綜合の原形式」といわれる「対化(Paarung)」の概念がどのように成立してきたのか、その概念の生成をたどることが役立ちます。この対化の概念の生成をたどるさい、重要な観点となるのは、対化が静態的現象学における分析から、発生的現象学における分析への変転において、決定的な理解の深まりをみせていることです。

① 対化の概念は、超越論的論理学との関連において、はじめて定題化されてくることになります。フッサールは、「哲学入門」と題した一九二二/二三年の講義(『フッサール全集』第三五巻)の付論XXIIにおいて「論理の必当然的批判」という問題を定題化し、「数の形成のための前提としての他在性(Andersheit)の意味形成」についで論究することになります。そのさいフッサールが確認するのは、「相互内属(Ineinander)」と「相互外属(Außereinander)」との区別であり、他在性が成立するためには相互外属が成立していなければならないとする見解です。そこで、まず「あらゆる相互内属は、すなわち規定するものとしての内的、あるいは外的契機の一部としてのあらゆる意識の所持は、綜合の特別の仕方に、しかも『部分的に同一化する』綜合の仕方に基づいている」(XXXV, 437)として、この相互内属の綜合の仕方に対置されて「相互外属」が次のように性格づけられています。「もっとも基本的で直接的に『直観的』な相互外属(知覚に即していえば、互いに外的にあることとして)であるものは、対〔ペア〕ということである。これは、綜合的な受動性のもっとも根源的な形式であり、そのよう

な受動性のすべての形態を、現象学的タイトルである「連合」のもとに取りまとめるとすると、対化とは、連合の基本的な能作を特徴づけるものである」（同上）としています。

この論述をとおして明らかになるのは、まずもって、対ないし対化の概念が、超越論的論理学において、たがいに外的にあることとしての「相互外属」、ないし「集合的多数性」（同上）の志向的構成分析をとおして、形成されてきていることです。

② 相互外属としての「対」は、「綜合的な受動性」という特性をもち、連合として、しかも「連合の基本的能作」と名づけられています。ここで、連合の概念は、「記憶違い」という現象から、そこに働く規則性として解明されてきたことが、明らかにされましたが、この想起において働く連合の規則性について、同じくこの『哲学入門』において述べられている次の文章を参照することができます。「知覚野に前もって与えられているAの、それと同じA'への想起が、超えて把捉する志向性の受動的綜合を意味しているのであり、その綜合をとおして個々にきわ立ってきた知覚対象Aと、個別的なA'に対してきわ立ちの統一が、可能になっているのであり、AとA'の両者が相互に想起しつつ、相互に相互の働きかけをとおして結びつきながら、統一的に、まさに対としてきわ立ってくるのである。」（XXXV, 437f. 強調は筆者による）と述べています。

この文章で述べられていることをまとめてみると次のようになります。

（a） ここでいわれる「何かを想起する」ということは、「受動的綜合の統一形式」としての想起を意味しており、「ふと何かを思い出す」ときに働いてしまっている想起といえるのであり、自我の活動なしには働きえない能動的綜合としての再想起を意味しません。この「受動的に前もって与えられている類似性は、いかなる思考の形成体（カテゴリー的形成体）でもなく、……理念化や規範化されたものでもなく、また関係づけられる判断をとおして、……構成されたものとしての関係なのでもない」（XXXV, 438 及び次頁）とされます。この受動的綜合と能動的綜合の区別は、もちろん受動的志向性による受動的綜合としての対化の理解にとって、決定的に重要なことといわれなければなりません。

（b）この『哲学入門』で「感性的に現出する類似性」（XXXV, 438）とも呼ばれる受動的に生成する類似性は、上記の引用にあるように、「超えて把捉する志向性」の統一形式と呼ばれ、この特有な志向性のあり方は、「相互に想起しつつ、相互に働きかけることをとおして結合しつつ統一的に際立ちつつある」（XXXV, 439）と性格づけられています。この「相互に想起すること、すなわち相互に想起しつつ覚起すること」（同上）における相互の働きかけは、「一つの知覚されたものは、想起する綜合において他の知覚されたものを超えて把捉するのであり、それと同時に対象的意味の合致である覚起をとおして、他の知覚されたものへと、当の知覚されたものの内部にある、対応するものを想起しつつ意識したものを移し込むのであり、他の知覚されたものからの逆方向の移し込みも生じるのである」（XXXV, 438. 強調は筆者による）としているのです。

あるいはまた、志向性の概念を活用して、「その志向性は、……他のものの志向性へと、『覚起しつつ』同時に綜合的に一つになりながら移り込みつつ把捉するのであり、しかも重なり合う、間隔をもった合致においてであり、この合致は、完全に具体的な対象を合致の統一へともたらす。こうして、それぞれの対象において、まさに同時に他の対象がいわば交互に透けて見えることになるのである」（XXXV, 439）と述べているのです。つまり、ここでは、明確に、受動的綜合における受動的志向性が、相互の覚起の働きとして「重なり合う、間隔をもった対象的意味の、交互に透けて見えるような合致[18]」として性格づけられていることが、はっきりと確認できるのです。

（c）　またここで注意されねばならないのは、フッサールは、この『哲学入門』の付論XXIIで展開している分析を、先に述べたように、超越論的論理学の問題領域における「数の形成の前提」としての他在性の意味形成を問うことで開始していることです。ということは、もちろん、ここで問われている「他在性」は、相互主観性の問いとして問われる「他者の他者性」という意味での「他者性」ではなく、相互外属する数の多数性相互の「他在性」なのです。したがってここで問われねばならないのは、ここでいわれている「相互の想起」や「相互に想起しつつ覚起すること」が、自我と他者の超越論的主観のあいだ（つまりたんに諸対象と自我のあいだではない）の相互に働く連合的覚起に、言い換えると、他者の他者性の意味の生成の解明に、どのようにまたどの程度妥当し、活用しうるのかという問いになります。しかし、ここでは、直接この問いに踏み込むことなく、まずは、この超越論的論理学の問題領域にとどまり、この「相互に想起する」という観点のもつ射程を明確にしてみたいと思います。

③　一九二〇／二一年の冬学期に講じられた「論理学」の講義の初稿には、第一八論稿「想起の過ちの意識」と第一九論稿「再想起と連合」という興味深い論稿が含まれており、どのようにして、連合の概念が相互の想起、ないし相互覚起として生成したのか、そのプロセスを追うことができます。

（a）　第一八論稿では、フッサールは、すでに本書一〇四頁に示されている例ですが、出来事が起こった場所についての記憶違い（再想起の間違い）の例を挙げて、「私が若者が話すのを聞いて、話されたことを直観にもたらしていたその場所で、そのとき気づかなかった小さな持続性の飛躍があって、そこで気づかずにその再生産が、別の〔場所の〕像〔シルスマリア（地名）の像〕に飛び移ってしまい、この別の〔場所の〕像は、視覚的側面にしたがって、始めの状況〔フェクスタール（地名）における状況〕を覆ったままにしていたのであり、この別のもの〔シルスマリアの像〕が始めの会話の下にもぐり込んだのである」（XI, 269）というのです。

（b）このときとくに重要であるのは、はじめに現れたシルスマリアでの若者との興味深い会話の記憶（想起）は、どこにも亀裂の含まれない持続的で統一した再想起（記憶）であったことです。それが、理由ははっきりしませんが、ふと疑念が生じ、シリスマリアとは違った場所の像が浮かんできました。「私は、その同じ若者と若者が住んでいるフェクスタールの小さな〔休暇用の〕農家の一室に居る」（同上）という像が浮かんできたのです。フッサールは、このことを「移行現象（Übergangsphänomen）」（XI, 268）と名づけます。この移行をとおして、「もともと一つだった記憶像が、多くの像へと、そして最後には、多くのはっきり分断していない、さまざまな時間位置に属する再想起へと」（XI, 269）分解していくとしています。

（c）私たちは、日常生活で、この移行現象をとおして記憶違いがはっきりしてくることを、たびたび経験しています。この経験を理解するとき重要であるのは、ここで記述されている移行現象が、たんに経験科学としての心理学の意味で理解されてはならないことです。「二つの分かれた記憶（想起）に分解していくとは、〔たんなる〕理論なのではなく、その志向性において理解可能な事況なのである」（同上）とされ、想起の直観の様相は、志向とその充実という連関においてのみ、明証的に与えられうるというのです。したがって先に述べられた二つの記憶像のあいだで「下にもぐることによる隠蔽」ということは、そもそも潜在的になる志向性としてのみ理解することができるのです。つまり、あらゆる記憶像のうち、「直観的な全体像における一部分だけが、直観的な部分をとおして代理として立ち現れるのであり、〔過去の〕状況の補足する諸部分は、潜在的にそこに存在するのであって、ただ「抑圧され」、「隠蔽され」ているだけである」（XI. 270）と理解されるのです。

④　第二の第一九論稿では、連合の概念が明確な連関にもたらされています。私たちが、二つの想起を「区分

された想起の対」（同上）とみなすとき、この相互に関係づけられた想起を「連合しつつ、すなわち一方の状況が他方の状況を想起すると認識する。そしてそれは、何らかの客観的な心理学的事実なのではなく、純粋に現象学的な本質状況である」（同上）とされるのです。もちろんここで、記憶についての心理学的研究の意義そのものが否定されているのではありません。そうではなく、むしろ、ここでは、この連合の現象に、まずもって、志向性のノエシス的-ノエマ的相関関係の現象学的分析をとおして接近できるとしているのです。

（a）そしてさらにこの連合による想起は、直接的想起と間接的想起の違いをとおして、想起における潜在的志向性の地平構造が明確にされることになります。フッサールは、ここで「本質に即せば、あらゆる何らかのものの想起は、（その記述をノエマ的に行えば）綜合的に連合というタイトルのもとで統一された想起としての与えられ方をしており、この連関は、直接的にそれを想起することと間接的にそれを想起することという二重のあり方を含んでいる」（同上）としているのです。では、フッサールは、ここで「直接的と間接的な想起」をどのように区別しているのでしょうか。この区別が意味するのは、「直接的に覚起された類似したものは、それと共在するものを覚起し、この覚起された共在するものは、間接的に連合されたものという性格をもつ。……換言すれば、類似したものをとおして覚起されるものは、記憶の領域の個々の類似したものだけでなく、過去の意識流からなる分離することのできない空虚地平を顧慮した、その類似したものが属した全体的な意識の現在である」（XI, 271）というのです。

（b）この引用文にあるように、全体的な意識の現在は、その「過去の意識流からなる分離することのできない空虚地平」と必然的に結びついているのです。この空虚地平は、内容的に、受動的志向性の空虚形態と能動的志向性の空虚表象からなる、過去の意識流のすべての潜在的で潜勢的な志向性を含有しています。ということは、記憶の領域において直接、連合された類似なものが覚起されるとき、その直接、覚起された連合による類似したものは、その影響力を空虚形態と空虚表象からなる全体的な意味の地平に及ぼすのです。このように表現されている原理的見解は、対化する連合的な綜合の、正当で的確な理解に関して、決定的で一貫した帰結をもたらすことになります。

（c） 間接的な連合についての見解は、そのつどの現在である意味地平の、直接的に覚起されたものとともに共在するものの覚起を意味しています。したがって全体的な意識の現在の内部における連合的結合こそ、受動的綜合の領域に属しているのです。このことは、先に述べた一九二二／二三年の「哲学入門」の講義では、「実のところ、連合の概念を現象学的に拡張せねばならないだろう。そして連合について、現在の意識と記憶として〔過去に〕沈んでいる意識との結合としてだけでなく、現在の意識内部での類比的な結合についても語らねばならないだろう。ここに属するのが、たとえば同等性や対照（コントラスト）そして、現在の意識における受動性において際立ちをみせる単位としての数多性として意識されるすべてのもの一般である」（XXXV, 272）と述べられています。

⑤ 対化にさいしての「間隔における合致」は、さらに『能動的綜合』（『フッサール全集』第三一巻）において「同等性と類似性との関係」の観点から次のように論述されています。「同等性から類似性へと移行するとき、類縁的なものが詳述されうるかもしれない。類似性は連合的な根本形態であり、その移行は〈ここで〉部分的同一性の類比物、すなわち合致ではあるが、完全な合致ではないものを結果として生じさせる。重ね合わさった類似性の諸項は（それらは分離されている必要はないが）、間隔をもっている。さまざまな類似性はさまざまな間隔をもつこともあり、それらの間隔も実際、再度、比較可能である。したがって、類似性は段階性をもつのであり、

その限界は、たんに繰り返されたものの合致における間隔の欠損をともなった同等性である。もっとも、ここでの間隔のもとでの合致において共通のものが明らかになる、あるいは、おそらくより適切にいいうるとすれば、それが共通なものとして根源的に透視されてくるといえよう」（XXXI, 80）。

（a）先に「相互外属」について述べられたとき、対化は、「綜合的な受動性のもっとも根源的な形式」とされ、「連合の基本的な能作を特徴づける」とされていました。そして、同時に対化は、「間隔における合致」であるとされていたのですが、それがそのようにある理拠が、上記の『能動的綜合』の引用文に明確に読み取ることができます。というのも、類似性が「連合的根本形態」であり、その諸項である連合項は、類似性の段階、すなわち間隔をもつのであり、その間隔の消失が同等性を意味するとされるのです。

（b）また、ここで上述された、類似性の概念に関するヒュームの感覚主義に対する批判のさい、事例として呈示された「黄色から橙をへて赤」へと漸次的に変化する色の帯の例を、上に示された引用文と関連づけてみましょう。このとき、実際に見分けることのできない隣接する二つの色は、印象として見分けることができないので、直接、隣接するのではない、見分けがつくほど離れた（離接する）印象に基づく観念の区別を利用して、その観念を、見分けられない隣接する印象としての二つの色のあいだに宛てがうことになるとされました。つまり、見分けることのできない印象のあいだに、ここまでは「黄色」、ここから「橙」、ここまで「橙」、ここから「赤」というように、区別される観念を宛てがうしか、色の段階的変化を認識し、述定的判断を行使できないとするのです。

（c）それに対して、フッサールは、述定化以前の先述定的明証性に遡及することで、隣接する連合項のあいだに生じる、「黄色、橙、赤」といった種としての本質の把捉以前の、受動的志向性としての感覚内容の意味の

「類似性」による相互覚起をとおして、色の類似性の段階性が先構成されるとしているのです。この先構成のプロセスを時間図式（図5）に表現するとすれば、以下のようになるでしょう。

A	—	A´	—	A´´	—	A´´´
		R(A)		R(A´)		R(A´´)
				R^2(A)		R^2(A´)
						R^3(A)

図5

隣接するAとA´、A´とA´´、A´´とA´´´……というように、感覚内容の受動的志向性の充実の連鎖をとおして、見分けることのできなかった、その意味で同等性として過去把持されるAとA´の対が、A´´とA´´´との対の過去把持をとおして、見分けることのできるAとA´´´との対として見分けられる（際立ちをみせる、ないし感じ分けられる）ようになるのです。

ここで、A´´´―R(A´´)―R^2(A´)―R^3(A)というように表現されている過去把持の交差志向性において、同等性として感じられたA´とR(A)との対の連合が、R^2(A´)とR(A´´)の二層の段階性を介在することで、A´´´とR^3(A)の対の連合として、感じ分け、見分けることのできる段階性と際立ちをもつ類似性として、先構成されているといえるのです。

⑥　先に述べたように、超越論的論理学で問題にされた「他在性（Andersheit）」は、相互主観性の問いとして問われる「他者の他者性」という意味での「他者性」を意味しているのではありません。したがって、ここでいわれている対化における「相互の想起」や「相互に想起しつつ覚起すること」が、自我と他者の超越論的主観のあいだに相互に働く、連合的覚起としての対化において、どのように働いているのかが、それとして問われなければなりません。そのさい、『フッサール全集』第一四巻の第三五論稿、及び第一五巻の第一五論稿とその付論である付論LIVが適切な考察対象になります。

（a）「知覚的連合（対化）の一般的な記述」（XIV, 530ff.）と題された第一のテキストでは、フッサールは、二つの物（的身）体のあいだの連合を対化として記述しています。ここでは、連合の相互に想起する働きが、触発のもつ触発する力によって理解される相互の覚起として記述され、「一方が他方を指示し、あるいは、一方から他方へと覚起が及ぶということもできる。一方が私を触発すると、触発が他方へと移行して、他方の触発の力を強化し、相互に強化し合う」（XIV. 530）と述べられています。

この触発的力の相互の強め合いは、この場合、現在と過去のあいだの想起においてではなく、現在意識において起こっています。したがって私たちは、触発の直接の移行において、たえず「過去把持としての準現在化とこの知覚的顕在化とのたえざる合致を見出している」（同上）のです。この移行の方向は、いつも双方向にあるといえます。「覚起は、相互に働く覚起なのであり、移行の傾向が相互に働くのである。そして全体の事況は、同等の事況であり、つまりそのような移行の順序にしたがって対化そのものが構成されるのである」（XIV. 531）とされるのです。

（b）このテキストの終わりでは、フッサールは、「この私たちの連合の場合、それは私の身体物体とそれに類似したそこにある物（的身）体のあいだに起こっている」（XIV, 532）と結んでいます。ところが、フッサールの指摘する二つの物（的身）体のあいだに対化現象を活用して志向分析を行う企ては、比較的控えめであるといえるでしょう。というのも、フッサールは「この場合には、そこにある（他者の身体の）外的な物（的身）体と私の身体物体との類似性が経験されるが、それは、とてもことなった方位づけにおいてであって、二人にとって〔同じ〕一つの方位づけは排除されている。……ここで明らかにされなければならないのは、どのようにして現象学的対化がこの《ゼロ》の物（的身）体と外的物（的身）体とのあいだに可能になるのか、ということである」

（XIV, 532）と述べているだけだからです。つまり、ここでは、たんに間身体性の対化現象による超越論的な根拠づけの問いが定題化されていることを示しているにすぎないのです。

（c）『フッサール全集』第一五巻の第一五論稿では、この定題化された、私の身体と他者の外的物（的身）体とのあいだの対化がより詳細に記述されています。「いまや連合が現れ出てくる。それはこの類似性が活性化していることに他ならず、まさに対化であって、重なり合いと統覚に他ならないのである。しかし私の身体は、知覚的物（的身）体の一つの領域においてのみあるのであり、具体的に身体、すなわち普遍的な原初的領域の自我である私が支配する身体なのである。その統覚というのは、ここでは、身体の外に存在する何かを指し示す指標なのではなく、……原初的な「世界性」において通常それと結びついてるものより以前の原初的なものや、より後の原初的なものという時間性においてあるのでもない。にもかかわらず、この物（的身）体のその典型的な形態化や〝身のこなし〟は、私の傑出した物（的身）体における私の支配を想起させ、この私の身体は、その独自性において唯一のものである」（XV, 256）としているのです。

このとき重要であるのは、この物（的身）体の連合的「想起」は、「その想起の地平とその予測性、そして保存されたり、欠落したりすること」（同上）をもっていることです。連合的に覚起された物（的身）体は、想起の地平において、私の物理的身体性の知覚的類比物をもつのであり、その想起の地平においては、恒常的にすべての空虚形態と空虚表象が潜在的に作動しており、「そこの物（的身）体の動作、ないし手を伸ばしながら物（的身）体を屈曲させる動作などは、私がそこにいて、運動感覚をもちながら事物である杖をつかもうと身体を屈曲させているかのような、そのよう私〔自身〕を想起させる。……このような、つねに前もって描かれている準現在化のたえざる充実のもとで、動作として継続する準現在化において構成されるのが、支配の準現在化と、それに結合している支配する自我の準現在化としての、志向的に相互に交錯した、相互内属的に基づけられた多様な準現在化の統一である」（XV 256f.）とされているのです。

（d）　しかし、当然のことながら、ここで見落とされてはならないのは、準現在化の志向的充実としての想起は、いつも受動性を前提にしているとはいいながらも、支配する自我の視点から記述されていることです。確かに、意識流の空虚地平からなる志向的に相互に交錯して相互内属的に基づけられた多様な準現在化の統一が、働いてはいます。しかし、この記述においては、交錯してあることのその仕方と受動性と能動性との基づけ関係そのものについては、まったく定題化されてはいないのです。この定題化がなされていないところでは、能動的に作動する支配する自我が、その能動的準現在化にさいして、すでに受動的に基づけられていることが記述にもたらされていないのは、当然のことといえます。「わたしがそこに居るかのように」という記述は、能動的な準現在化に相応しています。この能動的準現在化には、これもまた同然のことですが、連合的な綜合の受動的準現在化がすでに先行して働いているのです。このことは、「運動感覚をともないながら身体を屈曲させる」場合も、また、「支配する自我による能動的キネステーゼ」の場合も同様であり、発生的現象学の視点でみれば、つねに能動的志向性としての能動的キネステーゼには、受動的志向性としての受動的キネステーゼが先行しているのです。

（e）　受動性と能動性とのあいだの基づけ関係と、その交錯の仕方を問う発生的現象学の観点からするとき、フッサールが、静態的現象学の視点において、あるいは発生的現象学の観点において、現象学的志向分析を遂行しているのかは、そのつど明確に区別できるものとなっています。したがって、フッサールがこのテキストにおいて、「間隔における合致としての対化」を「静態的対化」と名づけていることは、フッサール自身の「静態的」

と「発生的」という区別の自覚という観点からして、重要なことなのです。フッサールは、「類似性の把握の原創設の事況を構築してみようとするとき、第一のものは静態的な把握であり、静態的な反復、いわば間隔における合致である」（XIV, 531）と述べているのです。しかし、静態的対化がその発生について、すなわち類似性と対照（コントラスト）の連合的綜合の生成について問われて初めて、連合と触発の発生的探求の研究領域が確定されることになります。

（f）『フッサール全集』第一五巻の付論 LIV において、受動性の領域に直接かかわる発生的分析が、正面から取り扱われることになります。この付論において、知覚野の共在における「感性的配置」としての対化が問われるとき、運動感覚の役割が主題にされることになり、「〔そのさい〕走り抜けることは、どんな役割を果たすことになり、どうしてそれができるようになるのか。本能的に経過する運動感覚—配置による本能的刺激—諸単位の多数性の本能的先取りが、想定され、多数的な触発—野生のキネステーゼ—キネステーゼが、そこで留まる最適な個所をともなう諸感覚野、結合やキネステーゼの〝類似化〟など」（XV. 660f.）が解明の課題とされるのです。

（2）意識にのぼらない過去把持の交差志向性における時間内容の構成の明証性

対化についての静態的分析が、発生的分析への展開をみせるのは、まさに、「時間と連合と原創設」の観点をとおしてといえます。ということは、相互主観性の成立根拠としての受動的綜合の根本形式とされる対化の明証を確証するためには、これまで論述している受動的綜合の連合と触発の規則性を、改めて、意識にのぼらない過去把持の交差志向性における二重の合致の観点から、十全的明証性にもたらす試みが重要であることになります。

そのさい、まずは、『受動的綜合の分析』に呈示されている、「意識にのぼらずに聞こえていたメロディー」の事例を改めて取り上げてみましょう。「ひとつのメロディーがとくに強い触発的力を及ぼすことなく、……流れているとする。われわれは他のことに携わっていて、メロディーが『邪魔になるような雑音』とさえ触発されていないとする。そこにとくに感動的な音が響き、感覚的な快不快を強く呼び起こすような変化が生じたとする。そのとき、たんにこの音だけがそれ自身生き生きと触発されるだけでなく、むしろ一度にメロディー全体がその現在野に生き生きと残っている範囲で際立ってくる。触発が過去把持されているものに遡及的に及び、まずもって統一的に際立つように働きかけ、それと同時に、それぞれの個々の音に個別的な触発を促しながら働きかけるのである」[19]（強調は筆者による）という事例です。

この事例において、注目すべき論点は、次の論点といえます。

① これまでの図4で描かれている事例では、印象としての感覚が感覚として直接、意識されて直観の飽和度をともなって与えられ、それが過去把持の変様をとおして、直観の飽和度が減少しつつ、感覚内容の同等性が保たれてくるとされていました。ところが、この事例では、印象としての感覚が意識の直観に与えられず、その過去把持のプロセスも意識にもたらされていません。それにもかかわらず、フッサール自身がいうように、触発が「過去把持されているものに遡及的に及び」とされているのです。そこで、意識にのぼることなく「過去把持されているもの」が存続しており、そこに遡及的に触発が及んでいます。このとき、ここで「過去把持されていた」といえることは、過去把持の志向が働き、それが充実されていたことを意味するに他なりません。つまり、意識の直観にもたらされることなく、過去把持の志向の充実が生じていることが論ぜられているのです。意識にのぼっていないことからして、このとき自我の能作の関与がみられないことは、当然であり、このとき働く過去把持の志向性が受動的志向性と規定されることも、また明白といえます。となれば、ここで事例をとおして主

張されている意識にのぼることのない受動的志向性としての過去把持は、疑い切れない必当然的明証性といえるのか、改めて問われてくることになります。意識されずに感覚印象が与えられ、それが過去把持されていく、ということが、本当に明証的といえるのでしょうか。いま聞こえている一音、一音が聞こえて過去把持されていくこと自体、絶対に疑いえない必当然的明証性をもっていることは確実です。しかし、聞こえていなかったメロディーが、いま気づいたメロディーと同一であるという確証は、いったいどこにあるのでしょうか。聞こえていなかったメロディーが、当の過去把持されていたメロディーと同一である、とどうしていえるのでしょうか。

② この問いに対して、確信をもって、必当然的に明証と言い切れるのは、これまで繰り返し呈示されている「電車の急ブレーキで隣の人の足を踏んでしまったさいの、運動感覚がその意識に先立つ」という事例です。意図的にではありませんが、動いてしまったのは、自分の足であることは疑いきれません。このことは、自分にとって明らかであるだけでなく、軸足を踏まれた隣の人にとっても明白であり、この必当然的明証性に基づいて初めて人間は、社会生活においてその行動の責任をとることができます。意図せずに自分の足が動いてしまったことが、自分にとって明白であるということは、動いたことが直後に意識されるとき、まさに「その運動感覚の意識は、先に動いた意識されていなかった自分の足の運動感覚に他ならない」という「意識されずに過去把持された運動感覚」と、「直後に意識された運動感覚」との完全な同一性が、確証されているのでなければなりません。ということは、直後に意識にもたらされた自分の足の運動感覚は、まさに意識にのぼらずに過去把持されていた自分の足の運動感覚に他ならず、意識以前の過去把持が、意識された過去把持としての必当然的明証性を必然的に獲得している、といえるのです。言い換えれば、意識された過去把持による運動感覚の必当然的明証性は、意識以前の過去把持による運動感覚をその必須の前提条件としている以上、意識以前の過去把持の必当然的明証

性を前提にして、はじめて、その必当然的明証性でありえる、といわなければならないのです。

③　この意識されずに過去把持されていた「メロディー」と「足の運動感覚」の事例をとおして注目されねばならないのは、受動的綜合の分析のさいの第二の規則性といえる「触発」の現象です。触発とは、受動的綜合である連合をとおして「先構成」されたものが、その先構成されたものに属する「触発力」をもって自我に働きかけ、自我の「対向（Zuwendung）」が作動する、という全体的経過においてその働きを呈示しています。ですから意識にのぼることなく、過去把持されていた（先構成されていた）もののもつ触発力の強弱が、自我の対向を生じさせ、能動的綜合が作動するかしないかの基準になるわけです。もしこの「感動的な音」が響かなければ、過去把持されていたメロディーは、意識にのぼることなく流れ去り、電車のブレーキが急ブレーキでなく、気づかないほどゆっくりしたブレーキであれば、ブレーキに応じていた運動感覚も、気づかれないまま流れ去ったたことでしょう。ということは、受動的綜合をとおして先構成された感覚内容や知覚内容が、どのようなとき、どのような触発力をもち、自我の対向を促すことになるのか、問われることになります。

④　この自我の対向については、すでに『内的時間意識の現象学』において次のように述べられていました。

「私たちが内的知覚について語るとき、それによって理解されうるのは、次のことのみである。⑴対向がない、少なくともそこに前もって存在する、統一的な内在的客観の内在的意識、つまり時間的なものを構成するものとして〔の内在的意識〕であるか、あるいは⑵対向をともなった内的意識。そのさい容易に見て取ることができるのは、対向することや把握することは、内在的な行程であり、それはその内在的持続をもち、その持続は、内在的な音への対向が生じているとき、その内在的音の持続と合致しているのである。」（X, 95. 強調は

筆者による）

ここで述べられているのは、対向以前に、時間的なものを構成する内在的意識が作動しているということです。つまり、自我の対向が生じる以前において、印象と過去把持の時間内容の合致として、受動的綜合である連合をとおして先構成されている時間的なものが、つねに自我に向けて触発を与えているのです。この先構成されたものは、先構成されてはいても、自我の対向を惹起する触発力をもつことがなければ、自我の関心が向かうことなく、対向は生じることなく、意識の直観にもたらされることもないわけです。

⑤「聞かずに聞こえていたメロディー」とか「不随意運のさいの運動感覚の過去把持」とかいった事例にみられる、意識にのぼることなく、直観にもたらされていない過去把持の明証性の論証に対して、あくまでも意識され、直観されている過去把持の明証性しか認めない、とする立場もありうるでしょう。あくまでも、意識された、直観された明証性しか認めまいとする立場です。その立場からすると、ここで呈示されている「不随意運動の運動感覚の過去把持」は、元はといえば、能動的な随意運動（この場合、自我の能作が働く能動的綜合において作動している）の運動感覚が、過去把持をとおして過去地平に沈澱し、潜在的志向性である空虚表象として現在に臨在しているだけだ、その意味で、受動的綜合の源泉は、能動的綜合にある、とする主張が、主張として成り立つわけです。

（3）「能動性以前の受動性」における受動的綜合の確定

能動的綜合が受動的綜合の起源ないし源泉であるとする主張に対して、改めて、フッサールの指摘する、この主張にみられる、能動性をその起源とする、その意味で「能動性における受動性」と、能動性にその起源をもたない、その意味で「能動性以前の受動性」の区別に注意を向けてみなければなりません。フッサールはこの区別を、「したがって、能動性以前の受動性が、根源的に構成しつつも先構成するだけの時間流の受動性として存在する」場合と、「その上に重なる、本来、対象化する、つまり対象を主題化する、あるいはともに主題化する受動性、すなわち作用に、根底としてではなく、作用として属するような受動性、ある種の能動性における受動性が存在する」(EU, 119) と表現しています。

① ここでいわれているように、一方で、時間流を根源的に先構成する受動性は、他方の、そこに直接、自我の能作が含まれてはいなくても、対象化してしまい、作用として作動してしまう受動性、ここで言われる「能動性における受動性」とが、明確に区別されなければなりません。どうして後者の場合、「対象化してしまう」かといえば、対象知覚にみられる自我の能作を含む能動的綜合が、潜在的な受動的綜合に転化することをとおして、過去地平に空虚表象として沈澱し、すべての現在において与えられる感覚与件との相互覚起に備えているからといえます。先に述べた能動的綜合が転化して受動的綜合になった場合が、この「能動性における受動性」に該当するのです。

② これに対して、能動的綜合を起源にもたない「能動性以前の受動性」の典型的事例は、乳児期に乳児の「原共感覚」から分岐派生する個別的感覚野の感覚質の原意識であるといえます。喃語の模倣をとおしての「ゼロの運動感覚」や「ゼロの聴覚」、さらに「ゼロの視覚」等々、乳児にとってはじめて「運動感覚が聴覚と区別されて運動感覚として」、原意識としての意識に与えられます。この原意識とは、フッサールが「原意識と過去把持が前もって存在するので、反省において構成された体験と構成する位相とを見やる可能性が、そこにあるの

であり、しかもいってみれば、原意識において意識されたような根源的流れと、その過去把持的な変様とのあいだの違いが、自覚されうる可能性もあるのである」（X, 119f.）というときの原意識であり、自我極が形成される以前に作動している原意識（Ⅰ）といえます。[20] しかもこの原意識は、「我思う（ego cogito）」の能動的志向性が働くさい、それを「ノエシスの働き」として、「実質的（reell）な存続体として」原意識している自我の能作をも意識できている原意識（Ⅱ）でもありうるのです。

③　個別的感覚野の個別的感覚質が、初めて原意識（Ⅰ）されるとき、これまでの記述にあるように、養育者の喃語の模倣をとおして乳児が「ゼロの運動感覚」を原意識（Ⅰ）できるのは、すでに〝運動感覚〟（〝　〟はそれとして原意識される以前であることを表記している）と〝聴覚〟とのあいだの連合ができ上がっていた（形態として先構成されていた）からに他なりません。「〝運動感覚〟―〝聴覚〟」の連合が働いていたからこそ、母親の側に連合によって覚起されていた〝運動感覚〟が欠損すること（〝運動感覚〟の未来予持が充実しないこと）に気づけた（原意識（Ⅰ）できた）のです。他の感覚野の感覚質の原意識（Ⅰ）の場合も同様、各連合項の欠損をとおして、そこですでに働いていた（先構成されていた）それぞれの連合項、が原意識（Ⅰ）にもたらされるのです。

この原意識（Ⅰ）にもたらされる以前の原共感覚における内部感覚と外部感覚との融合的連合は、当然のことですが、能動的綜合以前の受動的綜合としてのみ作動しているとされねばなりません。この融合的連合としての「〝運動感覚〟―〝聴覚〟」や「〝運動感覚〟―〝視覚〟」などから〝　〟が外されて、各感覚質が原意識（Ⅰ）された後の「運動感覚―聴覚」や「運動感覚―視覚」などの連合へと発生の段階が進展し、「運動感覚―視覚―聴覚―触覚―味覚等」の感覚質間の連合のネットワークともいえる感覚野の連合的意味地平が、成立してくるのです。このとき問われなければならないのは、この感覚の連合野の地平の志向性の規定づけです。

④　ここで考えうるのは、乳児にとって「ゼロの運動感覚」が原意識（Ⅰ）され、それが過去把持をとおして過去地平に空虚形態として沈澱し、再度、同じような状況において喃語の模倣が繰り返されるとき、同じように母親によって模倣された喃語には「ゼロの運動感覚」しか感じられないこと、しかもこの「ゼロの運動感覚」が、自分で喃語を発するときに直接感じられる運動感覚の感覚質とぴったり合致していることが、原意識（Ⅰ）されうることです。そしてそれは同時に、原意識（Ⅰ）された運動感覚の感覚質と、喃語を発しているときに聞こえる喃語の発声音の聴覚とのあいだに感覚質の違いが、原意識（Ⅰ）されてもいるのです。また、これと同時に、このように原意識（Ⅰ）された運動感覚と聴覚とのあいだの感覚質の違いが前提にされた、その意味で〝　〟が外された「運動感覚—聴覚」の連合が、原意識（Ⅰ）に与えられることになるのです。

⑤　このときの両項の連合の結び付きは、区別された両項を前提にして（つまり初めから運動感覚と聴覚の区別を前提にして）、区別された項同士を外から結びつけるような（二つのひもを結びつけるような）連合なのではありません。そうではなく、不随意運動として起こる喃語の発声のさい、強めの〝運動感覚〟には、大きな声（〝聴覚〟）が聞こえ、弱めの〝運動感覚〟には小さな声（〝聴覚〟）が聞こえる、〝感覚質〟間の規則的で調和のとれた融合的連合は、いわば「自ずから生じていた」受動的綜合としての連合であったことが、運動感覚と聴覚の感覚質が原意識（Ⅰ）されることとともに、原意識（Ⅰ）にもたらされてくるのです。つまり、連合として起こっている「運動感覚—聴覚」のつながりが、いったいどのように調和して連合しているのか、二つのことなった感覚質（運動感覚と聴覚）とのあいだの連合であることに気づく（原意識（Ⅰ）する）ことができてくるのです。

⑥　言い換えれば、二つのことなった感覚質の原意識（Ⅰ）が成立するとともに、そこですでにでき上がっていた二つの感覚質のあいだの規則的で調和的な連合関係そのものが、原意識（Ⅰ）されるのです。他の運動感覚

と視覚（像）のあいだの連合も同様であり、運動感覚と視覚の原意識（Ⅰ）とともに、二つの感覚質のあいだの調和的連合関係そのものが、原意識（Ⅰ）されるのです。こうしてすべての感覚質間の連合の地平は、まさに自我の能作をまったく含まない受動的綜合である連合の地平として規定されねばならないのです。この受動的綜合をとおして先構成されている感覚野の連合の地平の生成に関して、この連合の地平が、内的時間意識における時間流の構成にどのように反映しているのか考えてみるとき、過去把持の交差志向性における時間内容の構成のさいの「垂直の合致」の内実が、感覚地平における連合のネットワークをとおした連合的合致であることが、明らかになります。このことは、先に述べたように、すでに一九〇七年の「物と空間」の講義において、運動感覚と視覚像のあいだに「連合」の関係が成立しており、「それは、ある種の共属性（Zusammengehörigkeit）という現象学的事実であり、一方の信憑性が他方の信憑性を動機づけ、一方が他方に属する何かとして、その他方のものと固有な仕方で一つのものとしてあるように、一方の他方へのある種の指示という現象学的事実なのである」（本書一一七頁を参照）とあるように、受動的志向性として相互に指示し合う連合的志向性として理解されているのです。しかも、この運動感覚と視覚像の志向的共属性は、交差志向性における時間内容として生成しています。したがって、次に問われなければならないのは、この時間内容の生成の仕方であることになります。

以上の論述から明らかなように、受動的綜合の源泉は能動的綜合にあるとする主張が成立しえないことは、十分に反証されえたと思われます。

（4） 受動的感覚地平の、能動的運動感覚による能動的知覚地平への発展

個別的感覚野の感覚質の原意識（Ⅰ）の後、「この身体にしか与えられない運動感覚」の自覚にともない自・

他の身体が区別されてきます。それが区別されてくると同時に、〝自分〟の身体を動かすことのできる随意運動のさいの能動的運動感覚、が原意識（Ⅱ）されてくることになります。このとき運動感覚と視覚（像）の連合の特性が、次のように変化していくことになります。つまり、自我の能作による能動的綜合が、受動的綜合による感覚の連合地平を支配し、コントロールするように能動的動機づけ連関の中に組み込んでいくことになるのです。

この受動的綜合から能動的綜合への展開にあたって、幼児期にみられる典型的な事例が、乳児が自分の手を自分で動かせるようになって、動かす手をじっと見つめることを頻繁に繰り返す事例です。手を動かすときの運動感覚とそれに対応するその運動による動く手の視覚像の変化に見入っているのです。

このとき啓発的であるのは、乳幼児期にみられる「自分の手を動かして、その動きをじっと見つめている」という経験の内実を、時間内容の成立の観点から分析してみることです。ゼロの運動感覚の原意識を獲得したばかりの乳幼児は、喃語の発声のときと同様、「出ていた声にともなう発声のさいの運動感覚」を自発的に作り出す、つまり意図的に声を出し、その声の大小にともなう運動感覚の強弱を感じ分けることができるように、動いていた手が動かせる手になり、動きを起こし、止めることができるようになります。意図的に手を動かすことができるとは、運動感覚の志向性の働き、つまり、動くという感じの志向と充実の感じ分けが、過去把持に潜在的志向性として残っていくことで、運動感覚の持続が生成することを意味しています。この自分の手の動きにさいして生じる運動感覚の持続を感じることと、その動きにともなう視覚像の変化に注意を向けるということは、同時に生じうることではありません。運動感覚に注意を向けることと、視覚像の変化に注意を向けることは、同時には起こりえません。

①　となると、このとき、運動感覚への注意と視覚像の変化への注意が、前後して生じる場合、過去把持の交

$K_1-[b_1]$ …	$K_2-[b_2]$ …	$K_3-[b_3]$ …	$[k_4]-B_4$ …	$[k_5]-B_5$ …	$[k_6]-B_6$,
	$R(K_1-[b_1])$	$R(K_2-[b_2])$	$R(K_3-[b_3])$	$R([k_4]-B_4)$	$R([k_5]-B_5)$
		$R^2(K_1-[b_1])$	$R^2(K_2-[b_2])$	$R^2(K_3-[b_3])$	$R^2([k_4]-B_4)$
			$R^3(K_1-[b_1])$	$R^3(K_2-[b_2])$	$R^3(K_3-[b_3])$
				$R^4(K_1-[b_1])$	$R^4(K_2-[b_2])$
					$R^5(K_1-[b_1])$

図６

差志向性に、時間内容の生成は、どのように起こっているといえるのでしょうか。まずいえることは、手を動かしているとき、視覚像も同時に与えられてはいますが、運動感覚に注意していることから、同時に与えられている視覚像の変化そのものは、ちょうど形態心理学の図と地の構造にみられるように、視覚感覚の受動的志向の充実として与えられているとしても、地として背景意識に、潜在的志向の充実として与えられている、ということができます。図として形態化によって、言い換えれば、感覚質の同等性という類似性による受動的綜合である連合をとおして運動感覚の持続が、直接、感じられる一方、背景意識には、同様に視覚像の変化として、視覚の感覚質の同等性による時間内容が、潜在的志向性の充実の持続として生成しているといえます。ということは、$K_1-[b_1]$, $K_2-[b_2]$, $K_3-[b_3]$（[ ]は、その感覚内容が与えられていないことを意味する。また、大文字のKと小文字のkは、意識されている運動感覚と背景意識に与えられている運動感覚を意味し、大文字のBと小文字のbは、意識されている視覚像と背景意識に与えられている視覚像を意味する。Rは過去把持の略号である）という感覚内容が与えられるとき、過去把持の縦軸に描かれた交差志向性には、下層の$R^2(K_1-[b_1])$, $R(K_2-[b_2])$から上層の$K_3-[b_3]$というように、$K_3-[b_3]$が与えられるとき、二回の過去把持をへた$K_1-[b_1]$の上に、過去把持されたばかりの$K_2-[b_2]$が重なっているといえます。

② しかし、$K_3-[b_3]$が与えられた後、乳幼児の注意が視覚像の変化に向かう

とき、いわば、地と図の変換が起こり、$[k_4]$ –B_4, $[k_5]$–B_5,, $[k_6]$–B_6 という感覚内容が続けて与えられると、その過去把持の交差志向性には、$R^2([k_4]–B_4)$, R ($[k_5]$–B_5), $[k_6]$–B_6 が重層的に重なることになります。こうして運動感覚と視覚像の変化のどちらに注意が向けられるかにより、図として意識において顕在化する感覚内容と、地として潜在化する感覚内容が、変転することになります。しかも、このたえざる変転の経験を重ねることで、運動感覚（k）と視覚像（b）との、ことなった感覚質のあいだの対の結び付きである連合（対化）のつながりが、強固なものとなっていきます。

③この k–b という運動感覚と視覚像の変化のあいだの対化連合が、強固な連合になっていくさいのプロセスにおいて、決定的な役割をはたすのが、それぞれ意識され、注意された運動感覚であるKと視覚像の変化であるBが過去把持されていき、それが繰り返されることで、潜在的志向性としての [k] と [b] の触発力を増加させていくことです。しかもこの [k] と [b] の触発力は、それぞれ [k]–B と K–[b] というように運動感覚と視覚像の変化の対化連合のもつ触発力であり、その触発力の増加なのです。

④この運動感覚と視覚像の対化の強度は、たとえば、片方の対化の連合項の欠損をとおして確認することができます。普通、目を閉じて左手の五本の指を閉じたり開いたりするとき、目を閉じたままでも、見えない指の動きが、「イメージ」できています。脳疾患による左片麻痺の患者に対する認知神経リハビリテーション（本書第Ⅲ部第四章を参照）において閉眼・他動によるリハビリが行われ、左上肢の運動感覚の活性化が課題とされるとき、まずは健常な右側の上肢の運動感覚と視覚像の変化の対化の仕方をはっきり感じ分ける課題が、立てられます。初めは、目を開けて（開眼で）健常な右手の人差し指を、練習用の板の上を他動で（セラピストの動きによって）まっすぐ上に動かし、上のところで九〇度、右に動かしたり、左に動かしたりします。次に閉眼で（目

を閉じて）同じことを繰り返すことで、他動での右手の動きにともなう運動感覚が、それだけしっかり感じ分けられると同時に、それと連合している視覚像の変化のイメージ（上の個所から右に動くのか、左に動くのかの区別）を、思い浮かべることができます。健常な右手の運動のさいの運動感覚と視覚像の変化の対化連合は、強力であり、患側である左手で同じ課題をこなすことで、運動感覚が感じ分けられない患側の側に、健常な右手の運動感覚と視覚像の変化の対化連合を、誘発させようとします。まず、開眼・他動で運動感覚が感じられないままの左手の動きを見て、右と左に曲がる様子を目にします。次に閉眼・他動により患側を動かし、患者に「右と左どちらに曲がったか」たずねます。そのようにして、感じ分けられない患側の運動感覚を、健側の運動感覚と視覚像の変化の対化連合を活性化させることで誘発し、その感じ分けの萌しに注意を向けようとするのです。

⑤　こうして随意運動にともなう能動的運動感覚と、それにぴったり対応する視覚像の変化の連合による規則性が、習慣化することで、先に事例として示された「筆記具で直線を引く」ということが、可能になっているのです。しかしこのとき注意しなければならないのは、能動的運動感覚が視覚像の変化との連合そのものを、作り上げているのではないことです。むしろ能動的運動感覚は、随意運動が開始される以前にでき上がっている、感覚野の受動的綜合である連合の地平を前提にして、動かしてみては、それにぴったり対応する視覚像の変化の連合の規則性にそのつど驚嘆しつつ、それをそのまま原意識（Ⅱ）しているというのが現実なのです。

（5）　本能志向性をとおして生成する、共有されるリズムとしての間モナド的時間化

過去把持の交差志向性における時間位置の先構成と延長志向性におけるその客観化をめぐり、最終的に到達するのは、自我モナドへの発達以前に作動している間モナド的衝動志向性の領層における、母子間の「共同時間

化」であると思われます。前章で描かれた母子間の添い寝における「引き込み現象」にみられるように、乳児が寝入る前に母子間にでき上がっている穏やかな呼吸のリズムの持続的反復が、ここでいわれる「共同時間化」の内実を示しています。

この共同時間化の特質は、吐く息と吸う息のリズムが両者にとっての過去把持の交差志向性における時間内容として、呼吸にともなう受動的運動感覚の始まりと終わりからなるリズムの反復として、当の同一の交差志向性に沈澱していくことです。同じ交差志向性において同じリズムの反復が、時間内容として沈澱していくことで、そのリズムの反復のそのつど、共有される時間位置（リズムの始まり）が共体験されていきます。しかもこの「共体験」とは、共有される受動的志向性としての本能的運動感覚の充実、あるいは不充実によって成立しているのです。

呼吸のリズムは、乳児にとって本能的運動感覚として感じられているといえます。心臓の鼓動のさいの運動感覚も、乳児だけでなく、母親にとっても、本能的運動感覚といわれねばならず、人間が意図的に制御できるものではありません。他方、乳児を添い寝で寝かしつけようとする母親にとって、呼吸のリズムの本能的運動感覚に即すとはいっても、乳児の忙しげな短かめの呼吸を、穏やかな長い呼吸に誘い込もうとするとき、乳児の呼吸に、少し長めの自分の呼吸を添わせるようにすることになります。乳児の呼吸のリズムに共感しつつ、長めの呼吸にする随意運動による運動感覚を作り出そうとするのです。母親はすでに、速く手を動かすときの運動感覚は、どうなるか、身体で感じ分けることができているからです。

この自我の能作をともなう高次の能動的志向性が、本能的志向性に働きかけるその仕方について、フッサールは、「普遍的な衝動志向性の充実が本源的な現在を留まる時間化として統一する」(21)とする分析の中で次のように述べています。「それぞれの原初的な現在において、高次の段階の超越する衝動が、それぞれの他の現在へと入り込み、すべてを相互にモナドとして結びつける」（XV, 595）というのです。衝動が超越するというのは、衝動志向が周囲世界に向けて（その周囲世界の中心に養育者が位置しています）超越する、つまり、衝動志向の充実ないし不充実を生きることを意味しています。ということは、この見解を母子間の衝動志向性の充実に当てはめて考えると、高次の段階の衝動志向性を生きる母親が、自分の呼吸を整えながら、乳児の呼吸のリズムが織りなす現在の中に入り込み、乳児の現在に添えて宛てがい、乳児の本能充実をともに生きることで、モナドとしてともに結びついた共有の現在が流れているといえるのです。

このとき、乳児にとって時間位置の原意識（I）が生成するのは、一つには、たとえば、寝入る前にでき上がっていた穏やかで長めの呼吸のリズムが崩れるときです。乳児が寝込む前に母親が乳児から離れようと思った途端、乳児がそれを察してビクッと目を覚ましてしまうときです。乳児はそのときまで、その呼吸のリズムの反復をとおしてその同じリズムの過去把持と未来予持の充実を体験していました。母親がそっと身を離そうと思った途端、乳児はその同じ呼吸の未来予持が充実されない「予期外れ[22]（Enttäuschung）」を体験し、それが起こると同時に、それ以前の穏やかな呼吸の持続的反復には、予期外れのその現在の出現を機に、過ぎ去った「過去」の意味を付与されることになります。共に呼吸する現在の持続が途絶えることで、その現在は過去になり、時が刻まれます。それが本能志向性に即した未来予持の充実の継続か、不充実による途絶えとしての時の刻みになるのです。

ということは、乳児にとって時の刻みは、授乳や添い寝などの本能志向性の充実／不充実を介して、つまり母親との本能志向性（上述の引用での「衝動志向性」）の充実／不充実による共有される現在をとおして、形成されてくるといえるのです。「相互にモナドとして結びつける」モナド間の「相互内属的に含蓄的で志向的に」(同上)働き合う間モナド的時間化の中から、それぞれの生き生きした現在の流れが、個々の身体を流れる時間流として生成してくるのです。

こうしてみると、図6で描かれている時間図式は、改めて発生的観点から、すなわち間モナド的時間かの視点から解釈し直さなければならないことになります。

①　過去把持の交差志向性における時間内容の合致の二重性(感覚の本質同等性による合致と事物の同一性による合致)は、さらにその発生を遡り、この感覚質の本質同等性は、乳児の原共感覚からの個別的感覚野の感覚質の生成そのものまで、遡らなければならないことになります。つまり、感覚内容の本質同等性は、その本質の原意識の源泉である個別的感覚質の原意識(Ⅰ)、すなわち「ゼロの運動感覚、ゼロの聴覚、ゼロの視覚等々」の原意識(Ⅰ)が生成する間モナド的時間化における本能志向性の充実／不充実の起源にまで遡って、はじめて、本質同等性の合致の仕方そのものが解明されうるのです。

②　ここで本質同等性の合致の仕方そのものといわれるのは、本質が同等であるので、その同等である意味内容を介して合致ないし一致が、生じるということを意味します。ですから感覚の本質である感覚質の同等性がどのように生成してくるのか、発生の起源を辿り、母子間の本能志向性の充実／不充実の仕方に辿りついたのであり、この間モナド的時間化こそ、本質同等性の合致の仕方の根源に他ならないのです。乳児は、ゼロの運動感覚が原意識(Ⅰ)される以前、たとえば添い寝のさい、母親と一体となった呼吸のリズムの持続的反復をとおして間身体的な共有する〝運動感覚〟という共感の世界を生きています。このとき、この本能的運動感覚は、共有される過去把持と未来予持をとおして、「呼吸のリズムの運動感覚」として両者の過去把持の交差志向性において、

本能的運動感覚の意味の合致を介して、両者の過去地平に沈澱していくのです。

③　この間モナド的時間化における時間位置の意識は、過去把持の延長志向性において表現されるといえますが、はたして、内部感覚と外部感覚の区別がつかない原共感覚の世界を生きる乳児にとって、時間図式にある過去把持の二重の志向性による時間位置の意識の分析が妥当するかどうか、再考してみる必要があります。原共感覚においては、内的時間持続とそれが客観化された今の連鎖の系列との区別もなりたっておらず、視覚や聴覚などの外部感覚における時間位置や、時間に組み込まれる空間位置について語ることは、意味をなしません。添い寝において母子間に共体験（共感）される呼吸のリズムの持続と変化は、乳児にとっていわば宇宙大に広がった一つの身体の中でのリズムの持続的反復であり、予期外れによる激変を意味するのです。感覚質の本質同等性の形成以前（当然、事物の同一性の形成以前）において、原共感覚そのものの持続と変化として原意識（Ｉ）されており、交差志向性と延長志向性という構造そのものが成立する以前と考えられます。したがって、原共感覚の全体の持続と変化が、過去把持と未来予持という受動的志向性による受動的綜合である原初的融合的連合をとおして生成し、感覚内容の持続と変化という出来事として、過去地平に沈澱していく、と捉えることができるでしょう。

(6)　高次の能動的綜合が他の受動的綜合と能動的綜合の活性化を促すこと

受動性と能動性の関係を考察するさい、受動性が能動性に先行し、能動性は受動性を前提にすることが、これまで重点的に解明されてきました。間モナド的時間化の分析のさい指摘された「高次の段階の超越する衝動が他の現在に入り込み、モナドを相互内属的に結びつける」ということに関連して、リハビリテーションのさいに、脳性マヒの幼児の能動的運動感覚の活性化を促す事例[23]を取り上げてみましょう。

この事例は、セラピストの人見眞理氏が、脳性マヒ児のAちゃんのリハビリにさいして、Aちゃんの手を取り、「一緒に動いて」Aちゃんの胸の中心まで手を運ぶ練習の事例です。この練習には多くの意味が込められていますが、一つの表現としてAちゃんに「ゼロの運動感覚[24]」の原意識を促すということもできます。いずれにしても、ここで論究されているモナド間の時間化の観点から次のように、この練習の内実に接近することができるでしょう。

①　フッサールの語る「高次の段階の超越する衝動」とは、セラピストとしての人見氏の脳性マヒ児のセラピーという目的づけに含蓄されている随意運動能力の実現を意味します。随意運動の実現に向けて、Aちゃんに身体運動の世界へ「一緒に入っていこう」と促し、誘っているといえるでしょう。このとき、もっとも重要であるのは、セラピストがAちゃんの動きの萌を感じ分け、「まだだよ、一緒だよ」といいながら、一緒に動くときと、そうでないときとの違いが、Aちゃんに感じ分けられ（原意識され）、Aちゃんの感覚記憶に残っていく、潜在的志向性としてAちゃんの過去地平に沈積していくことです。「まだだよ、一緒だよ」とセラピストがいうということは、Aちゃんが「動き始めを合わせる」ことができるように促すことを意味します。「まだだよ」というということは、「合っていない」と感じるからです。「合う」とは、「ぴったり合う」ことです。「合うか合わないか」は、セラピストの随意運動の能動的志向の充実による「能動的運動感覚」に、Aちゃんの動きが「合うか合わないか」を意味します。つまり、「動く」という衝動志向性をともに同時に充実できるかどうかにかかわるのです。

②　このとき、D・N・スターンによって指摘されている「情動調律」による情動的コミュニケーションが、

大きな役割を果たしています。というのも、衝動志向性の充実というとき、母子間の情動的コミュニケーションの根幹として働くのは、生命の躍動感を担う快／不快の感情表現であり、「よかったね。一緒にいけたね」、というセラピストの喜びの表現は、Aちゃんに直接、伝わり、喜びをともに共有します。記憶の研究で示されているように、強い感情をともなう出来事はそれだけ強く記憶に残ります。「まだだよ」とか「よかったね」といったはっきりした情動表現をともなう語りかけは、Aちゃんにとって、随意運動の志向の充実／不充実の感じ分けを強く助けるものとなります。それだけこの感じ分けが、しっかり過去把持をとおして過去地平に潜在的志向性として沈澱していくことを促すことになるのです。

③　このように能動的綜合としての随意運動の能力の発展を促すように、セラピストの側からの高次の段階の超越する衝動（随意運動を広い意味での高次の衝動とみる）が、Aちゃんのいまだ形成されていない随意運動の能力を活性化し、促進しているのです。しかし、このとき見失われてはならないのは、セラピストの側の能動的綜合としての随意運動の能力そのものが、自身の受動的綜合としての不随意運動の能力を前提にしており、能動性は受動性に基づけられているという原則です。セラピストの側の随意運動のさいの能動的運動感覚は、本能的な不随意運動の原意識（I）である「ゼロの運動感覚」、つまり、運動感覚の感覚質の原意識をいつも前提にしているのです。ということは、Aちゃんの場合、「いっしょに動く」というときの能動的運動感覚の活性化にさいして、受動的綜合による不随意運動が前提にされる「ゼロの運動感覚」が十分に形成されているかどうかが、問われなければならなくなります。重症の脳性マヒ児の場合、「ゼロの運動感覚」そのものの獲得が、課題とされねばならないのです。

第七節　究極の能動性が受動性に似てくること――我‐汝‐関係と本質直観

この節での課題は、前章でその特性が明らかにされたブーバーの「我‐汝‐関係」とフッサールの「本質直観」との密接な関係を、受動的綜合と能動的綜合の関係をとおして原理的に明らかにすることにあります。そのさい重要な観点を提供するのは、乳幼児期に働いている我‐汝‐関係と自我意識の形成後に能動的綜合をとおして、能動的綜合から自由になることで成立する成人における我‐汝‐関係との区別です。この区別をとおして、明らかにされるのが、この能動的綜合をとおして、能動的綜合から解放されるという原理的特性は、「〜とは何であるか」、「物、心、身体、人格、精神等」、『イデーンⅡ』において展開された「領域的存在論」が解明されるさいに、それとして自覚されることなく行使されていた「本質直観の方法」と、どのような関係にあるのか、という論点です。

(1)　乳幼児期の我‐汝‐関係の受動的綜合による原理的明証性の確立

発生的現象学の根本的規則性である「時間と連合と原創設」という発生的アプリオリをとおして、情動的コミュニケーションの基盤が形成される乳幼児期の我‐汝‐関係が、自我極が形成される以前の間モナド的本能志向性の充実／不充実による間モナド的時間化の原創設として解明されました。この時期の我‐汝‐関係において、いまだ自我極は形成されていませんので、能動性以前の受動性としての、能動的綜合から転化した受動的綜合ではない、純粋な受動的綜合としての連合が働いています。母子関係における本能的志向性の充実／不充実は、意識にのぼることのない過去把持の交差志向性における、連合によって共有される時間内容の生成を、意味しているのです。

乳幼児期という発生の原初的段階についてのフッサールの志向分析が、近年刊行された『フッサール全集』においての明らかにされてきています。そのなかで『生活世界　前もって与えられている世界とその構成の解釈』（『フッサール全集』三九巻）の第七章「遺産としての世界。世界の統覚と世界の存在するものの統覚の構造と発生」では、「世界経験、世界の発生、連合という普遍的綜合、本能的なものとしての原初の触発、原-触発と流れる時間化の始まり、連合的きわ立ちにおけるヒュレー的なものの侵入、等々」興味深い論題が検討されています。さらに衝動志向性に関する興味深い草稿が、『現象学の限界問題　無意識と衝動の分析。形而上学。後期倫理』（『フッサール全集』四二巻）の「衝動の現象学」と題した第二章（八三頁から一三六頁）において論述されています。

①　一九三一年に書かれた草稿においてフッサールは、乳幼児期の原-触発の段階について「優先される、支配的な（そして優先されることの少ない）触発をともなった原-触発（ないし「前景」と「背景」をともなったグループ）がすでに流れつつ起こっているのでなければならないのは、受動的に構成された先時間的（prätemporal）な時間区間の先時間的な点としての開始点が、構成されてありうるためである」（XXXIX, 471）と論じています。ここでいわれている先時間的な開始点というのは、通常理解される時間化（Zeitigung）の開始点を意味し、それが生起するためには、さまざまな触発を前景と背景とに優先づける原-触発による先時間的な時間が流れていなければならない、というのです。この原触発にあたるものが「衝動-触発」（XXXIX, 474）ともいわれ、たとえば授乳本能が活性化しているときに前景に出ている運動感覚や触覚、嗅覚や視覚に対して、添い寝で寝入りそうになっている場合、感覚与件の全体の触発力が低下しながらも、呼吸のリズムによる運動感覚が、前景にでてい

ることが考えられるのです。したがってこの記述において、乳幼児期の我–汝–関係は、現象学による発生的アプリオリの明証的基盤を、すなわち母子間の原触発としての衝動志向性による間モナド的時間化の先時間的開始点を、獲得している、ということができるのです。

② 摂食本能の充実については、とりわけ、次の記述が参考になります。

「細かく解釈すれば、私たちは、摂食本能にさいして次のように区別する。すなわち味覚と味覚の快感であり、それと一緒になっているのが味覚にそったものと、感情にそったものの運動感覚的変転である。味覚は触覚的領域にともに属していて、一般的な触覚的（感覚）野、すなわち触覚与件の（感覚）野の境界づけられた部分へとつねに、そして必然的に関係づけられている。……原連合は、根源的に本能的な原連合として運動感覚的に経過し、ここでは二重にみなされなければならないだろう。一方では、触覚にかかわっている。すべての触覚感覚は、普遍的な触覚感覚の（感覚）野の内部において特有な領野に位置している。『その領野内の刺激』である出現するきわ立った感覚は、原連合的に秩序づけられた運動感覚を（純粋に自我を欠いた受動性において）覚起する。」（XLII, 105. 強調は筆者による）

こうして、授乳本能という摂食本能の活性化において、味覚と触覚と運動感覚、さらにはここでは言及されていない視覚、聴覚、嗅覚などが、全体の感覚野が摂食本能の充足という、前景と背景とに優先される一方向に向けられつつ、相互に覚起し合う原連合をとおして原触発による共同時間化が、生成しているといえるのです。改めて強調する必要はないかもしれませんが、摂食本能の活性化における純粋な「没自我性」が指摘されており、自我論の枠をこえたモナド論的時間化の原理的把握が、必須とされねばならないのです。

③　乳幼児期の我‐汝‐関係のさいの、発生のアプリオリに即した間モナド的共同時間化の解明は、①と②で示されている本能志向性の充実／不充実のさいの原触発と原連合をとおして呈示されうる可能性が、示されています。しかし、フッサール自身、この共同時間化が、乳幼児の衝動志向性と母親の側の衝動志向性とのあいだに、たとえば授乳のさい、また添い寝のさい、どのように相互に絡み合いながら一つの衝動志向性の充実に向けて、原触発と原連合をとおして生成しているのか、生き生きした現在の「留まり方」を詳細に記述しているわけではありません。とはいえ、先に試みられた記述によって、母子間の喃語の模倣のさい、感覚質として原意識される以前の「〝運動感覚〟―〝聴覚〟―〝視覚〟―〝情動〟等々」の全体の感覚野が、それらの類似性をとおして受動的綜合である連合によって、共同時間化が生成していることの先述定的経験の明証性は、十分に確証されているといえるでしょう。

（2）　成人における我‐汝‐関係の特性と究極の能動的綜合としての本質直観の特性を対照考察することで、受動性と能動性の関係についての考察を「究極の能動性が受動性に類似してくる」という原理的命題によってまとめてみようと思います。

まず、成人における我‐汝‐関係の第一の特性は、（1）我‐汝‐関係は、我‐それ‐関係と原理的にことなってはいても、前者が後者を包摂する関係にあること。（2）この我‐汝‐関係において自己（自我）中心性から解放され、我‐汝‐関係における汝（他者と自然と精神）に没入し、無心（無我）の境地が実現していること。さらに（3）我‐汝‐関係をとおして存在の本質と意味が与えられること、ということができるでしょう。

フッサールの本質直観の方法は、『経験と判断』によれば、その本質直観（理念視）のプロセスが三段階にわかれて「(1)〔自由〕変更と多様性を産出しつつ通り抜けること、(2) たえまない合致における統一的な結び付き、(3) 差異に対する完全に一致するものの観取する能動的な同一化」（EU, 419）と論述されています。

一見すると、我–汝–関係と本質直観のそれぞれの特性は、直接、対照のしようがないように思われるかもしれません。しかし、この本質直観の三段階を検討していくと、そこに我–汝–関係の三つの特性との密接な原理的つながりを、次のように確証することができるのです。

① そもそもフッサール現象学において本質直観の方法が必要とされるのは、『経験と判断』の第八六節の標題に示されている「経験的一般性の偶然性とアプリオリな必然性」にあるように、自然科学研究の目指す「経験論的一般性」に含まれる偶然性に対して、本質直観（本質観取）の方法による、「アプリオリな必然性」をもつ、概念による「純粋な一般性」を獲得するためです（第八六節を参照）。この本質直観の第一段階での「自由変更」は、同じく『経験と判断』において、さらに詳細に、「それは経験されたあるいは想像された対象（性）を、任意の事例に変転させることに基づいており、この事例は同時に指導的な『模範』という特性をもち、無限に開かれた変更の諸項の多様性を産出するための、したがって変更における出発点という特性をもつ」（EU, 410 及び次頁）としています。

ここでフッサールは具体例として、「音」を例にして、「音の一般性」を把握するにいたるプロセスを描きます。そこで、まず、自分が経験する音でも、想像する音でもかまわず、自分が「音」と思われる事例から出発して、現実に経験できる無数の音だけでなく、人間の耳には聞こえることのない低周波や高周波の音とか、作曲家による新曲の歌声とか、ありとあらゆる現実と想像による無数の音をへめぐることで、それらのすべてに共通すす。

される、しかも、それがなければ「音」が「音」でなくなるような（たとえば、それはもはや音ではなく色になってしまうとか）「音の一般性、ないし音一般」が、もはや変更することのない不変項とされる「形相（Eidos）」が獲得され、ありとあらゆるそれらの個別的な事例には、この同一の形相が現れていることが明らかになるというのです。

② この自由変更によって「無限に開かれた事例」をたどるというとき、注意しなければならない区別があります。それは、この無限に開かれた経験と想像による事例というのは、自然科学研究で求められる「最大限のデータの収集」とはことなっていることです。というのも自然科学研究の基礎となる事実（Faktum）としてのデータは、極めて限定された経験論的意味での事例でしかなく、事実に当てはまらない想像上の事物（たとえば先ほどの「まだできていない新曲の歌声」とか「天使の奏でる曲」とか）は、自然科学の研究対象にはならないからです。このとき現象学でいわれる事例と経験科学のデータとの区別がもっともはっきりする主題が、これまで集中的に分析を重ねてきた「時間」という主題です。

（a）『我と汝』の著者であるブーバーは、一七歳のとき、「時間と空間に限界があるのか」という問いに襲われ、苦悩を極め、ノイローゼになりかけたとき、カントの『純粋理性批判』への導入のために描かれた『プロレゴメナ』を読み、「時間と空間は、人間に与えられているアプリオリな感性の形式である」という解答によって一時期ではあっても、この苦悩から解放された経緯を語っています。この同じ問いを現代天文物理学者に向ければ、彼らから、終わりはともかく、「ビックバン」が時間と空間の始まりだ、という答えが返ってくることでしょう。時間の始まりが「ビックバン」であり、それ以前を問うのは意味をなさないとする、現実のデータに基づく解答だというのです。

（b）ビッグバンは、一三八億年前に起こったとされますが、ブーバーが問うたのは、数字の上で、一三九億年前、ビックバンが生じたその一億年前の時間をどうして問うことができないのか、宇宙創成以前のときがなぜ問えないのか、という問いです。この問いに対するカントの解答は、人間は、このように無限性に晒されるようにしてしか、時間と空間を受け止められないようにでき上がっている、時間と空間は、このような人間の感性（感覚による受け止め方）の形式的本質であるというものでした。

（c）これまでみてきたように、フッサールは、カントとことなり、時間をたんなる感性の形式とはみなさず、時間を意識が構成する意識内容に即して、意識に直接与えられている感覚の持続と変化の成り立ちを解明することで、作用としてではなく、特有な自我の関与が欠けている受動的志向性としての過去把持と未来予持による「生き生きした現在」の構造を明らかにしました。そして最終的には、この生き生きした現在が、自我の関与が欠けた母子間の衝動志向性の相互の充実をとおして、間モナド的時間化として生成することが、発生的分析をとおして確証されたのでした。

（d）時間の本質をめぐる現象学の分析は、この根源的時間の生成の解明にとどまらず、考察の始めに現象学的還元をとおして「カッコづけ」していた計測による客観的時間そのものの生成をも、間身体的な相互主観的構成として解明することができ、それによって衝動と理性のモナド論的目的論における時間の本質の位置づけが、確定されることになったのです。こうして、この目的論において、計測される客観的時間を前提にする自然科学研究による、たとえば脳科学研究による時間意識の研究成果が、事例研究の成果として、自由変更に組み込まれ、時間の意味の生成を解明する発生的現象学に統合されていくことができるのです。

（e）ブーバーの立てた時間の問いは、カントの解答では充足されることなく、ニーチェの実存の問いに対応することのできる解答に迫られ、最終的にブーバー自身による「我‐汝‐関係において生成する真の時間」という見解にいたりました。ということは、乳幼児期の我‐汝‐関係における時間の生成と、成人における我‐汝‐関係における時間の生成とが、フッサールの衝動と理性の目的論、言い換えれば家族愛と人類愛の目的論における時間と歴史の生成に対応づけることが、可能になるといえるのです。

③　本質直観の第二段階でいわれている「たえまない合致における統一的な結び付き」は、出発点に立てられた事例としての模範（範例）に続くそれに類似した事例から、さらにその類似した事例に類似した事例、というように連合に即して移行することで、次のように生じてきます。すなわち「すべての任意な個々の事例が、それらが立ち現れるにつれ、重なり合う合致にいたり、純粋に受動的に綜合的統一には入り込むことになり、その綜合において、……そこで同一の一般的なものが、形相として個別化しているような個別的なものの任意の経過として現出しているのである」（EU, 414）とされるのです。ここで任意な事例が立ち現れるということは、たとえば「音」を例にした場合、高い音とか低い音、さらに音の強弱、長短など、またどんな物から、あるいは生物から発する音であるかなど、自然科学研究による音波や音の強度の研究も含め、さらに「天使の歌声」などの想像による音などをも含め、そのらのほとんどが、すでに能動的綜合である知覚や判断や想像において、対象として構成されているさまざまな音が、立ち現れることを意味します。これらの能動的綜合によって構成されたすべては、それそのものが受動的綜合である連合として作動する過去把持をとおして、潜在的志向性として過去地平に沈澱していきます。そして、その後、新たなヒュレー的与件が与えられるたびに、その現在につねに臨在する、過去地平における感覚質の空虚形態や、対象の意味の空虚表象との同等性と類似性による、ここで「重なり合う合致」といわれる受動的綜合である連合をとおして先構成されたものが、一般的な形相として直観されるばかり

に準備されることになる、というのです。

（a）　ここで述べられているのは、それ自体、究極の能動的綜合である、ものごとの普遍的本質を把握する本質直観における受動的綜合のはたす重要で決定的な役割です。すべての能動的綜合は、過去把持をへて受動的綜合に転化していきますので、先に述べた二つの受動性、すなわち「能動性以前の受動性」と「能動性における受動性」のうち、ここでは後者の能動性における受動性の役割が、まずは強調されなければなりません。しかし、ここで働く受動的綜合の役割は、この能動性における受動性だけでなく、感覚の世界が舞台になる音楽や絵画やスポーツの世界では、能動性以前の受動性、つまり純粋な聴覚や視覚、そして運動感覚そのものの世界に没頭しているとき（我－汝－関係にあるとき）、「何であるか」という対象知覚は、まったく二義的であり、ここではまさに、感覚の世界の進展と深化そのものが、問われてくるのです。

（b）　しかもここで、フッサール発生的現象学の「原創設」にかかわる特筆すべきこととして、まさに感覚の世界の受動的綜合である特定の感覚質の内部においてだけでなく、異質の感覚質のあいだに働く連合の原創設を問い、感覚の世界の成り立ちを、個別的感覚質の原共感覚からの原意識における生成（「ゼロの運動感覚、ゼロの聴覚、ゼロの視覚、等々）として明らかにしたことが、挙られねばなりません。このことが、運動感覚と視覚像の連合が、他者の身体が現出すると同時に、自分の身体とのあいだの間身体的対化が成立するとする、発生的理拠の呈示を可能にしたのでした。

（c）　類似性や同等性による「重なり合う合致」をとおしてそのつど生成する受動的綜合である連合は、自我の関与なしに作動するだけでなく、それ自体は意識にのぼることなく生成しています。「無意識の現象学」という標題を立てるとした場合、その探求対象となる規則性は、受動的綜合の連合と触発の規則性です。能動的綜合が過去把持をとおして過去地平に沈澱していくことで、過去地平における意味づけと価値づけによる潜在的志向性の地平は、たえずその広がりと深さが増してゆき、特定の周囲世界からもたらされるヒュレー的与件への触発力の増強や減少（促進や抑圧）が、みられることになります。これが人間のすべての認識と行為にかかわる習慣性の形成を意味するのです。

（d）ものごとに成りきる我-汝-関係が成立する準備ともいえるのが、ここで述べられた習慣性の形成です。もちろん、ここでは、芸術活動にしろ、学問研究、またスポーツの練習にしろ、すべて自我の関心をともなった能動的綜合をとおしてはじめて可能になる人間の活動が問題になっています。しかしそれらすべての活動の原点において一貫して働いているのは、それらの活動に駆り立てる根本的動機であり、また、それらの能力の蓄積と洗練さを養う習慣性であり、それらは、最終的にその能動的綜合のただなかで、自我の自己中心性から解放され、その意味で、自我極が形成される以前の幼児期の我-汝-関係における純粋な受動的綜合に類似してくる、ということができるのです。

④　この自我の自己中心性から解放されるということと本質直観との関係が、考察されねばなりません。我-汝-関係において自己中心性から解放されている状況そのものについては、先に述べられた「ブーバー少年が馬を撫でる体験」や「ヘリゲルにおける弓禅一致」の体験の事例によって、事柄に即して十分に描かれていると思われます。他方、ものごとの本質を見極める本質直観にあって、自我（自己）意識との関係が問われるとき、フッサールは、本質を数学の原理といった抽象的本質と、世界における実在物をめぐる具体的本質とに区別して、様相としての「可能性と現実性」に関係づけながら、人間による本質獲得の方法、つまり人間による世界への主観性のかかわりを問おうとします。

⑤　純粋な可能性の世界が舞台になる数学の領域における本質直観に対して、世界における実在するものの現実性と時間性に結びついた具体的なものごとの本質直観には、身体的存在として人間に備わる各自の身体の正常な（normal）、あるいは異常な（anormal）状態性のもつ相対性が内属する、という固有の困難さが、確認されるとされています。つまり、「音の本質」を問うた場合、絶対音感をもつ人と、もたない人との音の聞こえ方はこととなっています。それでけでなく、耳が聞こえない人の体表での音の捉え方は、耳が聞こえる人とは違っています。このような人それぞれの身体性の違いによる音の聞き方にすべて共通する一般性をもつ音の本質が、求められるとき、世界における身体的存在の心理物理的条件性のもつ相対性が、顧慮されることなく、音の本質は、獲得されえないのです。フッサールは、このことを、本質を「理念的対象性一般」といいかえることで、そもそもすべての理念的対象性一般にいたることができるのは、この身体に関わる相対性をとおしてのみ可能である、としています。人間の精神文化の実在的-理念的形成物は、「純粋に理念的な対象性と、それを具現化しているもろもろの身体という二重の産出をとおしてのみ」（XXXVII, 219）、生成しうる、と理解しているのです。

ということは、自分と他者のあいだの間身体性の正常と異常の相対性という困難な課題の解明をとおしてはじめて、『イデーンII』での領域的存在論における存在領域の本質分析が、可能になるのであり、求められるこのような本質直観は、相互主観性による学問の客観性の基礎づけをへて初めて、その理念的一般性に到達できることを意味しているのです。

⑥　この本質直観と相互主観性との必然的関係を解明しようとするとき、フッサールがその相互主観性論において主張している「我-汝-関係」において、たとえば人格としての人間の本質把握にさいして、「自己中心性からの解放」がどのように主題化されているか、問われることになります。そのさい参考になるフッサールのテ

キストとして以下のものが挙げられます。まず第一に示されるのは、フッサールが相互主観性論において直接、社会生活の上で《我−汝−作用》について言及しているテキストです。フッサールが指摘するのは、「感情移入によって可能になる《我−汝−作用》という社会的作用の経験であり、一つの自我から作用として放出されたものが、別の自我に的中することである。この出会いは経験の内で確証され、応答する諸作用と両者の交互作用の全体的な一貫性において確証されるのである。……他者への働きかけは……疑う余地のない働きかけとして証示されるのであり、その働きかけは私の目をみつめ、私の言葉を聴く他者に行使され、直接、他者に向けられている。すなわち他者は私の言葉を聞くのであって、物理学者のいう空気の振動や生理学者のいう神経プロセスを聞くのではないのである(25)」という「我−汝−作用」についての論述です。

次に挙げられるのは、フッサールが「分かち合う共感と意志による人格的生(26)」について語るとき、「このともに感じることにおいて、私は自我として他者のうちに沈潜しており、他者の感じることのうちでともに生き、ともに感じている。私は人格として、対象としての他の人格に向かっているのではなく、私が向かっているのは、そのように行為する人格としての人格が向かっている当のものなのである。……その自我の感じることや欲求することをともに感じ、ともに欲求し、ともに意欲する者として合致している。そのさい私は、反省的に自分の参加を表明するときのように、自分に向かってはいないのである(27)」と述べているテキストです。

（a）　初めの文章で人格的かかわりにおける「出会い」が語られるとき、人格主義的態度において我と汝のあいだの相互の関わりが、相互作用と表現されています。人格主義的態度は、自然主義的態度に対置され、ちょうど「私の語りかける言葉」が他の人にとって、「物理学的な空気の振動」や「生理学的な神経プロセス」として聴かれているのではない、という文章にはっきり示されています。これまでの考察において、自然主義的態度そのものがその発生の起源を、情動的コミュニケーション、および言語的コミュニケーションにおける人格主義的態度にもつことが、示されました。その発生の起源は、具体的には、乳幼児の我–汝–関係において受動的綜合による受動的間身体性を基盤にし、能動的綜合による我–それ–関係による社会生活において、成人における我–汝–関係に統合されていく、と理解することができます。

（b）ということは、本質直観のさいの出発点にとる事例とその自由変更にさいして、無数の事例の多様性に開かれているということは、当然のことながら、自然科学研究の研究の成果を事例として受け入れることを意味しています。しかも、それらの事例を積極的に取り入れるだけでなく、その自然科学による自然主義的態度の発生の起源について、つまり自然科学の相互主観的基礎づけを獲得できてこそ、「我–それ–関係」とされる学問研究の全体が、人格主義的態度における「我–汝–関係」へと統合され、間身体性に含まれる文化と歴史の相対性をつねに主題化しうる、真の意味での本質直観の実現が可能になるのです。

（c）我–汝–関係の本質をなすのは、先の二番目のテキストである「分かち合う共感と意志による人格的生」に記されている、このような人格的生にあって「自分自身に反省の眼差しが及んでいない」ことです。このことはブーバー少年が馬との触れ合いのさい、自分に振り向く「翻転」が生じていないこととして、またヘリゲルが我を忘れて呼吸に集中することで「無心の弓」が実現していることに、説得力をもって描かれていました。フッサールが、私は「他者のうちに沈潜しており、他者の感じることのうちでともに生き、ともに感じている」と語り、そのとき私は、その人の「感じることや欲求することをともに感じ、ともに欲求し、ともに意欲する者として合致している」とされ、そうしている自分に振り返ってはいないのです。

（d）となると、そのとき問われるのは、自分に振り向くことなく、共感し、ともに意志する人格的生にあって、そこで実現する行為が、その共同行為にかかわったそれぞれの人格的生にとって、過ぎ去った我－汝－関係として残っていくことの確証は、どのように得られるのでしょうか。この問いは、フッサールの描く本質直観の最終段階である、「完全に一致するものの観取する能動的な同一化」による、本質直観の実現の仕方と、密接に結びついていることが、次のように明らかになります。

⑦ 実は、この最終段階で実現する本質直観は、すでに第二段階である「たえまない合致における統一的な結び付き」において「先構成されたもの」としてでき上がっているとされています。フッサールはそのことを、「この継続する合致においてはじめて、ある《同じもの》が収斂してきて、これが純粋にそれだけで見て取ることができるようになる。すなわち、それがそれそのものとして受動的に先構成されるのであり、形相の観取とは、そのように先構成されたものの能動的に直観する把捉に基づいているのだ」（EU, 414）と論じています。ということは、普遍的本質である形相の能動的な本質直観は、実は受動的に先構成されたものの能動的直観に他ならないことを意味しているのです。しかもここで重要なことは、本質直観は能動的綜合として成立していますので、ここでいわれる「受動的に先構成されたもの」とは、直接的には、幼児期に生成している「能動性以前の受動性」ではなく、自我極の形成以後の「能動性における受動性」において先構成されたものであることです。

（a） この節で主題となっている「究極の能動性が受動性に似てくる」ということの意味が、明確になるのは、まさにこの本質直観が実現するさい、「自分に振り向くことなく無心であること」においてであるといえます。というのも、能動的綜合における受動的綜合の習慣化をとおして、さまざまな領域における多様な事例と自由変更をとおして受動的に収斂化し、同一化してくるものが、能動的に観取されうるためには、幼児期における、いまだ自我極が形成される以前の能動性以前の受動性が実現すること、すなわち振り向こうにも振り向く自我ができ上がっていない時期の、汝に対する「ひた向きさ」、つまり自我にまったくとらわれない「無心ないし無私」の実現が前提になっているからです。

（b）ヘリゲルの場合に「無心の弓」が実現したとき、つまり「弓禅一致」とされる「弓の本質直観」がヘリゲルにおいて実現したとき、もっとも決定的であったのは、阿波範士の「矢を放つとき、赤子（赤ちゃん）の手のように手を開け」という教えに即して、ヘリゲルの大人の手が、実際に「赤ちゃんの手になって手が開いた」ということです。純粋な「能動性以前の受動性」による「無心の手の開き」が実現したのです。このことを他のスポーツ競技に当てはめ、剣道や柔道などの個人競技やバレーやサッカーなどの団体競技など、それぞれ能力の頂点を極め、それぞれの競技の本質を体得しようとするとき、ヘリゲルの体験に類似した「無心になる」というプロセスが必須の条件となるということが、考えられないでしょうか。

（c）しかし、大人である私たちにとって、ふたたび赤ちゃんの身体になることは、並み大抵のことではありません。その途上にあって、どう手を開いていいか分からなくなってしまったヘリゲルは、悩みに悩んで自分で体得していた射撃のさいの指の動かし方を、矢を放つときの手の動きに応用して、阿波範士の前でその「技」を使ってしまいました。そのとき阿波範士は、それを見抜き、ヘリゲルの手から弓を奪い取り、その場で彼に「破門」をいい渡しました。呼吸に集中して無心になる努力をするかわりに、体得されていたといえ、「こうしたら、こうなる」という技術を使用しようとしたことは、範士を信頼できないということであり、もはや弟子ではないとされたのでした。ブーバーの言葉でいえば、無心になるという我‐汝‐関係の実現の努力のなかに、「こうすればこうなる」という経験知、すなわち我‐それ‐関係をもち込もうとして、そのヘリゲルの意図（自我に発する能動的意志）がヘリゲルの身体の動きに見通されたのでした。

（d） とはいえ、スポーツの技の練習は、当然のことですが、そのつもりで、「こうすればこうなる」という身体の動きの反復練習が主な練習内容になります。当然、自我の意図と動機なしに練習は練習になりません。どうしてその工夫の一つとして、他のスポーツで体得した技術を応用してはならないのでしょうか。「無心になる」ということは、その「ものごとに成りきる」ことであり、「成りきろう」としている自分に振り向かないことです。なんらかの技術を応用するということは、「こうすればこうなる」という目的を実現するための手段を使うことを意味します。「的を射るために矢を放つ」のです。しかし、赤ちゃんの手の動きには、目的はありません。呼吸に集中することとそのものに目的はありません。集中があるだけで、ヘリゲルのいうように「自分が呼吸しているのか、呼吸に自分が呼吸されているのか分からなくなる」ということが起こってきます。

（e） 数学のような抽象的理論の本質直観も、また人間といった具体的現実存在の本質直観においても、「我を忘れてそのものに成りきる」ということが、その実現の前提になっています。究極の能動性が受動性に似てくるとは、努力と練習を重ねることをとおして、小さな自分によって計り知ることのできない関係性、言い換えればひた向きに汝に向き合うことで生まれる関係性、つまり我と汝のあいだによって生かされていることに目覚めるということを意味するのです。

（f） 本質直観にさいして無心に汝に向かうことに関して、「暗黙知と明示知（形式知）」の関係において新たな知識論を展開しているM・ポランニーの見解を、我-汝-関係と我-それ-関係との関係として対照考察にもたらすことができます。詳しくは、本書第Ⅱ部第三章で論じられることになりますので、その核心にだけ触れておくことにしたいと思います。まず第一に、ポランニーにとって、フッサールの本質直観に該当するのが、暗黙的認識が成り立つために「事物に内在する（dwell in）ようになる」[28]内在化であるとされます。しかも、ポランニーは、この内在化を、フッサールの相互主観性論の鍵概念である「感情移入（Einfühlung）」の概念（ポランニーは、ディルタイとリップスのこの概念に依拠するとしていますが）で説明しようとするのです。それもポランニーは、この感情移入を、精神科学の方法として認めるだけでなく、自然科学の「あらゆる観察の下地をなす」として、「ある包括的存在、たとえばカエルを構成する諸関係を形式化するためには、暗黙知によって非形式的に特定されていなければならない(29)」とされ、その暗黙知は次章の主題となる内在化（感情移入）によって達成されていなければならないとするのです。

第三章　受動的綜合と相互主観性論

相互主観性論は、周知のように、フッサールの超越論的現象学にとって、哲学としての客観性と普遍性を根拠づけるための根本的でもっとも重要な課題とされてきました。近年、『フッサール全集』第一三―一五巻の相互主観性に関するテキストの中から編者によって重要と思われるテキストが選択され、『間主観性の現象学』の三巻として邦訳され、刊行されました。そのさい、筆者は、第二巻と第三巻において「解説」を執筆しましたが、この章において、「受動的綜合と相互主観性論」と題して、その二つの解説を中軸にして、大幅な補足を付け加えることで、相互主観性論が発生的現象学の枠組みにおいて、どのような展開をみせ、どのように方向づけられているかを、明確にしてみたいと思います。

したがって、前半（第一節から第五節まで）は、『間主観性の現象学　その展開』の解説を中軸にした、相互主観性論の問題性格、身体論としての展開、受動的綜合としての対化連合、相互主観的共同体論を中心にして、そして後半（第六節と第七節）においては、『間主観性の現象学　その行方』の解説を中軸にした、自我論とモナド論、時間論、目的論等の観点から、総合的に論じてみることにします。

第一節　相互主観性の問題とその解明の方向づけ

フッサールの問うた“Intersubjektivität”の問いは、「相互主観性」あるいは「間主観性」と日本語訳されてきました。接頭語 Inter の訳語が、「相互」か「間」かの違いです。「相互」の場合、主観と主観との相互の働きかけが前景にでてくるのに対して、「間」という場合、主観と主観のあいだ（間）に起こる事態に注意が向くといえましょう。これは、Inter という接頭語に、日本語である「相互と間」という二つの意味が含まれていることを示唆しているともいえます。

そこで、「あいだ（間）」の意味が特に強調される、身体と身体の間を意味する「間身体性」という語と、主観と主観の相互の働きかけに重点をおいた「相互主観性」という語に分けて、Intersubjektivität というテーマを解明していきたいと思います。つまり、「間」という語は、総合的テーマとしての「相互主観性」の基盤をなす「間身体性(1)（Zwischenleiblichkeit, intercorporéité）」の領域に限って活用しようと思うのです。このとき、この間身体性が相互主観性の基盤をなすということそのものが、どういう意味での基盤をなすのか、このことから詳細に描写されていかなければなりませんが、まさにこの論点こそ、受動的綜合が総合的テーマとしての相互主観性論において果たす決定的役割を、明確に示すことにつながってくるのです。

この相互主観性の基盤をなす間身体性が、自我の能作を前提にしない受動的綜合によって構成されているという相互主観性の根底層の解明は、現象学の根本概念である「志向性」の概念の厳密な理解を、必須の前提としています。この志向性の概念とは、「主観」と「客観」とのあいだに、そして「主観」と「主観」のあいだに、いつも、すでに「成立してしまっている関係性」を意味しています。つまり、観念論的、あるいは実在論的に、主観と客観がすでに前提にされた上で、その主観がその客観にどのように関係するのか、あるいは、客観が主観にどのように働きかけているのかを、問うのではなく、主観と客観が意識にもたらされ、表象化される以前にすでにでき上がってしまっている関係性そのものが、志向性なのであり、その関係性の成り立ち（先構成、及び構成の仕方）が厳密な方法論に即して現象学的分析にもたらされているのです。

①　この志向性の概念によるフッサールの他者論が『デカルト的省察』の第五省察で呈示されて以来、つねに次のような批判がなされてきました。「私と他者」の間が「主観と客観の間」に働く（作動する）志向性による関係性によって理解されるとすれば、この私の主観に働く志向性は、「他者の主観」を私にとっての「客観」として構成してしまうのではないのか、つまり、他者の主観とは、私にとっての客観にすぎず、私の主観は直接、自分に疑えなく明証的に与えられてはいても、他者の主観そのものには、直接いたりえない、という批判です。したがって、フッサールの他者論は、たとえば、私の心を突き動かす「非難する他者の眼差し」や「私を際限なく包み込む他者の愛」など、この私を超えている「他者の他者性」や、「明らかに自分の経験を超えている他者に属する他者の経験の独自性」などを哲学的に根拠づけ、その解明にもたらすことができないとする批判なのです。

②　これらの批判に対して、この第一節から第五節までの論述の第一の目的は、これらの批判の源泉が志向性の概念の狭隘な理解にあること、端的にいって、受動的志向性と能動的志向性の原理的相違が理解されずに、受動的志向性による受動的綜合である「対化（Paarung）」という現象の理解に届いていないことにあることを、周到な論証にもたらすことです。次の第二の目的は、フッサールの他者論が、「真の他者（汝）」との関係性をとお

して真の「自己」が実現されうる「人格共同体」を目指した共同体論として展開されていることを、明確に呈示することです。そのさい論証の基軸になっているのは、第一の論点と同様、受動的志向性と能動的志向性の区別です。この区別によって、多層に渡る複数の志向性の統一である志向性の綜合も、受動的志向性の統一である「受動的綜合」と、能動的志向性の統一である「能動的綜合」に、区別されることになります。

③　ここで受動的志向性とは、「自我（私の主観）と他我（他の自我、ないし他者の主観）」というときのこの自他に区別される「自我そのものが働いていない」、「作動していない」、「先自我的」とか「没自我的」と性格づけられる志向性を意味します。能動的志向性は、もともと、この受動的志向性の働きが明らかにされる以前に、能動・受動の形容詞がつかずにそのまま「志向性」といわれてきました。このことから、志向性といえば、能動・受動の区別にまるで無頓着のまま、実は、能動的志向性としてしか、理解できていなかったのです。この能動的志向性は、ですから、「自我」の働きが前提にされる「われ思う（ego cogito）」というときに作動している志向性なのです。この区別がフッサールの他者論においていかに決定的役割を果たすことになるか、以下、詳論されることになります。

第二節　自他の身体の構成と相互主観性論

フッサールの他者論に特徴的なことは、「自我の主観と他者の主観」という観念を前提にして論証を進めるのではなく、また、実在する複数の人間の一人としての自分と複数の他者を前提にして、その関係性を問うのでもなく、「自他の身体の区別」が意識されている志向性による構成のされ方が、私と他者の主観の相互の関係性を根底的に規定する基盤になっていることです。

たとえば、痛そうに頬に手を当て「歯が痛い」と言っている人に同情はしても、当然のことですが、その人の歯の痛みを直接、感じているわけではありません。また、「痛そうに頬に手を当てている」その人の外観（視覚像に与えられる外的身体性）とその人の「歯の痛み（その人の体内で直接、感じていると想定される内的身体性）」の区別は明白に私たちに与えられています。自他の身体の構成の問題とは、まさに、この内的身体性（身体内に働くと思える心の働き）と外的身体性（物としての外観をもつ身体）の関係の問いを意味するのです。

① フッサールは、この物としての身体と心としての身体が、私の身体においてどのように統一されているかを、触覚野の「二重感覚」として詳細に分析しています。右手で左手を触れるとき、右手は触れる手（主観としての内的身体）として働き、左手は触れられる手（客観としての外的身体）になっています。同じ私の身体で、右手の触れるという主観の働きと、触れられている客観としての左手が、二重になった感触として意識されています。他方、その直後、それまで触れられていた左手が主観としての触れる手になり、触れていた右手が客観としての触れられる手になることもできます。このことをフッサールは、「この逆転が起こるやいなや、そのさいに、したがって、つねに合致しあう対〔ペア〕になった感覚の機能も逆転する」（『間主観性の現象学　その展開』邦訳一一〇頁）と記述しています。

② ここで言われている「逆転」とは、触れる片方の手が触れられる手になるという、主観的身体が客観的身体になることを意味しています。この触覚の二重感覚そのものは、すでにフッサールの『イデーンⅡ』第一八節で言及され、メルロ＝ポンティをとおしてよく知られるようになりましたが、そのいずれの場合にも、ここで述べられている「合致する対〔ペア〕の感覚」として記述されるにはいたっていません。ここで言われている「対の

感覚」とは、『デカルト的省察』で述べられている「受動的綜合の原形式（Urform）」である「対化（対になること）」を指しています。ここでまず明らかにしてみたいのは、その一部はすでにこれまで、「対化」の形成として解明されてきましたが、このテキストが書かれた一九二四年ごろに、どのようにして「対になった連合」が語られるようになったのか、そしてそこで意味されている内容は、いかなるものか、ということです。

（a）本書第Ⅰ部第一章で述べられたように、超越論的規則性としての連合の概念は、超越論的論理学の問題領域において、論理的判断の明証性の根源に遡ることをとおして露呈されてきました。そこでは、論理的判断の明証性の根源が、過去把持の必当然的明証性にいたることが明らかにされるとともに、明証性の問いに関連して、想起における錯誤の可能性が、想起にさいしての想起される志向内容相互の類似性によって、自我の能作の関与以前に連合として生じていることが、明らかにされました。しかも、この連合は、想起において働いているだけでなく、現在における特定の感覚野内部において、また感覚質のことなった異質の感覚野のあいだでも働いていることが、記述にもたらされたのでした。

（b）ということは、右手で左手に触れるときの、右手の内部で感じる、手を動かすときの運動感覚と左手の表面に触れるときの触覚の感触が、つまり内的身体における運動感覚と外的身体性として与えられる触覚が、対になった連合項の統一として与えられていることを意味します。というのも、右手を動かす速さ（ゆっくりか速くか）によって、与えられる触覚の変化もぴったりその速さに応じて速ければ速く、ゆっくりであればゆっくり、同じ内的時間意識の流れにおいて、二つの感覚質の対になって、連合して生じている、といえるからです。この対になった連合については、すでに『物と空間』において、正方形を描くときの手の動きにともなう運動感覚と、それによって描かれていく視覚像の変化としての線の成立が、対になった連合項の志向充実による同一の内的時間意識の流れの成立として記述されていた、といえるのです。

（c） 運動感覚と触覚の連合の場合と、運動感覚と視覚像の変化の連合の場合とを比較していえることは、後者の場合の連合は、内的身体感覚と外的身体感覚の連合ということですが、前者の場合、運動感覚は内的身体感覚とはいえても、右手が左手に触れているときの触覚は、左手の表面の外的身体感覚と単純にいいきれないことです。位置の変化をともなわず、人差し指を垂直にして木の机の表面を押してみるとき、押すという運動感覚とともに、木の材質による固さを触覚（ないし圧覚）として感じます。この固さの感覚が、木の材質によることは、木に代えて、柔らかいスポンジを押してみれば、木とスポンジの固さの違いとしてはっきりすることです。しかし、木の場合もスポンジの場合も両者に共通していることは、固さと柔らかさは身体で（体内の触覚をとおして）感じ分けているということです。材質の外と触覚の内とが、まさに外と内の区別がつかない接触面で接触していることです。このことは、『受動的綜合の分析』では、内在的知覚が内的意識にあたえられているときの「存在（esse）と知覚（percipi）」の一致の絶対的明証性とされていることに対応しています。

（d） そして接触面を介して、身体の内と外が逆転するのが、触れられていた左手が触れる手になり、触れていた右手が触れられる手になるときです。このとき、右手の内なる運動感覚と外の触覚に与えられている左手の対になっている連合項が、逆転して左手の内なる運動感覚と外の触覚に与えられている右手の対の連合項が生じるのです。しかし、このとき注意せねばならないのは、この逆転は、時間の前後関係をとおしてのみ、逆転として生じるのであり、内と外との関係が、同時に、内が外で、外が内として作動しいているわけではないことです。メルロ＝ポンティが「両義性」というのは、同時に内がそのまま外で、外がそのまま内であることを意味するのではありません。

（e） さらに重要である論点は、自我の関心が、この「触れる―触れられる」の逆転をひきおこすとしても、逆転のさいの時間の前後関係そのものと、運動感覚と触覚とのあいだの連合そのものは、自我の能作とは無関係であり、これまで十分に解明されてきたように、受動的綜合として自我の関与がまったく問われない次元で生成してきているのです。このことを見失うと、この「触れる―触れられる」を自我の能作を前提にした「能動と受動」の対立として誤解してしまうのです。これまでの考察で明らかなように、連合の連合項である個別的感覚質そのものが、間モナド的間身体性の領域において、本能志向性の覚醒と衝動志向性の形成をとおして生成してきていることが、発生的現象学において、発生的分析にもたらされてきました。ということは、この対の連合の逆転の生じ方そのものが明らかにされるためには、まさにこの連合項の生成という発生的分析に向かわなければならないのです。

③ したがって、この発生的分析への方向づけは、「触れる―触れられる」という触感覚の二重感覚が、たんに私の身体に限定されるのではなく、他者の身体と私の身体との相互の働きかけとして記述されて初めて、対の連合の逆転について語ることができることを意味しているのです。フッサールは、このことを、ここで引用されているテキストにおいて、手を動かしてもう片方の手に触れる場合の能動的運動感覚（能動性）と、そのさい生じる他の手の表面に感じる触覚という二つに連合項のあいだの連合（受動性）とに区別して、この「《触れられ―触れる》の二義性」について、次のように記述しています。まず、手を動かして感じる能動的運動感覚と片方の手の触覚との意識にのぼっている連合は、それが生じるそのつど、過去把持をとおして、潜在的志向連関としての「受動的連合」へと様相変化をみせることになります。このときフッサールが指摘するのは、すべての感覚与件（運動感覚や触覚、視覚野、聴覚等の感覚質）は、「根源的な連合的時間化において〝意識〟されている」こと

であり、さらに「私が注意して、この背景において《触れられ―触れる》事物〔すなわち他者の身体〕が『私を触発する』とき、この触発はすでに自我的様相なのであり、それは純粋な連合（それは「没自我性」の領分、自我が覚醒していない領分であり――『受動的な背景』……触発的‐能動的自我生の根底にあって進捗するものにかかわっている）を突破するのだ」（『間主観性の現象学　その展開』邦訳一二四頁）ということです。

（a）ここで述べられているのは、まず第一に、能動的接触と接触感覚が、前者が能動的志向性として、また後者が受動的志向性として性格づけられていることです。元来、受動的志向性は、時間意識（ここで述べられている「連合的時間化」の属する構成領域）がどのように構成されているかを問う「時間論」（とりわけ、「特有な志向性」としての過去把持の露呈）をへてはじめて開示されてきました。『イデーンI』（一九一三年出版）では、志向性は、純粋自我（超越論的自我）を前提にする志向性であり、当然、自我の働きをとおした能動的志向性に他なりません。自我が関与しない受動的志向性が『イデーンI』で言及されることがないのは、フッサール自身、「還元をとおして顕示された超越論的に〝絶対的なもの〟は、実は究極的なものではなく、この究極的なものとは、深層にあって完全に固有な意味で自己構成し、その源泉を究極的で真なる絶対的なものにもつものである」（『イデーンI』第八一節〔『フッサール全集』第三巻〕を参照）と述べるように、この究極的なものである「時間意識の自己構成という謎」を考察外に置いているからなのです。しかし、このような純粋自我に依拠する超越論的還元という見解は、一九二〇年代にはいり、発生的現象学と、自我の生成以前と以後を発生的に究明しうるモナド論的現象学に批判的に統合されていくことになります。(2)

（b）『イデーンI』で除外されていたのは、時間意識の構成の問いだけではなく、超越論的他者の構成の問題も埒外にされていました。このことをフッサール自身、一九二二／二三年の講義『哲学入門』（『フッサール全集』第三五巻）で、「時間と他者」の構成を、疑いきれない明証性（必当然的明証性）に還元しえない、『イデーン』期の超越論的還元の「超越論的素朴性」（同上、第二三節）として徹底した自己批判にもたらしています。この批判をとおして、解明されてきたのが、自我の関与を含まない受動的志向性による過去把持の必当然的明証性であり、ここで述べられている「感覚与件の根源的な連合的時間化」の明証性なのです。連合は受動的綜合として働きます。感覚与件（接触感覚）は、片方の手で、もう一方の手に触れながら指を移動させるとき、そこには、自我がそれに気づこうと、気づくまいと、接触感覚の持続的な統一が、類似した触覚感覚内容の連合に即した過去把持をとおして成立しています。このように「連合的時間化」をとおして、自我の気づく以前に先構成された感覚内容の意味のまとまりが、自我の注意を引くように働きかける、つまり触発するのです。触発をとおして、この先構成されたものに自我が能動的に関与するとき、「触れている」と意識される能動的志向性としての能動的接触が成立するのです。

（c）つまり、この「触れる―触れられる」という触発の二重の志向性にかかわる二つの引用箇所において述べられているのは、他者の身体が外的身体性と内的身体性を合わせもちつつ、私の視野に現れ、私を触発してきて、それに私が向き合う（対向する）とき、実は、そこに受動的綜合と能動的綜合の重層関係が成立しているといわれねばならないことです。そのさいもっとも根源的な層は、間モナド的身体性において相互に充実し合う衝動志向性による「連合的間時間化」、ということができます。この層の上に、随意運動のさいの能動的運動感覚（連合項）と、それに相応する視覚像の変化や触覚の持続や変化、そして喃語の場合の聴覚の持続と変化において与えられている連合項とのあいだの意識にのぼっている連合の層などが、重なっているといえます。

（d）ということは、ここで言われる「触れる―触れられる」の逆転とは、自分の身体や他者の身体における、主観から客観への変転と客観から主観への変転とが起こる以前に、不随意運動という自我の能作をまったく含まない本能的運動のさいに「ゼロの運動感覚」として原意識される「受動的運動感覚」と、自分の右手と左手に代わるがわる触れている赤ちゃんにとって「ゼロの運動感覚」が原意識されると同時に、それと分離できないように密接につながっている「ゼロの触覚」が、原意識されることになります。これが運動感覚の連合項と触覚の連合項との間に生じる「連合的時間化」であり、自我の触発以前の、根源的な受動性における連合による先構成なのです。自他の身体の区別が確定し、能動性における受動性による先構成が成立している段階で、他者の身体がそれとして現出する場合でも、まずは、根源的な受動性における先構成が受動的綜合として成立し、自我の触発を要請しますが、自我の関心と注意がその先構成されたものに、まったく向かわない場合、その先構成されたものが、すでに自我に前もって与えられているにもかかわらず、それが意識の構成にもたらされることはないのです。この自我の関心と注意があろうとなかろうと、すでに先構成されている内的身体性と外的身体性との連合が、間身体的に働いてしまっていることを明らかにしたのが、『デカルト的省察』における対化による相互主観性の根拠づけの内実なのです。

第三節　受動的綜合としての対化による「相互主観的自然」の構成

『デカルト的省察』第五省察で相互主観性の構成が、「対化」によって超越論的に根拠づけられて以来、「対化」は受動的志向性による受動的綜合と規定されているにもかかわらず、それが『イデーン』期（一九〇一―一六年）で語られる志向性、つまり純粋自我に発する能動的志向性と誤解されるのは、いったいどうしてなのでしょうか。

それは、先ほど述べられた「連合的時間化」の真意が、的確に理解されていないことによるのですが、ここで改めて「対化」そのものについて論述されているテキストに向かい、いったい何が現象学的分析にもたらされていたのかを、明らかにしてみましょう

① フッサールは、他者の身体が私の身体に対して与えられているその与えられ方を「準現在化」と呼び、それを自分の痛みが直接、自分の身体に感じられる私の「原本領分」での与えられ方と対比して、「それは連合的に覚起されていて、……その連合はそこにある『身体物体』から私の身体物体へと向かい、実際に合致へといたる。……それは私の身体への関係づけにおいてであり、この関係づけは衝上的〔重なり合う〕合致としか呼ぶことができない」（『間主観性の現象学　その展開』邦訳二一〇頁以下）と論じています。つまり、そこにある「身体物体」が「私の身体物体」に「連合的覚起」をとおして志向的に働きかける、触発してくる、というのです。この場合の連合的覚起というのは、私の身体で直接、直観できている内的身体と、外的身体（自分の身体の外観）との対の連合が、私がそこにある〝他者の〟「身体物体」を見たとたん、私の身体にその〝他者〟の身体の「対の連合」として覚起される（呼び覚まされる）というのです。つまり、触れる右手の運動感覚（内的身体の運動感覚）と、触れているときの右手の視覚像の変化（外的身体の視覚感覚）との対になった意味の連合が、私の身体にいつも潜在的志向連関として与えられていて、そこに、〝他者〟の「身体」の外的身体性（右手の視覚像の変化）が与えられるとき、その外的集体性と、私の身体に潜在的に与えられていた「右手の動きの運動感覚と右手の視覚像の変化」の対になった意味の連合（運動感覚と視覚像の変化のあいだの連合）とのあいだに、両方の意味地平同士が衝き上げて重なり合ってくる「衝上的合致」が起こるというのです。自我の注意は、その合致によって際立ってくる「対化の現象」に向けられ、「自他の身体」についての意識が生じるのです。

② ここで生じているのは、「志向的現象」としての連合であり、「類似連合に構成的に属しているような合致が生じる」ことによって、「受動的志向性としての連合がすでに可能であり、不完全ではあるにしても、自我の活動性なしにつねに効力を発揮している」（同上、二一五頁）と述べられています。ここで「自我の活動性なしに」とは、「自我が類似連合による意味のまとまりに気づく以前に、すなわち自我がそれに注意を向ける以前に」ということです。自我そのものが類似連合による意味の統一を構成するのではなく、意味の統一は、自我がそれに気づき、意識する以前に、いわば無意識にでき上がっており、〝私〟の側の内的身体と外的身体との対化連合と、〝他者〟の側の内的身体と外的身体の対化連合との間に、それらの二つの対化の類似性をとおして、受動的綜合による内的身体と外的身体との調和的統一という「人間の生きた身体という意味」が、そのつど、新たに創設されているとされるのです。

③ この自我の能作が含まれない受動的志向性による受動的綜合である連合が、どのように作動しているのかについては、これまで発生的現象学における原共感覚からの、間モナド的衝動志向性による間モナド的時間化をとおした、乳幼児における個別的感覚野の生成の解明にみられるように、間モナド的に作動する衝動志向性の充実による間モナド的時間内容の生成を基盤にして形成されてくることが、明かにされてきています。授乳や睡眠などの衝動（本能）志向性の充実による、生き生きした間モナド的共有現在における、共有される時間内容の過去把持と未来予持による間モナド的身体性において、次第に個別的感覚野のあいだに類似性連合と、先触発における感覚連合野が、形成されてくるのです。

この間身体的な対化の連合が問題にされ、間モナド的身体性における運動感覚と視覚像の変化のあいだの連合の仕方が問われるとき、重要なことは、すでに喃語の模倣の事例の解明をとおして明らかにされたように、乳幼児は「ゼロの運動感覚」を原意識（Ｉ）することにより、自他の身体の区別がつくようになっている段階が、前提となっていることです。フッサールはこの区別の淵源を、幼児の発達をめぐる発生的現象学の分析において、「身体中心化」（『フッサール全集』第一五巻、付論五〇を参照）に見ています。

④　しかし、この身体中心化の問題以前に、受動的綜合による、意識にもたらされる以前の内的身体と外的身体との類似性連合という見解に対して、そもそも内的身体性に属する運動感覚（キネステーゼ）は、自分の身体にしか直接与えられておらず、しかも、自分の身体（右手であれ左手であれ）を動かすことは、本来、随意運動であり、「自分が自分の右手を動かす」という能動的志向性が作動していることは、明白なことです。ということは、ここで述べられている、そこにある〝他者〟の身体物体から私の身体物体に向けられた対化といわれる類似性連合は、実は、私の能動的志向性としての能動的運動のさいに感じる運動感覚が、過去把持をとおして受動性に変様した、能動的志向性に由来する受動的志向性であって、もとを正せば、能動的志向性の複写（コピー）、ないし変様にすぎない、という批判ができてきます。受動的志向性というのは、実は、能動的志向性が習慣化して、無意識に生じるようになった能動的志向性の受動的習慣性だというのです。「自我の関与をまったく含まない受動的志向性」が、それとして理解されてこなかった第一の理拠は、まさに、「自我の痕跡を含まない受動的志向性は作動しえない」、言い換えると「受動性に能動性の痕跡が含まれている」とする、「能動性以前の受動性」を認めることができず、「能動性における受動性」としてしか受動性を認めようとしない、受動性の狭隘な理解にあります。

⑤　それに対して、繰り返し、原理的な反批判として指摘されねばならないのは、フッサールが受動性を「能動性における受動性」と「能動性以前の受動性」に峻別していることです（『経験と判断』第二三節を参照）。ここ

で問われている内的身体性に属する運動感覚に関しても同様、能動的運動感覚と、自我の能作として作動する以前の受動的志向性としての不随意運動のさいの運動感覚の区別が、明確にされねばならないのです。フッサールは、先に引用した「本能的に走り回るキネステーゼ―配置にかかわる本能的刺激―単一性の数多性という本能的な予料―数多的な触発―野生のキネステーゼ」（『間主観性の現象学　その展開』邦訳二六一頁）のテキストにあるように、無意識に働く本能的キネステーゼを定題化し、無意識の本能や衝動をテーマとする「無意識の現象学」（『受動的綜合の分析』第三三節を参照）が発生的現象学の研究領域として確立しているのです。先に述べた「連合的時間化」は、根源的に、受動的志向性としての衝動志向性によって構成されるとされ、間身体的に無意識に働く衝動志向性が「あらゆる原初的現在を留まる時間化として統一化する」（『フッサール全集』第一五巻、テキスト三四番を参照）ことで、相互主観的時間化（自他の間で共に生きられる時間の流れ）が、衝動志向性をとおして超越論的に根拠づけられているのです。

⑥　この本能的キネステーゼ、つまり原意識（Ⅰ）における運動感覚と、随意的身体運動における原意識（Ⅱ）に与えられる運動感覚の区別は、受動性と能動性の観点からして決定的に重要であるといえます。前章で明らかになった受動性と能動性との関係に確証されているように、本能的身体運動による本能的な受動的運動感覚が、自我の能作を前提にする随意運動のさいの能動的運動感覚に先行し、後者が前者を前提にしているのです。このことは、間モナド的身体性において身体のあいだに「運動感覚と視覚像の変化」とのあいだの連合が、相互覚起として生じるとき、二人のあいだにお互いに「視覚像の変化とそれに対化として生じているゼロの運動感覚」との対化が、働き合っていることを意味しています。また、この能動的運動感覚に受動的運動感覚が先行することをあくまでも認めずに、意識された志向性しか認めようとしない「意識の現象学」の立場は、「電車の急ブレー

キ」のさいの「不随意運動の運動感覚の先行」という必当然的明証性をあくまでも拒絶し、人間の社会生活における行為責任の基盤を拒絶するに他ならないのです。

⑦『デカルト的省察』において「相互主観的自然」といわれるのは、受動的綜合の根本形式である対化をとおして構成される間身体性に他なりません。対化をとおして、生命体としての内的身体と外的身体の対化連合が、生命としての身体と身体とのあいだに先構成されているのです。この受動的綜合による間身体性の先構成（受動的相互主観性とも呼ばれる）が、それを前提にする能動的綜合による高次の能動的相互主観性に先行しています。この原理的な受動性と能動性の基本的関係が、総体としての相互主観性論の根幹として正当に理解されねばならないのです。

⑧これまでの議論で、フッサールの他者論、とりわけ、『デカルト的省察』第五省察の「対化」に向けた多くの現象学者の批判の射程が、明確になってきたと思われます。

（a）K・ヘルトは、第五省察で展開される「ここの身体とそこの身体との共現前」を「虚構的意識」と評して批判し、最終的には、彼自身の、超越論的自我の「自己分裂と自己共同化」という自我論の枠組みにおいて、自我の脆弱さにおいてかろうじて他我の共在が認められると主張しています。この主張は、そもそも『デカルト的省察』の第五省察が、第四省察で展開されている「私の我〔エゴ〕の自己解明を、体系的に自我論的な学問という形式において首尾一貫して遂行する」とされる超越論的観念論の枠組み（『デカルト的省察』第四一節を参照）ではなく、モナド論的現象学の領域で展開されていることを見落としているのです。自我の関与を含まない受動的綜合としての「対化」を自我論において理解することは不可能なのです。

（b）同様に自我論的観点から相互主観性を根拠づけようとしているのが、D・ザハヴィです。ザハヴィは相互主観性をフッサールの構成の概念に結びつけて根拠づけようとします。そのさい、彼が指摘するのは、「共同化と世界所持、そして自己世界化における〔自己と他者の〕等根源性[3]」です。周到な議論にもかかわらず、彼の立場が自我論的立場で一貫し、「他の自我の構成」のみ問うていることは、次の論点において明白といえます。というのも、ザハヴィが主張するのは、意識生の原初的な自己構成としての根源的な時間化を、フッサールの場合、「〔例えばメルロ＝ポンティとは違って〕自我極が時間性の源泉として、生成することもなければ、消滅することもなく、したがって身体に依存することなく、実存することができることに固執している[4]」というように誤解しているからです。

ここで明らかなことは、ザハヴィがフッサールにおける時間性の源泉を自我極に、すなわち作動する身体性を欠いたまま存在しうる自我極にみていることです。衝動志向性による間モナド的時間化についての発生現象学に即した発生的分析、つまり、もはや能動的志向性の構成の段階においてではなく、受動的志向性による先構成の段階において作動している衝動志向性による時間化は、ザハヴィにおいて、まったく定題化されていないのです[5]。このことから、彼の相互主観性についての自我論的な解釈は、構成の概念を次のように、関係性の概念として理解することに由来しているのです。「ここで問題になるのは明らかに、関係性の概念であり、その概念は、そのつどの〔固有な〕自我への遡及の関係を前提にしている。他なる自我とは、まさに〔そのつどの〕私にとって他なる者なのであり、その自己そのものにとって、他なる者なのではない。そして〔事象に即した〕他者の構成について語られるとき、明らかに、私にとっての存在の構成が問題になっているのであって、他なる自我の〔自己存在の〕構成が問題になっているのではない[6]」とされるのです。しかし当然ともいえることは、フッサールにとって構成分析は、関係性の概念分析ではありません。概念分析は、構成分析によって現象学的に根拠づけられるのでなければなりません。ザハヴィによる関係性の概念への指摘は、先に引用した時間化のもっとも根源的な構成分析についての脚注において繰り返されています。そこで彼が主張するのは、「あらゆる自我が、その自己時間化の力によって、ある意味で自己自身に対してある他なる者であることは、先に述べられた確定〔先の引用内容〕に何らの変化をもたらすものでもない」(7)というのです。先に述べた確定とは、「自我極が根源的な時間化の源泉である」ということですから、ザハヴィが、相互主観性の根拠づけのために、時間化の自我論的把握を援用していることは、明らかなことといわねばならないのです。

（c）レヴィナスに関して、受動的綜合である「対化」の理解を問題にするとき、まず明らかなことは、本来、受動的志向性としてしか理解されえない過去把持を、能動的志向性として理解することから、受動的志向性による受動的綜合としての対化を理解するにはいたっていないことです。内的身体性に属する運動感覚と、外的身体性として考えられる身体の外観（視覚像の変化）との受動的綜合としての連合の根本形式である対化は、レヴィナスがその「他者の他者性」をフッサールの時間論における「原印象」に位置づけ、その「痕跡」を志向による対象化の様相としての「過去把持」に位置づけることから、身体に属する異質の感覚質間の受動的綜合である連合（運動感覚と視覚像の変化のあいだの連合）として理解される可能性は、原理的に排除されることになります。

レヴィナスの主張する「他者の他者性」は、ブーバーの場合の幼児期の「生得的汝」、そして成人における「我-汝-関係」における「汝」とはことなっています。レヴィナスにおいて互いに他者性においてある人間は、互いに「汝として出会う」ことができないからです。これに対してフッサールの場合、発生的現象学において「脱構築」の方法をとおして幼児期の対人関係の領域に入り込み、原共感覚から個別的感覚野の形成をへて、異質の感覚野間の対の連合が形成されるプロセスの現象学的記述が可能となり、「能動性以前の受動性」の働くこの段階において、いまだ確固と形成される以前の自我極に囚われることなく、直向きに世界に対して生得的汝として向き合うことのできる認識論的枠組みが、呈示されているといえるのです。さらに成人における「我‐汝‐関係」は、その「共同体論」において、「人格的愛」として位置づけられ、定題化されているといえます。

（d）M・アンリの場合、その「生の自己触発という生の現象学」の立場から、フッサールの志向性概念の批判が展開されています。その立場を代弁するR・キューンによるフッサールの相互主観性論に対する批判について考察してみましょう。フッサールの主張する、衝動志向性による間モナド的共時間化をとおしての相互主観性の根拠づけを批判して、キューンは、「この〔フッサールの〕原衝動的な予感は、その内部で分析されているのではなく、前もって表象されてはいないが、前もって描かれている世界に関係づけて分析されているのであり、したがってその還元はいまだ徹底されていない[8]」としています。生の内在と世界の超越を峻別して対置するアンリにとって、乳児の本能的運動でさえ、世界への超越とみなされ、それは「純粋な触発である内在的パトス、すなわち空腹や温かさ、言葉の響きなどに絶対的に曝されてあること[9]」から区別されねばならない、とされるのです。この内在的自己触発としての感情の強調は、いかなる世界への超越としての志向性を許容することなく、それでもなお、完全な「世界喪失」において、「感情の交換をとおして、パトス的なものの共現在における感情移入が成立している[10]」とするのです。この現象学の明証性の裏づけが配慮されない、共現在における感情移入の主張、しかも「内在的自己性」を含む生の自己触発が、その自己性を含んだまま等根源的相互主観性の成立を、端的に主張せざるをえない形而上学的主張は、これまで呈示されている受動的志向性と能動的志向性との本質的区別、すなわち受動的運動感覚と能動的運動感覚との区別が、理解されていないことに起因しているとしてしか、言いようがないとされなければなりません。

（e）　メルロ＝ポンティとレヴィナスの間に位置して独自の他者論を展開するB・ヴァルデンフェルスは、対化を積極的に受け止め、匿名的間身体性を主張するメルロ＝ポンティの見解を継承しつつも、感覚の意識の構成を、「時間のズレ」を前提にする隔時性において働く能動的志向性による、とするレヴィナスの志向性の理解に即して、フッサールの「連合的時間化」に働く受動的志向性である衝動志向性による生き生きした現在の流れ、という見解を退けます。このことが明白に露呈するのは、時間論をめぐり、フッサールとメルロ＝ポンティにあって指摘されている「現在と過去の同時性（Simultaneität）」の概念においてです。フッサールが三〇年代の時間草稿において、「したがって、内容的な原融合は、印象と直接的な原過去把持のあいだに、両者の同時性において生起している」（フッサール、C3VI, 75）とし、メルロ＝ポンティが、「次元的現在〔がみられ〕、そこでは、過去と現在が狭義の意味で『同時』なのである」[11]と逆説的事態について言及するのに対して、「応答の倫理」を主張するヴァルデンフェルスは、先行する過去の遭遇と事後的な回答とのあいだの「時間のズレ」という見解にたっています。先行する遭遇というのは、すでに自己の自覚以前に他者に曝されており、その自己の自覚に先行する他者、及び周囲世界の他者の他者性に対して、自覚をもって回答することが、「応答の倫理学における時間のズレ」という原理的あり方とされるのです。しかし、ここで重要であるのは、まさにここでいわれる他者との遭遇のただなかにおいてこそ、フッサール、及びメルロ＝ポンティの主張する「過去と現在の同時性」がすでに働いていることです。つまり、遭遇と回答のあいだの時間のズレは、「過去、現在、未来」という時間の流れにおいて、応答の倫理の時間性としてその妥当性をもつとはいえても、遭遇そのものが生起する間モナド的時間化の共有される生ける現在においては、まさに「過去と現在の同時性のパラドクス」が生起しているのであり、レヴィナスが過去把持に無理の挿入する「志向性のもつ隔時性」という「時間のズレ」は、生じていないのです。[12]

第四節　共同精神における人格共同体

前節で述べられたように、『デカルト的省察』第五省察で論述された「受動的綜合である連合の根本形式としての対化」によって、相互主観性の根底である人間相互の間身体性が、超越論的‐現象学的に根拠づけられています。受動的綜合と能動的綜合の区別、及びその区別の前提にされる受動的志向性と能動的志向性の区別が理解されることなく、対化による根拠づけの意味が理解されるはずもありません。フッサール以後のフッサールの相互主観性論批判のほとんどが、「特有な志向性」と呼ばれた受動的志向性としての過去把持の無理解、また受動的綜合である連合、及び対化の無理解に基づくものであることが明確に示されました。その唯一の例外が、『幼児の対人関係』で「対化」の概念を対人関係の分析に活用しているメル＝ポンティです。しかし、当のメルロ＝ポンティにおいても、「過去と現在の同時性」をその根源とする時間そのものの相互主観的生成という洞察に到達することはありませんでした（このことについて本書第Ⅱ部第二章を参照）。

この受動的相互主観性における「共有現在」において生成する、幼児にとっての「一次的自然」を前提にして、自他の身体の区別の形成をとおして、能動的志向性による能動的綜合である、対象としての事物の知覚、言語と数の習得などによって、能動的相互主観性の領域が構築されてきます。このとき、フッサールは、彼独自の「共同体論」を展開することになります。

フッサールの人格共同体論の特徴は、（一）感情移入による構成をその基盤としつつ、どのようにして社会共同体が人格共同体として形成されるにいたるか、とりわけ、本来的な感情移入と伝達の意志と人格的かかわりの必要性が論述され、（二）我‐汝‐関係が、家族愛と、人格の社会的関わりを前提にする倫理的愛として、受動性と能動性の観点をとおして論述され、（三）人類の文化共同体が、自然科学と精神科学における世界認識を統合しうる普遍的人間学の枠組みにおいて考察されるなかで、『ヨーロッパ諸学の危機と超越論的現象学』（『フッサール全集』第六巻［以下『危機書』と略す］）で論ぜられている「人間主観のパラドクスと相互主観性の構成の問題」の重要性が浮き彫りになっていること、（四）相互主観的共同体における正常と異常の構成が、発生的現象学の視点で解明されていること、以上四点にあるといえます。

① フッサールは、社会的作用といわれる他者に向けた人間の社会的活動は、これまで述べられた他者の身体と私の身体の対化によって構成される「相互主観的自然」の段階においては成立せず、本来的な意味での感情移入をとおして、はじめて成立するとしています。本来的感情移入というのは、他者と正面から向き合い、自分の意志を伝達し、互いの意志を了解しつつ、たんに理論的認識にとどまらない、「実践的な意志の共同体」を形成することであるとされます。そのとき人は、人格的な自己意識を獲得し、人格の主観になるのです。ということは、ただたんに、周りの人の行動をみやり、その行動の意図を理解し、その行動の文脈のなかでそつなく振る舞い、疑似家族的人間関係において、お互いの利害損得にのみ照準を合わせる行為は、いまだ社会的行為とはいえないのです。そうではなく、相手と正面から向き合い、お互いの意志を確認し合うところからしか、人格的行為は生成しません。

② 我‐汝‐関係において互いに向き合うことは、「お互いに見つめ合う」とも表現され、それをとおして人格的愛が成立します。この人格的愛は、まずは社会的人格の起源としての家族愛において現実化しています。そのことをフッサールは、「家族のどの一員も、……その一員が自分の傍らにいることが嬉しいからだけでその人を

求めるのではなく、家族のどの一員も、努力する生や活動やともに働きかけ合い、関係し合って活動するといった相互の関係づけという共通したものがあるからである。……どの主観もその人なりに、他者の生と活動に介入し、その人のなかでともに生きながら、多様な我-汝-関係のうちで人格としてその人と一つになる」（『間主観性の現象学　その展開』三〇五頁以降）と述べています。これに対して「倫理的愛」が、キリスト教的な隣人愛を基盤にした倫理的共同体において実現されるべき理念的課題とされています。しかし、ここで注意されねばならないのは、フッサールが「愛と愛の共同体そのもの」とを区別し、理念としての「人間愛と人格的共同体そのもの」の実現の限界とを見極め、家族愛における人格共同体の上にこそ、倫理的愛の実現が可能とする、「本能の基盤の上にある倫理的なもの」という、受動性を基盤と前提とした能動性という基づけ関係を重視していることです。

③　複数の人格のあいだで共同の作用や能作が成立する場合、共同精神が成り立つとされ、フッサールはこの共同精神を、「まるで、一つの意識と人格の能作をともなう人格の一つの統一であるかのようだ」と表現します。この共同精神が具現化されるのは、たとえば「大学の各学部や、諸団体、民族、国家」などであり、それらの共同精神は、それぞれの「故郷世界」を基盤にした文化と伝統を担っているとされます。フッサールは、ここで、この人格共同体の実現のされ方を「すべての世界認識一般を包括する」普遍的な人間学という標題のもとで解明しようとします。そのさい、ここでいう人間学とは、人格共同体において研究が進められる自然科学の自然認識をも包括するとして、その人間学において自然科学の位置づけを明確にし、「自然科学者は自然を主題とするが、それは純粋に自然それ自身であって、人間を主題にするのではない。人間一般はもちろんのこと、自然を認識する人間さえも主題にすることはない」（同上、四〇八頁）としているのです。ここで、このあらゆる客観的学問を

遂行する人間そのものを主題にする人間学的態度の普遍性が主張され、この人間学的態度において世界認識を遂行する人間は、法外なパラドクスを自覚することになります。それは「私たち自身は世界のうちに従属させられる出来事であるのに、その世界が私たちの形成物であり、したがって、私たち自身でさえ、私たちの形成物であるということではないのか」（同上、四一〇頁）というパラドクスです。このパラドクスは、『危機書』で「人間的主観性の逆説――世界に対する主観であると同時に世界のうちにある客観であること」（同書第五三節）と表現されています。『間主観性の現象学　その展開』の人間主観のパラドクスを論じるこのテキストでは、『危機書』にみられた「現在と過去」、「知覚と想起」という類比関係に安易に依拠することなく、「すべての客観性の基礎としての身体の客観性」という自他の身体の構成という視点にたち、相互主観的な感性的知覚領分において、相互主観的構成の分析が展開されていることを確認することができます（『間主観性の現象学　その展開』四〇七頁以降を参照）。

この現象学による「普遍的人間学」において、共同精神を生きる、故郷世界を基盤にした人格共同体が考察されていることの意味は、甚大なものであるといえます。フッサールにとって、人間学とは、人間が人間として家族愛と倫理的愛をとおして、共同体における人格として形成されていく全体的プロセスの静態的及び発生的分析による「人間の本質学」ということができるのです。

④　相互主観性の構成は、「正常と異常」の観点から、正常な人にとって、また異常な人にとっても同一の世界がどのように構成されているのか、という観点から考察されてもいます。そのさい注目すべきは、フッサールが、成人の正常な人々のあいだで感情移入をとおして成立する、正常な実践的環境世界の構成分析から出発して、発生的現象学の方法である「脱構築」を活用して、異常な人々、幼児や動物の段階での周囲世界の構成の解明を

試みていることです。

しかし、脱構築の方法というのは、静態的分析で解明された既成の志向性の構成層の全体を地層学者のように、上層から下層へと発掘していくことではありません。相互主観性の構成が問われて、フッサールの試みた自我主観と他我主観の区別が生成する以前の「原初的領分（固有領域）」への「原初的還元」で試みられているのは、まさに、正常な成人にとって自明である自他の区別にかかわる志向性の能作が、いまだ働いていないとしてカッコ入れすることであり、それによって、正常に働く自他の区別を可能にしている構成層を、人間の実践的環境世界を構成している構成層の階層的構築の全体から「脱してみる」という脱構築の方法なのです。

この方法によって開示されてくる幼児における志向性による構成の世界は、時間意識に関しては、想起と予期の働かない過去把持と未来予持のみ働く流れる現在の受動的先構成と、空間意識に関しては、能動的キネステーゼが働く以前の受動的な本能的キネステーゼ（野生のキネステーゼ）による先構成の世界です。こうして衝動志向性の充実／不充実に基づく母子間の相互主観的な共有される時間化と空間化の構成段階が露呈され、自我の生成以前のモナド間のコミュニケーションの領域の解明が、現象学的分析の課題とされるにいたるのです。

第五節　「汝」ないし「他者の他者性」をめぐって

（1）　フッサールの人格共同体論において論ぜられている「我-汝-関係」とブーバーの「我-汝-関係」との共通点と相違は、これまで展開されてきたフッサールの他者論に対する「汝」の概念をめぐる批判の内実を明らかにすることになります。家族愛から倫理的愛を一貫する、相手を自分にとっての経験と利用の対象にすることなく、人格として直向きに愛するという態度は、フッサールとブーバーに共通しています。「配慮（Sorge）」を人間関係の基軸にすえるハイデガーにおいて、人格に対する積極的な愛は、背景に退き、「未来の自己の死への覚悟を迫る孤立した実存」に、フッサールとブーバーの語る人格共同体への方向はみえてきません。ブーバーの「我と汝の出会い（我–汝–関係）」を否定するレヴィナスは、私たちに与えられている感覚体験を、自我の働く能動的志向性として捉えることで、自我の形成以前に受動的志向性として働く本能的愛をとおして、幼児期に人格の核が育まれてくるという視点が欠落することになります。他者の他者性を志向性の彼方に位置づけるレヴィナスは、まさにこの志向性を自我の能作が含まれる能動的志向性としてしか理解していません。ブーバーの成人における「我–汝–関係」において、またフッサールの人格主義的態度における「我–汝–関係」においても、能動性の極みにおいて、自己への反省、ないし自己遡及性から解放された人格相互の結びつきが成立し、「出会い」が生起しているのです。

① 以上の論点を詳細に考察してみるとき、『デカルト的省察』の第五省察において呈示された「対化」による受動的相互主観性の構成に対する諸批判の浅薄さが、「他者の他者性」の理解に関してより鮮明になります。このときブーバーが一一歳だったときの馬小屋での馬との「触れ合い」の体験は、「他者の他者性」を意味する「汝」との出会いの体験として、レヴィナスの理解する、出会いをとおして与えられることのない「他者の他者性」との原理的相違を際立たせます。まさにこの論点において、フッサールの対化による受動的相互主観性（間身体性）の構成論は、家族愛における「我–汝–関係」をとおした人格の形成という発生的基盤を呈示しうることになり、ブーバーの幼児期における「我–汝–関係」である出会いの可能性を、現象学的明証性をとおして明確に、確証することができるのです。

② レヴィナスにおいて、汝との出会いの可能性は、幼児期のみならず、成人のあいだにおいても与えられていません。まさにこの「出会いの可能性が与えられていない」ことこそ、レヴィナスにとって、「他者の他者性」の尊厳が確保されうるとされているからです。なぜなら、レヴィナスにとって、人と人とのあいだに生じる関係性において「我と汝」が対面し、向き合うとは、レヴィナスの言葉に即せば、「私の自我」と「他者の自我」が立場をいつでも交換しうるような、「シンメトリー（均衡）」の関係にあることを意味すると理解されねばならず、本来、他者とは、決してその他者の他者性に到達することのできない、非シンメトリー（不均衡）の関係にあるとされねばならないからです。

③ ここでいわれるヴィナスの主張する「我‐汝‐関係」に内属するとされる「シンメトリー」の関係は、「エゴ・コギト」と称される自己意識を前提にした能動的綜合の充実／非充実によるノエシス‐ノエマの相関関係を意味しています。それが、我と汝の立場が交換可能な両者の側で、均衡した他者関係において働くとされるのです。これに対して明確であるのは、一一歳のブーバーにとって可能とされた「馬との触れ合い（出会い）」の可能性は、自我極がすでに形成されてはいても、その自我極をへることのない、つまり、ノエシス‐ノエマの相関関係である能動的綜合として作動することのない、受動的綜合としての内的身体性と外的身体性の対化連合による間身体性の成立を、その基盤としているのです。しかも、馬に向かって能動的志向の志向対象として対象化（ノエマ化）することなく、生きるという本能的志向性の相互の充実をとおして相互の「他者の他者性」に、共有体験による共有現在を生きる中で、「触れ合い、出会っている」といえるのです。

④ 他者の他者性との「我‐汝‐関係」における「倫理的愛の精神共同体」というフッサールの理念は、ハイデガーの「自己の死に向き合う実存的決断と、それに即した他者への配慮」という人間関係の把握、及びレヴィナ

スの「触れ合うことのできない原印象のかなたの他者の他者性」という他者理解と相容れません。ハイデガーの未来の自己の死に向かって実存的決断を行使するさいの「本来的時間性」の理解は、少年と馬との出会いのさいの、我‐汝‐関係における生ける共有現在という本来的時間性を排斥し、レヴィナスによる「原印象と受動的志向性としての過去把持」を峻別して、原印象のかなたに他者の他者性を措定する時間性の理解においても同様、この生ける共有現在における、相互に感じ合う相互感覚という共感の持続が成立する可能性は、完全に排除されるのです。

（2）フッサールとブーバーにおける「我‐汝‐関係」の理解の相違を挙げるとすれば、人格共同体における「我‐それ‐関係」の位置づけを指摘することができるでしょう。フッサールの場合、能動的志向性のノエシス‐ノエマの相関関係による構成論を基礎にして、自然科学と精神科学を統合しうる、静態的分析と発生的分析を繰り返すことで成立する「本質直観」をとおして、「我‐それ‐関係」の志向的基盤を呈示することができます。それに対して、ブーバーの場合、「我‐それ‐関係」における「我」が、幼児期の生得的汝との我‐汝‐関係から生成するその大まかなプロセスが描写されていることを別にして、「我‐それ‐関係」そのものの志向的構成について触れられることはありません。ブーバーにおいては、現代社会を支配する圧倒的な技術知に対して、次元的に対立する「我‐汝‐関係」を対置させることに終始し、学知を統合しうる方向性を見出すことが困難であるように思えるのです。

①　同種の批判は、西田幾多郎の「私と汝」と題する論稿にも妥当します。西田において、道徳哲学の領域で積極的に取り上げられるカント哲学における人格概念は、日本社会における具体的社会制度論や社会哲学への展

開をみせないまま、直接、宗教的人格の次元への飛躍をなしてしまい、日本社会における人格共同体の基盤は構築されずに留まってしまっています。フッサールの相互主観性論における人格共同体論から学ぶことができる一つの重要な視点は、受動的志向性に基づけられた能動的志向性による、「我-汝-関係」を基盤にする第三人称的な「我-それ-関係」における社会制度の構築にあるといえるでしょう。

②　社会哲学の基礎を形成する相互主観性論は、それぞれの生活世界において、それぞれの受動的相互主観性の土台の上に、それぞれの「我-それ-関係」の形成をとおした能動的相互主観性が、構築されることで成立しているといえます。したがって、日本における相互主観性論の成立は、フッサールによって示されている家族愛における人格の形成と、倫理的愛における我－汝－関係の成立に対峙させることで、それぞれ受動的相互主観性と能動的相互主観性の日本社会における特性を明らかにすることができるでしょう。

③　この対峙をとおして興味深い論点として際立ってくるのが、「家族愛」と「倫理的愛」における「我-汝-関係」と、能動的相互主観性における「我-それ-関係」との関係、という興味深い問いの視点です。ブーバーとフッサールが語る「我-汝-関係」を、西田の語る「主格未分」の純粋経験と対比させてみるとき、西田において「主客未分」における「無私性」は、成人における倫理的愛の我-汝-関係に対応しているとはいえても、自我が形成される以前という意味での、幼児期の「無私性」における（言い換えると家族愛の我-汝-関係における）人格の形成が主題化されることはありません。ということは、受動的相互主観性を基盤にした家族愛における人格形成という視点が、日本社会における家族愛をとおして価値づけ、目的づけられている人間像と、どのような関係にあるのか、という問い立てられてくることになるのです。

第六節　間モナド論的目的論における相互主観性論

『フッサール全集』第一三巻から第一五巻にわたる相互主観性の構成にかかわる膨大なテキストで重要と思われるテキストを中心に抄訳された『間主観性の現象学』の三巻は、第一巻『間主観性の現象学　その方法』、第二巻『間主観性の現象学　その展開』と題され、その第三巻は、『間主観性の現象学　その行方』と題されています。この第三巻において、フッサールが相互主観性論をとおして全体として目指していたものの明確な性格づけをみてとることができます。この目指されていたものは、この第三巻第四部のテーマである「目的論」にあるとすることで、フッサールの捉える目的論の適確な理解ができるよう、この第六節の論述を展開してみたいと思います。

しかし、この目的論について語るためには、それに先行するこの第三巻の第一部「自我論」、第二部「モナド論」、第三部「時間と他者」、とされる論題の概要がまず、理解されていなければなりません。そしてそのさい、必然的に問われてくる問いは、次のように表現されるといえるでしょう。まずは、超越論的自我の能作が前提にされる自我論という立論をとおして、そもそも「他者」について、つまり、「他の超越論的自我について語ることができるのか」と問われ、次に、一九二〇年代以降展開しているフッサールの発生的現象学においては、ここで問題にされる超越論的自我の「自我極そのものの生成」や「自我の発展」が、自我論の枠組みに収まらないモナド論という構想のなかでこそ、考察可能とされてきているのではないのか、と問われることになります。というのも、自我はモナドの発展の一段階であるとはいえても、モナドが自我の発展の一段階ということはできないはずだからです。こうして自我論とモナド論の関係が明瞭に理解されねばならない必要性が明確になります。そして、この関係の適確な理解は、第三部の「時間と他者」で定題化されている「想起」や「生き生きした現在」と「他者の構成」との関係性の解明と密接な関係にあるだけではありません。さらにその理解は、第四部の目的論において呈示されている、「生き生きした現在の立ち留まり」(『間主観性の現象学　その行方』、五四五頁を参照)を規則づける衝動志向性の解明が、普遍的目的論の基盤となっていることを論証づけるさい、重要な役割をはたしていることが示されることになります。

①　まず初めに問題にしたいのは、「自我論の拡張としてモナド論を捉えることができるのか」という問題です。『間主観性の現象学　その行方』の一四の論稿(一九二二年執筆)の標題は、「自我論の拡張としてのモナド論」とされています。この論稿を注意深く読み進める読者は、まず、現象学的還元をとおした純粋自我の解明が、直接モナドそのものの解明につながっているとされる見解に接することになります。この見解は、「私は、私が自身を起点として……形づくる一つの純粋自我から出発して、可能な共存する複数のモナドの宇宙の理念を、私自身に対して作り上げることができる」(同上、二六六頁)という文章に明白に述べられています。この論稿の標題にあるように、『イデーンI』で呈示されている「純粋自我」の解明そのものが、複数のモナド(純粋自我)の理念的存在を確証できる、とするのです。

しかし、この論稿は、この主張のままには留まらず、その最後の第一〇節において、モナドの概念が使用されるなかで、自我モナドの能動性の強調とともに、モナドの受動的基盤についての記述で結ばれることになります。そこでは、「とはいえ、他の面からして、それらモナドは、その受動的基盤に関して、その絶対的結合をもつのであり、受動的形式における絶対的相互規定をもっている」(同上、二七五頁)とされ、「この全体的なモナド的過程は、発生の普遍的規則のもとにあり、その中でもとりわけ、それを解明しつくすことが現象学の最大の課題であるような本質規則がある」（同上、二七六頁）と述べられているのです。ここで付け加えられているモナドの受動的基盤に働く「発生の普遍的本質規則」こそ、フッサール自身、その文章の注で明確に「連合規則」（同上、三三〇頁の原注36）と記しているように、まさに受動的綜合としての連合の規則に他ならないのです。つまり、自我モナドによる能動的作用の側面と同時に、モナドの受動的基盤が対置され、そこに働く発生の普遍的規則性としての連合が確定されているのです。

② 自我論に対するモナド論の特徴の一つは、モナドがここで述べられているように、「全体的なモナド的過程、ないし発展」において捉えられていることです。そのさい、発生の本質規則である連合は、自我論において分析される「自我の能作」として理解できないことこそ、この論稿の「自我論の拡張としてのモナド論」という主張とは逆に、他者が自我論で解明しえない、その限界を明確に露呈することになります。『間主観性の現象学その展開』での「対化」の記述に明確に示されていたように、受動的綜合である連合は、自我の能作が活動する以前に、その能作に先行して、モナドの受動的基盤にこそ働いており、それによって、間身体性の等根源的生成が超越論的に根拠づけられていたのでした。こうして、超越論的規則性である連合は、モナド論で論ぜられても、自我論で述べることは当然、不可能なのです。いうまでもなく、自我論は、自我の能作を前提にするところで、はじめて、自我論といえるからです。

（a） それにもかかわらず、フッサールは、再三再四、自我論からモナド論を語る試みを繰り返します。その一つが、一九三三年に起草された、この第三巻の一八の論稿「始原的自我〔エゴ〕とモナド論」という論稿です。そこでは、相互主観的な社会共同化の成立が問われるなかで、「超越論的-現象学的な態度と方法」（『間主観性の

現象学　その行方』三一〇頁）をとおして、究極の超越論的なものとして「超越論的な自我の、始原的な、絶対に根源的に流れる生」（同上）が確認されます。この根源的に流れる生は、実は、「流れるとか、生き生きとしている」とか、呼ばれてはなりません。なぜなら、この「絶対的『我〔エゴ〕』は非時間的であり、あらゆる時間化とあらゆる時間の担い手であり、あらゆる存在統一の、あらゆる世界の担い手」（同上、三一七頁）とされるからです。

（b）こうして、先に述べられた純粋自我からの複数のモナドを論証するように、「私の始原的我〔エゴ〕は始原的な我たちの『無限性』を含蓄している」（同上、三一八頁）とされるのです。ただし、注意せねばならないのは、この論稿においても、最後の段階にいたって、フッサール自身、この自我論的論述が、モナド論に適用できるかどうか、疑問視していることです。そして、その疑問視には、自我論には含みきれない、フッサールが発生的現象学で露呈したモナド論に固有な特性が、明確に反映してくることになります。この特性というのは、この論稿で展開される矛盾したフッサールの論述そのものに見受けられることになります。まず第一に指摘されるべきは、それ自身は非時間的である絶対的エゴが時間化を担うというとき、どのように担うかが問われますが、それに対して、フッサールが次のように答えていることです。すなわち、現象学する自我が、昨日、今日というように現象学的還元を遂行するとき、「昨日と今日の始原的現在を区別し、昨日と今日の作用の区別」が成立するのは、「始原的自我の始原的生の場においてである。始原的な流れることは、それ自身のうちに過去を、現在の志向的変様として含蓄している」（同上、三一四頁）としているのです。

（c）では、ここで「始原的流れることが過去を現在の志向的変様として含蓄する」というときの含蓄の仕方は、いったいどのような仕方であるのでしょうか。この論点、つまり過去把持の志向的変様の過程は、フッサール自身によって、『内的時間意識の現象学』や『受動的綜合の分析』のほか、さまざまなテキストにおいて、幅広くまた深い分析が展開されています。ところが、この先に引用されたフッサールの論述で、完全に見落とされてしまっているのが、そもそも過去把持は、自我の能作をまったく含まない受動的志向性であり、受動的綜合である連合をとおして作動していることです。したがって、「昨日と今日の始原的現在の区別」は、始原的自我が行っているのではなく、始原的自我の能作がはじまる以前に、過去把持をとおして成立しているといわれねばなりません。ということは過去把持をとおさない時間化は不可能であり、また過去把持にいかなる超越論的自我の能作の関与も認められない以上、始原的で絶対的エゴが、時間化を担うことはできないのです。ここではっきり確認されておかねばならないのは、モナドが本質的に時間化をとおしてしか考えられないのに対して、絶対的エゴの非時間性が決定的にことなっていることなのです。

（d）この一八の論稿で問題にされる第二の論点は、同じく時間化の分析のさい、繰り返し問題にされる自我の作用の「無限遡及」の問題です。この問題は、この論稿において、「流れることは《流れ去り流れ来ること》であり、流れ去ることのうちに私が向かうことのできるような統一を担っている。しかしおのれを向けること、……これらは私にとって、まさしく後からくる同一化の作用によって存在しているのであり、こうした同一化の作用そのものが、以前は流れることのうちにある統一だったのに、またしても後から来る同一化によってのみおのれの存在をもつのである」（『間主観性の現象学　その行方』三一三頁及び次頁）と述べられています。しかし、同一化作用が向かう以前に、過去把持と未来予持をとおして統一が成立していることこそ、フッサールの時間論の中核をなし、無限遡及は、自我の作用によって時間持続を説明しようとすることからする論理的自己破綻の露呈に他なりません。というのも、自我の作用によって、時間内容が統一されて成立している、つまり持続した時間内容の成立そのものの構成のされ方を解明しようとすることから、論理的に無限の自我作用を要請することになってしまうこと、このことが自我作用の無限遡及の問題とされるからです。この問題の本質がフッサールにとって明らかになるのは、『内的時間意識の現象学』（『フッサール全集』第一〇巻）において、無限遡及に陥る自我作用によってではなく、過去把持という受動的志向性によって持続する時間内容が構成されていることが、解明されることによってなのです。これと同時に、無限遡及の問題そのもの由来が明らかになり、その問いが問いになる必然性が消滅することで、立てられる必要のない問いとして解消したのでした。

（e）ところが、超越論的自我の能作によって、時間化を解明しようとする姿勢は、発生的現象学が、受動的発生と能動的発生をめぐり進展している一九三〇年代においても、より錯綜した形で表現されてくることになります。一九三二年に執筆された「生き生きした現在」についての草稿において、フッサールは、自我の能作を前提にする「現象学する自我」が時間化を起こし、構成する、という見解をあらためて呈示し、再度、このまったく同じ「無限遡及」の問題にぶつかることで、この見解が瓦解せざるをえないことを記述しているのです。フッサールはここで、「時間性とはまさに、いずれにしても自我の能作なのであり、それは根源的な能作であれ、獲得された能作であれ」（『フッサール全集』第三四巻、一八一頁）と述べます。ところが、フッサールは、この文章に直接、続けて、「〔ここで〕明らかであるのは、たえざる流れることが、それ自身のうちに流れることとして、現実の志向性をもつとするなら、私たちが無限遡及にいたってしまうだろう、ということである」と述べているのです。つまり、自我の能作である現実の志向性が作動して、時間化が生じるとすれば、流れることにおいて成立していた時間内容を、当の現実の志向性が構成していたはずであるとする自我の能作（作用）の無限遡及に陥ってしまうのであり、そのことは、フッサールにとって、明白なことだとされているのです。自我の能作によるのではない、モナド論的時間化の分析は、このような無限遡及におちいることなく、モナド間にどのように、生き生きした現在が生起しているのか、受動的綜合である連合の規則性に即して、続く後述にみられるように、豊かな展開をみせることになるのです。

③　絶対的エゴにおいて自我と他我、すなわち複数の自我モナドが含蓄されているという、自我論的枠組みにおいて、超越論的他者の存在が超越論的に論証できるとする可能性は、「絶対的なものとは、まさしく絶対的な時間化に他ならず」、あるいは「この絶対的なものは《立ちとどまりつつ-流れる今》である」（『間主観性の現象学　その行方』五〇六頁）といわれるように、実際のところ、自我に代わる絶対的なものである時間化の分析をとおして、原理的に退けられることになります。ここで明確に呈示されてくるのが、モナド間に働く衝動志向性による時間化の分析です。第四部の三四の論稿では、作用の自我とその習慣性は、発展においてあるのではないか、とする発生的現象学の観点に即して、次のように述べられることになるのです。

「私たちは、普遍的な衝動志向性を前提にすることが許される、あるいは、前提にせねばならないのではないのか。その衝動志向性は、あらゆる本源的な現在を、立ち留まる時間化として統一し、具体的に現在から現在へと次のような仕方で押し流す。すなわち、すべての内容が衝動充実の内容であり、目標を前にして志向されている、そしてそのさい、あらゆる原初的な現在において超越する高次の段階の衝動が、あらゆる他の現在へと入り込み、すべてをモナドとして相互に結びつけ、その一方ですべてが相互内属的に含蓄されている、――志向的に、という仕方である。」（同上、五四七頁）

この記述に先立つテキストでは、母と子のあいだの衝動志向性について言及されていることから、ここで言われている衝動充実は、たとえば授乳の場面を想定するのが適切かと思われます。自我の発展以前の乳幼児と、授乳のさい覚醒化される本能志向性に即応している母親とのあいだに、授乳衝動の志向と充実が経過していくこととなります。両モナドにとって、授乳衝動が形成されるなかで、その衝動が志向され、充実されることで、そのつど、衝動充実という時間内容が成立します。この時間内容の成立こそ、そのつどの生き生きした現在の立ち留まりを意味するに他なりません。ということは、両モナドが、衝動の充実をとおして、生き生きした現在の立ち留まりを生起させていることを意味します。つまり、生き生きした現在は、両モナドにとって、モナド間に働く衝動充実をとおして、共有される、共体験される「共同現在」の成立を意味するのです。モナドの時間化は、このように、間モナド的時間化として生起しているのです。

④　この普遍的衝動志向性が、「普遍的目的論の把握に導く」（同上、五四八頁）とされるのは、モナド論において、幼児にとっての衝動志向性の充実を前提にする「自我極の生成」、ないし「自我中心化」の成立が問われることで、人間モナドに限られないモナドの発展の全体像が問われることになるからです。すなわち「生気のあるモナドや動物的なモナド、先動物的なモナドの段階の無限性がみられ、一方では人間まで上る段階、また他方で子供や子供以前のモナドの段階がある――〔この無限性は〕『個体発生的』発展〈と〉系統発生的発展の恒常性においてある」（同上）。つまり、このモナドの発展の基底に、普遍的衝動志向性を確認することで、モナドの発展の目的論の基礎を確定できるとするのです。この両モナド間に共有される「生き生きした現在」こそ、真の意味での、客観的時間の生起と源泉に他なりません。この客観性は、間モナド的時間化の生起に起因しており、ここに間モナド的相互主観性のもっとも始原的な超越論的事実性という超越論的規則性の生起が確定されるので

す。こうして相互主観性の受動的基盤が超越論的に根拠づけられることで、普遍的目的論の基礎構造が開示されたのです。

⑤　いまだ構想の段階と判断すべきですが、フッサールがモナドの発展の大まかな階層づけを行っているテキストがあります。フッサールは、『間主観性の現象学　その行方』の三一のテキストで、体系的な志向的現象学によって基づけられ、沈澱の理念の適用によるモナドの歴史性の構図を次のように描いています。

「(一)根源的に本能的なコミュニケーションのうちにある複数のモナドの全性、そのそれぞれがたえずみずからの個体的生のうちで生きており、それとともにそれぞれがみな沈澱した生、すなわち隠れた歴史をともなっているのであって、この歴史は同時に『普遍史』を含蓄している。眠れるモナドたち。(二)モナド的歴史の発展。恒常的な基づけとしての眠れるモナドたちという背景をともなって、覚醒するモナドたちと覚醒性における発展。(三)世界を構成するものとしての人間のモナドたちの発展。その世界のうちで、モナドの宇宙が方位づけられた形で自己客観化へと透徹し、モナドたちが理性的な自己意識−人類意識へといたり、世界理解へといたる、等々。」(同上、五一八頁)

(a)　ここでまず、問われるのは、(一)で述べられている「眠れるモナド」をどう理解すべきか、という論点です。フッサールがここで「眠り」といっているのは、毎日の眠りと覚醒を繰り返す場合の「眠り」ではなく、人間モナドが死して「絶対的眠り」へ沈み込むという文脈で語られています。それだけに、この絶対的眠りにおけるモナドが、本能的コミュニケーションのうちにおいて、その個体的生を生きつつ、隠れたモナドの「普遍史」を含蓄している、とする記述の解明は、静態的並びに発生的現象学を包摂する体系的な志向的現象学の十全的明証にもたらされるべき、大きな課題といわれねばならないでしょう。

（b）この「眠れるモナド」の背景的基づけによる（二）における覚醒したモナドの歴史的発展は、人間モナドの段階以前のモナドの覚醒を意味しています。この段階において、「系統発生的発展に応じた過程全体が、誕生へといたるすべての生殖細胞モナドのうちに沈澱している。この連関のうちで作動しているすべてのモナドは、それぞれの場所において、発展の遺産としての沈澱をもっている」（同上、五一九頁）という記述が該当するといえるでしょう。

（c）人間モナドの発達の段階である（三）の段階において、このモナドの発展の全体的構想が普遍的目的論を表現していることが明確になります。このさい、問われなければならないのは、「モナドが理性的な自己意識と世界理解へいたる」というように、モナドの志向の本質について語ることのできる明証性の基盤は、どこにあるのかという問題です。授乳における本能志向性の覚醒をとおした母と子のあいだに生じる本能的コミュニケーションにおいて、時間化に働く衝動志向の充実という目的づけが解明されています。モナド間の本能的志向性によるコミュニケーションという目的づけです。いわば「衝動の目的」といえます。

（d）人間モナドの理性に向けた目的づけは、この第三巻の三二において、超越論的主観性は、「無限の完全性という理念、無限に完全な間主観的全共同性のうちにある完全な個別主観的存在という理念」（五二一頁）をその意志のうちにもち、「現実存在の必然的な『矛盾』を克服し、……真なる存在へと高めていき、みずからを真理へ向かって革新していく現実存在という理念」（同上）を、その普遍的発展過程の必然性という目的論的過程としてもつ、としています。衝動の目的論が、間モナド的衝動志向性の充実として時間論において、その明証性を獲得しているとすれば、理性の目的論は、超越論的論理学における普遍的学問論の枠組みにおける真なる存在の明証性において、確証されているといえるでしょう。そのさい、『受動的綜合の分析』（第二五節を参照）で明証的に記述されているように、高次の志向性である能動的志向性の能動的綜合による述定的判断の能作が、対象の自体存在の源泉となっている再想起の能作を前提にしていることこそ、能動的綜合の能作の明証的特質を示すといえます。

（e）このように、時間化として生じる衝動の目的が先行し、その基盤に基づき、それを前提にしつつ真理を目指す理性の目的が覚醒してくるとする目的論の全過程は、神の概念に関連づけられつつ、次のような表現にいたります。「神は、みずから全モナドであるというわけではなく、全モナドのうちに存している完成態〔エンテレヒー〕であり、無限の発展、すなわち絶対的理性に基づく『人間性』の無限の発展の目的〔テロス〕という理念として、それは必然的にモナドの存在を規則づけ、しかもみずからの自由な決断に基づいて規則づけるような理念としてある」（五一八頁）とされます。

ここで活用されているアリストテレスの「エンテレヒー」の概念は、J・イリバルネの解釈（イリバルネ「フッサールの神理解とそのライプニッツとの関係」、『現象学とライプニッツ』所収を参照）にあるように、フッサールによって、完成された現実体という理念の側面よりむしろ、力動性の観点から「内在的な形成原理」として理解されているとするのが、妥当でしょう。というのも、これまで述べられてきたフッサール目的論の論述にみられるように、志向性として規定されるモナドの発展過程は、観念論の意味での理念（カントの意味での要請される理念をも含めて）によって一面的に規定されるのではなく、また当然ながら、外的実在に働く因果関係によって規定されることもないからです。ここで内在的な形成原理としてのエンテレヒーは、モナド論的目的論において、衝動の目的における受動的志向性である連合の規則性として、理性の目的における能動的志向性としての述定的判断における一般性の把握の能作として表現されているといえるのです。

第七節　学際的哲学研究とモナド論的現象学の目的論

フッサールの相互主観性の現象学は、人間モナドの段階において、おおきく、受動的相互主観性と能動的相互主観性の二重構造として表現されうるといえます。受動的相互主観性は、衝動の充実に目的づけられ、能動的相互主観性は、理性の充実に目的づけられるとして規定され、間モナド論的目的論の全体の発展過程の概要が示されています。ここで問われてくるのは、この目的論の示す方向性が、現代哲学の課題、とりわけ、現代物理学、遺伝子生物学、脳神経科学等、発展の著しい自然科学研究と哲学との関係性の解明という課題に対して、何を示しうるのかという問題です。

①　学問論的観点からして、現象学が、近代哲学の二元論である観念論と実在論とに対立する立場設定は、志向性の概念からして、明確な原理的論点を呈示しています。自然科学研究は、客観的時間と空間における事物の実在を前提にし、その実在する事物間の因果関係を数学を使用して解明するという方法論をとります。哲学としての現象学は、この客観的時間・空間の存在をそのまま前提にすることなく、時間と空間の意味そのものの生成とその源泉を、発生的現象学において、間モナド的な受動的相互主観性における本能的コミュニケーションにつきとめ、さらに、能動的相互主観性の領域において、対象知覚、再想起、言語等の能作をとおして数的客観性の意味層が獲得されていく過程を、確定することができるのです。ここで実現したのは、いわば、現象学をとおし

ての自然科学研究の新たな基礎づけと哲学への統合の作業です。

② この現象学による方法論的基礎づけをへた脳神経科学として、F・ヴァレラの「神経現象学」を挙げることができます。この神経現象学の方法論的自覚は、メルロ＝ポンティの『知覚の現象学』での、観念論でも実在論でもない現象学の立場をきわだたせる鮮明さに応じた原理的徹底さを示しており、方法としての現象学的還元を経ずして、あらたな生命科学の将来はない、とまでヴァレラはいいきっているのです（この詳細については、本書第Ⅲ部第三章を参照）。ヴァレラの見解を受けつぐN・デプラスは、オートポイエーシス論で呈示される生命システム間に働くカップリングと間モナド的受動的相互主観性に働く対化との原理的共通性を指摘することで、間モナド的コミュニケーションの基底層の解明の方向性が、明確にされているといえます。

③ 元来、現象学の方法、とりわけ静態的及び発生的分析をへて遂行される「本質直観」の方法では、自然科学研究そのものの研究成果が、この方法の第一段階である「事例化」において、最大限に活用されていることが見落とされてはなりません。方法論的限定のもと、現象学において、自然科学研究の新たな基礎づけがなされているのであり、自然科学研究そのものの役割が否定されているわけではもちろんありません。しかし、その方法論的限定を自覚できず、「本来、物理量の世界に、いかなる意味づけや価値づけも属さない」ことを忘却し、人間主観による意味づけと価値づけが、自然科学研究者自身が生きているそれぞれの「生活世界」に由来していることに反省が及ばない場合、フッサールは、そのような自然科学研究の態度を、「生活世界の数学化」として、徹底した原理的批判を展開し、自然科学的世界観の根底を突き崩し、その本質を人間の自覚にもたらそうとします。

④ フッサールの超越論的現象学の普遍的目的論に対置されるのは、近代哲学の二元論を根底にしたままの文化相対主義の哲学です。自然科学研究と、それと並行して進展しうる独自の精神科学研究を主張する哲学は、諸

文化の共存を、相互に閉じた、窓をもたないモナドの共同体の自己発展とみなすことで、フッサールとことなり、モナドの発展に、いかなるあり方でのモナド間の直接的コミュニケーションの必然性を見出すことができません。文化的相対主義の哲学が主義として成立しうるとする誤認は、次の諸点に見受けられます。

（a）文化的相対主義の哲学において、フッサールの普遍的目的論における哲学的明証の問いが、問いとして成立しておらず、数学より厳密な学に求められる「デカルト的懐疑」をへるという哲学的問いの基盤に立脚していないことです。このことは、超越論的主観性としての自我と他我の問いが、問いとして立てられることのない、つまり、他者論の問いが問いとして立てられる必然性についての哲学的問いの感受性が失われている、哲学的反省の脆弱さに起因しているといえるでしょう。

（b）この哲学的反省の脆弱さを裏付けているのは、実は、哲学研究を進める者の、明証に向けた探求能力の断念と放棄による、とせねばならないとすれば、哲学的反省についての責任能力の欠如が指摘されねばならないといえます。確かに、モナドの発展という目的設定において、私たちは、現に、現実存在の担う具体的「矛盾」として、「地球温暖化問題」、「原発廃棄物問題」、「貧困と格差の問題」等、山積する課題に直面しています。このとき、生命としての生きる人間存在の基盤である衝動の目的の充実と、それを基盤にした、徹底した超越論的条件性と規則性の解明を目指す理性の目的の実現は、多くの困難を伴うのは明らかです。そのさい、フッサールの目的論は、哲学的反省の責任として、明確な明証の基盤を呈示し、それに即して反省と分析を一貫して遂行しようとします。諸文化の独自性とその閉ざされた自己発展を主張し、人間性の普遍への哲学的反省を断念することとは、哲学的明証の断念であり、懐疑論的で日和見を決め込む人間の歴史の傍観者にとどまるのです。

（c）静態的及び発生的現象学における本質直観と、発生的現象学の脱構築を、その方法論にすえる志向的現象学の目的論は、受動的相互主観性と能動的相互主観性からなる生活世界において、それぞれの文化の価値づけが生成し、展開していることを現象学的分析にもたらし、そこに働く超越論的規則性を解明しうるとしています。文化相対主義の哲学が、文化価値の独自性と自己発展を主張しうるとするのは、実は、言語分節的考察が可能な能動的相互主観性の段階にのみ、文化の本質を見ていると錯覚し、能動的相互主観性が、受動的相互主観性を前提にし、この受動的相互主観性の領域に受動的綜合としての連合が働いていることが、まったく自覚されていないからなのです。

注

第一章　心と身体の関係――「我‐汝‐関係」の現象学

（1）D・N・スターン『乳児の対人関係　理論編』岩崎学術出版社、一九八九年を参照。
（2）このことについての詳細は、山口一郎『文化を生きる身体』八九頁以降を参照。
（3）小西行郎『赤ちゃんと脳科学』四〇頁を参照。
（4）E・フッサール『間主観性の現象学　その方法』五〇一頁以降を参照。
（5）この無様式感覚から、次第に個別的な感覚野が、形成されてくるプロセスについては、山口一郎『感覚の記憶』第Ⅱ部第二章個別的感覚質（クオリア）の生成、一九一頁以降を参照。
（6）M・ブーバー『対話的原理Ⅰ』二二七頁以降。
（7）M・ブーバー、同上。
（8）オイゲン・ヘリゲル『弓と禅』福村出版、一九八一年を参照。
（9）受動的志向性の説明については、山口一郎『現象学ことはじめ』の第五章を参照。

第二章　受動性と能動性の関係についての原理的考察

（1）「それ自体、第一のもの」とは das an sich Erste の訳語ですが、ここでは an sich を哲学用語の慣例として「即目的」と訳しています。
（2）『受動的綜合の分析』（『フッサール全集』第一一巻）の邦訳において、訳出されていない部分として、補足の論稿のうち、A論稿は、本文の第一二節から第四〇節の内容に関わる一九二〇／二一年の講義のために書かれた初稿のテキストとされています。
（3）E. Holenstein, Phänomenologie der Assoziation, S. 120 を参照。

（4）原意識（Ⅰ）と原意識（Ⅱ）の違いについては、後続する注（20）参照。
（5）特に、山口一郎『人を生かす倫理』一五五頁及び次頁を参照。
（6）谷徹『意識の自然』三九六頁及び次頁。
（7）『内的時間意識の現象学』は、一九〇五年の講義のためのテキストが、中軸となっていることから、『時間講義』とも呼ばれています。
（8）ここでは、『現代独和辞典』三修社、一九七二年、を参考にしています。
（9）谷訳『内的時間意識の現象学』三六八頁、訳注一〇四を参照。
（10）HMとは、HUSSERLIANA MATERIALIEN（『フッサール資料集』）の略号であり、その第八巻、八二頁を意味しています。
（11）この頻繁に引用されるテキストは、『フッサール全集』第一五巻、五九五頁、『間主観性の現象Ⅲ　その行方』五四七頁を参照。
（12）原共感覚からの個別的感覚野の生成については、山口一郎『感覚の記憶』第Ⅱ部第二章を参照。
（13）この解釈は、田口茂『現象学という思考』第六章で呈示されています。
（14）田口茂、同上、一九八頁。
（15）同上、二〇〇頁。
（16）レヴィナスが、原印象と過去把持を分離して考察することに対する批判として、山口一郎『存在から生成へ』第二部第三章を参照。
（17）田口茂、同上二三五頁を参照。
（18）この、『間主観性の現象学　その展開』で「距離のある合致」（XIV, 531. 邦訳二一八頁）と表現されているのは、この『哲学入門』の論述に基づくということができるでしょう。
（19）E・フッサール『受動的綜合の分析』邦訳、二二四頁。
（20）自我極が形成される以前に働く原意識（Ⅰ）と自我極の形成後、自我の能作そのものが、その働くさなかで意識される原意識（Ⅱ）の区別については、山口一郎『存在から生成へ』二五七頁及び二五九頁を参照。
（21）このテキストの解釈について、山口一郎『存在から生成へ』一九九頁以降を参照。

（22）この予期外れについては、E・フッサール『受動的綜合の分析』二九九頁以降を参照。
（23）この事例は、山口一郎『感覚の記憶』第Ⅱ部第三章において考察した事例に基づいています。
（24）人見眞理「『ゼロのキネステーゼ』までに脳性麻痺児の身体」、『現代思想総特集 メルロ゠ポンティ』二〇〇八年を参照。
（25）E・フッサール『間主観性の現象学 その方法』邦訳、三四六頁及び次頁。
（26）E・フッサール『間主観性の現象学 その展開』邦訳、三五九頁。
（27）同上、三六七頁。
（28）M・ポランニー『暗黙知の次元』邦訳。
（29）同上、四四頁。

第三章　相互主観性論と受動的綜合

（1）「間身体性」という語は、ヴァルデンフェルスが、『対話の間の領域』で、メルロ゠ポンティの intercorporéité という語との関連において活用されていると思われます。ヴァルデンフェルスは間身体性を「そこにおいて自分固有の感性と他者の感性とが、共感覚的に相互に把捉し合うところ」（B. Waldenfels, Zwischenreich des Dialogs, S.159）と述べています。
（2）「後期フッサールの時間性・身体性の分析」について新田義弘『世界と生命』第三部第七章、特に一三六―一三八頁を参照。
（3）D・ザハヴィ、Husserl und die transzendentale Intersubjektivität Eine Antwort auf die sprachpragmatische Kritik（フッサールと相互主観性論　言語実践論的批判に対する解答）九三頁。
（4）D・ザハヴィ、同上、同頁。
（5）ザハヴィは、「先-客観的ないし、先-理論的な空間性と自然が、すでに相互主観的である」（『フッサール全集』第一七巻、二四七頁）というフッサールのテキストを、確かに確認しているものの（ザハヴィ、同上、九三頁）、この観点をこれ以上、定題化することもなく、現象学的分析にもたらすことも、ありません。
（6）D・ザハヴィ、同上、九八頁。強調は筆者によります。
（7）D・ザハヴィ、同上、一〇一頁、脚注12。
（8）R・キューン、Husserls Begriff der Passivität（『フッサールの受動性の概念』）三五六頁。

(9) 同上、四一三頁。
(10) 同上、四一三頁及び次頁。
(11) M・メルロ＝ポンティ『見えるものと見えないもの』邦訳、三〇八頁。
(12) この批判の原理的論証については、山口一郎『人を生かす倫理』一九五―二〇四頁までを参照。

第Ⅱ部　受動的綜合の位置づけ

これまで展開されてきた後期フッサール発生的現象学における鍵概念である受動的綜合の解明は、ここでライプニッツの「微小表象」の概念と、メルロ＝ポンティの「肉」の概念、さらにM・ポランニーの「暗黙知」の概念との対照考察をとおして、哲学史上の明確な位置づけを獲得することになり、それと同時に、フッサール発生的現象学のこれからのさらなる展開の可能性を明確に示しうることにつながります。

第一章の冒頭の文章にあるように、ライプニッツは、この微小表象によって、心身関係の調和と、すべてのモナド間の調和が説明できるとしています。フッサールの受動的綜合である連合も、無意識に働く微小表象と同様、意識にのぼることとなくなく作動しており、しかも、この連合の根本形式とされる「対化」をとおして相互主観性の生成が、根拠づけられているということは、まさに、自分の側の心身関係と他者の側の心身関係が、別々に問われる以前に、匿名的間身体性において、心身関係の調和（連合的対化）が生じていることを意味しているのです。以上の両概念の対照考察の妥当性は、カントの超越論的自我の概念とモナド概念との対峙をとおして、両概念の認識論的及び目的論的領域での哲学史的位置づけにおいて、確証されることになります。

メルロ＝ポンティの「肉」の概念との対照考察は、とりわけハイデガーの現存在分析の批判的検討をとおして、「過去と現在の同時性としての肉」という概念と、フッサールの「生き生きした現在における原印象と原過去把持との同時性」の概念との共通性を浮き彫りにし、間モナド的時間化の問題領域が、明確に呈示されることになります。

M・ポランニーによる「暗黙知と明示知」の対概念による「知の創発」の理論は、暗黙知の働きを内在化(indwelling)と規定されるさい、感情移入(Einfühlung)の概念を援用しています。この暗黙知にフッサールの受動的相互主観性と能動的相互主観性の区別を対峙させることで、野中郁次郎氏の「知識創造経営論」における暗黙知と形式知（明示知）の相乗的創造理論（ＳＥＣＩモデル）の展望を獲得することができます。

第一章　微小表象と受動的綜合

——フッサールのモナド論的現象学の方向づけ——

この章で明らかにしたいのは、ライプニッツの微小表象とフッサールの受動的綜合の関係を、明確にすることで、フッサールのモナド論的現象学の基本的枠組みを明確にし、ライプニッツとフッサールの哲学の対照考察を展開することです。そのために、まずは、次のライプニッツのテキストの解釈を、課題として立てます。

「魂と身体の間の、そしてすべてのモナドすなわち単純実体にさえあるあの感嘆すべき予定調和も、私はこれら感じとれない諸表象によって説明する。この予定調和は、これらのものが相互に影響を及ぼすという支持し難い学説に代わるものであり(1)……。」

このテキストでは、魂と身体との予定調和、及びモナド間の予定調和が、感じとれない無意識の微小表象（petite perceptions）によって説明可能とされています。ここで問われているのは、いわゆる心身関係であり、またモナド間の調和の問題です。第一の問いは、自然としての身体の外的因果性と、魂（ないし精神）の内的自発性との間の関係の問いであり、因果性と自発性という原理的矛盾を、内に含む関係であり、第二の問いは、いわゆる「モナドの無窓性」という調和の概念とはやはり矛盾する原則が、問われることになります。ライプニッツが、この二つの問いが、微小表象の概念によって説明できるとするとき、いったいその説明は、どのような説明でありうるのでしょうか。

この説明が、微小表象の予定調和としての形而上学的言明にとどまり、言い換えれば、神の絶対的理性による根拠づけとしてのみ説明可能であるのか、あるいは、この調和そのものが、フッサールの意味での超越論的現象学の明証性の基礎の上に、解明可能であるのでしょうか。この章で試みられるのは、ライプニッツの「微小表象」の概念を、フッサール発生的現象学の「受動的綜合」、すなわち意識される以前に働く「受動的で連合的な綜合」として解釈することであり、それによって「心身関係」の問いと、「相互主観性の超越論的根拠づけ」、という問いに対する解答を、フッサールのモナド論的現象学において、与えてみることです。

そのさい、まず必要とされるのは、フッサールが、どうして『イデーンⅠ』における現象学の認識構造として呈示された「ノエシス-ノエマ」の相関関係と、カントの意味での「純粋自我」を認可する立場を、変更して、具体的自我としてのモナド概念を導入し、モナド論的現象学を展開することになったのか、その必然性を論証することです。次に微小表象を、フッサールの超越論的規則性としての「受動的-連合的綜合」として理解する、という解釈の可能性が、詳細に考察され、最後には、相互主観性の根拠づけの確証が、周到に論証されることになります。

第一節　エゴロギー的（自我論的）現象学からモナド論的現象学への変転

(1)『イデーン』期の純粋自我から二〇年代のモナド論へ

フッサールは、一九二二年から二三年の冬学期の講義『哲学入門』で、『イデーンI』の純粋自我の立場を振り返り、徹底した自己批判を展開します。というのも、この立場は、「超越論的還元の素朴性」(2)に陥っており、その素朴性を克復しうる、「必当然的明証性」に即した「時間」と「他者」の明証性の考察を含みうる、新たな超越論的現象学へと、展開せねばならない、とするからです。この「超越論的還元の素朴性」で指摘されている内実を、突き詰め、時間と他者を含みうる超越論的現象学として、モナド論的現象学が開示されてくる経過を、明確にしてみましょう。

① カントの形式的アプリオリにおける形式主義批判

そもそも、カントがアプリオリとして認めているのは、感性の直観の形式としての時間と空間、悟性の純粋概念としてのカテゴリーとされる、いわゆる形式的アプリオリです。経験的な現象としての内容は、この形式的アプリオリをとおしてはじめて、表象にもたらされえます。K・E・ケーラーが、ライプニッツとカントを対置して主張する、カントにおける「超越論的転換」は、カントの形式的アプリオリという特性を、明確にするとして、「超越論的転換とは、主観性の形式と規則の総体としての理性の革命なのであって(3)」、としています。

しかし、フッサールは、この形式的アプリオリにかんし、すでに「感覚」の概念、また「時間意識の構成」の段階で、徹底した批判を展開します。フッサールは、感覚の「実質的アプリオリ」を主張し、事例として、色と延長という本質相互の相互基づけや、音と音の持続という本質相互の相互基づけのアプリオリ性を挙げます。[4] 色という本質と、延長という本質は、相互の本質を介在することなしに、つまりお互いの本質に依存することなしに、それぞれの本質であることはできません。お互いを分離して表象することは、できないのです。ある特定の色の純粋な空間的広がりは、事後的な抽象による獲得物でしかありえず、また持続する音の感覚内容を、純粋な時間持続と音の内容とを分離して、聞くこともできません。この分離による純粋時間持続と音の内容も、事後的な抽象物に他ならないのです。意識体験におけるこのような感覚の与えられ方は、誰にとっても疑いえず、必当然的明証性[5]をもちます。このように、純粋な形式としての時間も、同様に事後的な思惟の構築物なのです。したがってカントの考える感性的直観の形式としての時間と空間は、フッサールにとってたんなる思惟の産物であり、直接具体的に与えられている感覚内容から抽象されたものであって、この具体的感覚内容そのものは、さらにその意味の生成を問う発生的現象学において、最終的に、連合と触発をその超越論的規則性とする受動的綜合をとおして、解明されることになるのです。

② 純粋自我の担う形式主義の限界は、時間意識の現象学の分析をとおして、より明確に呈示されることになります。この限界は、時間意識の分析をとおして発見された「過去把持」と「絶対的時間流」そのものに明確に示されています。というのも、過去把持は、通常の認識図式である「統握作用と統握内容」、すなわち後に『イデーンⅠ』で呈示されている「ノエシス－ノエマ」の相関関係によっては、理解されえないからです。その理由は、「統握作用と統握内容」と「ノエシス－ノエマ」の認識図式が、自我の能作の関与を前提にしており、過去の持続を過去として捉える自我の反省の関与があるかぎり、そこにすでに、意識されている統一する自我の働きをめぐる、自我の反省の「無限遡及」に陥ってしまうからです。それによっては、そのまま必当然的な明証体験と

して与えられている過去の持続の過去把持という与えられ方が、反省にもたらされえないからです。また、絶対的時間流は、独特の志向性（後の受動的志向性）とされる過去把持の二重の志向性をとおして、自我の能作を含むことなく構成されていることが、その過去把持の発見とともに開示されています。[6] このように明らかにされた自我の能作による自我論的な時間解釈の限界は、三〇年代に展開される「現象学する自我」による時間構成というフッサール自身の見解に対しても、なおその有効性をもつことが示されています。この自我論的構成の見解が、自我の能作が働くことで必然的に生じざるをえない自我の反省の「無限遡及」の問題で、頓挫せざるをえないからです。[7] このことからして驚くにあたらないのは、フッサールが『イデーンI』において、つまり、純粋自我の活動を含む、「受動的」に対置される能動的志向性による「ノエシス–ノエマ」の相関関係の論述から、「究極的に超越論的な『絶対なもの』」としての時間を排除しなくてはならなかったことです。[8]

（2）　時間内容の生成

時間の理解をめぐるこの関連で興味深いのは、次のライプニッツのテキストであり、ここでも、時間はたんなる形式ではなく、内容をとおしてのみ理解可能であるといえます。

「これら微小表象の結果として、現在は未来を孕みかつ過去を担っているとさえ言えるのだ。すべてが相呼応し……」[9]

このテキストで明確にみることができるのは、ライプニッツにとって「現在」とは微小表象をとおして過去と未来と密接に結びついており、すべてが現在において「相呼応する」とされていることです。微小表象はそれとして意識されることはありません。現在が未来をはぐくむというとき、現在というカテゴリーをはぐくむということは考えられず、まだ来ぬ特定の時間内容が微小表象をとおして孕まれていくのであり、また、現在が過去を蓄積するというとき、現在と過去というカテゴリーを時間内容と呼ばれる質料的契機に当てはめるのではなく、特定の時間内容が微小表象をとおして蓄積されてくることを意味しているのです。では、どのように孕み、どのように蓄積していくのでしょうか。現象学の分析対象であるこの《どのように》についての論述は、直接ライプニッツのテキストに見出すことはむずかしいようです。

① この無意識の微小表象の働きによる時間の生成についてのライプニッツの見解は、フッサールが『内的時間意識の現象学』で呈示している生き生きした現在における「過去把持と未来予持」[10]にぴったり対応するものです。特有な、のちに受動的と規定される志向性である過去把持は、本来、無意識に働き、現在に到来する感覚素材と、過去地平に眠る空虚な（その意味で無意識の）感覚質の形態や対象構成による意味の空虚な表象とのあいだに、そのつど起こる相互覚起をとおして、現在の成立とともにその蓄積が成立していきます。また、現在が未来を孕むということは、過去把持をとおして蓄積される時間内容が、未来への無意識の予感として未来予持が働くことを意味します。したがって、ライプニッツとフッサールにとって共通しているのは、現在とは、時間軸といった直線として表記される、いわゆる客観的時間の時間点の継起として理解することはできず、その現在の内に、無意識の微小表象、ないし無意識の過去把持や未来予持をとおして過去と未来の契機、すなわち含蓄的契機と先行する契機を含むことができていることなのです。

② 第二の共通性は、両者にとって時間意識は、超越論的統覚の自我と無関係に構成される、と考察している

ことです。よく知られているように、この超越論的統覚の自我は、カントによって主張されている時間意識をも含め、すべての統一や綜合のための根本的前提といえるのであり、現存在を主張するハイデガーにおいても、超越論的構想力の根底に働く最終的統一原理とみなされているように思えます。しかし、ライプニッツとフッサールにおいては、時間意識はライプニッツにとって微小表象、フッサールにとって受動的‐連合的な綜合をとおして生成していると考えられています。ライプニッツにこれ以上の説明が求められないとして、フッサールのいう自我の活動を含まない受動的志向性としての無意識の過去把持と未来予持は、ライプニッツの微小表象による現在と過去と未来の一致にかんして、超越論的現象学による根拠づけを呈示することができる、といえます。

③　とりわけ、原印象として与えられる感覚素材の現在と、原過去把持という過去との同時性における両者の間の無意識の連合的‐内容にかかわる受動的綜合にかんする次の記述（すでに、本書一四三頁において引用されている）は、決定的に重要であるといえます。

「原印象から〔次の〕原印象への移行が真実に意味するところは、新たな原印象が、以前の原印象の直接的に過去把持的な変化と同時的に一つになることであり、この同時的な統一がそれ自身さらに過去把持的に変化していく、等々である。内容的な原融合が、印象とそれに直接する原過去把持との間に両者の同時性において生起しているのである。[11]」

ここに素描された、時間の形式的ではない、実質的で内容的なアプリオリは、すでに第一の問いとしてここで立てられている心身関係の問いに大きな示唆をあたえることになります。物（的身）体（Körper）の因果的規則性は、客観的で直線で描かれる時間軸を前提にしており、すでにここで描かれている根源的な現在をも前提にしているのでなければなりません。さらにすべての意識された表象をもつ主観は、この生き生きした根源的現在の無意識の、実質的で内容にかかわるアプリオリに到達することはありえません。生きられた無意識が意識になるのであり、生成した意識はこの無意識の時間性をつねに前提にしています。この時間意識にとって、概念上、逆説としてしかいいようのない「現在と過去の同時性」において、身体の因果的探究以前に、また心の表象化以前に、無意識的で連合的な統一（受動的綜合）がすでにそこで働いてしまっているのです。

④『イデーン』期の純粋自我は、具体的な自我という概念の把握上、欠くことのできない「習慣性」をも形成しうると理解することもできます。この習慣性は、たとえば道徳的判断とか特定の立場を決定することなどといった自我の作用の習慣性を形成することができます。しかし、この種の習慣性は時間を越えた時間を欠くという（「超時間性」という）特性をもつとされるのに対して、先の『哲学入門』における「超越論的還元の素朴性」という自己批判をとおして、超越論的に絶対的なものとされる時間性を考慮に入れることの必然性を加味するとき、すなわち過去把持の必当然的明証性に基づく、含蓄的志向性による具体的歴史性に根拠づけられたモナドの習慣性が、超越論的現象学に導入されねばならないことになります。まさにここで発生的現象学の文脈において、自我そのものの発生を問う中で、もはや純粋自我の形式性では捉えきれない具体的身体性と歴史性を担う自我としてのモナドが導入されるのです。この発生的現象学では、時間性と連合の規則性にかかわる「受動的発生」と、知覚や判断や社会的行為の志向性にかかわる「能動的発生」が探求されるのです。(12) そのさい重要であるのは、受動的発生が必ず能動的発生に先行し、前者が後者を基づけるということです。こうして形式的な純粋自我が、受動的発生による習慣性を根拠づけうる、含蓄的志向性としての受動的綜合の無意識の過去把持によって、「超越

論的な発生」[13]の完全な具体性において把握されるとき、この純粋自我は、モナド的自我という名称に変更せねばならなくなるのです。

第二節　自我論的現象学からモナド論的現象学への変転における相互主観性の問題

発生的現象学における純粋自我のモナドへの変転をとおして、相互主観性の解明の新たな可能性が、開示されることになります。一九二二／二三年の講義で明らかにされた「超越論的還元の素朴性」には、自我の活動性による純粋自我からみると、超越論的独我論に陥るという問題の困難さが、含まれています。自己意識の明証性を出発点にして、他者の自己意識に、他者の外的身体性（視覚に与えられる表情や動作）の知覚をとおして到達しようとする試みは、自分に直接与えられることのない自分自身の身体の視覚的所与と、意識に直接与えられている諸コギトとの相応関係（自己の身心の相応関係）を、他者の外的身体性の所与に類比的に当てはめ、間接的に他者の意識体験を類推するとする、間接的類推の明証性しか与えることができません。フッサールはこのいわば「古典的心理学」[14]の説明図式の限界を、感性的な非本来的感情移入と、他者の意図や意志にかかわる本来的感情移入とを区別することで、身体知覚を媒介にする相互主観性の受動的発生の解明をとおして克服することになります。

①　この非本来的感情移入の領域がモナドの受動的発生の次元に対応し、意識以前の受動的綜合をとおして受動的相互主観性の成立の基盤が、獲得されてくるのです。そのさい重要な役割を果たすのが、受動的綜合として働く「連合的動機」の概念です。一九二〇年と二四年の講義である『倫理学入門』でフッサールは、「連合的動

機」の概念を導入することで、倫理的領域と倫理以前の領域を区別しています。この区別をとおしてフッサールは、カントの自我概念を基軸にした実践理性論に対して「倫理以前の領域」を対置することで自我の能作を含まない受動的相互主観性の領域に倫理の基礎を築こうとします。そのさい彼は、倫理以前に働く超越論的規則性として「連合的動機」の概念を導入するのです。この連合的動機は「受動的動機」とも呼ばれ、「いかなる自我の関与もなく、純粋な受動性において働いている動機[15]」とされます。フッサールはこの連合的動機の領域を「自我を欠く感情や衝動とそれらに属する諸動機」として記述しますが、それを理性や合理性に対立する意味での非理性的とか非合理的とみなすのではなく、「理性的でも非理性的でもない[16]」と規定しています。

② フッサールがこの領域を先倫理的領域として積極的な意義を与えるのは、この領域に実践理性の潜在性が含蓄的に与えられていると見做しているからです。それだけでなく、すべての理性による行為は、この純粋な受動性の心の根底から理性的行為のための「滋養分を摂取することができる[17]」とし、「受動的動機は理性の母胎であり、活動的理性（intellectus agens）を受容する特性として、能動的理性の主観をその理性による支配のもとにおくようにさせる[18]」としているのです。

③ この連合的動機の概念を理解するさい、重要なことは、当然のこととはいえ、この連合の概念をヒュームの連合の概念と同一視してはならないことです。フッサールはヒュームの連合概念を自然主義化していると批判しているように、フッサールの連合の概念は、現在、脳科学研究におけるニューラルネットワークのコネクショニズム（連結主義）とも原理的にことなっています。フッサールは連合を自然の因果的連関の結果として考察するのではなく、また、自我の活動を前提にする理性の領域における意識的な表象の結合として把握するのでもありません。まさに「受動的動機」として、すなわち自我の活動性を含まない受動的志向性として、時間意識の分

析をとおして、その働きが明らかにされたものなのです。この受動的志向性は、相互主観性の問題題域においても決定的役割を果たすことになり、この受動的志向性と能動的志向性の区別は、「受動的−統覚的な感情移入、先所与性としての他者の構成」にかかわる非本来的感情移入と、「あらゆる社会性を可能にする……他者のうちで他者とともに擬似的に生き、ともに思考し、ともに行う」本来的な感情移入との区別に転用され、相互主観性の基礎構築としての受動的綜合として、「対化（Paarung）」による解明が、可能になるのです。[19]

④　しかし、カントの道徳哲学においては、感性的感情の領域における受動的感情移入だけでなく、真の同情や人類愛などの高次における能動的感情移入も、いかなる積極的な役割もはたしません。カントにおいて孤立したエゴの超越論的独我論の問いは立てられることはなく、独我論に留まりつつ個人の「良心の声」が、その主観を実践理性による叡知的世界と結び付けているとされるのです。したがってここではっきり見てとることができるのは、フッサールがたんに理論理性による認識論的見地からだけでなく、実践理性の倫理の領域からみても、カントの超越論的独我論の立場とは明確にことなった超越論的相互主観性、ないし間モナド性の立場をとり、このモナド間のコミュニケーション（交流）には、「対化」という受動的綜合として受動的感情移入の根底層が含まれ、活動している、とされることなのです。

第三節　受動的綜合としての微小表象

時間論と相互主観性論の分析をとおして明確な位置づけを獲得してくる受動的志向性による受動的綜合という新たな領域は、ライプニッツの微小表象との次のような明確な類似性を明示しうることになります。（a）微小表象は無意識の表象〔知覚〕とされます。受動的綜合はそれが働くさなかでは意識にもたらされることなく、同様に無意識に働き、実際に意識にもたらされるのはその内のごく一部とされます。（b）微小表象は、「統覚を欠く知覚[20]（"perception sans apperception"）」とされます。受動的綜合は自我の関与、ないし自我の活動性なしに作動します。カントの場合、当然ながらこの超越論的自我の活動性と同一性なしに自我の超越論的統覚は働きようがありません。（c）微小表象と意識された表象、つまり受動的綜合と能動的綜合との関係が、解明されなければならない課題とされます。

（1）さて、いったいこの微小表象の「意識されていないこと」とは元来、どのような意味をもつのでしょうか。ここでまず意識された表象と無意識の表象を対置させることで、この「意識されていないこと」を明らかにしてみましょう。

①　この意識された表象と、意識されていない表象との区別は、まず、フッサールの「現象」とライプニッツの「先-現象[21]」との区別に対応していることが、考えられます。この対応関係を想定することで、H・ポーザーの「ライプニッツの現象概念[22]」についての考察を参照することができます。ポーザーは、ライプニッツの現象概念に、第一に「経験科学的現象概念」、第二に「感覚主義的な現象概念」、第三に力とその展開としての現象、そして第四に「表象〔知覚〕と現象とのモナドの形而上学内部での等値という現象概念の活用」を区別しています[23]。本章にとって特に興味深いのは、ポーザーが第四の現象概念に関連して指摘する次の論点です。「表象と現象をこういう風に同一視するということは、すでにモナド論へ越境したことを示している。そしてそのモナド論からまた現象概念が、別の意味に解釈され分類されることになるのである[24]」とする論点です。

② この表象と現象と同一化とは、フッサールにとって「知覚と存在[25]（percipi und esse）」の同一化に対応することができます。この「知覚と存在」の一致は、「内在的知覚」、ないし「原意識[26]」の絶対的明証性を担うことを意味します。この内在的知覚とは、受動的綜合の分析の出発点を形成するものであり、この分析は連合と触発の解明をとおして、まさにここで問題になる現象性と先‐現象性の境界領域へと私たちを導くことになります。ということは、この「知覚と存在」の同一化は、フッサールにとって内在的知覚の絶対的明証性を意味し、その所与性のあり方が、現象としての連合と触発と、それ以前の先‐現象としての連合と触発という観点から分析することが可能になるのです。

③ そのさいもっとも重要であるのは「現象と先現象」に対応する「触発と先触発」との区別です。なぜなら現象として意識された触発とは、自我の関心がそれに向う対向（Zuwendung）の結果として意識にもたらされているのであり、それ以前にすでに、無意識の先現象的先触発の領域において、前もって構成、すなわち先構成されているからです。つまり、すでに先構成の段階において、無意識の本能や衝動をとおして先構成されたもののあいだの相互の選択が、生じているのです。本能や衝動が原触発（Uraffektion）と呼ばれるのは、さまざまな同時に与えられる複数の先触発が、一定の本能や衝動の方向に向けてまとめられる、すなわち統一が与えられる「統合的本能」とされるからです[27]。このようにフッサールは触発と先触発の分析をとおして「無意識的なものの現象学（無意識の現象学[28]）」へと到達しています。先に述べられた、原印象と原過去把持のあいだの相互覚起をとおしての内容上の原融合は、まさに無意識的なものの過去把持された含蓄的志向性と、現在におけるいまだ意識されていない感覚内容の形態的意味とのあいだの相互覚起という連合をとおして、生成するのです。連合において意識にもたらされる以前の意味相互のあいだに、意味の覚起が働くとされますが、「覚起が可能になるのは、

構成された意味が背景意識において、無意識と呼ばれる非活動的な形式において現実に含蓄化されているからである[29]」といわれるのです。

（２） 先に述べられたライプニッツの第四の現象概念は、「現象の形而上学」に関わるものであり、「よく基づけられた現象」とも名づけられています。ここで問われているのは、実体としてのモナドと現象との関係です。ライプニッツの実体論の基本的原型について述べるポーザーは、「実体と言っているのは、ただ個体だけ（たとえば人間、動物、植物、さらには最も単純な生命体にいたるまで）である。これは自分の魂に似たものという線で考えられ、個体的実体の完全概念（過去・現在・未来にわたってその個体に起こる全てを含んでいる概念）によって精密化された考えである[30]」としています。

① ここで述べられる個体の概念は、それ自身の内に人間の自我をも含みうる概念であり、そのことで自我論とモナド論との区別が明確に記されることになります。つまり、個体概念は自我概念を包摂しうるが、その逆ではないということです。また受動的綜合の把握にとってこの区別は、決定的に重要なものとなります。なぜなら受動的綜合において自我の活動が関与していないこと、そのような受動的志向性の働きであること、そして自我の活動性が含まれているのが、能動的綜合の場合であるからです。この区別は先に取り上げた「触発と先触発」の区別にも妥当します。

② フッサールにおいて個体の概念は、『ベルナウ草稿』の内在的時間意識の分析において個体化（Individuation）の問題として呈示されています。個体化は、内在的時間意識における特定の時間位置における時間内容の成立として定題化されると同時に、体験流としての時間流の領域が開示され、「『完全に自我を欠く』

感性的傾向性、すなわち連合と再生産の感性的傾向……受動的志向性[31]」という用語が使用されるのです。このように、フッサールの時間論においては、個体化は自我の能作を欠く受動的志向性の次元で成立しており、超越論的統覚の自我が、まさにその自我の活動性からして、「間モナド的時間化」の次元にはその考察の眼差しが及びえないことは、明らかなのです。したがってモナドの個体化における微小表象や、自我の活動性による能動的綜合に先行する受動的綜合が作動する次元は、モナドの個体化の根底的な層として、特有な表象や表出や鏡映の仕方として解明されなければならない、といえるのです。

③　この個体と微小表象との関連で、ライプニッツの次のテキストは大変興味深いものです。「これら感じとれない表象はさらに、同一の個体を指示し構成している。個体の過去の痕跡によって特徴づけられているのだ[32]」とされるのです。同一の個体は、現在の状態と結びついて保存されているのは、微小表象が同一化する個体を（そしてここに自我も属するのだが）構成するのであり、繰り返しになりますが、自我が同一化する個体を構成するのではないことなのです。そしてまた、この個体の同一性は、微小表象による時間の生成に即して過去の状態を保存し、現在の状態とたえず結びついている、という指摘も重要なのです。

（3）　微小表象と意識された表象との間の関係の問いは、受動的綜合と能動的綜合との関係の問いとしてより厳密に探究されうると思われます。酒井潔氏の指摘する、統覚を伴う表象と微小表象との関係の「共属性」、つまり、「何かが意識されたものとして明確に主題となりうるためには、意識されないものが常にそこで同時に働いているのでなければならない[33]」ことは、確かにライプニッツにおいて確認されうるものといえます。

①　しかし、この関係はフッサールの受動的綜合と能動的綜合との関係として、より厳密に次のように現象学

的記述にもたらされうる、といえるでしょう。つまり、受動的綜合は過去地平における無意識の空虚な形態や空虚表象と、現在の感覚野における、いまだ意識されてはいないヒュレー的与件とのあいだの相互的な覚起として、先触発の次元で先構成され、このように先構成されたものが始めて、能動的綜合の意識へともたらされる、という「時間と連合と原創設」の観点からする発生的現象学の記述において、原理的に解明されるといえるのです。このように能動性のすべては、いつも受動的に先構成されたものを前提にしています。したがってフッサールにとって受動性は、たんに能動性のための「前段階」、つまり未発達な能動性を意味するのではありません。逆に強調すべきは、能動性は、受動性なしに作動しえないことなのです。

② この受動性と能動性の関係に関連して、受動的綜合の分析が、カントの「超越論的構想力」、しかも、その根底的な働きとしての「生産的構想力」のより厳密な徹底した認識論的な超越論的分析の展開であることが、明記されねばなりません。時間論をとおして開示されてきた超越論的規則性としての連合が、カントの「超越論的統覚」の自我を統一的原理として前提にする立場と、受動的綜合の見解に到達していないハイデガーの超越論的構想力の解釈を、発生的現象学の脱構築をとおして、生き生きした現在の時間化の次元へと解消しつつ克復し、その発生的秩序を開示しているのです[34]。

③ また、この受動性と能動性の関係はフッサールのモナド論的現象学の目的論的把握において、その二層構造として把握されています。一つの層は「衝動の目的」とされ、他の層は「理性の目的」とされます。衝動志向性の無意識の連合的-受動的志向性は、それ固有の受動的発生という生成により、また、理性の能動的志向性は、その能動的発生という生成によって成立しています。この両発生の相互の影響のし合いは、目的論的に把握されうるのですが、ライプニッツの場合の、神による予定調和という形而上学的規定によるものではありません。

（4）　フッサールのモナドの発展に関する目的論的把握は、アリストテレスの「エンテレケイア」の概念との関連をとおして、適確に理解することができます。J・V・イリバルネは、フッサールの目的論理解にとって重要な次のテキストを引用しています。「神とはモナド達全体そのものではない。そうではなくモナド達全体の根底にあるエンテレケイアなのであって、これは無限の発展目的という観念のことなのだ[35]」というものです。イリバルネはフッサールがアリストテレスのエンテレケイアの概念の力動的側面に注視し、「存在するものに備わった能力、ないし可能性の実現[36]」として、エンテレケイアを理解している、としています。完全性に目的づけられているという点に関し、カントの場合の「要請される」という理念の特性との共通点がみられる一方、フッサールは、カントの理念の持つ一般的な特性を、発生的現象学の視点から批判し、カントにおいて身体の実在性に由来する理念の側面を完全に見過ごしているとしています。フッサールは、理念の本質を受動と能動の二重の発生の観点から考察し、「超越論的事実性」の実在的身体性を起源にする受動的発生と、超越論的本質直観の能動的発生から、理念の生成を解明しているのです[37]。

①　イリバルネの、ライプニッツとフッサールの神概念の共通性と相異の考察において、その「調和」についての指摘は、興味深いものです。氏が述べるのは、「ライプニッツのいう神の予見と予定調和の完全性は、過程という観念（これはフッサールにおいて重要な役割を果たす）を除外するものである。〔フッサールにおいて〕調和は全ての悪を除外するわけではない。悪は相対的に理解され、ほとんど善へと変化させられている[38]」ということです。また、フッサールは、充足理由律を承認しても、「ライプニッツが最終的な充足理由として、神を持ち出してくること[39]」には懐疑的です。それはちょうど、フッサールの目的論としての調和的秩序が、神の創造による

「予定調和」とはみなされないことと同様といえます。イリバルネの指摘するフッサールの調和における「過程（プロセス）」の力動性という特性には、原理的に受動的発生における、「触発そのものは偶然に起こる」とする「触発の偶然性」、そして、能動的発生における無限の発展による目的の理念に、表現されているといえるでしょう。

② これに関連して明らかになっているといえるのは、確かにライプニッツにあって、微小表象が予定調和を説明できるとされているのに対して、神によって創造された予定調和によっては、微小表象そのものの、またその働き方の積極的な説明を与えることにはならない、ということです。それに対して、フッサールの受動的発生における受動的綜合の連合と触発という超越論的規則性は、「超越論的遺伝資質」の概念が示されることで、今日の遺伝子生物学、発達心理学、脳科学等との学際的研究領域を統合しうる、神経現象学の領域確定が、可能になっているといえることです(40)。フッサールが、ライプニッツのモナド論に対する彼のモナド論的現象学の一般的性格づけにあたって、「組織的な志向的現象学によって基づけられている(41)」としている特性こそ、つまり、受動的志向性と能動的志向性による発生的現象学の組織的探究という特性こそ、他の個別科学との学際的研究のさいの明確な方法論的指針を与えうる、といえるでしょう。

第四節　間モナド的時間化とコミュニケーション

三〇年代に入ってフッサールは、時間構成を「相互主観的時間化(42)」の観点で展開しています。この相互主観的時間化は、「具体的で相互の含蓄し合うモナドの共在性において(43)」作動しているとされますが、この「具体的に相互に含蓄し合う」というのは、発生的にみて「たえず構成されている全-原初的で始原的な生き生きした現在における、すなわちすべてのモナドの絶対的『同時性』における、志向的含蓄化の普遍性において[44]」作動していることを意味します。またここで言うすべてのモナドの同時的含蓄化とは、衝動志向性によって先構成されていい、い、い、い[45]、ることを意味しています。というのも、この衝動志向性が無意識の受動的志向性として働き、絶対的時間流の生き生きした現在の「あらゆる始原的な現在を、立ち留まる時間化として統一する」からです。また、「共同化されている諸モナドの衝動の相互の直接的、ないし間接的な超越をとおして[46]」モナド間の衝動志向性が同時に働くことで、この「モナドの同時的含蓄化」が、超越論的に根拠づけられるとされるからです。こうして間モナド的時間化は、全モナド的な「根源的に本能的なコミュニケーション[47]」において作動している、といわれるのです。

さて、ではこれまでの議論と間モナド的時間化の観点から、文頭に立てられたライプニッツのテキストの解釈の課題に、まとめの意味で最終的回答を与えてみることにします。

①　まず、「魂と身体の予定調和は微小表象をとおして説明できる」とする命題は、通常、微小表象による説明ということよりもむしろ、予定調和という形而上学的規定によって解釈される、とされます。しかしこの「予定調和」は、フッサール発生的現象学においては、「予定」という形而上学的規定から自由に、むしろ「調和」そのものの働きである微小表象の働き方そのものの探究として、受動的綜合の分析をとおして解明されるのです。また、この微小表象は、先に述べられたライプニッツの現象概念の第四の規定に見られる「知覚（表象）と現象」の同一化と関連づけると、この同一化は、「形而上学的」と規定するよりもむしろ、「現象学的探究」の可能性に開かれている、というべきでしょう。フッサールにとって、「知覚と存在（現象としての存在と非現象的存在をも含めて）」の同一化は、当然ことですが、形而上学的規定ではありません。この同一化は、原意識と過去把持の必当

然的明証性において与えられている所与性を、探究の基盤としつつも、それがそのまま、絶対的所与とされるのではなく、その所与性の生成が、さらに問われ、受動的発生と能動的発生の違いや、「個体発生と系統発生[48]」の違いをとおして、発生的現象学における十全的所与性の解明の課題とされるのです。

② このように、フッサールにとって微小表象によって説明されうる「心身関係の調和」とは、形而上学的規定に依拠することなく、間モナド的受動的綜合をとおして、現象学的記述の可能性に開かれることにより、超越論的規則性としての連合や触発をとおして、超越論的根拠づけが可能であるような関係であると示され、解明されているのです。この受動的綜合は、意識された主観としての心と、因果的に規定される物（的身）体に先行して働いており、過去地平の含蓄的な志向性と現在のヒュレー的与件としての原印象とのあいだに生じる相互覚起における感覚内容の形態的意味や対象知覚の表象的意味の、無意識における原創設（ないし先構成）として生起しているのです。

③ では、いわゆるモナドの「無窓性」と、これまで述べられているすべてのモナド間の予定調和の主張とは、どのような関連にあるといえるのでしょうか。文頭の引用文の最後に述べられている「相互に影響を及ぼすという支持し難い学説」というのは、まさにロックの考える外的世界からの、因果的に規定される感覚刺激が、モナド間に相互の影響を与える、とする説に向けられた批判です。フッサール自身、同旨の批判として「モナドは他の主観に実的に入り込むことがない、という限りでどのような窓も、またドアももつことはない[49]」としています。「実的に」とは、意識に内在的な実的（reell）な所与として、超越する理念的（ideell）な所与と対置され[50]、実的所与とされる感覚与件が、モナド間相互に出たりは入ったりしているのではない、という意味をもちます。しかし、微小表象は無論、現象するもの同士の外的因果性を意味するのではないように、また意識された主観性に属

するのでもありません。

④　しかもこの微小表象はすべてのモナドの予定調和を、「よく基づけられた現象」という形而上学的現象概念によって説明できるとされ、絶対的理性としての神によって創造されたモナド間の「予定されてあること」を、意味するとされます。しかし、むしろ微小表象が、「基づけていること」そのものの解明の可能性に開かれていることとして、理解できるのではないでしょうか。つまり、この微小表象が「基づけること」があって初めて、「よく基づけられたもの」が、そもそも現象にいたる、ということができるのであり、無意識の微小表象が意識された表象を基づけている、といえるのです。ライプニッツにおいて定題化されてはいない、その「基づけの基づけ方そのもの」は、フッサールにおいて受動的綜合の超越論的規則性としての連合と触発の分析において、明証的に記述されている、といえます。

⑤　こうして発生的現象学の見地からして、微小表象を受動的綜合とみなし、すべてのモナド間の調和を、同様に形而上学的前提なしに、間モナド的な「対化」と呼ばれる受動的感情移入として、超越論的に根拠づけることができる、といえるのです。受動的感情移入の次元では、無窓性の問いは意味をもちえません。なぜなら、間モナド的衝動志向性は内と外の区別が生じる以前に、相互的な連合的覚起をとおしていつもすでに働きずみであり、内在と超越の区別以前に、感覚与件そのものの生成の次元で、モナド間の衝動志向性[51]による間モナド的時間化が生成しているからです。また能動的感情移入の次元では、能動的志向性が働き、因果的に規定される外的世界と、意識された動機の対立のなかで、「ノエシス‐ノエマ」の相関関係が、前提にされているといえます。この能動的感情移入において、人と人の間のコミュニケーションは、自然科学の考察による「自然主義的態度」において、実在論的‐因果的に解明される可能性があります。この因果的思惟の場合、モナド間の「無窓性」は、現

実のものとして妥当することになるのです。しかし、能動的感情移入による「人格主義的態度」においては、あらゆる心的モナドは「無数に多くの窓」をもつとされ、「相互に働き合う動機」が私たちのあいだを愛や命令や意志などとして、心から心へと直接的に働きかけているとされます。しかもそのさい、そのようなコミュニケーションの現場に「心理物理的なもの〔の考察〕を混入させるのは間違い」[52]であるといわれます。なぜなら、自然主義的な態度での心理物理的なものの自然科学的探求は、能動的感情移入のさいの、能動的志向性からなる動機連関を理解しようとしても原理的に不可能だからです。さらに受動性と能動性の基礎的関係からして明らかなように、受動的感情移入が能動的感情移入に先行し、後者が前者を前提にしていることも、間モナド的コミュニケーションの根本的な理解の根幹とされねばなりません。

⑥　以上の考察から明らかになったのは、すべてのモナド間の調和が、微小表象によって、すなわち受動的綜合の見地から、現象学的に明証的に記述され、それによって、超越論的に根拠づけられうるモナド論的現象学という哲学的探究領域が確定されたということです。フッサールはここで開示されうる間モナド的コミュニケーションの基礎づけに基づいて、モナド論的現象学の目的論的なモナドの発展の全体像を、本書第Ⅰ部第三章の相互主観性論において示されたように、三段階の発展段階に区別して素描しているのです。

第二章　メルロ＝ポンティの「肉」とフッサールの「受動的綜合」

フッサール現象学の考察は、「事象そのものへ」をモットーとし、必当然的明証を出発点に、十全的明証を目指して、主観性による構成の「何（Was）」と「如何に（Wie）」の解明を課題とする作業哲学をその特性としています。しかし、この全体的な特徴づけは、これまで、フッサール以降、展開されてきた現象学研究の営みにおいて、それぞれの現象学者によって、かならずしも現象学研究の共通の基盤であるとはいえない、というのが現状のようです。

そのなかで、メルロ＝ポンティは、「身体の実存」の現象学を展開し、「間身体性（intercorporéité）」を基軸として示すことで、フッサールの相互主観性の現象学の基礎原理である「受動的綜合の基本形式としての対化（Paarung）」という観点にもっとも近似しているといえるでしょう。ところが、『知覚の現象学』から『見えるものと見えざるもの』の歩みのなかで、フッサールの「受動的綜合」の現象学的分析そのものに言及するメルロ＝ポンティのテキストは見られず、むしろ「意識の現象学（フッサール）」から「存在の現象学（ハイデガー）」への方向づけが明確になっているようにみえます。他方、『見えるものと見えざるもの』のテキストでは、フッサールの「生活世界（Lebenswelt）」の概念がたびたび言及されるだけでなく、メルロ＝ポンティの感覚をめぐる「感性世界（monde esthétique）」が強調され、これによって、内容的にフッサールの超越論的感性論（論理学）の研究領域（『受動的綜合の分析』及び『経験と判断』の研究領域）の確定に接近していることは、注目すべきことといえるでしょう。

また、とくに興味深いのは、時間論の観点からして、『見えるものと見えざるもの』において「世界の肉と身体の肉」をめぐり、「過去と現在の同時性こそ、肉に他ならない」（邦訳、四四四頁を参照）という表現が、みられることです。したがってこの論稿では、主にこの論点を、フッサールの「生き生きした現在」の時間論における、「過去」の契機として過去地平に沈澱している潜在的志向性と、「現在」の印象とのあいだの相互覚起（wechselseitige Weckung）による「同時性（Simultaneität）」の成立との対比的考察に、もたらしてみたいと思います。それをとおして最後に、これからの現象学研究のみならず、哲学一般に要求される学際的哲学の要請に現象学がどう答えることができるか、その方向性を、明らかにしてみるつもりです。

第一節　メルロ＝ポンティ『知覚の現象学』における時間論の展開

（1）『内的時間意識の現象学』における過去把持の理解をめぐって

フッサールの過去把持の概念は、受動的綜合の分析の主題である「連合」と「触発」の概念が解明されるさいの鍵概念とされています。それは第一に、過去把持が統握（作用）（Auffassungs（akt））と統握内容（Auffassungsinhalt）という『イデーンⅠ』で、「ノエシス－ノエマ」の相関関係として定式化されている認識図式では理解できない、特有な志向性（後に「受動的志向性」とされる）によって特性づけられるからです。通常の作用志向性のように、自我極に発する自我の能作を含まない受動的志向性としての過去把持の領域が、確定されました。そして第二に、過去把持の交差志向性（Querintentionalität）における「時間内容」の生成のさい、「印象と過去把持のあいだ」、そして同時に、その過去把持とその過去把持の過去把持というように、幾重にも相乗的に変様する過去把持とのあいだの「時間内容の〔自己〕合致（Deckung）」が呈示されているからです。後に、この時間内容の合致は、超越論的規則性としての連合（Assoziation）の規則性における覚起（Weckung）として分析され、解明されることになりました。

では、ここでメルロ＝ポンティが、『知覚の現象学』において、フッサールの『内的時間意識の現象学』の記述内容をどのように理解していたか、まずは、過去把持の概念をめぐって明らかにしてみましょう。

① まず、『知覚の現象学』第三部Ⅱの時間性が主題とされる個所、とりわけ、第一七節以降のフッサール時間論に対する言及にあたってメルロ＝ポンティは、過去把持と未来予持について、両志向性は「中心的な〈私〉に発するのではなく、ある意味で私の知覚野そのものに発するのであり、この知覚野は、その過去把持の地平を背後に引きずり、その未来予持において未来を摑もうとする」（邦訳『知覚の現象学』2、三一五頁を参照）として、過去把持と未来予持の特有な志向性のあり方を的確に捉えています。そして興味深いのは、メルロ＝ポンティが過去把持を「作動的志向性（fungierende Intentionalität）」として、すなわち作用志向性そのものを可能にする志向性と性格づけ、しかもそれをハイデガーの概念としての「超越（Transzendenz）」と名づけていることです。「私の現在は、隣接する過去と未来へとそれ自身を乗り越えていき、過去と未来そのものにおけるそれらの存在するところで、それらに触れる」（同上、三一八頁を参照）というのです。となると次に問われるのは、当然、この「超越」といわれる、「現在がそれ自身を過去と未来に乗り越える」その乗り越え方の「如何に（Wie）」ということになりますが、この第一九節では、それに直接、触れられることはありません。とはいえ、注目に値する

こととして、この「過去と未来そのものが、射映をとおして自己表示される」その仕方に関して、フッサールの「受動的綜合」の概念に言及していることです（同上を参照）。もっとも、そのさいこの概念が指摘されるだけで、その内実に触れられることはありません。

② 第一九節では、第一七節で呈示されたフッサールの時間図式の全体的性格づけが問題にされます。そのさい特徴的なのは、ハイデガーの「脱自（Extase）」の概念が援用され、「時間とは、自己自身からの逃避に他ならず、この遠心的な運動の統一的な規則、あるいはハイデガーのいうように『脱-自』に他ならない」（同上、三一九頁を参照）としていることです。この時間の遠心的運動は、「移行綜合（Übergangssynthesis）」とも名づけられ、「未来的なものの現在的なものへの移行」をこの「脱自」に即して、「〔未来に位置する〕Cが長い濃縮作用をへて、最終的に熟成した集中に位置することになり、……たえずCの射映の幅は狭まり、有体的（leibhaftig）であることに近接することになる。Cが現在にいたったとき、それは現在へとそれ自身でその生成（Genesis）を導き入れ、……その後に来るものの次の現在をも導き入れることになる」（同上、三二〇頁を参照）とされます。ここでみられるのは、時間の脱自を「未来の現在への移行」の観点から記述することであり、この観点は、ここで引用されるハイデガーのテキスト「時間性は過去に成り行く-現在化する未来として時間化する」（同上、三二一頁を参照）に明確に表現されています。さらに、「隣接するCとDは、『相互内属的（ineinander）』に移行していくのであり、そして、CがDになるのは、現在的なものとしてのDの、そしてその過去への固有な移行の先取りに他ならないからである。……それぞれの現在は、追いやられた全過去の現在性の再確認であり、全未来の先取りである。すなわち現在は、本質的にそれ自身のうちに閉ざされているのではなく、未来と過去に向けてそれ自身を超越するのである」（同上、三二一頁を参照）として、「超越」という視点から記述されています。と

すれば、ここでさらに問われるのは、全過去が現在性において再確認されるその仕方であり、また全未来が現在性を先取りするその仕方ということになります。

本章冒頭に挙げたように、現象学研究は、「何（Was）」に向けた問いと「如何に（Wie）」に向けた問いという二側面からなる問いの特性をもっています。「未来と過去に向けた超越」が語られても、そのままでは、その「如何に」の記述が十全的明証性に達している、といえないのは明白なのです。

（2）時間の自己触発とは何か

フッサールの『内的時間意識の現象学』における絶対的時間流の自己構成の議論は、過去把持の交差志向性（Querintentionalität）と、延長志向性（Längsintentionalität）という二重の志向性による自己構成として、記述されています。交差志向性における時間内容の成立が同時に、内的に客観化されることで、今の連続としての延長志向性が意識にもたらされているとされます。

メルロ＝ポンティは、『知覚の現象学』における「時間の自己触発」の議論にさいして、「時間は、『自己による自己の触発』である。触発するのは、未来に向けて切迫し、移行することとしての時間であり、触発されるのは、現在の展開された系列としての時間であり、触発するものと触発されるものは、一つの同一のものなのである。なぜなら、時間の切迫とは、現在から現在への移行に他ならないからである。この脱-自は、……主観性である。根源的時間流は、フッサールが言うには、『自己現出であるだけでなく、必然的に自己現出』であるのでなければならないのであり、そうでなければ、その流れが意識されうるために、さらに別の流れを仮定しなければならないことになろう」（同上、三二九頁を参照）と述べています。

① この記述で読み取ることができるのは、メルロ＝ポンティが、この時間の自己触発をめぐる議論において、ハイデガーの「脱自」による未来に向けた時間化の見解と、フッサールの根源的時間流の自己現出の記述とを、ひとまず同次元の議論と理解していることです。しかし、フッサールが自己現出という自己構成を説明するために第二の流れを想定する必要がないというのは、彼がただたんに無限遡及の問題を指摘することで、「必然的に自己現出である」と主張しているだけでなく、まさに過去把持の二重の志向性をとおして、その自己現出の仕方である、その「如何に」を記述にもたらしていることが、見失われてはなりません。それに対してメルロ＝ポンティは、このフッサールの記述そのものに取り組むことはなく、むしろ、ハイデガーの脱自における議論に即して、時間とは、「自己を知っている時間であるのであり、現在から未来への炸裂と裂開は、それ自体、自己の自己への関係の原型であり、内面性ないし自己性の予描一般である。ここに光が起こり、私たちがここでかかわっているのは、それ自体で休らっている存在者ではなく、その全体の本質存在が〈見せる〉ということにあるような存在者なのである」（同上、三三九頁及び次頁を参照）と述べています。この記述は、明かにハイデガーの「自己性と意味と理性」に結びついた実存の観点からする時間の自己触発についての記述となっています。

② ということは、触発することと、触発されたものが一つのことである、とされる時間の自己触発は、ハイデガーの「自己性と意味と理性」という全体的実存との関連において規定されているとはいえても、その自己触発の仕方そのものは、それ以上に現象学的分析にもたらされてはいない、とされなければならないのです。というのも、これに対してフッサールの触発の概念は、受動的綜合の分析にあたって、連合と並ぶ重要な概念として、まさに時間の自己触発の「如何に」の解明として、無意識の過去地平における潜在的志向性のもつ触発力そのものの「増強と抑圧」の現象として、詳細な現象学的な志向分析にもたらされている、といえるからです。この時間

の自己触発をめぐるメルロ＝ポンティと、ハイデガーによる現象学的分析の射程とその限界は、フッサールによる時間の自己触発の現象学的分析に対置されることで、続く論述によって、明証的に証示されていくことになります。

第二節　過去と現在の同時性としての肉

『知覚の現象学』の出版から、ほぼ一五年後、未刊に留まった『見えるものと見えざるもの』において、メルロ＝ポンティの肉の概念とフッサールの受動的綜合との関連を適確に示しうるテキストがあります。そこでは、「そうなると過去と現在とが ineinander（相互のうち）にあり、それぞれ包み――包まれるものとなる――そしてこれこそまさしく肉なのだ」（邦訳、四四四頁）と述べられています。このテキストの内実に迫るために、『見えるものと見えざるもの』の中の「『研究ノート』：『毀たれざる』過去と志向的分析――ならびに存在論」（邦訳、四〇〇―〇六頁）という論稿の重要な箇所を選んで、以下（a）、（b）、（c）等々と区切って呈示し、その読解を試みます。

「『（a）毀たれざる』ものとしての、……建築術的な過去なるものが存する。……（b）志向的分析論は、絶対的観想の場所を暗黙のうちに前提している、……これは、諸意義に関する『意識』の秩序であり、そしてこの秩序においては過去-現在の『同時性』なるものは存在しない、存在するのは、過去と現在との隔たりの明証性である……（c）これに反して、フッサールが記述し主題化している Ablaufsphänomen（経過の現象）は、それ自体のうちに、まったく別のものを含んでいる。すなわちそれは『同時性』、『移行』、nunc stans（立ち留まる今）を、そして過去の守護者としてのプルースト的身体性を『意識』の『諸展望』に還元されぬ超越の『存在』に浸っているという事態を含んでいる……（d）この次元的現在、世界、『存在』にあっては、過去は、限られた意味での現在と「同時的」なのである。この相互的な志向的回付（Verweis）は、志向的分析論の限界を、つまりそれが超越性の哲学となる点を、印しづけている。……（e）それというのも、……Bewusstsein von〔すなわち〕過去を知覚したことがあるということこそ、実質的な『存在』（Etre masif）としての過去によって担われているのである。私が過去を知覚したのは、まさに過去があったからにほかならない。（f）フッサール的分析の全体は、意識のφ（哲学）がそれに強いるところの諸作用という枠組みによって、がんじがらめにされているのである。存在に内的な志向性たるfungierende（作動的・実行的）もしくは潜在的な志向性を、改めて捉え直し発展させねばならない。……このAblaufsphänomenが図式的に表現するところの渦巻、空間化的-時間化的渦巻（これは肉であって、ノエマに直面する意識ではない）をこそ、根本的なものと見なされなければならない」（邦訳、四〇〇—〇二頁を参照）。

以下、この文章の内容をめぐり、解読を進めます。

（1）『見えるものと見えざるもの』における過去把持の把握

まずは、先の引用（b）でいわれている「過去-現在」の「同時性」をめぐって、メルロ＝ポンティが、『見えるものと見えざるもの』の他の個所で、原体験の意識としての過去把持について述べている文章を、取り上げてみます。「印象的意識、Urerlebnis〔原体験〕とは何か。……このUrerlebnisを『意識する』ということは、……合致、融合ではないし、また（フッサールはこう述べたのだが）作用もしくはAuffassung〔統握〕でもない、……それは知覚–非知覚、つまり現に働きつつあって〔fungierend〕主題化されない意味なのだ（これは実は、過去把持を基本的と見なすとき、フッサールが言わんと欲していることなのである。…）…意識すること＝地の上の図をもつこと——これ以上に遡行するとはできない」とする文章です（邦訳三一一頁及び次頁を参照）。

①　このテキストで、はっきり読み取れるのは、すでに『知覚の現象学』で明確に述べられているように、過去把持は、作用志向性ではなく、「作動的志向性」として理解されねばならないことです。にもかかわらず、先に引用された文章の（f）のように「フッサール的分析」が「諸作用という枠組みでがんじがらめにされている」、また「存在に内的な志向性たるfungierende（作動的・実行的）もしくは潜在的な志向性を、改めて捉え直し発展させねばならない」といった指摘は、メルロ＝ポンティの過去把持の志向性についての矛盾する理解に由来するといわれねばならないでしょう。

②　過去把持は、メルロ＝ポンティのいうように、「作動的志向性」、ないし「潜在的志向性」として性格づけられますが、いずれも志向性ですので、当然ながら「志向分析」の課題とされます。メルロ＝ポンティが『知覚の現象学』において、フッサールが『形式的論理学と超越論的論理学』における用語としてのみ指摘していた「受動的綜合」の概念は、『受動的綜合の分析』においては、過去把持の沈澱の過程が、志向の充実による直観性の鮮度の漸次的減退の過程として、また印象と過去把持の潜在的志向性の意味内容との相互の覚起（wechselseitige Weckung）による「連合（Assoziation）」によって詳細に記述されています。しかも、この連合という受動的綜合は、あらゆる個別的感覚野内に働く潜在的志向性の地平構造としてのみならず、ことなった感

覚野間に働く身体全体に伝播する地平構造を成立させているといえるのです。

（2）「過去と現在の同時性としての肉」への接近

上記の引用（c）及び（d）による「なぜなら、志向的分析論は、メタ-志向的であるかかる「同時性」にまで高まることができぬ（フッサール）……志向的分析論は、……諸意義に関する「意識」の秩序であり、そしてこの秩序においては過去-現在の『同時性』なるものは存在しない、存在するのは、過去と現在との隔たりの明証性である――」という個所を出発点にして、メルロ＝ポンティの考える志向分析を批判的に考察してみましょう。

①　フッサールの志向的分析論が、「過去と現在の同時性」を含有できないとするメルロ＝ポンティの見解に対して、まずは三〇年代の「生き生きした現在」の時間流の志向分析において、まさにこの「過去と現在の同時性」が、当然、ハイデガーの「超越」と「存在」の概念に依拠することなく、現象学的明証性において解明されていることを指摘することができます。フッサールは、一九三一年のテキストで、過去把持されていく経過を「透視的現出」と表現し、そのつど過去把持されていく時間内容が次第に隠れていき、見分けがつかなくなると同時に、なおそれらが透けて見えている様子を、表現できるとしています。「完全な闇にいたったもの、まさに透視的現出に、もはやもたらされないものは、現象の内部にはないことになろう。しかし、いったいこれは、何なのだろうか。私たちがここにもつのは、ある時間野、すなわち、今において同時に（simultan）存在する過去の絶えず発展する形成である。そして、この〔時間〕野において、遠隔連合、対化、形態配置（Konfiguration）が働いていている。――〝無意識〟において、ないし、〝意識〟から無意識なものに向けてである」[2]、というのです。

②　前後関係の説明のないままこの文章に接する人は、「今において同時に存在する過去の絶えず発展する形成」とは一体なんのことか、と戸惑うと思われます。しかし『受動的綜合の分析』をへることで、「現在において同時に与えられている過去の形成」という記述の明証性は、明確なものになります。まずは、この『受動的綜合の分析』にいたる経過として、すでに一九一七／一八年に執筆された『ベルナウ時間草稿』において、根源的時間流が、「原感性の流れ」として規定され、そのさい初めて「受動的志向性（passive Intentionalität）」が用語として使用され、その受動的志向性においては、作用志向性において働いている自我の能作が、まったく働いていない、と規定されました。さらに二〇年代において、自我極の生成以前に、受動的志向性として作動しうるモナド概念が導入され、メルロ＝ポンティにおいて指摘されている、反省哲学では定題化できないとされる「現存する世界の発生と反省的理念化の発生という二重の問題」（同上、七八頁）に、正面から取り組む「発生的現象学」（その主要課題は、「時間と連合と原創設（Urstiftung）」）が豊かに展開されていくことになります。

③　このような問題史的背景のもと、ここで「時間野における遠隔連合、対化、形態配置」といわれる諸概念は、すべてその発生の起源を受動的綜合にもっていることが示されます。そしてこのとき注意せねばならないのは、ここでの連合の概念は、ヒュームの言う「印象のコピーとしての観念の観念連合」の連合を意味しないことです。メルロ＝ポンティは、正当にも、『知覚の現象学』の序論において、ヒュームの「観念連合」を適確に批判し、経験論的感覚主義を退けます。メルロ＝ポンティは、「印象は他の印象を喚起する力を持ち合わせていない」[3]、「事実的な過去は、連合の機構をとおして現在の知覚に転用されるわけではなく、現在の意識によって展開にもたらされるのでなければならない」[4]とし、ヒュームに即した連合概念を批判し、知覚野の「志向的契機」[5]の地平構造と「図と地の変換」をモデルにするゲシュタルト概念を知覚論の中軸に据えます。

④　フッサールにおける連合の概念は、受動的志向性の能作として理解されています。ヒュームの連合概念が、フッサールにとって「自然主義的に歪曲されている」ことについては、『デカルト的省察』で言及されているだけでなく、自然主義的‐経験論的認識図式は、志向分析をとおして、すなわちそれ自体、意識にのぼることのない受動的志向性による受動的綜合と、自我の能作を含む能動的志向性による能動的綜合とによって、原理的批判をとおして徹底的に克服されています。それだけでなく、『受動的綜合の分析』で指摘される「無意識の現象学」の領野において、自然主義化されているフロイト流の連合概念や、無意識の脳内活動としての連合原理を活用する脳神経科学上の「連結主義（conexionism）」は、神経現象学を提唱するF・ヴァレラのいうように、「現象学的還元」による「現在意識」の現象学的解明をとおして、再度、根底から現象学的に基礎づけられなければならないのです。(7)

⑤　フッサールにおいて連合は、相互覚起と規定されています。フッサールは、すでに『内的時間意識の現象学』において、そのつど形成される時間内容を二側面から考察し、一方を印象と過去把持における「感覚本質の類似性による合致をとおして成立する時間内容」と、他方で印象と過去把持における「知覚対象としての事物の同一性による合致をとおして成立する時間内容」とに区別しています。つまり、過去把持の交差志向性における時間内容の合致（後の連合）が、感覚の感覚質の意味内容と対象知覚の意味内容の持続と変化に区別されているのです。さらに発生的現象学の領域において、発達心理学において「無様式知覚（感覚）」と規定される、内部感覚と外部感覚が区別されない原共感覚野からの個別的感覚野の生成が、現象学的分析にもたらされえます。(8)この感覚質の生成という発生的現象学の問いにおいて、受動的綜合の「連合と触発」の規則性をとおして、感覚形態（Gestalt）の形成が現象学の志向分析にもたらされ、この感覚形態の過去把持による沈澱をとおして、潜在的

志向性としての空虚な形態（leere Gestalt）による受動的志向とその充実が、志向分析の明証性の基準とされます。形態心理学において課題とされる形態そのものの生成という視点が、発生的現象学の領域において、展開可能であるということは、メルロ＝ポンティのいう「意識すること＝地の上の図をもつこと——これ以上に遡行するとはできない」という自己限定を超えて広がりうる志向分析の方向性を示している、といえるでしょう。

⑥ 他方、自我極の形成後の能動的志向性である「知覚、記憶、随意的運動感覚、言語等」の志向的能作による能動的綜合をとおして、知覚対象の表象が構成され、この事物の表象の過去把持をとおした潜在的志向性としての空虚表象（Leervorstellung）が、過去地平に潜在的に与えられることになります。こうして、成人における現在の知覚野において、その過去地平が、受動的綜合としての感覚の空虚な形態と能動的綜合による知覚の空虚表象を内含しつつ、印象の現在に対して「恒常的-同時的」に臨在しているといえるのです。

（3） 匿名的間身体性（メルロ＝ポンティ）と間モナド的時間化（フッサール）

フッサールにとって触発は、本来、自我に対する触発とされます。しかし、ここで重要なことは、時間の自己触発は、当然のこととは、いえますが、フッサールにとって自我の自己触発として理解されてはならないことです。自我が触発されて、触発するものに自我が向かう（対向する zuwenden）ことで時間の自己触発が生起するのではありません。フッサールの場合、時間の自己触発は、自我の能作を含まない受動的志向性による受動的綜合をとおして、すでに成立していいます。このように自我の対向以前に自我に対して触発するものは、そのつどの意識生（Bewusstseinsleben）全体の関心に応じて、その一部だけが、意識の直観にもたらされるのです。この意識生全体の関心というのは、大きく、感性にかかわる自我の能作を含まない受動的志向性（情動的コミュニケーションにかかわる本能や感覚や感性的感情等の志向性）に属する関心と、知性にかかわる自我の能作を含んだ能動的志向性（言語的コミュニケーションの前提になる知覚、判断、行為等の志向性）に属する関心とに大別されます。そして、この感性と知性の全体にかかわる意識生の関心の性格づけにとってもっとも重要であるのは、その相互主観性（間モナド性）という特性です。「モナドとモナドの間」という意味で使われる「間モナド的（intermonadisch）」という用語は、三〇年代の時間論において使用されています。フッサールにとって、『内的時間意識の現象学』で定題化された「絶対的時間流の自己構成」という問いは、後期時間論においては、間モナド的時間流の「nunc stans（留まる今）」の生起として現象学的分析にもたらされているのです。ということは、ここで、現象学の主要問題の一つである「他者の他者性と時間の自己触発」が、「肉と受動的綜合」に関連して、メルロ＝ポンティとフッサールにおいてどう理解されているか、問われることになります。

① メルロ＝ポンティの他者論に関する『見えるものと見えざるもの』におけるもっとも端的な指摘は、「私は私の緑のなかに相手の緑を認知するのである。ここに他我（alter ego）の問題はない。なぜなら、見ているのは私でも彼でもないからであり、匿名の可視性が、つまり視覚一般が、われわれ二人にともども住みついているからなのである」（邦訳、二三〇頁）とする匿名的身体性の指摘です。レヴィナスは、この見解に対して、「自分の身体を擽って擽ったくないのに、他人に擽られると擽ったいのはなぜか。自己の身体に住まう根本的自我性による」と言ったといわれています。(9) これに対するメルロ＝ポンティの解答は、その場ではなかったそうですが、フッサールであれば、「本能的な野生のキネステーゼ（運動感覚）wilde Kinästhese」の働く受動的綜合による匿名的な間身体性の構成層と、自我の能作を前提にする随意的な能動的キネステーゼに働く能動的相互主観性の構成層との志向性の二重の構成層の発生的秩序によって、次のように記述しうるでしょう。「擽る」といった随意

運動は、能動的キネステーゼが原意識されることで成立する、自他の身体の区別を前提にする自我極の生成後に成立するのであり、それ以前の本能的運動のさいの野生のキネステーゼは、自他の身体の区別がつかない、という意味での匿名的間身体性が生起している、とする現象学的記述です。

②　この匿名的間身体性の領域において間モナド的時間化がどのように生起しているかが問われるとき、フッサールの呈示する次の衝動志向性の充実の記述は、現象学的明証性によって十分に確証されうるといえるでしょう。

「〔発生的現象学において、自我が形成されていない幼児期からの、作用の自我と習慣性の発展が問われるとき、〕私たちは、普遍的な衝動志向性を前提にすることが許される、あるいは、前提にせねばならないのではないのか。その衝動志向性は、あらゆる本源的な現在を、立ち留まる時間化として統一し、具体的に現在から現在へと次のような仕方で押し流す。すなわち、すべての内容が衝動充実の内容であり、目標を前にして志向されている、そしてそのさい、あらゆる原初的な現在において超越する高次の段階の衝動が、あらゆる他の現在へと入り込み、すべてをモナドとして相互に結びつけ、その一方ですべてが相互内属的に（ineinander）含蓄されている、——志向的に、という仕方である。[10]」

ここで言われている衝動充実は、たとえば、自我の発展以前の乳幼児と、初めての授乳のさい覚醒化されてくる本能志向性に即応している母親とのあいだに、授乳衝動の志向と充実が経過していくという事例に妥当します。両モナドにとって、授乳本能が覚醒し、授乳衝動が形成され、その衝動が志向され、充実されることで、そのつど、衝動充実という時間内容が成立します。ここで決定的に重要であるのは、ここで成立する時間内容は、両モナドの志向の充実として相互内属的（ineinander）にともに原創設（urstiften）されて、一つの共創される「生き生きした現在の立ち留まり」であることです。モナド間に共現在化としての共時間化が生起しているのです。

③　この共現在化する共時間化の共創される「過去と現在」の同時性は、その同時性そのもの内実に関して、三〇年代の草稿において次のように記述されています。

「同時的一致とは、しかし、ただ内容的な融合としてのみ可能である。したがって内容的原融合は印象と直接的な原過去把持との間の、両者の同時性において生起するのであり、このことは、瞬時とその瞬時において直接的に内容的な融合に関して、絶えることなく生じていくのである。[11]」

ここで描かれている印象の現在と原過去把持の過去の契機との同時性は、時間流の根底である「生き生きした現在」における現在と過去の同時性です。生き生きした現在における過去把持の過去の契機と未来予持の未来の契機が、能動的志向性による過去と未来を基づけ、後者が前者を前提にしているように、受動的相互主観性は、能動的相互主観性に先行し、それを基づけています。ということは、生き生きした現在における「今と過去把持と未来予持」による「現在と過去と未来の同時性」の現象学的記述こそ、メルロ＝ポンティのいう「過去と現在の相互内属こそ肉に他ならない」（邦訳、四四四頁を参照）とする洞察に、志向分析の基礎を与えている、といえるのであり、しかも、それは個別的なモナド内部の「現在と過去の同時性」ではなく、間モナド的間身体性における両モナドの、相互の「現在に入り込んで」相互の過去との同時性を、つまり両モナドの間に相互に共創された一つの「過去と現在の同時性」の生成の記述となっているのです。

④　衝動志向性の志向と充実は、受動的相互主観性における匿名的間身体性の次元で生じるだけでなく、能動的相互主観性における、能動的志向性の能作を前提にした、もはや匿名的ではありえない、自他の身体の区別が前提になる男女の性愛においても生じています。メルロ＝ポンティは、「身体同士の連結（accouplement 番うこと）、すなわち両身体の志向を唯一の Erfüllung（充実）に向かって合わせること、……これは、万人の与りうる、各人に与えられた唯一性の感性的世界への顧慮〔関係性〕のうちに潜んでいることなのである。垂直的な「存在」の再発見によって呈示されるがままの、見える〔世界の〕、そして踏み越しを通じて、〔同時に〕見えざる世界の、唯一性こそ、『心身関係』の問題の解決である」[12]（邦訳、三八三頁を参照）としています。この衝動志向の充実の場合、明らかに自他の身体の区別を前提にしていますので、この段階で、もはや匿名的間身体性を語ることはできないはずですが、この段階でさえ、メルロ＝ポンティは、その匿名性について次のように語ります。「この場合、「『私』とは、真実のところ、誰でもない、それは匿名者である。……いっさいの客観化、命名に先立たねばならない。……もともとの『私』は、それに対してあらゆるものが、それに向かって訴え、その眼前に……何かあるものがある（Il y a quelque chose）ところの知られざる者なのである。それゆえ、これは否定性であり――それそのものとして、もちろん捉えられない」（同上、四〇五頁）。つまり、男女の情愛のさいの衝動的志向性の充実は、この意味での匿名性の次元で語られており、フッサールから見れば、受動的綜合による相互の衝動志向性の充実が、自他の身体の区別に先行することで、自我の能作を前提にする能動的綜合としての性愛そのものに先行して成立している、とみなされます。衝動志向性は、自我の能作を前提にしない受動的志向性であるからこそ、匿名的であり、すべての客観化に先行しており、自我の能作を前提にする作用志向性である能動的志

向性として理解することはできません。このすべての客観化に先行するとする匿名性の原理的見解は、受動的綜合が能動的綜合に先行するという原理的見解として、もっとも厳密な現象学的記述に到達している、といえるでしょう。ところが、いっさいの客観化に先行する匿名的〈私〉は、メルロ＝ポンティにとって志向分析ではなく、「垂直的な存在の再発見」にかかわるとされます。このメルロ＝ポンティの存在への方向づけを、さらに明確にするために、「現存在の存在了解」をテーマとする、ハイデガーの存在理解そのものに向かってみなければなりません。

（4）モナドの「衝迫」における時間性（ハイデガー）と間モナド的衝動志向性の時間化

ここでいうメルロ＝ポンティの「衝動志向の充実」とフッサールの「衝動志向性の充実」との共通点と差異をさらに明確にし、メルロ＝ポンティの存在概念への傾斜を理解するために、ライプニッツの「モナドの根底に働く衝迫／衝動（appetitus, Drang）」を、「現存在の存在了解」に重ね合わせようとするハイデガーの試みを検討してみることにします[13]。

① この試みの核心は、ハイデガーにとっての「超越論的論理学」の理解にあたって、ライプニッツに即した「主語と述語の包摂関係」における思考の機能としての「同一性（Identität）」の根拠を、カントの超越論的統覚の自我に求めることなく、モナドの同一化の遂行そのものに見ていることです[14]。この同一化は、「エンテレケイア（エンテレヒー）」ないし「実体形相」としてのモナドの規定としても表現され[15]、この同一化にハイデガーは、「現存在の原超越（Urtranszendenz）」としてのモナドの「衝迫」を、見るとするのです。フッサールにとって、超越論的論理学は、超越論的感性論の別名であり、具体的には、『経験と判断』、『受動的綜合の分析』、『形式的

論理学と超越論的論理学』及び『能動的綜合』において展開されており、そのさい中核を形成しているのは、超越論的自我の超越論的統覚以前に働く、受動的志向性による受動的綜合（受動的同一化[16]、passive Identifizierung）です。したがって、フッサールがモナド論的現象学を展開するとき、自我モナドから考察するのではないのに対して、ハイデガーが「現存在の存在了解」を語るとき、「人間の自我モナド」から、すべてを考察しているのではないか、つまり自我の能作をまったく含まない受動性の領域に達していないのではないか、と問われてくるのです。

② この超越論的統覚以前という共通点には、実は両者のあいだの根本的差異が含まれています。フッサールにとって、衝動志向性はモナドのあいだにおいて作動する間モナド的時間化をとおしてしか、言い換えれば、間モナド的コミュニケーションをとおしてしか作動しません。それに対して、ハイデガーの衝迫の理解は、「衝迫とは『素質でも行為の経過でもなく、〈〔何かを〕目指して‐あるように‐自らを‐あらしめること〉（Sich-angelegen-sein-lassen）』である[17]」とされ、この“Sich-angelegen-sein-lassen”は、「自己‐自身‐関わること（Sich-selbst-anliegen）」として自己関係性とも表現されることを、確認しておかなければなりません。

③ このハイデガーにとってのライプニッツの衝迫と時間性の関係を問うとき、重要な役割を果たすのが、ハイデガーの「振動（Schwingung）」の概念であり、村井則夫氏は「生命〔モナド〕は内在的な自己充足の内にありながら、同時に自らを超出して外部へと開かれ、さらに自身を振り返って内在的に知を形成する、生命と知の原型である衝迫とは、こうした遠心性と求心性のあいだの運動であり、遠さと近さのあいだの振動なのである[18]」と論じています。さらにこの振動は、「時間の自己触発」との関連において、「時間化は、根源的な全体的時間性の自由な振動である。時間は自らを延展させ、自らを収縮する[19]」とされます。つまり、「生命と知の原型で

ある衝迫」の振動が、時間の自己触発における自己の延展と収縮という、ハイデガーの本来的時間性における振動に包摂されることになります。ハイデガーの本来的時間性そのものは、周知のように現存在の有限性に基づく、「到来する自己の死に対する実存的決断」をとおして生起するのであり、衝迫における時間性を語るさいにも、この基本的観点は一貫しています。

④ そしてここでとくに注目すべきは、この時間の自己触発の原点に、現存在の存在了解として、現存在の「自己性（Selbstheit）」ないし「自我性（Egoität）」としての「振動の原点」が最終根拠として考えられていることです。「振動という超越論的出来事である自我性は、モナドが『集約された世界（mundus concentratus）』と呼ばれていたのと同様に、世界の現出を中心化し、世界と私の世界として現出させる凝集点であり、振動の原点である」[20]とされ、しかも、超越論的に中立的な匿名的なこの自我性は、「身体性へ、それゆえに性別への事実的な分散の可能性を宿して」[21]おり、「各々の『私』へと多様化し分散する。そのためこの自我性は、『汝なるものが実存し、我-汝-関係が実存しうることを可能にする形而上学的な制約』でもある」[22]とされているのです。

この「現存在の自己性」が「我-汝-関係」に先立ち、そのための形而上学的制約であることは、正面から批判されなければならない論点といえます。ハイデガーは、すでに『現象学の根本問題』（一九二七年）において、同趣の主張をしています。「しかし、世界内存在としての現存在は、同時に他の現存在との共存在（Mitsein）であることから、本来的に実存する《共に存在すること（Miteinandersein）》もまた、原初的に個別者の覚悟性によって規定されているのでなかればならない。覚悟された個別化によって初めて、またその個別化において現存在は汝に対して本来的に自由なのであり、開かれているのだ」[23]とされているのです。ここでいわれているのが、まさに現存在の覚悟された個別化が、我-汝-関係に先行するとする形而上学的制約なのです。

⑤　このとき、ここで問われるのは、当然、匿名的な自我性が「私」へと多様化し、分散するその仕方そのものです。フッサールの発生的現象学に即せば、この事態は、間モナド的時間化による間モナド的コミュニケーションをとおして、原共感覚を生きる匿名的身体性が個別的感覚野の形成による身体中心化をとおして、自他の身体の個体化のプロセスを基盤にして、自我と他我の差異が、現実化することに他なりません。このとき確認されなければならないのが、モナドの衝迫の時間性と実存的決断に由来する本来的時間性との、上記引用における現存在の自我性との関連です。現存在の匿名的な「自我性」がモナドの「振動の原点」と理解される以上、モナドの時間性は、実存的決断のさいに覚醒されるといえる、現存在の自我性において生起する、本来的時間性に包摂されるとしてしか、理解できません。このときこそ、フッサールにおける母子関係、および成人男女のあいだの衝動志向性の充実／不充実による間モナド的時間化と、ハイデガーの本来的時間性の生起との相違が、明確になるのです。

⑥　フッサールの間モナド的時間化は、衝動の充実に目的づけられた衝動の目的論における時間化と、理論理性の相互理解と実践理性の相互了解に目的づけられた、理性の目的論における時間化に、区別されます。このように区別される二つの時間化は、間モナド的コミュニケーションにおいて生成しており、衝動の目的論における間モナド的コミュニケーションは、家族愛として特徴づけられ、理性の目的論における間モナド的コミュニケーションは、人格的な倫理的愛として特徴づけられます。この我‒汝‒関係としての愛という関係性は、現存在の存在了解としての配慮（Sorge）とは、「世界への開き、超越の仕方」に関して、根本的差異を示しています。配慮には、汝に全身全霊で向かい合う我‒汝‒関係としての愛の相互性と応答性が欠けているのです。自己の死に向かう配慮には、我‒汝‒関係をとおして生起する、すなわち我と汝のあいだに生起する相互主観的時間性、つまり愛

において人と人とを生かし合う、共創し合う時間性が欠けています。言い換えると、ハイデガーは、モナドには「内も外もない」と解釈することで、(24) 自己の死に向かう自由な実存的決断に由来する本来的時間性において、「自己の死と他者の死の差異」に含蓄されている我-汝-関係の汝を喪失しているのです。

⑦　ハイデガーは、この現存在の自我性が「汝なるものが実存し、我-汝-関係が実存しうることを可能にする形而上学的な制約」でもあるとしていますが、我-汝-関係としての家族愛も倫理的愛も、いかなる意味での、特定の「形而上学的制約」をもつことはありません。ハイデガーがここで考える「形而上学的制約」とは、現存在の自我性の「身体性と男女の性別への事実的分散の可能性」を意味している、としていますが、このこと自体、現象学的にではなく、まさに形而上学的に措定されているだけで、現象学的な記述の可能性は、とざされたままなのです。

⑧　それに対して、メルロ＝ポンティの間身体性の現象学は、『幼児の対人関係』において、フッサールの受動的綜合の根本形式とされる「対化（Paarung）」を積極的に取り上げ、「フッサールは、他人知覚は『対の現象(phénomène d'accouplement)』のようなものだと言っていました。……他人知覚においては、私の身体と他人の身体は対にされ、言わばその二つで一つの行為をなし遂げることになるのです(25)」と論じています。また、それだけでなく、メルロ＝ポンティは『眼と精神』では、アンドレ・マルシャンに言及し、森と画家とのあいだに生じる主客を分離しがたい、「もはや何が見、何が見られているのか、何が描き、何が描かれているのかわからなくなるほど見分けにくい能動と受動とが存在のうちにはあるのである(26)」という、まさに画家と森とのあいだの主客関係に先行する我-汝-関係として、すなわち世界との出会いとして、豊かな現象学的分析にもたらしているのです。これらの記述は、私たちの世界との出会いの経験の現象学的記述に他ならず、いかなる意味での形而上学的

制約とも無関係であるだけでなく、それらの形而上学的規定は、むしろ事象の現象学的分析を妨害する先入見でしかありえないのです。

第三節　学際的哲学としての現象学の方向性

ここで、最後に学際的哲学としての現象学の方向性をテーマにするのは、「肉と受動的綜合」の対比的考察の締め括りとして、「過去と現在の同時性」という原理的な哲学の観点が、自然科学研究の前提とされている「客観的時間と空間の把握」と、どのような関係にあるのかを明確にし、今後の学際的哲学にはたす現象学の役割を明確にするためです。

周知のように、フッサールは『ヨーロッパ諸学問の危機と超越論的現象学』において、現代文明における自然科学的世界観の支配の根源を、「生活世界の数学化」と洞察していました。この洞察の有効性は、数学化そのものの源泉が、生活世界そのもののなかに潜んでいることを、示すことができたとき、はじめて立証しうることになります。これこそ生活世界が数理に先行すること、生活世界が数理を基づけ、数理は生活世界を前提にすることを現象学の明証にもたらすことに他なりません。フッサールは、これを受動的綜合と能動的綜合の関係において、生活世界に含蓄された受動的綜合が、能動的綜合である数理に先行し、受動的綜合が、能動的綜合を基づけ、能動的綜合は、受動的綜合を前提にすることとして証示することができました。

ここで、再度F・ヴァレラによって提唱されている「神経現象学」の「現在‐時間意識」の分析を、学際的哲学の一例として呈示します。ヴァレラの神経現象学については、すでにライプニッツの微小表象と受動的綜合の得することになるのかが、明らかになるからです。

関係について論じるとき、言及されており[27]、また、その詳細については、本書第Ⅲ部第三章において、詳論されることになります。ここでは、この神経現象学の方法について論じることで、いわゆる「客観的時間」が、「過去と現在の同時性」とされる肉の概念と、「我-汝-関係」における時間化とに対して、どのような位置づけを獲得することになるのかが、明らかになるからです。

(1) 神経現象学の方法論

神経現象学の特徴の一つは、徹底した方法論的自覚によって貫かれており、現象学の目指す明証性の基準と、自然科学研究のもつ方法論的限定性が、明確に認識されていることです。ヴァレラは、「現象学的還元」の四つの契機として「還元、直観、不変項、安定性」を挙げ[28]、それぞれ、還元を「自動的な思考パターンをカッコづけし、その源泉へと反省の眼をむけること」、直観を「真理の基準となる明証性の核となる想像的変更を経た本質直観」、さらに不変項を「公共的記述による具現化をとおした不変項の確立」、最後に安定性を「現象学的還元そのものの訓練をとおして安定性を獲得すること」と説明しています。学際的哲学研究の方法論としての現象学的還元にとって、特に強調すべきは、ときとして内観主義として誤解されることに対して、また、出会う世界を欠く狭隘な実存主義的傾向に対して、「公共的記述による不変項の獲得と研究共同体における現象学的還元の訓練」という原理的に公共的に開かれた側面なのです。

① 二番目の契機として指摘されている「本質直観」には、その第一段階として「事例化(Exemplifikation)」のプロセスが含まれており、そこでは可能な限り広範にわたる実例を、個別科学の研究成果をも含めて事例として吸収することが指針とされています。この本質直観においてすでに、諸個別科学研究への根本的な開放性が、

示されており、存在論的差異の措定による、存在及び現存在の存在了解の確定といった、存在論的現象学のもつ、形而上学的制約の措定による、現象学的分析を阻む、明証性概念の狭隘化に抗して、個別的科学研究との協働研究の方向性が示されているのです。ここで、メルロ＝ポンティが、フッサールの本質直観について、そこに含まれる超越論的事実性に起因する相対性（素朴さ）についての、フッサールの自覚とその分析の方向性を、M・シェーラーの本質直観の絶対性に対する批判をとおして、高く評価していることに注意せねばなりません。[29] 自然科学研究の呈示する事実としての自然の因果的連関には、哲学的認識に潜む無意識の先入見や、歴史的相対性を示唆しうる「実質的アプリオリ」[30] の発見に導く萌芽が、含まれているのです。まさにこのことこそ、ヴァレラが神経現象学における脳神経科学と現象学の相互補完的協働研究、という方向性の内実に他なりません。現象学は脳神経科学研究の研究成果を積極的に取り込み、事象の本質の解明につなげていきます。

②　さらにメルロ＝ポンティは、シェーラーの本質直観の把握を批判する一方、ハイデガーが、彼のとる「世界内存在」の把握に潜む哲学的認識の絶対的優位によって、哲学と「人間の科学」を、「存在論的差異」の議論において、哲学に属する「存在論的認識」と、帰納的自然科学に属する「存在的認識」とに対立させることだけに終始していることを、正面から批判しています。メルロ＝ポンティは、「フッサールの方が、〈世界内存在〉を究めようと欲したハイデガーよりはるかに大胆に、〈哲学者の世界への内属〉を認めていたということになりましょう[31]」と論じているのです。

③　ヴァレラの「公共的記述でもとめられる不変項」と「現象学的還元の訓練とされる安定性」の指摘に共通しているのは、現象学において、よく言われるような「一人称的説明と三人称的説明を統合すること」が問われているのではないことです。この指摘が示しているのは、「現象学運動の中で最も重要な発見の一つ[32]」とされる、

相互主観性の解明をとおして、一人称的視点と三人称的視点そのものが、生活世界の中から生成してきているということなのです。それらの視点そのものが構成されるその仕方が志向分析をとおして解明されてくるのです。ここで問われているのは、社会共同体における学際的研究の協働研究の実現であり、孤立する実存における実存的決断に向かう内省とか、内観（introspection）なのではありません。

（2）「現在‐時間意識」の分析

神経現象学の作業仮説は、「経験の構造の現象学的説明と認知科学におけるその対応物は、互いに補足し合う制限関係によって相互に関係している」(33)と表現されます。この作業仮説が、神経現象学の一重要課題である「現在‐時間意識」(34)の解明において、どのように活用されているのかを確認しつつ、今後の学際的哲学としての現象学の方向性を明確にしてみたいと思います。

① ヴァレラは、現在という時間意識を神経現象学の解明の課題とするさい、まずもって、フッサールの『内的時間意識の現象学』を中軸にしたフッサールの時間意識の分析や、ハイデガーとメルロ＝ポンティの「時間の自己触発」の議論を、全面的に、「経験の構造の現象学的説明」として受け入れます。それというのも、「現象学的説明なしには、経験の直接的性質が消失してしまう」(35)からです。脳科学研究による実在的連関の因果関係そのものの解明には、生命体の活動を動機づける「意味づけや価値づけ」の内実は与えられていません。ただし、現象学的説明を受け入れるとして、「過去把持と今と未来予持」による現在の時間構造の説明を、どう理解するかということ、またその理解そのものが、フッサールのこのテーマに関する他の現象学的分析と照らし合わせる中で、初めて適切な理解となってくる、ということは、現象学的還元の四項目を探求しつづける現象学研究そのも

のの課題として、自覚されなければなりません。この観点からみるとき、ヴァレラの過去把持、及びその二重の志向性の理解には、幾多の誤解が含まれていること、また受動的綜合である連合の規則性が、時間意識の分析に活用されていない点など、現象学研究そのもののさらなる展開が望まれるのです。他方、現象学研究はまさに現象学研究者にとっての主要な課題なのであり、むしろ、ハイデガーにしろ、メルロ＝ポンティにしろ、現象学の側の研究不足とされねばならないのです。

② 逆に、脳神経科学の提供しえる研究成果であって、現象学研究では解明できないのが、「時間的現出の神経ダイナミクス」そのものであり、ヴァレラによって、認知科学のアプローチに代わる、感覚・運動系のカップリングによる内部発生的ダイナミクスについて、身体化された力学的考察をとおして解明されています(36)。ここで呈示されている最も興味深い指摘は、「特定の神経アセンブリ〔組成〕がある種の時間的共振ないし「つなぎ」を通じて創発する」、詳しく述べれば「特定の神経アセンブリが、下位の閾をもつ競合する神経アセンブリに属する活性化されたニューロンの急速な過渡的位相固定を通じて選択される(37)」、という説明です。この神経アセンブリにおける競合と選択のプロセスは、およそ〇・五秒（B・リベットの意識にかかる〇・五秒を参照）を一単位として統合され、弛緩するプロセスとして、説明されています。ヴァレラは、この神経アセンブリの競合と選択のプロセスが、フッサールの「過去把持―今―未来予持」からなる生き生きした現在の意識に、ぴったり対応する、としています(38)。この神経アセンブリのプロセスは、フッサールの印象と過去地平における、空虚な形態と表象のあいだの連合による相互覚起（ヴァレラの相互作用 interaction）に、相応しており、神経アセンブリにおける共時的「カップリング」と、相互覚起における連合の根本形式としての「対化」とが、同じ事象の神経学的解明と現象学的解明を意味しうることは、神経現象学の相補的協働研究の成果の一事例、ということができるでしょう。

③ ヴァレラの「現在-時間意識」の分析において、この「カップリング」は、神経アセンブリの同時的カップリングとしてだけでなく、生命体と周囲世界との相互作用が、生命システムと周囲世界システムとのシステム間のカップリングとみなされています。そしてこのカップリングは、「両者は、ヴァレラとの協働研究者であるN・デプラスの論文では、直接、フッサールの対化との相応関係として、同じ四つの構成要素を含んでいる。すなわち、（1）身体への投錨性、（2）時間に基づく力動性、（3）関係的意味、（4）必然的に他者性を許容する連結の創造である」[39]と述べられているのです。この四番目の「必然的に他者性を許容する」という論点は、ハイデガーの時間の自己触発のもつ、「現存在の自我性による、実存的決断に由来する、本来的時間性における他者性の欠如」に対する原理的批判となっている、といえるでしょう。

④ こうして確定される神経現象学の探求領域としての「対化とカップリング」の協働研究は、脳神経科学との結びつきをとおして、広汎性発達障害に属する自閉症や、精神障害の一つである統合失調症、また、リハビリテーションやカウンセリング、スポーツ運動学や、経営学等の学際的研究を推進しうる有力な方向性を示しているといえます。知覚系と運動系のカップリング（対化）は、自閉症研究の展開を、知覚系と運動系を結びつけているミラーニューロンの学習による形成の視点と[40]、フッサールの発生的現象学における「原共感覚（無様式知覚）からの個別的感覚野の形成」[41]、という視点との協働研究として、適確に方向づけることができるといえます。脳疾患後のリハビリテーションにあたって、患者とセラピストのあいだに生じるカップリングが、治癒の過程の主要なテーマとなっています[42]。スポーツ運動学において、「スポーツ運動学は現象学に基礎づけを持つ」として、無意識に生じうる運動能力の形成を、受動的綜合の観点から解明しようとする試みがなされています[43]。経営学では、その知識創造論において、M・ポランニーの「暗黙知」の理論、及び「場」の理論の基礎づけとして、フッ

サールの受動的綜合と受動的相互主観性の観点が、活用されているのです(44)。

⑤　このように、神経現象学を学際的哲学の一例として呈示することで明らかになるのは、ハイデガーの時間の自己触発に即した本来的時間性の見解は、「身体、時間、関係的意味、他者の他者性」のいずれの論点においても、受動的綜合である「対化」との合致を見出せないのに対して、メルロ＝ポンティの「過去と現在の同時性としての肉」の思想は、この四つのいずれの論点においても、対化とカップリングの協働研究の方向性を支持し、推進するであろう、と思われることです。存在論的差異とされる「存在と存在者」の峻別に、学際的哲学の展開の方向性は見出せません。メルロ＝ポンティが存在の概念に接近したのは、「垂直的存在の再発見」であれ、「過去と現在の同時性としての肉」であれ、『人間の科学と現象学』にみられる、「心理学的認識」という経験科学と、現象学的分析を統合しうる学際的哲学の方向性に相応した試みであったはずです。その意味で、ヴァレラの神経現象学は、肉の概念の内実と、その先構成の「如何に」を、現象学的分析にもたらしうる明確な方法論を呈示している、と思われるのです。

第三章　暗黙知と受動的綜合

M・ポランニーによって示された新たな知の概念としての「暗黙知（tacit knowlege）」は、本来、「創発（emergence）」の概念と並んで、歪められた自然科学観としての「機械論的決定論」を克服しうる新たな学問論を呈示しています。他方、E・フッサールの「受動的綜合（passive Synthesis）」の概念は、「実在論か、観念論か」という二元論的二者択一を、そもそもその二者択一という見解の生成の起源の解明をとおして克服し、新たな学際的哲学としての現象学の方法論を示しています。本章の目的は、暗黙知と受動的綜合が目指している新たな学問論、及び方法論を対比的考察にもたらし、両者の共通点と相違を明らかにすることで、目指されている方向性の的確な理解に努めることにあります。その目的が達成されているか、いないかの試金石として、「知識経営」の創始者として著名な野中郁次郎氏の「SECIモデル」で活用されている暗黙知と、受動的綜合の観点について論究し、学際的哲学に属するともいえる経営哲学の領域において、新たな学問論および学際的哲学の方法論の方向性を、しっかり吟味してみたいと思います。

第一節　暗黙知と受動的綜合の対照考察

（1）日常生活での暗黙知の事例

マイケル・ポランニーは、「暗黙知（tacit knowledge）」という言葉で「私たちは言葉にできるより多くのことを知ることができる」（一八）[1] ことを表現しようとします。そして冒頭から、私たちの日常生活で実際に経験している暗黙知の具体的事例を多く挙げていきます。たとえば「ある人の顔を知っているとき、私たちはその顔を千人、いや百万人の中からでも見分けることができる。しかし、通常、私たちは、どのようにして自分が知っている顔を見分けるのか分からない」（同上）という例です。「知っている顔を見分ける」という私たちの知覚の能力を言葉で説明しようとしても、説明しきれないというのです。

同じような人の顔の記憶の例でポランニーが示す二つ目の事例は、警察での犯人捜査の事例です。犯人の顔の特定のさい、目撃者の「犯人の顔の記憶」が、目撃者に示される顔立ちを現す膨大な数のコレクションと照合されます。言葉で表現できる以上の、その犯人の顔の記憶がしっかり残っていてこそ、そのコレクションとの照合ができるのですが、「どんなふうにして照合したのか、言葉にすることはできない」（一九）とポランニーはいいます。照らし合わせるというとき、犯人の記憶像とコレクションの視覚像が照らし合わせられることになりますが、記憶像の方は、いま、現に見えていませんので、合同の三角形を見つけるように、二つの三角形を重ね合わせて、照合するわけにはいかないのです。

三つ目の例は、「人の顔の認知」に類似した例ですが、「私たちは人間の顔に浮かぶ気分を察する」ことができる、という例です。確かに、この能力を言葉にして説明しようとしても、説明のしようがないのですが、他方、この能力は、それなしに人と人とのあいだのコミュニケーションが、そもそも成り立たないほど重要な能力であり、この事例は、私たちの後の考察にとっても、重要な意味をもつことになります。

（2）　暗黙知の問いと受動的綜合の問いの意味

これら三つの事例は、私たちにとって、とても分かりやすい暗黙知の事例だと思います。ポランニーのいうように、どのように「人の顔を見分け」、どのように「記憶像と知覚像を照合し」、またどのように「人の表情にその人の気分を察する」のか問われると、ほとんど言葉で説明するのは難しいものです。とはいえ、そもそもこのような「どのように」といった「認識（認知）の仕方」が問われることは、私たちの普段の生活では、めったにないことです。いったい、このような「どのように」を問う必要は、どこにあるのでしょうか。

むしろ、このような「どのように」を問うかわりに、これらの認識能力が、普段の生活に役立つように、犯罪捜査といった場合であれば、街中に解像力の強大な防犯カメラが設置され、すべての視覚像がデータ化され、無数のデータ間での照らし合わせが行われることで、犯罪者の特定化ができるようにすることの方が、重要ではないでしょうか。「人の顔の見分け」は、人間の視覚や記憶像による暗黙知と、警察で示される映像や、写真のコレクションの視覚像とのあいだの照合といった不確かなものでなく、視覚像のデータ相互間の照合の方が、より正確で、客観的だとされるのです。暗黙知に頼る必要はないし、暗黙知がどのように働くのかを問うてみてもしょうがない、というわけです。

また同様に、人間のコミュニケーションにとって重要である「人の顔に浮かぶ気分を察する」能力の場合、この「どのようにして」という問いは、そもそも理論的に問う意味があるのでしょうか。というのも、最近の脳科学の発見によると、類人猿や人間に「ミラーニューロン」という大脳皮質の一領野があって、その領域が活性化するとき、他の個体の行動の意図や、情動の変化が、「見分けられ、感じ分けられている」ことが、明らかにされているからです。つまり、ちょうど視覚像のデータ解析のように、このミラーニューロンの機能をすべてデータ化して、そのデータ処理が可能な新たなソフトを開発すれば、そのソフトを介して「気分を察する」ロボットが開発され、人間があえて、このような「どのようにして」の問いを立てる必要はない、すべて機械化をとおせば良い、ということになると思えるからです。

　となると、暗黙知をめぐって問われている「どうして」の問いは、「言葉にできるより多くのことを知る」暗黙知といわれる人間の知る力に対して、自然科学研究が依拠する、言葉と記号と数値で示されうる「明示知（形式知）」が対置されることで、そもそも「どのように暗黙知が働くのか」という問いそのものが、意味をなさないことになってしまいかねません。このとき、まず、そもそもポランニーは、何を意図して「暗黙知の次元」を主張するようになったのかを、確認してみる必要があります。そうすることで、それに相応するような、フッサールの「受動的綜合の問い」が問われるようになった経緯（プロセス）、も同時に説明したいと思います。

①　もともと物理学と化学の研究者であり続けたポランニーが、「人間の知に関する新しい考え方」に関心をむけるようになったのは、一九三五年、モスクワで共産党の理論派を指導していたブハーリンとの対話が、大きなきっかけであった、とされています。ポランニーは、ブハーリンの社会主義理論にみられる、思考の自由を前提にする「科学それ自体が存在する余地のない、機械論的な人間観や歴史観」（一七）に驚愕し、そこに、精神の自己否定と物質的必然性への狂信を洞察することで、この状況を作り出す根本原因の探究を志しました。その

探究をとおして到達したのが、この「暗黙知の次元」であるとされます（一六―一八を参照）。ということは、そもそも暗黙知とは、近代的思惟の特徴ともいえる「思考（精神）の自由か、物質の（因果的）必然性か」という二項対立と、それによる近代人の「自己懐疑」を、克服しうる「新たな知の次元」として探究された、と理解されねばなりません。ですから、暗黙知は、ポランニーにとって、精神の自由の表現であるべき自然科学研究が、機械論的自然観を克服しうる新たな知の次元において確保され、確定されてきた、という由来をもつのです。つまり、「防犯カメラ」や「ミラーニューロンの発見」が、機械論的決定論を前提にする限り、暗黙知による新たな学問論によって新たに理解される必要がある、ということなのです。

② 他方、フッサールの受動的綜合の問いは、ポランニーの場合のような、近代人の自己懐疑の苦悩という時代状況全体の危機意識の中から、直接、生じたのではありません。受動的綜合の問いは、もともと、「過去、現在、未来」といった時間の意味が、各自の意識にどのように構成されているのか、という純粋に認識論的な時間論の問いをとおして、その問いが問いになった、という経緯があります。そのときの詳しいプロセスは、ここでは省略しますが、第一の決定的に重要な段階は、内在的時間意識における、過去という意味の源泉である「特有な志向性（後に受動的志向性といわれる）」としての「過去把持（Retention）」の発見でした。過去把持をとおして、「過ぎ去っていく印象」というときの「過ぎ去る」という過去の意味が、そのつど生成することが、解明されました。この過去把持という志向性は、「過去という観念」を、自然の変化に宛てがうとする観念論によっては、説明できません。また、過去把持は、外界の自然の変化が、脳内刺激として計測されることで確定する「物理的時間の時間点のズレ」によって生じる、とする実在論によっても、理解できません。過去把持という志向性は、直接、観念論が依拠する「精神の自由」に属するのでなく、また実在論の主張する「物の因果」に属するの

でもありません。ちょうどポランニーの求めた「新しい知の次元」としての、近代の「精神の自由か、物の因果か、」という二項対立を克服する方向性が、確定したのと同様、フッサールの受動的綜合の問いは、時間意識の分析をとおして、「精神の自由か、物質の因果的必然性か、」という二元論的思惟がとどくことのない、「新たな理論知と実践知」の領域を開示することになった、といえるのです。

（3）「閾下知覚」における「連結」と受動的綜合としての「連合と触発」

ポランニーは、上に述べたような日常生活での暗黙知の経験から出発して、心理学や哲学の上で、暗黙知の働きが示唆される事例を挙げることになります。その中で注目すべきは、まずは、「ゲシュタルト心理学」のゲシュタルト（形態）の概念です。ポランニーは、ゲシュタルト心理学は、「ある対象の外形を認識するとき、私たちは感知している個々の特徴を、それが何とは特定できないままに、統合しているのだ」（二一）として、彼の暗黙知の見解と近似している、としています。他方、彼は、ゲシュタルト心理学が、「外形の認識は、網膜もしくは脳に刻印された個々の特徴が、自然な平衡を得て、生起する」（同上、強調は筆者による）としている、と批判を加え、むしろ、ゲシュタルトは、「認識を求める過程で、能動的に経験を形成しようとする結果として、生起するものである。この形成もしくは統合こそ、私が偉大にして不可欠な暗黙の力とみなすものに他ならない」（同上、強調は筆者による）として、暗黙知との相違を強調しています。つまり、ゲシュタルトの、脳に与えられる刺激としての「個々の諸特徴の自然な平衡を経た生起」とみなすか、「生命体の能動的な形成、ないしは統合」とみなすかの相違、といえます。となると、ここで当然、問われてくるのは、ここでいわれている「個々の特徴を特定できないままに統合する」とは、いったいどのように「統合する」のか、その統合の仕方であることになります。

この統合の仕方に接近しうる事例として、ポランニーは、心理学者の「閾下知覚（subception）」（二三）に属する二つの事例を示します。第一の事例は、「被験者に多数のでたらめな綴り字を見せ、いくつかの特定の綴り字を見せた後では電気ショックを与えた。間もなく被験者は、『ショック綴り字』を目にするだけで、電気ショックを予期しているような兆候を示すようになった。ところが訊いてみると、被験者はどれが『ショック綴り字』なのやら見分けがまるでついていないのだ」（同上）というのです。第二の事例は、「被験者が特定の「ショック語」に関連する事柄を何げなく口にしたときに、必ずショックを与えるようにした。間もなく被験者はショックに関係する言葉を口にださなくなり、ショックを出し抜くことをおぼえてしまった。ところが訊いてみると、彼はショックを出し抜くために自分がやっていることに自覚的ではないようだった」（二四）という例です。この二つの事例の場合、明らかに、「被験者はショックを誘発する源を特定できないのに、それについての自分の感覚を信じて、電気ショックを予期していたのである」（二五）ということになります。この二つの事例から、ポランニーは、暗黙知の基本的構造である二つの条件を導き出します。「ショックを呼び込む綴り字と連想が第一の条件、それに続く電気ショックが第二の条件、この二つの条件を連結することを学習してしまうと、ショック綴り字を見ただけで電気ショックを予期したり、ショックを回避するためにショックを誘発する連想を自ら禁じるようになった」（二六）とされるのです。この二つの事例は意識にのぼらない「閾下知覚」の事例とされ、特定の綴り字と特定の語の発語と電気ショックとのつながり（連結、あるいは連想、ないし連合）は、意識にのぼっていません。ポランニーは、この意識にのぼらないことについて、さらに説明を加え、「どうしてこの連結は意識にのぼらずじまいになったのか？　たぶんそれは、被験者が電気ショックばかりに気を取られていたせいである。被験者は電気ショックに関わる範囲内でのみ、ショックをもたらす個々の諸要素を感知し、それに従って反応した」（二六）としているのです。

以上の暗黙知の構造におけるその二条件に関して、受動的綜合の規則性とされる「連合（Assoziation）」と対比させ、両者の特徴を明確にしてみることができます。

① まず、ここで注意せねばならないのは、ここで第一条件として述べられている「綴り字」は、第一の事例では、どの綴り字が電気ショックを誘発するのかは知られていませんが、それでも、綴り字として見えていることに違いはないことです。複数の綴り字の視覚像そのものは、意識されて与えられているのです。また、また第二の事例では、同じように、特定のどの語が電気ショックと結びつくのか、分かってはいなくても、実際に複数の語を口にしている、つまり、声に出して発語していることは、はっきり意識されています。ということは、ここで確認しておかねばならないのは、感覚の統一の意識そのものは、成立していることです。ここで「意識にのぼらずじまい」になっているのは、その特定の綴り字と電気ショックの連結（連想）であり、特定の発語と電気ショックとの連結（連想）なのです。

② 受動的綜合の規則性の一つは連合（連想）といわれます。フッサールのいう受動的綜合としての連合も、ポランニーのいう連想、ないし連結と同様、その連合（連結）の仕方そのものが、意識にのぼっているわけではありません。ただし、何と何のあいだの連合か、という点に関して、ポランニーと違うところが二つあります。まず第一に、ここでポランニーによって示された、特定の感覚野である視覚野における視覚像と、体性感覚としての電気ショックのあいだの連結と、特定の運動感覚と聴覚がともに生じている発語のさいの感覚と、体性感覚としての電気ショックのあいだの連結は、いずれも、異質の感覚野間の連結を意味しています。

フッサールは、これに対して、まずは、すべての個別的な感覚野、つまり視覚野や聴覚野、触覚野、運動感覚野、体性感覚野等々において、個々の感覚野内部での「類似性とコントラスト」による当の感覚質間の「同等性」（色は色である感覚質の同等性、音は音である感覚質の同等性、等々）を連合による綜合（統一）として、説明していることです。すべての個別的感覚野は、それぞれの感覚質の意味の類似性による連合的統一（綜合）によって、特定の感覚野内部での連合が、意識にのぼる以前に働いているのです。ポランニーは、この同一の感覚野内部の感覚の連結を問題にすることはありません。彼にとってこの連結は、あまりに自明的であるからかもしれません。

また、第二に、ポランニーと同様、フッサールにおいても、異質の感覚野のあいだ（たとえば、発語における運動感覚と聴覚と、電気ショックによる体性感覚とのあいだ）の連結（連合）が確認されます。しかしフッサールは、その確認だけにとどまらず、その異質の感覚野間の根底に通底している「リズムや強度」の類似性による連合が生じている、とみなしています。これらの連合の生じ方は、感覚内容がどのように時間内容として持続したり変化したりするのか、その分析をとおして、より明晰に理解されるようになります（本書、三四六頁以降を参照）。

③　ポランニーは、この「意識にのぼらないこと」について説明し、「たぶんそれは、被験者が電気ショックばかりに気を取られていたせいである。被験者は電気ショックに関わる範囲内でのみ、ショックをもたらす個々の諸要素を感知し、それに従って反応したのだろう」（二六）としているのですが、そもそも電気ショックに気を取られる、その「そもそもの理由（たとえば、生命保存の本能とか）」に、積極的に言及することはありません。とはいえ、ポランニーがその閾下知覚についての「原注1（二五五）」において、自身の「回避行動」を、フロイト理論の「防御機制」と解釈する試みに言及していることは、注目すべきだ、といえるでしょう。

それに対して、フッサールは『受動的綜合の分析』において、この閾下知覚に類似した例（本書一九二頁を参照）を示し、特定の感覚刺激に注意が向けられる理由を、その感覚刺激がもつ私たちに対する「触発力」の違いにみています。その例として、たとえば、メロディーが流れていることに気づかずに、部屋で仕事をしていて、「とくに感動的な音が響き、感覚的な快不快を強く呼び起こすような変化が生じたとする。……そのとき、……メロディー全体が、その現在野に生き生きと残っている範囲で際立ってくる。触発が過去把持されているものに遡及的に及び、まずもって統一的に際立つよう働きかけ、それと同時に、それぞれの個々のものを際立たせ、つまり個々の音に個別的触発を促しながら、働きかけるのである」[2]という例です。ポランニーのように実験をとおして、閾下知覚の例を示すのではなく、私たちの日常生活で経験される事例をとおして、まったくその刺激にさえ気づかずに、ある特定のメロディーが、過ぎ去る時間の流れに即して保たれていて（つまり「過去把持」されていて）、それが、感動的な音に気づくと同時に、際立ちをもって意識にもたらされる、というのです。ポランニーの第二条件とされた電気ショックにあたるのが、「感動的な音」、「感覚的な快不快を生じさせる変化」といわれるもので、第一条件にあたるのが、気づかれることなく流れていたメロディーにあたります。ポランニーの場合、「電気ショックばかりに気をとられていた」、つまり「注意が向かっていた」ことは、フッサールの場合、「感動的、感覚的快不快の強さによって」というように、人間に与える感覚刺激のもつ触発力による、と説明されます。そしてこの触発力の強弱は、「情緒づけがもつ根源的な価値づけ」や、「本能的な衝動」によって決定される、としています。[3]ここで問われるのは、積極的で能動的な意味で「注意を向けること」と、ポランニーが「気が取られる」とか、フッサールが「本能的な衝動」というときの「自然に関心が向けられる」、というときの自然発生的な注意の発生との違いにある、と思われます。いいかえると、積極的に注意を向けることと、自然に注意が向かってしまうこととの相違、といえましょう。

（4）暗黙知の構造――機能的構造、現象的構造、意味論的側面、そして存在論的側面

①ポランニーは、「閾下知覚」の例をとおして、暗黙知の第一条件と第二の条件を、「論理的関係」として、暗黙知の機能的構造を、次のように表現します。すなわち、「私たちが第一条件について知っているとは、ただ第二条件に注意を払った結果として、第一条件について感知した内容を信じている、ということにすぎないのだ」（二七）というのです。このとき、「機能」と名づけるのは、「第二条件に注意を払った結果」というように、注意を払うという働きの結果、「第一条件について感知した内容を信じている」、という「第一条件」についての「知」が出現する、という暗黙知の働き方（機能の仕方）の説明であるからです。この機能的構造は、道具の使用といった技能の遂行を例にして、「私たちは、技能の遂行に注意を払うために、一連の筋肉の動作を感知し、その感覚に依存している。私たちは、小さな個々の運動から、それらの共同目的の達成に向かって、注意を払うのであり、それゆえ、たいていは、個々の筋肉運動それ自体を明らかにすることはできない」（二八）と述べられています。第一条件から第二条件への注意の移動が、暗黙知の機能的構造とされるのです。

②この第一条件と第二条件は、解剖学の用語である「近位」と「遠位」の区別に応じて、第一条件（＝近位項）、第二条件（＝遠位項）と呼ばれることで、暗黙知の現象的構造（phenominal structure）が、次のように呈示されています。「私たちは暗黙的認識において、遠位にある条件の様相《アピアランス》を見て、その中に近位の条件を感知する。つまり、私たちは、A（＝近位項）からB（＝遠位項）に向かって注意を移し、Bの様相の中にAを感知するのだ」（三〇）というのです。このとき、Bの様相、ないし現れ（現象）の中に第一条件であるAを感知する（気づ

く、ないし意識する）、というのですが、この様相は、たんなる「現れ」としてではなく、「意味」としての現れとなる、とポランニーは論じます。

③　このことをポランニーは、「暗黙知の機能的側面と、現象的側面を結びつけるもの」が、「意味」なのであり、綴り字（近位項）と電気ショック（遠位項）を例にすれば「ショック綴り字から様相（＝電気ショック）に向かって私たちは注意を移動させるのだが、それはショック綴り字の意味を介してのこと」（同上）としています。このことを人間の顔の人相を例にすると、「私たちは、目鼻立ちの意味の合計に注意を払うことになる」（三一）つまり、目や鼻や口などの諸部分は、人相という様相の意味への注意をとおして、感知されるというのです。このことが、洞窟の探検で使用される「探り棒」や「盲人の杖」の例では、次のように論述されています。「初めて探り棒を使う者は誰でも、自分の指と掌にその衝撃を感じるだろう。しかし探り棒や杖を使って行く手を探るのに慣れるにつれて、手に対する衝撃の感覚は、杖の先端が探りの対象に触れている感覚へと変化していく。……注意を注いでいる探り棒や杖の先端に宿された意味にしたがって、私たちは自分の手に伝わる感覚を感知するようになる」（三一及び次頁）として、手に与えられる感覚が、杖の先の対象に触れる感覚に、注意が向けられることで、杖の先の感覚が、意味をもつ感覚に変化する、というのです。これをポランニーは、暗黙知の「意味論的側面」（三二）と呼びます。[4]

④　暗黙知は、「何を認識する」のか、その認識対象を「存在」と名づけるとき、暗黙知の「存在論的な側面」（三二）について述べられることになります。このとき、暗黙知の論理的関係として呈示されている第一条件と、第二条件との関係性を基軸にして、「包括的存在」の理解が、問題にされるのです。ポランニーは、生理学の見地から、視覚対象を事例にとり、「そうした内部のプロセスから外部の対象が有する諸性質に向かって、注意を

移動させているのだ。この諸性質は、身体的プロセスが私たちに示す「意味」なのである」（三三）、と説明しています。しかし、普通、生理学上の身体プロセスは、たとえば食べ物の消化のプロセスのように、まったく私たちに気づかれる（感知される）ことはありません。これまで、暗黙知の第一条件（近位項）として、綴り字の視覚像や、発語のさいの運動感覚と聴覚の感知が、考えられてきましたが、まったく感知されることのない生理学上の身体的プロセスを、暗黙知の第一条件とみなすことができるのでしょうか。ポランニーは、この疑念に対して、暗黙知の近位項の段階を、どの綴り字、どの発語かが自覚できない「閾下知覚」から、まったく刺激としてさえ感じられない筋肉の痙攣の「閾下刺激」の領域へと、拡張していくことになります。ポランニーがここで示すのは、被験者にはまったく自覚されない「無意識の筋肉痙攣が起こると、不快な騒音が止む、という状況を作る。すると、やがて被験者は痙攣を起こす回数を増やし、ほとんど騒音が出ないようにしてしまった」（三四）とする実験例です。つまり、感じることさえできない感覚刺激が、気づかれないままに働きかけていたこと（無意識の筋肉痙攣＝近位項である第一条件）が、第二条件（遠位項）の様相の意味（不快な騒音の停止）として知覚されることで、暗黙知の作用が感知されていたことが、明らかになったとするのです。

⑤　暗黙知の作用の及ぶ範囲が、「閾下知覚」から「閾下刺激」に拡大するとともに、おなじく生理学上の身体的プロセスとして、「大脳皮質上の神経組織の変化」（三五）を理解することで、「知に関する新しい考え方」としての暗黙知は、「身体的過程が知覚に関与するとき、の関与の仕方を解明することによって、人間の最も高度な創造性を含む、すべての思考の身体的根拠を明らかにすることができるだろう」（三六、強調は筆者による）と表現されることになります。ここで身体的過程は第一条件とされ、知覚が第二条件に対応します。「人間の創造性を含む、すべての思考」とは、コギト[5]（cogito）のことを意味し、感覚をも含め、知覚、判断、推量、想像

等の思考のさまざまな働きと内容を示しています。そしてここで注目すべきことは、ポランニーが「思考の本質」を、現象学でいわれる「志向性」として把握していることです。ポランニーは、『暗黙知の次元』の序文において、「すべての思考には、その思考の焦点たる対象の中に私たちが従属的に感知する、諸要素が含まれている。……したがって、ブレンターノが説いたように、思考は必ず志向的になり、……思考は『〜から〜へ from-to』という志向的構造を持つということである」（一二）、と明記しています。ここでポランニーが「第一条件（近位項）から第二条件（遠位項）へと注意を向ける」というとき、彼はその注意の移動を、志向性の働きと理解していることが、強調されねばなりません。これによって、暗黙知と受動的綜合の対比は、志向性の理解という原理的な側面に即した根本的対照考察の段階に、到達することになります。

（5）受動的綜合の規則性としての連合と触発

暗黙知の機能的-、現象的-、意味論的-、存在論的側面が前項（4）で示され、思考のもつ志向的構造に言及されることで、受動的綜合の働きについて、この四つの側面から、また現象学の根本的見解である「志向性」についての理解をとおした原理的考察が、可能になります。その考察にはいる前に、確認しておかねばならないこととして、受動的綜合は、能動的綜合との対置をとおしてのみ、的確に理解できるということです。この受動性と能動性の区別は、志向性の適切な理解に直接かかわっており、志向性は、受動的志向性と能動的志向性に区別されなければならないのです。この区別は、具体例として先に出された、「部屋で仕事をしていて、気づかずにメロディーが過去把持されていた」という事例では、自我の関心は、能動的志向性をとおして、そのとき携わっていた仕事の内容に向かっているのですが、それと同時に、生命体として自覚されていない関心が、受動的志向性である過去把持をとおして、ことさら注意せずに、〃メロディー〃（気づいていないので〃〃がついています）に向かっていた、といえるのです。この自我の関心、ないし意識を含まない志向性が、受動的志向性といわれ、その受動的志向性をとおして、注意して聞くことなく、メロディーがメロディーとしてまとめられ、綜合されている場合が受動的綜合と呼ばれます。また、「仕事の内容」などの場合に、自我の関心に即して対象を知覚したり判断したりすることが、能動的志向性による能動的綜合と呼ばれるのです。したがって、ポランニーが述べている「コギト（cogito）」としての、感覚をも含め、知覚、判断、推量、想像等の思考のさまざまな働きと内容は、フッサールのいう能動的志向性のことに他なりません。

　ポランニーが思考の本質を「～から～へ」という志向的構造にみるとき、近位項に対応する「従属的に感知される諸要素」そのものは、いまだ志向的構造をもつことはなく、第一条件（近位項）から第二条件（遠位項）への注意の移動（志向性としての思考の作用）をとおして、初めて暗黙的認識である「暗黙的統合」（四三）によって、感知されることになります。ということは、フッサールの受動的綜合と同様、すでに意識にのぼる以前に、暗黙的統合が働いていたことが、事後的に判明すると、理解することができるのです。ここで述べられている暗黙的統合に対置されるのが「明示的統合」（四三）です。それでもなお、ここではっきりと、暗黙的統合が受動的綜合に、そして明示的統合が能動的綜合に対応すると、いい切ることはできません。

　そう言い切れない理由は、下記の考察で明らかになりますが、前もって、この対応が成立しないもっとも大きな理由は、ポランニーが、フッサールの「受動的志向性と能動的志向性の区別」をしていない点にある、ということだけ指摘しておきましょう。つまり、ポランニーは、暗黙的認識を、志向的構造をもつ以前の認識であるとして、受動的志向性による受動的綜合の領域として、暗黙知の領域を理解してはいない、ということなのです。

①　ポランニーが、暗黙知（暗黙的認識）の四つの構造を四つの側面といっているように、暗黙知の作用が、四つの側面から考察されている、と理解するべきですので、フッサールの受動的綜合をも、四つの側面から、縦横に視点を変えながら、多角的に考察してみたいと思います。このときまず際立ってくる違いは、「聞かずに聞こえていたメロディー」の場合の、同時的な多層に渡る受動的綜合と能動的綜合の、「重層的な意識の流れ」に対する、暗黙知の、第一条件（近位項）から第二条件（遠位項）への注意の移動による、思考の志向性の、「単一光線的注意の変転」という見解です。

「聞かずに聞こえていたメロディー」の場合に限らず、「閾下刺激」の事例は、私たちの日常生活において、たえず経験されていることに気がつきます。たとえば、「授業中、急に静かになったと思ったら、それまでクーラーが点いていたことに気づいた」とか、「考え事をしながら歩道を歩いていて、凹凸に気づかずに転びそうになった」とかいった場合、能動的綜合として働いていたのは、前者の場合、授業の内容への注意（自我の関心）であり、後者の場合、考え事の内容への注意（直接的関心）です。そのとき、このような主要な注意する関心の下層（下部、ないし背景）に、同時に働いていた受動的綜合は、前者の場合、〝クーラーの音〟の過去把持と、その過去把持された〝クーラーの音〟の未来予持であり、後者の場合、意識にのぼることなく〝歩道を歩く〟ときの、体性感覚としての運動感覚の過去把持と未来予持といえます。両者の場合とも、気づかれることのない個別的感覚野の受動的綜合と、焦点化された自我の関心による、言語理解や、思考内容等の構成を前提にする能動的綜合が、同時に並行して重層的に経過しているのです。

それに対して、ポランニーの場合、「探し棒」や「杖」などの道具の使用に典型的に理解されるように、第一条件（近位項）としての諸感覚に向けられた注意が、探り棒や杖を使って「行く手を探るのに慣れるにつれて」、

第二条件（遠位項）の対象の意味（探る対象の堅さやそこまでの距離）に注意が向く、注意の移動という「～から～へ」の志向的構造による志向作用が強調されます。この注意の移動という機能的側面に即して、第二条件の様相（現象）の意味把握が、その対象の包括的存在の理解に達するとき、第一条件の感知が成立するとされるのです。ということは、「第一条件から第二条件への注意の移動」が、思考の志向性の働きを意味していて、「注意を向ける」ということは、身体内の諸感覚に注意を向けるにしろ、外界の対象の知覚に注意を向けるにしろ、注意を向けることとしてそれ自体、同一の志向性の働きと理解されねばなりません。フッサールの場合の多重で重層光線的志向構造に対して、ポランニーの場合、同じ注意が時間を前後する単一光線的志向構造と性格づけられなければならないといえるわけです。

② この重層光線的志向構造と、単一光線的志向構造を対比的に考察するとき、問われてくるのは、ポランニーの「探り棒と杖」の使用の場合、第二条件である遠位項の意味に注意が向けられているとき、注意は向けられなくても第一条件である近位項の統合は、暗黙的認識（暗黙的統合）として、機能しているのでなければならないのではないか、ということです。この注意が向けられなくても働きつづけている暗黙的統合が、注意が向けられている明示的統合の前提として働いていることこそ、探り棒で「行く手を探るのに慣れるにつれて」というときの「慣れといわれる習慣性」や、多くの箇所で指摘される「学習」[6]が成立するための基盤である、といえるでしょう。そしてここで重要なことは、習慣と学習は、記憶を介在せずには成り立ちえないことです。

となれば、閾下知覚の場合の「綴り字（第一条件）と、電気ショック（第二条件）の連結の学習」というとき、この連結が繰り返されねばならず、繰り返しが繰り返しになりうるには、一度目の連結が、二度目の連結のさい、記憶に残されていないのでは、二度目の連結になることができません。記憶に残らなければ、そのつどの連結は、毎回、一度目の連結でしかなく、同じ連結の繰り返しにはなりえないのです。フッサールが時間意識の分析において明らかにしたのは、まさに、この同一の連結の繰り返しを可能にしている、過ぎ去りゆく感覚が残っていく「過去把持という受動的志向性の働き」でした。しかし、この受動的志向性としての過去把持は、「〜から〜へと」注意を向けるという意味での、ポランニーのいう志向的構造をもちません。自我の関心をともなう「注意を向ける」という表現は、能動的志向性に対応するとはいえても、むしろ、「注意が向けられてしまう」、という表現こそ、受動的志向性に対応する、とされねばなりません。「聞かずに（気づかずに）聞こえていためメロディーやクーラーの音」の場合のように、能動的に注意を向けることなく、意識にのぼらない生命体の関心（本能や情動）に応じて、第一条件内部での連合（聴覚野内部での連合）が、過去把持されて残っていくのです。

③　この志向性の重層的構造が明らかになるのは、「探り棒」の例でいわれる、近位項としての手で受ける触覚刺激と、遠位項としての「先端に宿された意味」への注意の移行を、対比させるとき、つまり、フッサールが、触覚刺激の多様性を、事物知覚の意味へと統合するプロセスの記述に対比させるときです。より単純な事例として、机の表面を指で触れて、表面の凹凸を知覚する場合を挙げてみましょう。そのとき、時間位相に与えられる触覚刺激の連続は、過去把持をとおして、触覚感覚のそのつどの意味が重層的に重なることで、そのつど凹凸の様子として知覚統合されていきます。感覚の意味（音の感覚意味や色の視覚感覚の意味等々）の持続的統一（射映の統一ともいわれます）が、対象としての事物の知覚の意味として、意識されるのです。このとき過去把持による受動的綜合（手に与えられる触覚刺激の暗黙的統合）が生じるのに相応して、能動的綜合としての対象知覚（先端に宿された意味）が生じているのです。対象知覚に注意が向くことで、感覚刺激に対する意味づけが失われて

しまうのではなく、知覚の意味の成立を下支えし続けているのです。

④　フッサールの場合、すでに個別的感覚野において受動的綜合である連合が、働いていることに関連して、ポランニーも指摘する「習慣性」と「学習」の視点から、この連合そのものの形成、ないし発生を問うことができます。ポランニーは、暗黙知の第一条件について、「ショックを呼び込む綴り字と連想が第一の条件」というように、連想（連合）が第一条件に属すとしていますが、この連想にしろ、また第一条件と第二条件のあいだを連結するというときの連結にしろ、それ以上、その連結の仕方そのものに言及することはありません。それに対してフッサールは、一九二〇年代から展開をみせる発生的現象学の探求領域において、受動的綜合をとおして先構成されている感覚の意味と、能動的綜合において構成されている知覚の意味や言語の意味、論理の意味等々、すべての意味の生成（発生のプロセス）の解明を、発生的現象学の課題と定めました。この探究をとおして明確になったのが、幼児における「ゼロのキネステーゼ（運動感覚）」の意識（正確にいえば、原意識[7]）の発生に代表される、それぞれの個別的感覚野における、個別的感覚質の発生のプロセスです[8]。

ここで指摘されたのが、幼児の喃語（言葉以前の流暢でリズミカルな発声）を、母親が上手に真似るとき、自分が喃語を発するときとよく似た喃語の声は聞こえても、自分の喃語のときの「何かが欠けている」ことに気づく、という事例でした。この何かが、自分の喃語のときは、不可分に備わっている、発声のさいの身体の「運動感覚（キネステーゼ）」であり、フッサールは、欠損態として原意識されるこのキネステーゼを、「ゼロのキネステーゼ」と名づけました。自分の喃語のとき、同時に与えられ、未分化であった「喃語の運動感覚と、喃語の声（聴覚）」は、このゼロのキネステーゼ（運動感覚）に気づくことで、運動感覚の感覚質が、喃語の聴覚（声）の感覚質と区別されることを意味します。この区別が生成することは、運動感覚の感覚質という感覚の意味の類似性による連合の意味地平が、成立することを意味します。このことは、聴覚野にも妥当し、聴覚の感覚質による連合野、ないし連合の意味地平が生成するのです。こうして未分化であった幼児の感覚野は、次第に、個別的な感覚野へと発展していき、その個別的感覚野内部の感覚質を介した連合が働き出すのです。

⑤　このとき、どうして、この「ゼロのキネステーゼ」に幼児が気づけたのか、という問いを立てることで、このこと、すなわちポランニーの場合の、注意の移動による暗黙知の感知との違いが、はっきりしてくることになります。というのも、幼児が「ゼロの運動感覚」に気づけたのは、自分が喃語を発するさいの未分化な「運動感覚と聴覚」のまとまりが、ことさらそれに注意を向けることなく、また意識にのぼることなく、それとして過去把持をとおして残っていき、それが未来予持されていたからなのです。この未分化な「運動感覚と聴覚のまとまり」が、未来予持されたからこそ、母親が真似た喃語には、この未来予持という受動的志向の内実の一部が、充実しないことに、気づけたのです。つまり、個別的感覚野内部の連合の生成にとって、何が意識にのぼることなく過去把持され、未来予持されていくのか、幼児の時間意識の分析、すなわち時間内容の成立の視点を、欠かすことはできないのです。

これに対して、ポランニーの暗黙知の理解において、暗黙知の感知が、注意の移動によって生じうる、とする見解の狭さ（志向性を注意という能動的志向性に限定する狭さ）が認められます。この狭さが、ポランニーによって、感覚野における受動的志向性による受動的綜合である連合が、「〜から〜へ」とする能動的志向性による能動的綜合の志向構造に先行していることに気づきえなかった要因となっているのです。言い換えると、フッサールは、自然科学研究が前提にする計測される客観的時間を、まずもって現象学的還元をとおして、内的時間意識の構成の問いに向かい、特有な志向性としての過去把持の働きの発見をとおして、受動的綜合に到達したのですが、自然科学研究者として、客観的な時間を前提にするポランニーにとって、時間意識の認識論的解明そのものが、研究課題として設定されることはなかったのです。とりわけ、この過去把持の開示をとおして、過去把持の「交差志向性」において時間内容が、ヒュレー的与件と空虚形態、ないし空虚表象[9]による相互覚起（連合）をとおして、そのつど成立していること、そしてこの連合の根本形式である「対化（Paarung）」によって、「他者経験」が、根拠づけられることを考えるとき、いかにこの時間意識の現象学的分析が、受動的綜合の解明に決定的であったのか、よく理解できます。

⑥　幼児期に与えられるすべての感覚素材は、生命体の「生存本能」の関心に即して、その本能の受動的志向を充実する限りで、過去把持と未来予持をとおして、それぞれの感覚野において、それぞれの感覚質の意味が生成してくる、ことになります。その生成のプロセスにおいて重要であるのは、それぞれの感覚の意味として原意識された、その感覚の意味内容は、つねに過去把持をとおして沈澱化し、「潜在的志向性」へと変様する、ということです。こうして、幼児期の段階において、受動的綜合である連合と本能的関心による触発をとおして、個別的感覚野の感覚の意味内容が形成され、それらの感覚の意味は、潜在的志向性として身体記憶の内実を担う生命体として、環境世界に、恒常的に対峙しているといえるのです。この受動的綜合の規則性としての連合と触発の特質を、改めて、ポランニーの暗黙知の感知についての洞察と対比すると、次のことがいえます。ポランニーの場合、第一条件（近位項）は、第二条件（遠位項）に注意が移動して初めて暗黙知として感知され、作用していることが「信じられる」[10]とする見解に対して、フッサールの受動的綜合である連合は、「注意を向ける」という能動的志向性の関与なしに、つまり第二条件への注意の移動を前提にせずに、すでに独自に、しかも感覚野内部の連合として働いている、とする相違が、明確になる、といえるのです。

⑦　この相違は、ポランニーの呈示する「閾下刺激」の事例の解釈にも、露呈することになります。先に挙られた、日常生活で経験される事例として、「考え事をしながら歩いていて転びそうになる」、といった場合、ポランニーのいうように、「転びそうになったこと」（第二条件）に注意が向いたので、意識にのぼることなく、運動感覚を統合していた暗黙的認識（暗黙知の第一条件）を感知できた、と理解することはできません。そうではなく、受動的綜合である連合をとおして、意識にのぼることなく、運動感覚の綜合が生じていて、受動的志向性である、意識にのぼらない（平坦な歩道の表面の）未来予持が働いたからこそ、「転びそうになった」のであり、この未来予持の不充実が、強い触発力をもって生命体に警告をすることで、それに注意を向けざるをえなかったのです。歩くことに注意が向いたのは、向けたくて向いたのではなく、向かざるをえなかったのです。

（6）　内在化（indwelling）、そして受動的感情移入と能動的感情移入との区別

ポランニーは、「すべての思考の身体的根拠」の解明による暗黙的認識を、一般化して、次のように表現します。「暗黙的認識において、ある事物に近位項（A）の役割を与えるとき、私たちはそれを自らの身体に取り込む、もしくは自らの身体を延長してそれを包み込んでしまう。その結果として、私たちはその事物に内在する（dwell in）ようになる」（三八）というのです。この一般的表現に先立って、「大脳皮質上の神経組織の変化」をも、暗黙知の近位項に含み入れていることを考えると、自分の大脳皮質上の神経組織の変化を、暗黙知の近位項とみなすだけでなく、他者の大脳皮質上の神経組織の変化をも、暗黙知の近位項とみなすことによって、脳神経科学の研究（思考の展開）の身体化、ないし内在化という、新たな自然科学の研究方向が、みえてくることになります。

この方向への明確な示唆として、ポランニーが内在化の説明のために、ディルタイとリップスに依拠して、「感情移入（Einfühlung）」の概念を援用していることに、注目してみましょう。この感情移入の概念は、フッサールが相互主観性（間主観性）の成り立ちを問うた、三〇年間に渡る探究の課題であった「相互主観性（Intersubjektivität）の現象学」[11]における鍵概念です。フッサールはしかし、ポランニーの言及するリップスの感情移入の概念を、この問題の展開の当初、（自然科学的―）心理学的解釈として批判的に退け、現象学的還元を経た志向性による当概念の理解が必須である、と主張しました。しかも、フッサールが、『デカルト的省察』の第五省察で、この問題の解決として呈示したのは、この感情移入の根底に働く受動的綜合の根本形式としての「対化」でした。この相互主観性の現象学の展開を踏まえ、このポランニーの内在化の理解のために援用している「感情移入」の把握の射程を、見極めなければなりません。

①　ポランニーはここで、「ディルタイは、ある人の精神は、その活動を追体験することによってのみ理解される、と説いている。またリップスは、審美的鑑賞とは、芸術作品の中に参入し、さらに創作者の精神に内在することだと述べている」（三八）としています。となると、この「人間の精神を追体験する」とか、「創作者の精神に内在する」、というのは、いったい、どのように行使するものか、と問われることになります。これに対して、ポランニーは、この問いに直接、答えるのではなく、実は、この感情移入の概念は、「人間と芸術作品を理解するために応用される暗黙知の目覚ましい一形態」（同上）に他ならないとして、まさにこの暗黙知が、「精神の追体験と芸術作品の理解」をも包み込んでいる、と主張しているのです。

②　この暗黙知の包括性が、明確に表現されているのは、「それ〔内在化〕が人文科学と自然科学を截然と区別するものだと説いたのは、彼らの誤りであった。……内在化は感情移入などよりはるかに厳密に定義される

行為であり、かつて内在化の名のもとに呼ばれていたものをも含むありとあらゆる観察の下地をなすものなのだ」（三九）、という文章です。観察の下地ということは、自然科学研究が、元来、「観察と実験、及び数式化」を、その方法論とすることから、暗黙知の構造に由来する内在化は、自然科学研究の方法論の、新たな「基礎づけ」を呈示する、という主張でもあることになります。この主張の内実は、さらに、「自然を理解するために何らかの理論に依拠するとは、それを内面化（interiorization）することなのである。なぜなら、私たちは理論から、その理論の観点で見られた事物への注意を移動させ、さらに、そうした具合に理論を活用しながら、理論が説明しようと努めている事物の姿を介して、理論を感知しているからである」（同上、強調は筆者による）、としています。ここで言われている理論には、数学理論も、含まれているのです。

　このとき問われるのは、数学理論は、記号と数と数式によって表現される明示的認識であり、どうして、その明示的な知を、暗黙知の構造の第一条件である近位項とみなすことが、できるのか、という問いです。物理学における自然法則とその理論は、すべて、実験と観察をとおして、数式によって明示的に示されます。しかもこれらの理論を構築するための、観察データの収集のためには、当然ながら、「何」の観察のデータであるのか、その知覚対象の同一化が、前提にされています。「無意味な感覚が有意味な感覚に置き換えられ」（三二）、意味として理解される知覚対象の同一化なしに、観察データは、観察データになりません。ということは、自然法則の理論が、成立するまでの経過をたどれば、もっとも低層に位置すると言える「閾下刺激」、ないし「大脳皮質上の神経組織の変化」、という近位項にまで遡り、次に「閾下知覚」、その上に対象知覚、計測、数式といった段階をへることで、そのつど遠位項における意味づけの後、それらの「意味のより高次の一般化」として、数学理論ができ上がってくる、とされねばならないことになります。ということは、それぞれの段階において、近位項と遠位項の二条件が確定され、その段階で遠位項であったものが、その上の段階では、近位項とみなされうる、ということになります。だからこそ、事物の知覚の遠位項である数学理論が、すべての近位項と遠位項を包含する、暗黙的統合による包括的存在としての、事物の把握のための近位項、とみなされうるわけです。

③　ポランニーのゲシュタルト概念の把握のさい、強調されていたのは、「個々の特徴を特定できないままに統合する」、という統合する暗黙知の能力でした。そのさい、まさにこの「統合の仕方」が問われたのですが、ポランニーは、ここで、「諸要素の統合を内面化〔内在化〕とみなす」（四〇）として、「今や内在化は、ある種の事物を暗黙知における近位項として機能させるための手段になるのだ。……事物が統合されて生起する『意味』を私たちが理解するのは、当の事物を見るからではなく、その中に内在化するから、すなわち事物を内面化するからなのだ」、と論じています。

この事物の内在化でいわれていることに迫るために、『暗黙知の次元』の第二章「創発」の個所から、人と人とのあいだに生じている「相互の内在化」についての論述に、向かうことができます。そこでは、師匠と弟子のあいだの技の伝承について、次のように語られています。

「二種類の内在化が、この地点で、遭遇する。行為者〔師匠〕の方は、身体の諸部位としての諸動作の中に内在化することによって自分の諸動作を調和的に取り仕切っている。他方、観察者〔弟子〕は、外部から行為者の諸動作の中へ内在化しようとして、その諸動作を相互に関連づけようと努めることになる。観察者は、行為者の動作を内面化することによって、その動作の中へ内在化するのだ。こうした探索的な内在化を繰り返しながら、弟子は師匠の技術の感触を我がものとし、その良きライバルとなるべく腕を磨いていくのである」（五七、強調は筆者による）。

この技の伝承のさいの師匠の側の内在化と、その動作を内面化し、内在化する弟子の側の内在化の努力の描写を、フッサールの受動的綜合である対化による他者の動作の伝播とを、対比的に述べてみましょう。

（a）この技術の伝承の論述のなかで、ポランニーにとって、当然のこととされ、問われていないことが、あります。それはフッサールの相互主観性の問いの根幹に位置する、「間身体性の成り立ち」の問いです。つまり、師匠と弟子が互いにとって、それぞれ身体としてそこに居合わせていること、そのこと自体は、ポランニーにおいて、自明のこととして、問われていないのです。なぜここで「間身体性」の「間《あいだ》」がことさら問題にされねばならないのかには、理由があります。というのも、発生的現象学における、身体性そのものの発生の観点からして、個体としての身体は、個体のままで、身体として機能することはなく、他の身体とのあいだにおいてしか、身体になりえないからです。個体としての身体Aと、個体としての身体Bのあいだに、間身体性が、成立するのではありません。師匠である行為者が、「身体の諸動作の中に内在化することによって自分の諸動作を調和的に取り仕切っている」ことそのものが、つまり、「諸動作への内在化と、取り仕切る」ことそのものが、当事者の意識にのぼることのない、他者の身体（両親や身の回りの人々の身体）とのかかわりをとおしてのみ、そのような能力として、形成されてきた、すなわち学習され、習慣化されてきた、というその能力の発生の秩序を前提にしているのです。師匠が、随意運動である自分の諸動作に注意を向け、制御するその能力そのものが、他者の身体との関係性をとおしてしか、形成されてこないのであり、この能力の発生の源泉を問うことなしに、つまり各自の身体性の形成の歴史を問うことなしに、一人称としての個人の内在化（内面化）の機能を、明らかにすることはできないのです。それは、もちろん弟子の側にも妥当します。

（b）（a）で取り上げられた発生の観点は、たんに恣意的にとり上げられる観点ではありません。というのも、先に述べたように、ポランニーは、「外界の対象を見る能力は、探り棒が巧みに操られ閾下知覚が絶妙に作用するときと同じように、難儀な学習のプロセスを経て獲得されねばならない」（三四、強調は筆者による）として、視覚の能力そのものの学習を、主張しているからです。学習が前提になるのは、いわゆる外部知覚とされる視覚や聴覚だけではなく、内部知覚とされる随意運動のさいの運動感覚の場合も、同様です。本章第一節の冒頭に挙げたミラーニューロンは、知覚系と運動系の神経組織間の「交換ないし翻訳や連結」をとおして機能し、ミラーニューロンの発見者の一人であるG・リゾラッティは、人は、どのぐらい手を伸ばせば、見えているものに手が届く、といったつながりを、「まだ赤ん坊のうちに学ぶ[12]」としています。この感覚野内部での連合が、学習されることと、運動感覚野と視覚野とのあいだの連合の学習のプロセスが問われるとき、この学習のプロセスそのものは、ポランニーの暗黙知の構造の解明において、いまだ十分に展開されているとはいえません。

（c）弟子が師匠の動作を内面化（内在化）する、というとき、その内在化が内在化になりうる前提が、学習をとおして獲得された運動系と視覚系の受動的綜合としての連合である、ということになり、この連合の学習と身体記憶が、問われなければならなくなります。まさにこの解明こそ、フッサールが「相互主観性」の成り立ちを問い、能動的志向性による能動的感情移入と、受動的志向性による受動的感情移入を区別し、この受動的感情移入が、受動的綜合の基本形式である「対化」、と規定されることに、結びついているのです。

④　ポランニーは、内在化の主張とともに、他方で、暗黙知に対置される明示知について、「そうした明示的統合が実現可能な場合には、それは暗黙的統合よりはるかに広い領域をカバーするものになる。……エンジニア

による機械の構造と操作の理解は、それよりもずっと深い地点にまで達する。私たちは自分の身体について実際的な認識を持っているが、理論をわきまえた生理学者の認識はずっと多くのことを語ってくれるだろう」（四二）とも述べています。つまり、事物の包括的存在の意味を、明確にするのに、明示的統合の果たす積極的な役割も、同様に強調されているのです。ということは、理論としての脳科学研究が、「思考の身体的根拠」の解明においても、重要であることを意味しています(13)。

⑤ こうして、「大脳皮質上の神経組織の変化」を、第一条件（近位項）とみなして、その暗黙知の統合の仕方を解明するというとき、内在化の一種としてのポランニーの理解する感情移入の射程は、どの程度に及ぶのか、明らかにすることができます。ここで「感情移入」とも表現される内在化は、受動的志向性と能動的志向性の区別なしに、「注意を〜から〜へ向けること」と理解するポランニーの志向性の理解によって、近位項としての理論知の限界を、かえって隠蔽してしまうことにはならないでしょうか。というのは、ディルタイやリップスに依拠する、ポランニーの考える感情移入は、フッサールにとって、能動的綜合による「能動的感情移入」であり、間身体性のそのつどの生成を意味する、受動的綜合である対化による「受動的感情移入」ではないからです。もともとフッサールはその相互主観性論を、本来的感情移入としての能動的感情移入の分析から始めましたが、次第に相互に身体として知覚し合っている間身体性の成り立ちが、発生的現象学の枠組みにおいて、つまり、「時間と連合と創設」の規則性の解明をとおして、受動的綜合の規則性である連合による「対化」をとおして成立していることが、明証的に記述されることになりました。しかし、ポランニーにみられるように、能動的感情移入と受動的感情移入の区別が見落とされると、間身体性の生成プロセスが、独自の問題領域として確定されず、受動的綜合の規則性である「連合と触発」という暗黙的認識の統合の仕方の解明につながらない、ことになるので

す。

（a）それを具体例で示せば、先の身体知の師匠と弟子のあいだの伝承のさい、弟子の側の「探索的な内在化」（五七）の努力のみ、一方的に要求されることになり、知覚系と運動系の脳神経システムの連結（連合）そのもの（ミラーニューロンの形成）が、つまり師匠の動作の意味（見える動作が運動としての動作につながる（連合する）こと）が、自我意識が形成される以前の、受動的綜合の次元において、間身体的な情動的コミュニケーションにおいて生成してきていることに、理解が及ばないことになります。知覚系と運動系の脳神経システムの連合は、先に個別的感覚野内部の連合と、異質な感覚野間の連合について言及したように、受動的志向性として働く過去把持と、未来予持をとおしてのみ、その連合の仕方が、明示的になりうるのであり、意図的に、自分の身体部位に注意を注ぐといった、「自分の身体に取り込む」、「自分の動作を調和的に取り仕切る」といったことで表現されている「内在化」によって、明確になるとはいいがたいと思われるのです。

（b）もちろんここで主張されているのは、師匠と弟子のあいだの「探索的な内在化の努力」が不必要、ということではありません。そうではなく、その内在化が成立しうるための前提として、受動的綜合である対化をとおしての、間身体性の基盤の必然性が、主張されているのです。別の言い方をすれば、身体能力の形成のさいの、練習や訓練や稽古などの、能動的綜合としての能動的感情移入である内在化が成立するためには、受動的綜合としての受動的感情移入が前提とされ、ポランニーの言い方によれば、受動的綜合は、能動的綜合に対して近位項としての役割を果たしており、能動的綜合は、遠位項として位置づけられるということです。能動的綜合としての探索的な内在化の努力は継続されますが、そのとき決定的に重要であるのは、受動的綜合を基盤にする、動作を動作にしている内的時間意識の流れの共有体験であり、過去把持と未来予持を共有すること、すなわち自我によ・る反省的知に先行する受動的綜合である連合と触発による、過去把持と未来予持を共有することなのです。そして、この内的時間意識の流れの共有体験は、いまだ、一人称と三人称の区別が成立する以前の、母と子に間に見られる人称化以前の-匿名的な間身体性（ブーバーのいう幼児期の「我-汝-関係」、フッサールのいう「衝動志向性による自我以前のモナドとモナドのあいだで共有される、生き生きした共有現在の流れ」）において、生成しているのです。

（c）　山岡鉄舟という明治時代の剣豪は、剣道の練習のさい、比較的ゆっくりした動作で、勝負に勝っていました。それを見た弟子達が、その外からみえる動作を真似して、いつも試合で惨敗したといわれています。それだからこそ、剣道の師は、時期が熟さなければ、自分の動作を直接、弟子に示すことはない、といわれています。[14] 外側だけ真似ても、動作の起点である、いつ動作を起こすのか、その起こり方そのものが、身につくことにはならないからです。動作の起こりは、内的時間意識が共有されない限り、つまり自我の関心（勝負に勝ちたいという思い）から解放され、いわゆる「無心」になっている山岡鉄舟の身体における過去把持と未来予持の生じ方を、そのまま生きるのでなければ、動作の起こりとして、伝わってこないのです。

（d）　この無心になるということは、受動的感情移入を土台にする能動的感情移入が、もっとも創造的になりえたときに、実現しうるとされます。この同一の事態をポランニーは、科学研究の創造性に関して、次のように述べています。「彼が追求するものは彼の創意によるものではない。彼の行為は、彼が発見しようとしている隠れた実在による影響を受けるのだ。……こうしたきわめて個人的な行為においては、我意が存在する余地はまったくない。独創性は、あらゆる段階で、人間精神内の真実を増進させるという責任感によって支配されている」（一二七）というのです。つまり、真の独創性が生じるとき、その当事者は、「我意」といった「自分にとって得になること、損になること」とは無縁であるばかりか、その研究に携わっているさなかにおいて、携わる自分自身を振り返ることに、何の関心もなく、その研究そのものに成りきっており、その意味で「無心」に行為が成立している、といえるのです。

⑥　受動的感情移入を近位項とし、能動的感情移入を遠位項としてみた場合、両項の関係は、どのようにみなすべきでしょうか。ポランニーは、「実在」の包括的存在の把握のさい、暗黙知の構造を適用し、「（1）包括的存在を制御する諸原理は、具体的な諸要素をそれ自体として統治している諸規則に依拠して、機能するだろう。（2）それと同時に、諸要素をそれ自体として統治している諸規則は、諸要素が構成する、より高次の存在の組織原理の何たるかを、明らかにするものでは決してないだろう」（六四）と述べています。

この近位項と遠位項の関係は、受動的綜合と能動的綜合の関係に、次の点において妥当するといえるでしょう。まず第一に受動的綜合の規則性である「連合と触発」は、それ独自の「下位レベル」での規則性であり、「上位レベル」とされる能動的綜合が、「依拠」するものであり、前提にしていることです。次に、能動的綜合において働いている能動的志向性である、「知覚、再想起、言語、計測、判断、推量等々」は、受動的綜合の規則性である連合と触発から生成してきたのではなく、連合と触発によって、能動的志向性の規則性を、説明することはできないことです。

しかし、同時に近位項と遠位項との関係が、受動的綜合と能動的綜合の関係に妥当しえない論点も、見落とされてはなりません。その違いが明確になるのは、ポランニーが、この近位項と遠位項の関係を、「実在の二つのレベル」（六五）として、近位項を下位レベル、遠位項を上位レベルとした上で、実例として「言語活動」に当てはめて考察するときです。ポランニーはそのさい、五つのレベルに分けて考察し「（1）声を出すこと、音声学のレベル、（2）言葉を選ぶこと、辞書学、（3）文を作る、文法、（4）文体を案出すること、文体論、（5）

文学作品の創出、文芸批評」（六六を参照）としています。この五つの階層性をみてみると、そのつど、上位のレベルが下位のレベルを制御していて、その制御の規則性は、下位のレベルの規則性から導き出すことはできません。と同時に、下位のレベルの規則性が、前提にされて初めて、上位のレベルの規則性が、働くことができるのです。このレベルの階層性の考察において、近位項と遠位項の関係は、たとえば（2）のレベルの辞書学は、（3）のレベルの文法にとって下位のレベルであり、近位項を意味しますが、（1）のレベルの音声学にとっては、上位のレベルの遠位項を意味しているというように、階層性における相対的規定づけを、意味しています。

しかし、受動的綜合と能動的綜合との区別は、このような意味での相対的規定づけではありません。そもそも、この言語活動そのものが、すべて能動的綜合の領域に属します。この五つのレベルの階層分けは、能動的志向性の「構成するノエシス」と「構成されたノエマ」のいわゆる「ノエシス―ノエマの相関関係」において把握され、静態的現象学において、それぞれの構成層の分析が、本質直観をとおして遂行され、それを出発点にして、発生的現象学において、それぞれの構成層の基づけ関係が、発生の時間秩序に関して、脱構築をとおして、解明されてくることになります[15]。

（a）　ポランニーの場合、能動的感情移入としての内在化、すなわちそれぞれの階層構造（つまり、静態的現象学におけるノエシス―ノエマの構成層の構造）における近位項から、遠位項への注意の移行（志向性の働き）による、それぞれの階層の暗黙知の感知が、成立するとされています。しかし、フッサールの場合、受動的綜合である連合による受動的感情移入をとおして、能動的感情移入以前に、身体として互いに居合わせている、という間身体性が成立しており、この暗黙知としてしか、理解できない受動的感情移入が前提にされずに、能動的感情移入とされる内在化は、成立しえない、ということが論証されています。

（b）ポランニーにおいて、能動的志向性と受動的志向性の区別がなされず、能動的感情移入と受動的感情移入の区別が、なされていません。このことが、「暗黙知の次元」そのものの解明のための方法論を、近位項から遠位項への能動的志向性の働きとしての内在化へと、制限してしまった原因である、と思われます。この方法論の制限によって、包括的存在に潜在する暗黙知の探究は、能動的綜合としての内在化以前に、すでに前もって「先構成」されている間身体性そのものの生成の問いの視点を、欠くことになってしまったのです。すでにでき上がり済みの意味の生成を問う発生的現象学の方法論は、自然科学研究において前提にされている、計器で計測される客観的時間や、客観的空間の意味の源泉を問うことを、可能にしています。つまり、自然科学で使用する客観的時間と空間の起源と由来を、間モナド的な衝動志向性の充実による生き生きした共有体験を流れる共有時間に、見出すことが、できているのです。

（c）同じく、自然科学研究の前提とされる数学理論全体を研究課題とする「数学の現象学」は、数学そのものの生成を「生活世界」において描き出すことをとおして、いわゆる精神科学と自然科学を統合しうる現象学としての、新たな学際的哲学の方法論を、明確にしうる可能性を秘めている、といえるでしょう。このような数学そのものが生成してくる生活世界が、哲学上、確定できるためには、受動的志向性の働く受動的綜合が、能動的綜合との区別をとおして解明されることが前提になっているのです。

⑦　発生的現象学の研究テーマは、「時間と連合と原創設」といわれ、すべての階層での意味（感覚の意味、知覚の意味、言語の意味、概念の意味、等）の創設（生成）が時間と連合の規則性に即して解明されることになります。そこで明らかにされてきたのが、能動的感情移入をとおしての、道具の使い方などの身体的技術知の伝承には、受動的綜合としての受動的感情移入が先行していて、師匠の手の動かし方をみれば、どのように動かしてい

るのかが、見るだけで自分の動きにつながってくるのです。もちろんそのさい、能動的綜合による訓練や練習のよる習慣性が、土台になっているのであり、そのことが、見落とされてはなりません。発生の探究はさらに、この知覚系と運動系の連合を遡及的に問いつめ、能動的志向性である随意運動の運動感覚には、受動的志向性である不随意運動の運動感覚が先行していて、不随意運動を制御する、という仕方で随意運動が働きだすことが、明らかにされました。幼児期に作動している運動感覚は、本能的な身体運動にともなう不随意運動の運動感覚です。したがって、師匠の手の動きに、動かし方を見て取れるには、その手の動きの視覚像の変化に、自分の随意運動のさいの運動感覚が呼び覚まされるのですが、それが可能になるのは、幼児期において、随意運動に先行して不随意運動が、本能志向性に即して作動し、それが未分化なあり方であれ〝運動感覚〟として、原意識されていたからなのです。伝染泣きにしろ、喃語の発声にしろ、すべて「不随意運動」として作動し、受動的綜合としての〝運動感覚〟として、原意識されているのです。

（7） 暗黙知と明示知の関係と受動的綜合と能動的綜合の関係

暗黙知と、言語と数に顕在的に表現されている明示知との関係を考察するにさいして、適切な事例は、「カエルと数学理論」の関係についての、ポランニーの挙げる事例です。ポランニーは、「ある包括的存在、たとえばカエルを構成する諸関係を形式化するためには、暗黙知によって非形式的に特定されていなければならない」（四四）、つまり形式化して明示化する以前に、すでに包括的存在としてのカエルが、暗黙知において特定され、把握されているというのです。このことを理解するために、突飛な比較と思われるかもしれませんが、ブーバーの「我-汝-関係」の哲学において、包括的存在を意味する「汝」としての「樹」と、「それ」の総和として理解される「樹」との関係について、次の文章を参照してみることができます[16]。「私がその樹を観察しながら、その樹との関係の中へ引き入れられることも起こりうる。その樹はもはやそれではない。……しかも、その樹との専一的な関係にはいるために、私は私の観察のさまざまな方法のどれひとつとして断念する必要がない。……形象も運動も、種属性も標本価も、法則も数も、すべてがその樹のなかで分ちがたく合一しているのだ[17]」、というのです。包括的存在としての「カエル」にしても、汝としての「樹」にしても、暗黙知と汝の場合に妥当するように、「言葉で表現できる以上のもの」を含有しています。しかも、それだけでなく、汝との関係に入るために、言い換えれば、「暗黙知によって非形式的に特定されていること」を認めるために、「それ」と規定される「形象、運動、法則、数等々」、ないしすべての明示知を排斥する必要はまったくない、ということなのです。むしろ、「そのカエルについて数学的に論じた場合、その数学理論の「意味」は、相も変わらず暗黙的に認識され続けるカエルと、この数学理論との、持続的な関係の中にあるのだ。……数学理論をその理論の主題（＝カエル）に関係づけるという行為自体が暗黙的統合なのであり」（四四及び四五、強調は筆者による）、としています。ということは、暗黙的認識にもたらされているカエル、あるいは、我‐汝‐関係のなかでの汝としての樹は、つねに、明示化と「それ」による解明にさいして、包括的な全体的存在の「意味とその働き」を失うことなく、明示化と「それの解明」の真理基準という方向づけを与えている、ということができるのです。このとき、「数学理論をカエルに関係づける」その関係づけ自体が、暗黙的統合であるということは、この関係づけは、「その理論以前に確立済みの経験へと注目を移すときに成り立つもの」（四五）だからです。ここで「理論以前に確立済みの経験」とは、暗黙知における包括的存在の経験を意味し、「注目を移す」とは、これまで述べられてきた「内在化」に他なりません。数学の知を身体化（内在化）することに他ならないのです。このようにポランニーの「暗黙知と明示知」との関係を、ブーバーの「我‐汝‐関係」と「我‐それ‐関係」との関係と対応づけることをとおして、暗黙知と受動的綜合との関係が、より明瞭に把握されることになります。

① 暗黙知は、包括的存在の認識にかかわっており、数学理論や自然科学研究等の明示知の発展を内含しているといえます。この潜在的な明示知の発展を、その発生のプロセスをとおして考察するとき、受動的綜合の構成の層に、能動的綜合の構成層が重なってくる、志向性の発展の観点が、啓発的役割をはたすことになります。発生的観点からして、自我に由来する能動的志向性をまったく含まない、つまり能動的綜合の先行段階として受動的綜合のみ、純粋に作動しているのは、人間の幼児期に限定されます。このとき、ブーバーのいう幼児期に特有な、自我の核（ないし極）が形成される以前の「生得の汝への我‐汝‐関係」が生じえます。フッサールのいうこの幼児期の純粋な受動的綜合は、まさにブーバーのいう、生得的な汝への我‐汝‐関係において生じている、ということができます。明示知の明示的統合が、成立するのは、「対象を指示する表示的言語」（四五）の活用能力が前提にされ、能動的志向性が作動する能動的綜合の段階に、対応しています。

しかし、ここで注意せねばならないのは、幼児期の受動的綜合が作動して後、この受動的綜合を土台と土壌にして、能動的綜合が作動する段階が形成されてきますが、それは、純粋な受動的綜合が、消失して、能動的綜合に変化するのではない、ということです。この純粋な受動的綜合の層は、根源的な低層として残り続け、能動的綜合が作動するときには、いつもその土台として働き続けているのです。このことは、意味の生成を問う発生的現象学において、解明されたことですが、たとえば、上に挙げたミラーニューロンにおける、「感覚系と運動系の神経組織の連合」が、まさに受動的綜合の規則性である、この「連合」をとおして、成立していることにおいて、論証されています。つまり、連合をとおして初めて、他者の動作と自分の動作が共有されうるのです。

② しかし、ここで同時に強調されなければならないのは、幼児期の受動的志向性である本能志向性が活性化してくるのは、つねに、受動的綜合と能動的綜合をともに生きている、養育者との関係性においてのみである、ことです。我‐それ‐関係を前提にする成人の社会生活の只中で幼児は生育のプロセスをまっとうし、大人になっていきます。この大人の受動的綜合に基づく能動的綜合が、いつも幼児の受動的綜合を活性化し、その活性化をとおして、幼児の能動的綜合の発現に強い影響を与えているのです。この能動的綜合の受動的綜合への働きかけを、明示知の暗黙知への働きかけと、結びつけることができます。

たとえば、数学理論を近位項とみなして、実在するカエルを内在化することが、数学理論の現時点での理論としての限界を自覚することにつながり、さらに高次の数学理論の展開に資するだけでなく、暗黙知の内実の無限の豊かさが、明示知の発展と展開をとおして、より明確に、普遍的な理解にもたらされることを、意味するのです。このような意味で、哲学としての現象学、及びその現象学による受動的綜合の主張そのものは、当然ながら、言語をとおしての明示的言明です。このことは、「暗黙知の次元」の開示そのものが、明示知をとおして、言語による了解にもたらされなければ、新たな次元の知の理論化が、実現されないことと、同じことです。

③ 受動的綜合と能動的綜合の関係について考えるとき、そもそも両者は、自我意識が形成されているかいないかによって、区別されていることに、改めて注目する必要があります。幼児期にあって、自我の意識が形成されていないときに、純粋な意味での受動的綜合が、生じているといえます。しかし、成人において、自他の身体の区別を前提にしながら、受動的綜合である連合としての「対化」によって、他の人の身体を、「心が働く身体」として知覚できているときには、当然、自他の身体の区別をする能動的綜合が働いているのでなければなりません。ではいったい、この二つの綜合は、どのように、ともに働いているのでしょうか。幼児期に自他の身体

が、初めて区別されたとき、直接、運動感覚が与えられている自分の身体と、運動感覚が、受動的綜合である連合をとおして、間接的にしか与えられていない、他の人の身体との区別がなされ、他の人の身体における「ゼロの運動感覚」が、意識されたのでした。この意識されたこと、つまり気づきにいたったことは、それとして原意識された、と言われます。これを期に、能動的志向性としての運動志向が働き、能動的な運動感覚が感じられるようになり、この段階にいたって、能動的運動志向と、その結果である能動的運動感覚を、感じることのできる自己の身体と、その二つを直接、感じえない他者の身体の区別が成立することになるのです。ということは、他の人の身体が、他の人の身体として知覚されるとき、この知覚そのものは、能動的綜合であり、この能動的綜合は、他の人の身体の視覚像と、ゼロの運動感覚との対化として、受動的に先構成されたものを、そのように先構成されると同時に、それが十分な触発力をもつとき（つまり、生命体のもつ関心の強さに応じて）「他の人の身体」の知覚（能動的綜合）に、もたらしているのです。

④　このように、能動的綜合が働くとき、必ずそれに応じた先行する受動的綜合が、前提にされていることが、正確に理解されねばなりません。そのさい重要であるのは、先行する受動的綜合そのものの、二つの階層の違いです。受動性には、「根源的受動性」と「二次的受動性」の区別がある、とされています。根源的受動性における受動的綜合とは、自我意識が形成される以前の、幼児期における受動的綜合を意味します。本来的な意味での受動的綜合は、この根源的受動性における受動的綜合です。しかし、「考え事しながら歩ける」、といったときの、歩くことそのものに注意をすることなく、つまり意識にのぼることなく、遂行されているという意味で、受動的綜合として働く、「歩くという前意識的行動」は、元来、随意運動としての「歩けること」を、能動的綜合として獲得したこと、つまり能動的綜合が実現したことを前提にしています。自分で歩けるようになったから、それ

が身について、いちいち気をつけて意識にのぼらせる必要もなく、歩けるのです。このようなもともと能動的綜合に由来する受動的綜合が、「二次的受動性」における受動的綜合として、「根源的受動性」における受動的綜合と、区別されるのです[18]。

ということは、ポランニーが例に出す「ピアノの演奏」で、楽曲の演奏に集中しているとき、譜面に即した鍵盤をたたく個々の指使いは、暗黙知として前提にされているのと同じように、演奏そのものに集中する能動的綜合の働きの背後に、身についた指使いの練習が、二次的受動性における受動的綜合として働いている、といえます。ここで働いている受動的綜合は、指使いの練習そのものが、能動的綜合として遂行されていたことに、由来しているのです。このように、「ピアノの演奏」のさい、まずもって、幼児期の根源的受動性において働いている、自我意識形成以前の受動的綜合と、能動的綜合（知覚、記憶等々）が働き出して、その能動的綜合が、潜在的な受動的綜合に転化し、練習による習慣化した指使いの能力が、そのときの能動的綜合である、「ピアノの演奏」の前提になっているのです。ということは、「ピアノの演奏」は、その最も根底の層に、根源的受動性における受動的綜合、そして、その層の上に、指使いの練習のときの能動的綜合と、それに由来する潜在的能力としての習慣化した受動的綜合の層、そして演奏時の「ピアノ演奏」という能動的綜合という、受動的志向性と能動的志向性の重層構造が、同時に働いている、といえるのです。

⑤　音楽そのものになりきれるような「ピアノ演奏」が、実現するとき、能動的綜合が、極限形態にいたり、自己中心性から解放された無心の境位において、「我‐汝‐関係」が成立するとされます。このとき、ピアノを演奏する大人には、能動的綜合である、我‐それ‐関係における自我主観が、前提にされてはいても、ピアノの演奏者は、まさにこの我‐それ‐関係の只中で働く、自我主観の自己中心性（自分にとっての利害損得についての関心）

に、まったく無頓着になり、ピアノを弾いているのか、ピアノに弾かれているのか、分からなくなるほど、主客（自我と世界）の対立が解消し、音楽と一つになる、ということが起こりうるのです。

（8）方法論の観点からする暗黙知と受動的綜合

この章の目的として、暗黙知と受動的綜合の概念は、西洋近世哲学以降の二元論的方法論を、克服しうる新たな学問の方法論を呈示することが、挙げられました。この論点に関し、まずもって、両概念に共通する側面と、相違する論点を呈示し、次に、再度F・ヴァレラの「神経現象学」の方法論を議論に導入して、全体的な方法論考察を、展開してみたいと思います。

① まず第一に、二元論的思惟の克服に関して共通するのは、次の論点にあります。暗黙知は、機械論的自然観と、それを土台にした人間観、及び歴史観を克服しうる、真に自由な創造的営為としての学問研究が、成立しうる「新たな知の次元」を意味し、受動的綜合は、「主観と客観、精神と物質、本質と事実」などの二元論的思惟によって捉えきれない、過去把持の発見をとおして解明された、自然科学研究をも統合しうる、発生的現象学の普遍的規則性を意味します。ポランニーのいう「精神の自由」は、「精神の自由か、自然の因果か」あるいは「自由か、決定論か」という二者択一の問いをとおしては、捉えることはできません。この精神の自由に対応するのは、包括的存在としての「実在（リアリティー）の把握」です。他方、フッサールのいう受動的綜合の規則性である「連合と触発」は、関係性を意味する志向性として、「主観と客観の対立」が生じる以前に、すでに生きられてしまっている、間身体性による「生活世界」の基盤を、形成しています。「主客の対立」は、この「主客未分」の生活世界の中から生成するのです。主客の対立は、その起源を主客未分にもつのです。ということは、

両者とも二元論的思惟の克服という共通点をもつ、ということができるのです。
②　次の共通点は、身体知にかかわります。包括的存在としての実在は、暗黙知を包含しており、その暗黙知は、「人間の最も高度な創造性を含む、すべての思考の身体的根拠を明らかにすることができる」（三六）とされます。そのときの方法は、「内在化」とされ、感情移入がそのヒントとして与えられるますが、むしろ、数学理論や物理や化学などの自然科学の理論を、近位項として、包括的存在である実在に当てはめ、活用する（これが身体に内在化することを意味します）、ここでいわれる身体的根拠を、明らかにしようとすること、といえます。他方、生活世界の基盤に働く受動的綜合は、すでに能動的綜合を駆使する本質直観のプロセスそのものに内含されている、人称の区別以前に、匿名的に働く間身体性の規則性（身体的根拠）として、明らかにされてきています。ということは、両者ともに、理論知に先行する身体知の解明を目指している、ということができるのです。
③　三つの目の共通点は、知の創造性にかかわります。暗黙知と明示知は、ここでいわれている身体知と理論知と同様に、二元論的に対立する知として、理解することはできません。実在をめぐる学術的研究の進展は、明示知の発展として、行為能力としての身体知に組み込まれることで、自覚された行為能力の拡張の可能性が、ひらかれます。しかし、暗黙知が、完全に明示化することは、原理的にありえません。というのも生命体に属する「意味づけと価値づけ」は、明示知において表現される、自然の物理化学的法則性から導き出すことは、できないからです。このように暗黙知と明示知は、暗黙知を基盤にしつつ、明示知の発展が、包括的存在としての実在の解明、という知の創造性に目的づけられている、という全体的な枠組みをもつといえます。
他方、現象学において、受動的綜合と能動的綜合は、受動性における受動的綜合による「衝動の目的論」と、能動性における能動的綜合による「理性の目的」、という階層的構造をもつ、志向性を原理にした「愛と理性」

の実現を目指す、モナド論的現象学の目的論において位置づけられています。このとき、衝動の目的は、生活世界における「家族愛」の実現、すなわちブーバーの語る「生得の汝」への幼児期の我‐汝‐関係の実現に向けられており、理性の目的は、能動的綜合をとおした倫理的愛と、人間モナド間の対話をとおした本質直観による相互の了解、すなわちブーバーの語る成人における「我‐汝‐関係」の実現に向けられています。ポランニーの語る「暗黙知と明示知の創造性」は、フッサールの語る「受動的綜合と能動的綜合の目的論的創造性」、といえます[19]。

④　暗黙知と受動的綜合は、二元論的思惟の克服をとおして、新たな学問論の呈示を可能にしています。ポランニーの場合、暗黙知の二条件である近位項と遠位項の構造を、生命以前の無機物の段階から、生命の有機体への発展の考察に当てはめ、「創発」の原理による、物質科学と精神科学の統合を、企てています。他方、フッサールは、中後期以来、発生的現象学の枠組みにおいて、モナド論的現象学を呈示しています。ライプニッツのモナドの発展は、予定調和という形而上学的前提のもとに、理解されているのに対して、フッサールの語るモナドの発展は、「意味づけ、価値づけ」の働きを担う志向性の能作（能力）の、モナド間の交流（コミュニケーション）をとおした間モナド的発展を意味し、アリストテレスの「エンテレヒー（完成態）」をその目的論の力動的な原理としています。

⑤　以上、示された両者の四つの共通点の内実を、さらに詳細に考察してみるとき、実はこの四つの共通性は、方向性としての共通性であり、具体的な方法論の内実上の相違が、以下のように明白になってきます。まず第一に挙げられなければならないのは、二元論的思惟の克服にさいしての、現象学にとってもっとも重要な論点といえる志向性の概念の理解が、方法論の性格づけに多大な影響を与えていることです。ポランニーの暗黙知が、二元的思惟を克服するというのは、ブーバーの用語で語れば、すべての「それ」を集めた「それ」の総和も、暗黙

知に与えられている「汝（包括的存在としての実在）」には、届かないということ、つまり、「汝」は、二元論的思惟の産物である「それ」に属する「機械論」を、包含してはいても、機械論である「それ」によって、完全に明示的になることはないことに、依拠するといえます。フッサールの場合、意識にのぼっていない受動的志向性にしろ、意識されている能動的志向性にしろ、意味づけ、価値づけをとおして関係性が成立していることが、「志向性」の原意であり、すでにこの原意からして、二元的思惟は、克服されているといえます。そしてこの志向性の概念の把握のさい、明確になる相違は、ポランニーが、志向性を能動的志向性としてのみ理解していて、受動的綜合において働く受動的志向性を、志向性として理解していない、ことにあります。能動的志向性と、それによる能動的綜合のみでは、ポランニーによる「感情移入」としての「内在化」が、前提にしている、受動的志向性による受動的綜合の規則性である「連合と触発」がすでに働いている、「間身体性」の領域の確定はできません。それによって、文化的伝統のことなるもろもろの生活世界のなかで生成している受動的綜合を、その規則性とする「情動的コミュニケーション」の土台への志向分析をへた学問的考察は、十分展開できないことになるのです。

⑥　この相違は、ブーバーの我-汝-関係と我-それ-関係との関係に関連づけるとより明確になります。ブーバーにとって幼児期の我-汝-関係の土台の上に、我-それ-関係が構築され、その我-それ-関係の只中で、自我の中心化から解放された我-汝-関係が生じるのですが、学問研究の発展は、この下層の我-汝-関係を出発点にして、上層の我-汝-関係に目的づけられているといえ、その意味で、成人の我-汝-関係の実現にこそ、我-それ-関係としての学問研究の目的と意味づけが与えられている、といえます。ポランニーの方法論と対置させてみえてくるのは、成人における我-汝-関係（暗黙知）の解明に我-それ-関係としての学問研究（明示知の解明）が、方向づ

けられていることは、両者に共通なのですが、ポランニーの場合、明示知としての我-それ-関係の出発点に、暗黙知としての幼児期の我-汝-関係が認められていない、ということが、相違として指摘されねばならないのです。ブーバーの我-汝-関係は、幼児期のそれと成人におけるそれに区別されていますが、ポランニーの暗黙知は、もっぱら学問研究に携わる研究者個人にとっての暗黙知として、すなわち、成人における我-汝-関係としての暗黙知として理解されているのです[20]。他方、この我-汝-関係と、受動的綜合との関係について、言及せねばならないのは、受動的綜合は、幼児期の我-汝-関係への直接的つながりはあっても、成人の我-汝-関係においては、その土台、ないし基礎の役割を果たしていても、能動的綜合が、しかも自己中心性から解放された極限の能動的綜合が、主要な役割を果たしていることです。

⑦ F・ヴァレラの提唱する「神経現象学」における現象学に即した方法論の内容は、学際的哲学としての現象学の方向性について考察するさいに、参考になると思われます。ヴァレラは、「神経現象学」と題する論文において、将来の脳神経科学の発展にとって、現象学的還元の行使が、必須であるとして、現象学的還元の四つの契機について説明しています[21]。それは、「（1）還元、（2）直観、（3）不変項、（4）安定性」とされ、（1）の還元とは「自動的な思考パターンをカッコづけし、その源泉へと反省の眼を向けること」、（2）の直観とは「真理の基準となる明証性の核となる想像的変更をへた本質直観」、さらに（3）の不変項は、「公共的記述による具現化をとおした不変項の確立」、最後に（4）の安定性は、「現象学的還元そのものの訓練をとおして安定性を獲得すること」、と説明しています。これらの四つの契機を、学際的哲学研究の方法論の見地から、ポランニーの内在化の方法と対比させてみると、次のような諸点が明らかになります。

（a） ここでいわれている現象学的還元は、自然科学研究者としてのポランニーにとってだけでなく、精神科学者のみならず、すべての哲学者や神学者等、学問研究に携わる人間にとって、もっとも困難な課題といえるでしょう。というのも、学問を研究するものにとって、各自の生活世界において継承されてきた、言語による概念把握の伝統そのものを、一旦、すべてカッコづけし、伝統的な思考パターンの源泉に目を向けることは、決して容易ではないからです。自然科学者にとって、実験や観察のさいの手段として、欠かすことのできない計測される、客観的時間と空間を使用することなく、その時間と空間の意味の源泉に戻れ、という要求ほど法外な、非科学的要求はない、ということになります。しかし、現象学者の要求する現象学的還元は、客観的時間と空間を前提にする自然科学研究そのものの停止を、要求しているのではありません。研究を遂行しつつ、いったい何を遂行しているのか、その方法の基礎と限界を、つねに自覚しつつ、研究活動を遂行すべきである、という要求なのです。ポランニーは、この現象学的還元の方法をとることは、ありませんでした。時間というテーマだけでなく、他者の主観を主題にして、還元を行使することも、ありませんでした。もっともこの還元を遂行していないのは、自然科学研究者だけではありません。他の現代哲学の立場だけでなく、フッサール以後の現象学の流れにおいても、すべての意味の源泉に遡及する発生的現象学の方向性が、獲得されているわけではないのです。

（b）　意味の源泉に遡及する発生的現象学の問いが、哲学者のあいだで共有されえない理由は、（2）の直観で要求される「真理の基準となる明証性」への方向づけが、共有されていないからです。フッサール現象学において、明証性は、いかに疑っても疑い切れない「必当然的（apodiktisch）明証性」と「すべて隈なく明晰判明になる十全的（adäquat）明証性」に区別されます。たとえば、過去把持の志向性が露呈されたとき、まずもって、その志向性が、疑い切れない必当然的明証性において確証されました。しかし、必当然的明証に与えられている過去把持の志向分析は、この必当然的明証性を出発点にするとはいえても、それがそのまま「どのような」志向性として、「どのように」働いているのか、すべてが明晰判明とされる十全的明証性において、与えられているわけではなく、この十全的明証性が目的とされ、この「どのように」がさらに問い詰められていきました。それによって、過去把持の交差志向性における時間内容の構成の仕方が、受動的綜合である連合と触発の規則性によることが解明され、さらに最終的には、モナド間に働く衝動志向性によって、先構成されていることが、明らかにされていったのでした。

このような経過をとおして明らかにされてきたのは、フッサールの明証性の概念は「意識の明証性」に限定される、とする頻繁に繰り返される批判は、まったく的外れであることです。「意識にのぼることなく聞こえていたメロディー」の例にあるように、意識にのぼらずに、メロディーの一部が過去把持されていたことの必然性、すなわち必当然的明証性が確定され、それ自体決して意識にのぼることのない、しかも経験論的ではない超越論的な連合の規則性が、確証されたのでした。このように、意識の明証性は、意識にのぼる以前の、受動的志向性として働く受動的綜合の明証性に、拡張されていったのです。しかも、最終的に、連合と触発が、モナド間に働く衝動志向性による先構成に、その起源をもつということは、そもそも、絶対に十全である十全的明証性という最終目標そのものに到達した、といい切れることはない、ことを意味しています。これは同時に「明証性の核となる本質直観」の絶対性は否定され、本質直観の「超越論的相対性」が主張されることになります。(22)

ポランニーの場合にも、このここでいう明証性の概念は、顧慮されませんでした。暗黙知が感知される場合、たとえば「人の顔を見分ける能力」の場合は、見分けることができる、という経験上の事実の明証性、そして「ショック綴りの認知」や「閾値下の感覚能力」の場合は、意識にのぼらずに聞き分けている、という実験結果によるとする、自然科学研究の実験結果の明証性が、主張されているのです。それでは、「人の表情をみて、その人の気持ちが、伝わってくる」というとき、あるいは身体知の伝承が可能になるというとき、はたして他の人の本当の気持ちが伝わり、師匠と同質の身体知が、伝えられているという、明証性の基準を問う必要はないのでしょうか。私たちは、他の人の表情に、無意識に自分の気持ちを反映させてしまったり、師の動作の外側だけ真似てみて、その身体知が、まるで身についていない、ことが分かったりする経験を、繰り返しています。その意味で、注意を向けるだけの能動的感情移入では、つまり注意を向ける内在化だけでは、自他の身体性の源泉には届きえないのです。

（c）「この明証性の核」となっている本質直観の超越論的相対性は、すでにその第一段階である「事例化（Exemplifikation）」と「自由変更（freie Variation）」において、潜在的に含まれているといえます。というのも、本質直観の困難さは「例証的な出発点となる直観のなかで……〈そのものとして〉、開かれた無限性をもって思念された事物が、実はこの〈無限さ〉をただ潜在的にのみ含んでいること、しかも各々の無限性が、その際、相対性の多様性のなかに織り合わされていることにある」[23]からなのです。本質直観の第一段階の事例化においては、それぞれのテーマにかかわる、と思われるさまざまな諸事例が収集され、たとえば時間の本質が問われる場合、時間についての私たちの諸経験、時間の不可逆性や、現代物理学で主張される「時間の可逆性」など、ありとあらゆる事例が集められますが、すでにその個々の事例そのもののなかに「潜在的な無限性」が、含まれている以上、しかも事例が、事例として直観されることそのこと自体が、生活世界の文化的相対性に織り込まれているとすれば、自由変更をとおして獲得される時間の本質のなかに、出発点の事例としての、それぞれの生活世界での母子間に共有される時間体験の超越論的相対性が、潜在的に含まれたままであることは、必然的なのです。

ここでポランニーの内在化の方法に対比して述べられなければならないのは、はたしてポランニーは、自然科学研究そのものが、それぞれの生活世界の土壌から育ってきていて、それに特有な方法論的制限をもっていることに、気づいているかどうか、ということです。内在化という能動的志向性による身体化によって、暗黙知に働く「大脳皮質の神経組織の機能」を感知しうるとすれば、その感知は、どのような感知として、可能になるのでしょうか。最終的には、生命の進化を逆に辿り、無機物からの有機体への創発による、意味の生成の起源に行き着くことになると思われます。しかし、具体例として、近位項としての「大脳皮質の神経組織の機能」から、遠位項としての心の活動に注意するだけで、この近位項の構成要素が感知される、と主張することは、はたして可能でしょうか。現今の脳科学研究の成果、たとえば発見された「ミラーニューロン」の機能を、近位項とみなし、遠位項としての、リンゴを取ろうとする人間の動作を見るだけで、その動作の意図が分かる、心の働きに当てはめてみて（注意を向け内在化して）、はたして、ミラーニューロンの働き方そのもの、つまり「運動系と知覚系のニューロンの連合の仕方」が感知できるとは思えません。この連合の仕方をさらに解明するためには、どのようにして連合が幼児期において学習されてくるのか、従来の自然科学研究の方法を駆使して、脳神経細胞間の連結の生成を研究していくことになるでしょう。そのさい明確といえるのは、自然科学研究の方法は、運動感覚の感覚質（クオリア）としての運動感覚の意味の生成や、知覚系に属する、視覚感覚の感覚質としての視覚感覚の意味の生成そのものを、問いうる方法論を持ち合わせていない、ということです。この方法として現象学が呈示しているのが、まさに発生的現象学の「脱構築」の方法なのです。

（d）発生的現象学の脱構築の方法というのは、フッサールの『イデーンII』で呈示された「自然、事物、身体、自我、心、人格等」の領域的存在の構成分析によって、体系的に記述されている構成層の重層構造の全体から、特定の構成層を、作動していない層とみなすことで、脱構築してみることを意味しています。たとえば、相互主観性の成り立ちを問うとき、他者にかかわるすべての意味づけや価値づけを、完全に脱構築することで、自他の区別がつく以前の固有領域に還元する試みが、なされ、それによって、潜在的に働いていた受動的綜合である「対化」が、露呈されるようになる、という脱構築の事例を示すことができます。

他方、領域的存在論における重層的構成層の全体は、本質直観の方法をとおして、解明されている、といえますが、実は、この本質直観の第一段階に属する「自由変更」において、一種の脱構築が、遂行されている、ということも、できるのです。というのも、自由変更において、乳児に与えられている周囲世界を、空想してみようとするとき、大人のもつ、随意運動や長期記憶の能力を欠くとしてみて、そのとき乳児に想定される周囲世界を、想像するといったことは、難しいことではありません。これに、事例化の一部として発達心理学の研究成果が、それとして付け加わってくるとき、この想像による想定は、いわば、自然科学研究のさいの、理論的仮定の役割を果たすこともありうるでしょう。

さらにこの自由変更のプロセスのさい、興味深い論点は、自由な空想から空想を重ねていくとき、この意識されている構成された空想から空想へのつながりにおいて、受動的綜合による連合が、自由な空想の継続を、いつも下支えしていることです。受動的綜合において、意識にのぼることのない関心や興味が、それらの関心や興味に対応した、類似したものから、類似したものへの結びつきをとおして、受動的に先構成され、この先構成されたものが、能動的に構成されて、意識され、表象化された空想が、成立しているのです。つまり、本質直観の自由変更のさい、潜在的志向性として、間身体性における、先構成に由来する本能志向性や、衝動志向性による連合をとおして、次第に収斂してくる「不変項」が、成立してくる、と考えられるのです。

（e）　ヴァレラの挙げる現象学的還元の（3）の不変項とは、「公共的記述による、具現化をとおした不変項の確立」とされるように、いわば本質直観において与えられたものが、言語や数字や記号をとおして、客観的―相互主観的明証性において、不変項として確立することを意味します。そのさい、言語の使用における客観的明証性は、すでに間身体性において成立している、間身体的時間性と空間性における客観的事物の共有体験を、前提にしています。言語の客観性に、受動的綜合による間身体性の客観性が、先行しているのです。しかし、共有体験や共有感覚や共有知覚を、前提にするとはいえ、言語のもつ高次の客観性の特徴が、正しく理解されねばなりません。言語は、知覚が現在の現実に結びつけられているのに対して、記憶をとおして、現在に存在していない過去に、そして予期をとおして、未来に結びつけられ、世界の歴史の中に位置づけられる客観性を獲得しえます。それだけでなく、言語の意味は、複数の言語の相違にもかかわらず、共通の内容として想定される概念の意味へと、抽象化されることで、公共的学術用語の客観性にいたることができるのです。この不変項の領域が、ポランニーの明示知の領域に対応していることは明らかです。

（f）（4）で言われている「現象学的還元そのものの訓練をとおして、安定性を獲得すること」がどうしてことさら強調されなければならないかといえば、現象学的還元の遂行は、長期にわたる学習と訓練が必要とされるからです。すでに（1）の還元にみられるように、当のこの還元は、学問研究を志すものに対して、従来の考え方や、常識や方法を、すべて一度、批判的な懐疑の煉獄をとおす、といった法外な要求をつきつけるのであり、研究者の共同体のなかでこそ、互いに支え合う持続した訓練が、可能になるのです。

⑧ さて、ヴァレラの神経現象学における、現象学的還元の方法の遂行についての考察をとおして、明らかになってきたことを、まとめてみましょう。

まず第一にいえることは、方法論における自然科学研究の位置づけが、方法論にとっての最重要課題であることです。このとき、ポランニーにおいて明らかであるのは、暗黙的認識が明示的認識を先導し、明示化の目標は、暗黙知における潜在的なものを、完全に明示化することにあり、自然科学と精神科学は、そのための方法として、「内在化」の方法をたてるということです。

ブーバーの場合、我‐汝‐関係における認識が、暗黙的認識に対応し、我‐それ‐関係の認識が、明示的認識に対応します。しかし、ポランニーとの相違は、ブーバーは我‐汝‐関係に、幼児期と成人における我‐汝‐関係を、自我意識の生成前後によって、区別していることです。これによって、我‐それ‐関係の中核に自己中心性が巣くっていることが指摘され、我‐汝‐関係としての学問研究が成立するためには、この自己中心性から解放される必要性が、強調されることになります。この論点こそ、ブーバーの我‐汝‐関係が、仏教哲学の「無我、ないし無心」という論点とぴったり呼応しうることを、根拠づけているのです。フッサールは、我‐それ‐関係の活動である、学問研究としての哲学において、自然科学研究の方法論の限界を、もっとも厳密に、理論づけているといえます。その理論づけのさい、もっとも重要な観点となったのが、受動的綜合と能動的綜合の区別でした。この根源的受動性における受動的綜合の特質は、自我意識をとおした意識活動以前の、つまり、自我意識が形成される以前の、幼児の世界へのかかわりを、受動的志向性によるかかわりとして、理論づけていることにあります。これによって、ブーバーのいう幼児期の我‐汝‐関係に、哲学的論証の基礎が与えられました。さらに受動的綜合の客観性を土台にして、能動的綜合として、言語と数による学問の客観性が生成するとする発生的現象学の基本的見解は、自然科学研究が、生活世界から生成していること、さらに現代文明の危機の源泉である自然科学偏重の世界観が、「生活世界の数学化」によるものであることを、明確に論証づけています。それによって、自然科学の方法を、現象学の方法である現象学的還元と、本質直観、並びに脱構築の方法論の全体の中に適切に位置づけ、統合しうることが可能になっているのです。また、我‐それ‐関係における学問研究が、能動的綜合として規定されることにより、我‐汝‐関係としての学問研究が成立するための条件が、能動的綜合のさいの自我の関心から解放されることとして、明確に表現されうることになりました。

第二節　ＳＥＣＩモデルにおける暗黙知と受動的綜合

ここで野中郁次郎氏の「知識経営理論」について考察するのは、この理論の中軸をなすＳＥＣＩモデルが、ポランニーの暗黙知と明示知（形式知）の関係を、その理論の中心に据えて、縦横に活用することで、「知識創造のプロセスを理論化する」[24]（二八）ことに成功しており、学際的哲学の方法論との興味深い関連性を、指摘することができるからです。

ここでいわれる知識創造論というのは企業経営の目的を、身体的な経験知である暗黙知と言語化された理論知である明示知（形式知）とのあいだの相互の変換運動による知識の創造にあるとして、その相互変換運動をＳＥＣＩモデルによって理論化しています。

ＳＥＣＩモデルとは、暗黙知の共有と創出が生じる「共同化（Socialzation）」、次にその暗黙知の言語化と概念化による「表出化（Externalization）」、さらに表出化された形式知の伝達と共有による理論化、ないし体系化である「連結化（Combination）」、そして連結化された形式知を新たな暗黙知へと具現化（身体化）する「内面化（Internalization）」し、知識創造の起点とされた共同化へと回帰してくる知識創造のプロセスを意味し、それぞれ四段階の頭文字をとって、ＳＥＣＩモデルと名づけられています。

ＳＥＣＩモデルの理解にとって重要であるのは、内面化から再度、共同化へと回帰してくるとき、出発点に位置していた初めの共同化における暗黙知とは、その暗黙知の質が異なり、高次の暗黙知として新たな共同化の課題とされることです。これが、「知識創造のスパイラル的展開」とされます。

（1）SECIモデルにおける暗黙知と形式知（明示知）の相互作用

まず、取り上げてみたいのは、ＳＥＣＩモデルの中核を形成する「暗黙知と形式知の相互作用」という側面が、ポランニーにとって主要な関心事とはされず、むしろ暗黙知の次元の開示そのものが、彼にとっての中心課題であった、と思えることです。とりわけ、ポランニーの一般的な知の理論において、自然科学と精神科学を包括しうる統合的知の原理として、暗黙知と同時に、創発の概念も呈示されていることにも注意しつつ、ポランニーに正面から取り上げられることの少ない、「暗黙知と形式知（明示知）との関係」に、問題に焦点を絞ってみましょう。

①　ＳＥＣＩモデルにおいて、ポランニーの暗黙知が、もっとも積極的な役割を果たしているといえるのは、「共同化（Socialzation）」の段階においてです。その場合の典型的事例として呈示されているのが、ポランニーにおいても同様に示されている、徒弟制度における身体知としての暗黙知の伝授の場合です。この身体知の共同化という共通性のなかに見えてくる両者の違いは、ポランニーの場合、弟子と師匠のそれぞれの個人において遂行される内在化のプロセスが、前面に出てきているのに対して、野中氏の場合、場の理論を土台として、個人と個人のあいだに生じる成人における、ものごとになりきる「我-汝-関係」を原点にして、「主客未分の共感を通した気づきや発見による知の獲得・共有のプロセス」（三四）として、理解されていることです。個人における

個人の内在化か、場における個人の内在化か、という違いが、どこに由来するかを考えるとき、まず指摘されねばならないのは、ポランニーの場合、フッサールからみて、あくまでも能動的感情移入として、内在化を理解していることです。それに対して野中氏の場の理論の場合、身体が居合わせているだけで働いている、受動的感情移入としての間身体性の働きが、主客未分の共感とされる「我‐汝‐関係」における「無心」や「無我」の土台として働いていることが理論化されている、といえるのです。

② このポランニーにおける「暗黙的統合[25]」としての能動的感情移入（内在化）の強調は、野中氏の主張する「暗黙知と形式知との相互作用」との相違を、明確にすることになります。ポランニーは、上で述べたように、明示知の暗黙知に対する積極的な役割は、抽象的な理論としての一般的活用可能性が、指摘されるだけです。それが端的に示されているのは、数学理論を近位項として、遠位項としての実在するカエルに当てはめて内在化（感情移入）することで、その数学理論の真の認識が、確立するとされることにおいてです。このとき、数学理論の明示知を、実在する包括的存在としてのカエルに、関係づけるとき、この「関係づけるという行為自体が暗黙的統合なのであり[26]」というように、あくまでも暗黙知による統合が、主導的役割を果たし、形式知は、「暗黙的認識という行為の内部でのみ理論として機能しうる[27]」とされるのです。

それに対して野中氏は、暗黙知が形式知化されるプロセスを「表出化（Externalization）」と表現し、それとして独自に主題化しています。言葉にならない身体知を、対話をとおして、あえて言葉にしようとすることで、暗黙知を担う者にとって、その暗黙知の内容が、はっきり自覚されるようになるのです。そうすることではじめて、暗黙知の内実に迫ることができる、ということもできます。企業内のグループでの直接的対話というとき、場の理論の全体的な枠組みにおいて、身体がそこに居合わせることで生じている、間身体的な感性的共感とともに、言葉を介しているという意味で、言葉にする表出化の知性的努力が、遂行されるのでなければなりません。

とりわけ、表出化における対話の実行は、その実現のむずかしさを、しっかり見据えることで、初めて可能になります。対話ができないその原因を辿ると、すでに暗黙知の段階での、互いのあいだの反感が、壁になり、対話の場そのものが、でき上がらない場合が考えられます。対話の場における表出化の実現は、自分の思いを言葉にする社会習慣の形成をとおして、初めて可能になるのです。

③　ポランニーにおいて、この表出化の段階が、問題にされないのは、ポランニーにとって、近位項としての暗黙知が感知されるのは、遠位項への注意が向かうこと（能動的志向性の働き）をとおして、とされているからです。そして、それは、言語学を例にして、根底層とされる音素から、文芸評論という最高位の層にわたる階層構造において、下層の近位項と上層の遠位項の関係として説明され、上層にのぼるにつれて、新たな意味の創出と、それぞれの層における規則性の特質について、説明されているのです。この例に明確にみられるように、近位項と遠位項という階層の区分にかかわる概念は、相対的な操作概念です。

しかし、ここで注意しなければならないのは、この階層構造を形成している、能動的志向性による能動的綜合としての内在化によっては、暗黙知として働く、間身体性の領域の解明には、つながらないことです。つまり共同化の段階における、身体と身体のあいだに受動的綜合をとおして生成している、「共感や反感の世界」への哲学上の解明の可能性が、ポランニーの内在化の方法では、開かれてこないのです。言い換えれば、「暗黙知の次元」を確定することと「暗黙知の次元」に働く規則性そのものの哲学上の明示的解明とは、区別されねばならないということなのです。

④　発生的現象学の「時間と連合と原創設」の問いをとおして明らかにされてきた「受動的綜合の世界」は、

生活世界において実現される、「我‒汝‒関係」の基盤として、いつも働いています。この受動的綜合は、上で述べたように、幼児期における自我が形成される以前の、「根源的受動性」における受動的綜合と、随意運動といった能動的綜合をその起源とする、「二次的受動性」における受動的綜合に区別されます。このとき、明らかなことは、幼児期における受動的綜合の領域が、ポランニーの能動的綜合としての内在化によっては、近位項としての暗黙知として感知されることは、ありえないことです。また、成人における「二次的受動性」における受動的綜合は、もともと、能動的綜合がその活動後、過去地平に沈澱し、潜在的志向性に転化した受動的綜合を意味します。このプロセスは、野中氏において「内面化（Internalization）」と呼ばれます。繰り返し、能動的綜合としての形式知を、実践をとおして現実に活用することで、言い換えれば、経験を重ねることで、もともと能動的綜合として働いていた形式知が、潜在的な受動的綜合に転化し、それが意識にのぼらせることなく、身についた技術として、集中した能動的綜合としての実践的行動の下支えとして、働き続けていくのです。このとき鍵になるのは、野中氏のいうように、この内面化が「自覚的・意識的に行なわれる実践」（四〇）であることです。この「実践の只中の自覚、ないし意識」をフッサールは「原意識」と名づけているのです。無心にことが生じるとき、すなわち我‒汝‒関係が成立するとき、そのことがそのこととして、覚醒の極みにおいて受け止められているときの意識（ないし自覚）が原意識、といわれるのです。

⑤「形式知の組み合わせによる情報活用と知識の体系化」（二九）を意味する「連結化（Combination）」と、ポランニーの「創発」概念を基軸にした、明示知の進展としての学問研究の展開とを、対応づけるとき、何が見えてくるでしょうか。この連結化のプロセスは、野中氏が論述している「新製品の開発」のさい、そのもっとも具体的な活動の実態を明確にする、といえるでしょう。組み合わせられるのは、生活世界を生きる人々にとって、

暗黙知のままにとどまる、生活上の価値づけや、意味づけが、表出化をとおして言葉にされ、収集されてきた形式知であり[28]、また資材の原価や、生産コストといった数値化された形式知であり、目的とされる新製品の価格といった形式知であったりします。それら形式知が、ぶつかり合う中で、最適条件として、新たな高次の形式知が創出されます。

この連結化にさいして、重要であると思えるのは、確かに、形式知間の組み合わせであり、統合が問われているのですが、そのあらゆる形式知が、暗黙知からの表出化を経ていること、しかも、それと同時に、暗黙知への内面化を見据えた組み合わせや、統合であることです。この形式知の由来を示す表出化と、その目的を示す内面化の間に位置する連結化のＳＥＣＩモデル内の位置づけが、正しく理解されることが重要です。その理解が欠けると、野中氏の指摘するように、連結化のための「情報ネットワークの整備」が、自己目的化してしまい、何のための、何を目的とした連結化であるかが、見失われ、知識経営の破綻に導かれます（三九を参照）。

この知識創造における連結化の側面は、ポランニーの「数学理論の実在としてのカエルへの内在化」という見解に即せば、複数の数学理論間の整合性、ないしより高度な体系化の問題とされ、数学だけでなく、これまでの自然科学と精神科学の発展の歴史そのものに、明示知の連結化の歴史を見ることができる、と主張されうるでしょう。ただし、この学問研究の発展における、明示知（形式知）の体系化の歴史において、まさに「生活世界の数学化」という文明の危機に導いているのは、確かに、「暗黙知の次元の喪失」そのものなのですが、この指摘と同様、重要であるのは、明示知の連結化（体系化）そのものが、暗黙知の形式知化（明示知化）のプロセスである表出化と形式知の暗黙知化である内面化のあいだに位置づけられていることの自覚、及び理論化なのです。その意味で、ＳＥＣＩモデルの独自性は、学術的形式知の体系化の歴史に、媒介項として働く表出化と内面化のプロセスを、確定しえていることにある、と思われます。

⑥　ポランニーにおいて内在化そのものの成り立ちは、問われていません。これを問うには、内在化が遂行されているその只中で、その実践的行為そのもののそのありのままが、原意識に与えられている、のでなければなりません。つまり、現象学的還元をとおして、内在化という行為そのものが、その志向分析という形式知化への途上にあるものとして原意識されている、のでなければならないのです。ポランニーは、内在化そのものの成り立ちを問う方法を欠くことから、学際的学問としての哲学として、内在化を、精神科学と自然科学を原理的に統合しうる方法として呈示できている、とはいえません。なぜなら、能動的綜合としての内在化に先行する、受動的綜合の規則性である連合と触発をとおして、はじめて、共有される暗黙知の共感が生じうるのであり、精神科学と自然科学に由来する、さまざまな形式知（新製品開発のためのあらゆる分野からの形式知）を統合しうるためには、それらの形式知の起源に隠れて働いている、暗黙知の共有と共感に働く規則性としての連合と触発に届きうる、間モナド的志向分析が、必須とされるからです。

というのも、たとえば、脳神経科学の知見（たとえば、「ミラーニューロン」という形式知）を受動的感情移入の成り立ちの実在論的裏付けとして活用しようとしても、脳神経科学研究の前提とされる、客観的時間と空間を、個人の主観的時間と空間に対置させるだけでは、旧来の二元論を克服しうる、学際的哲学の方法論の呈示にはなりえない、といえましょう。この客観的時間と主観的時間の二元論は、間モナド的時間化をとおして、主観的時間と客観的時間が生成してくる、という発生的現象学の呈示する、相互主観的時間化における、時間性の生成の規則性をとおして、原理的に克服されうるのです。

⑦　暗黙知と形式知の相互関係に基づくＳＥＣＩモデルは、共同化、表出化、連結化、内面化を一回、一巡す

れば、円の循環として完結するのではありません。このことは、各プロセスがそれぞれ、完全・完璧に遂行されえないことからしても、当然のことといえます。目的として定められた「知識ビジョン」の実現に向けて「対話と実践」を繰り返す、「知識創造企業の動態モデル」（四三頁以降を参照）において、ＳＥＣＩモデルは、循環を重ねるごとに、暗黙知と形式知の沈澱層が、その厚みを増していくスパイラル（螺旋）状の展開を、示すことになります。

人と人との間の対話は、共感の次元の「情動的コミュニケーション」と、言語による表出化における「言語的コミュニケーション」との、暗黙知と形式知の重層的相互作用において、そのつど新たに出来事として生じています。私たちは往々にして、一回の対話が、不完全で、かえって誤解を生んでしまうという経験をするものです。言葉にしにくい自分の漠とした感じを、あえて言葉にしようとして、その感じの内実が、言葉をとおして狭められ、限定されてしまい、相手の、その言葉の受け止め方や、理解の仕方と齟齬をきたし、誤解が生じてしまうのです。

野中氏が「前川製作所」での「顧客の業務現場に棲み込む」（二三四）ことを取り上げるのは、顧客の漠然とした、言葉にならない暗黙知としての「顧客のニーズ」を、共感をとおして感じとして受け止めることをとおして、次第にはっきりした言葉へと表出化されてくるプロセスを、顧客と共同体験していく、共同化と表出化の繰り返しが、はじめて連結化と内面化という実践を可能にするからなのです。この場合、スパイラルは、すでに共同化と表出化の内部で起こっています。

他方、実践の場面にあって、形式知の連結化と内面化のプロセスにおいて、そのスパイラル状の展開が、明確に示されているのが、野中氏の「セブン‐イレブン・ジャパン」の「情報システムによるバックアップ体制」

（二八一）における「仮説・実施・検証」の繰り返しである、と思われます。徹底した形式知間の連結の繰り返しをとおして、そこに暗黙知としての「消費者のニーズ」が、明確に表出化してくる可能性が、開かれているのです。

（2）学際的哲学としての現象学の方法論におけるSECIモデルの位置づけ

これまで、ポランニーの暗黙知という知見と、野中氏のSECIモデルにおける暗黙知と形式知の相互作用という見解との、関係性について前項（1）で考察してきました。ここで、これまで明らかにされた、暗黙知と受動的綜合との関係の解明を土台にして、SECIモデルの特性を、学際的哲学としての現象学の方法論との関係において、考察してみたいと思います。

① SECIモデルのスパイラル的発展は、「知識創造動態モデル」（四三）の全体のプロセスの中で、動的な運動を形成しています。このモデルの構成要因は、「知識ビジョン、駆動目標、対話、実践、場、知識資産、環境」の七つ、であるとされます。このとき「場（現象学の概念である「相互主観性」とも規定される）」において、とりわけ「知識ビジョンのWhat（何）」と「対話のWhy（なぜ）」と「実践のHow（どのように）」という問いのすべてが、現象学の方法とされる「現象学的還元と本質直観」をとおして、その問いの鋭さと深さを、獲得することになります。

たとえば、「新製品の開発」にしろ、「組織変革の場合」にしろ、そのときに欠くことのできない必須のプロセスとして、それまで通用していた「何」と「なぜ」と「どのように」の全体を、いったんすべて完全に通用しないものとみなし、カッコに入れ（「判断停止」とも言われる）、その全体を、各自が感じるがままの暗黙知の次元、つまり言語と知覚以前の感覚の世界、あるいは言葉と知覚以上の感覚の世界に、差し戻さ（元に戻さ）ねばなりません。このすべてを元に戻す方法が、学問研究においてさえ、遂行困難な「現象学的還元」であるわけです。それまで通用し、言葉で表現されていた「何、なぜ、どうして」が、その言葉の使用を禁ぜられ、言葉以前に「共同化」されていた各自の暗黙知の「共感の世界」に突き返され、その共感の世界を幾重にも再体験することで、新たな表出化（言語による形式知化）の準備がやっと整ってきます。

この現象学的還元が遂行されなければならない必然性は、人はえてして、とりわけ利潤獲得を追求する企業にあって、従来の判断の惰性や、自覚の有無にかかわらず、「私利私欲」に引きずられる傾向があり、それを徹底して排除せずには、「何、なぜ、どうして」についての、新たな言葉やヴィジョン（形式知）が、見出されえないからです。新たな形式知が生まれるには、それまでのすべての形式知を、一旦、徹底して忘れきり、絶対的懐疑をとおして開けてくる、共体験しうる暗黙知からの再生が、必要とされるのです。

② この現象学的還元をとおして突き返された、言葉にならない暗黙知における共感の世界で、各自が気づきはじめるのは、この「共感」というときに自覚される「私の感覚」が、実は、「私の感覚とあなたの感覚」という区別がつく以前に、その起源をもっている、ということなのです。つまり、私の感覚は、その起源を、「自分が自分であることが自覚される以前に、また、言葉を発する以前の幼児期の「情動的コミュニケーション」の只中にもつ、ということなのです。暗黙知の世界における共感といわれる感覚は、実は、一人称、二人称、三人称という人称の区別ができ上がる以前の、「本能的な情動交換」を、その源泉と基盤（根底）にしているのです。

現象学において、この人称化以前の間身体性の働きが、相互主観性の根底として、認識論的に疑いきれない明晰さで、理論的に、受動的綜合である連合としての「対化」によって、根拠づけられました。そして、この根拠づけが可能になったのは、「他者の主観とは何か」という「何」をめぐる「本質直観」という方法が、志向性による意識作用と意識内容の構成の仕方を問うことをとおして、縦横に活用されていったからです。「知識ビジョンの何」が共有されるためには、現象学的還元と本質直観のプロセスが必要とされるのです。

③　たとえば、特定の業界において「顧客のニーズは何か」という本質の問いが、たてられるとき、本質直観の方法は、三つの段階をとおして、その本質にいたろうとします。まず第一段階として、それぞれの業界の「顧客のニーズ」に関連するありとあらゆる実例や事例（たとえば、顧客の要望、顧客に接する販売担当者の予測などの情報）を収集します。そのさい、第三者機関による市場調査や、心理学や社会学などの個別科学による顧客のニーズに関するデータも、収集されます。さらに、まだ生まれていない次世代の子供たちの夢や、ＳＦの世界といった自由奔放な想像や空想の世界をも引き込んで、ありとあらゆる可能性が、それら事例の収集に取り込まれます。

この段階は、「事例化と自由変更」の段階といわれますが、その第一の特徴は、その本質解明の課題にかかわる具体的経験だけでなく、自然科学や精神科学の研究成果のすべてを、可能な限り事例として収集することであり、ありとあらゆる経験的知識を、包括しようとすることはあっても、排除することは、決してないことです。現象学の本質直観は、自分の内面にとじこもり、その内面の意識現象を内省の対象にする、内観主義の方法では決してないのです。(29) 第二の特徴は、想像や空想による自由変更のさい、自由な空想と同時に、あるいはその背景に、いつも自然に生じている「受動的な空想」が働いていて、意識にのぼらない受動的綜合である連合をとおして、自分で制御する以前に、想像の世界が形成されてくることを、認識していることです。つまり、顧客のニーズを、顧客に接して予感することも含めて、自由な空想の土壌として、いつも幼児期に培われた、間身体的な共有感覚による意識にのぼらない連合（連想）が働いていることが、認められているのです。

次に続くのは、第二段階であり、そこでは、第一段階でさまざまな事例を、極端な事例から他の極端な事例を辿ることをとおして、次第に収斂してくるそれそのものが、もはや変更することがなくなる「変じることのないもの」が、自然にまとまって、「統一的なもの」として前もって構成されてくる（先構成されてくる）、とされます。この第二段階で先構成されたものが、第三段階において、普遍的で一般的なものとして、知的に直視されることが、本質直観、ないし本質観取と呼ばれるのです。

④　したがって、「知識ビジョン」が何であるか、本質直観にもたらされるときに重要であるのは、本質直観の第一段階における「事例化と自由変更」が対話をとおして、実際にどのように実践されうるのか、という問題になります。先に挙げた具体例に即せば、さまざまな情報とデータが収集されて、「顧客のニーズが何であるか」を形式知にもたらそうとするとき、実際、どのように、暗黙知としての「顧客のニーズ」が、形式知にもたらされうるのか、という問題です。とりわけ、顧客と直接、接して感じることで予感されることと、市場調査によるデータとが、真逆の方向を示すといったとき、主観的な直観に頼るのか、客観的なデータに頼るのか、といった決断に迫られるとき、いったいどのような決定がなされうるのでしょうか。

このとき重要であるのは、数値やパーセントとして表現されるデータは、「何のデータであり、数値であるのか」、というデータがデータであるための必須の条件として、「意味づけ」と「価値づけ」をすでに前提にしていることであり、そのデータを解釈するさいに、（解釈なしのデータはデータではありえません）解釈という「意味づけ」と「価値づけ」を前提にするのは、当然であることです。たんなる数値やパーセントとしてのデータそのものには、何の意味もなく、意味づけや価値づけを与えているのは、受動的志向性と能動的志向性を生きる「意識生」としての人間なのです。

ということは、データを呈示する人は、データを意味づける「意味づけと価値づけ」の根拠を、各自の志向性の重層構造から持ち来っていることを、自覚せねばならず、その意味づけと価値づけを、顧客に接したときに予感した意味づけと価値づけと、突き合わせて初めて、「顧客のニーズは何か」の直観にいたるのです。ですから、対立すると思われるのは、「科学的データ」と「主観的予測」なのではなく、実は、「データとデータの解釈の前提になる意味づけと価値づけ」と「暗黙知における意味づけと価値づけ」との突き合わせが、いまだ不十分である、ということなのです。

⑤　現象学は、本質直観のさい、自然科学の研究成果を、事例としては受け入れますが、その事例の全体が、そのまま真実の認識として、現象学の認識論に取り入れられることはありません。自然科学の研究成果を、事例として受け止める、ということは、自然科学が、どのような研究方法によって獲得しえた研究成果であるかを、厳密に理解した上で、そのような研究成果として受け止めるということを、意味するのです。ということは、自然科学の研究成果を、現象学的還元をとおすことのない客観的時間と空間を前提にして、仮説をたて、実験を行い、観察をへた事物の因果関係の解明であることを、理解した上で、それとして受け止めるのであり、そのような研究成果として現象学の認識論に統合するのです。

元来、現象学の認識論は、現象学的還元をとおして、疑い切れない意識の明証性の基盤の上に形成されています。たとえば、時間とは何か、空間とは何かという時間と空間の本質の問いが、時間という意味と空間という意味が、どのように意識において構成されているのかを問います。それによって記述され、論証されてきたのが、過去の意味を構成する過去把持の受動的志向性や、未来の意味を構成する未来予持の受動的志向性なのでした。

こうして最終的には、自我の形成以前に成立している、母子間の本能志向性の充実による、情動的コミュニケーションにおいて、共同体験される共同感覚の持続と変化が、すなわちいまだ人称の区別が成立していない、つまり、一人称と二人称の主観性と、三人称の客観性の区別が成立していない、根源的な間身体的な時間の流れが、時間の流れを時間の流れにしているのです。

しかも、この共同感覚の持続と変化は、これまで論ぜられてきた、受動的綜合の規則性である連合と触発によって生成しています。こうして、人称化以前の暗黙知の次元における間身体的な時間が、原初的に生成した後に、そしてその基盤の上に、自我主観の形成後の三人称で語られる客観的時間の空間の世界が、はじめて成立してくるのです。つまり自然科学の客観的時間と空間は、幼児期の間身体的な根源的時間に、その発生の源泉をもち、成人の我‐汝‐関係（出会い）においてこそ、そもそも、その客観的な時間と空間の存在の意味が、理解されうるといえるのです。こうして、本質直観の事例化に組み込まれた、自然科学の研究成果は、能動的綜合による自然の因果律による解明として、的確な位置づけを獲得することで、志向分析による現象学の目的論において、統合されているのです。

⑥　通常、現象学の方法論は、静態的現象学における「本質直観」と、発生的現象学における「脱構築の方法」というように、区別されて論議されています。この脱構築の方法が、実は、ＳＥＣＩモデルの暗黙知が形式知化されるプロセスである表出化において、有効に働いていることを示すことができます。実はホンダの「ワイガヤ」のさいに、この脱構築が、間接的に活用されているといえるのです。それは、ちょうど、「ワイガヤ」の三日目のように[30]、言葉が尽くされたあとの、言葉を支えていた、それ自体、言葉にはならない間身体的な情動交流の世界が、活動していることに気づくようになるのです。

このときの気づきは、たんに情動交流の共同体験、というだけではありません。お互いに、その情動の活動が、どのように言葉として表出されるのか、その表出のされ方の、個々人の固有性に気づく、ということでもあります。発生的現象学の知見によれば、個々人の情動表現のパターンと、言語表出の仕方は、母子関係を基軸にした幼児期に形成されてくる、といわれています。つまり、ワイガヤの三日目には、参加者が各自の幼児期に戻り、情動表現と言語表出を、改めて生き直している、全員がいわば無垢の子供に戻っている、といってよいのかもしれません。こうして、ワイガヤの場合、言葉を尽くすことで、言葉にならない領域に気づくのですが、現象学の脱構築の場合、はじめから、赤ちゃんのように、話せないこと、動けないことを、理論的に想定してみるのです。

この脱構築の利点は、「話せるようになる」、「意図的に動けるようになる」その生成のプロセスを、脳発達心理学のように、外からの観察と因果的規則性によってだけで研究するのではなく、受動的志向性に能動的志向性が重なってくる志向性の重層化のプロセスとして、理解できることにあります。もちろん、この重層化のプロセスを解明する発生的現象学は、脳発達心理学の研究方法とその成果を、本質直観の「事例化」において述べられているように、はじめから経験的知識として、除外するのではありません。そうではなく、自然科学の方法を、能動的志向性の働きによる能動的綜合に基づく、物理的自然の因果律による研究と規定することで、目的論的に理解される志向分析の現象学のうちに、統合することができるのです。

⑦　知識創造動態モデルにおけるSECIモデルのスパイラル的運動に関連して、暗黙知の共同化と、形式知化の表出化のプロセスの解明のために、どのような方法論的観点が有効であるか、問うことができます。このとき、すべての意味の生成を問う発生的現象学における、脱構築の方法の射程が、ポランニーの内在化の方法と対置されることで明らかになります。

（a）内在化の方法は、能動的綜合を活用します。しかし脳科学研究の成果として、たとえば、「ミラーニューロン」の説を、近位項とみなし、暗黙知の共同化に向けて内在化しようとしても、暗黙知の領域において、間身体的に作動している受動的綜合である連合や触発、という規則性の解明には届きません。というのも、近位項としての脳科学研究の知見は、脳細胞ネットワーク上の脳生理学的反応のデータの集積と、その分析による、規則性の発見であり、先に述べた、クオリアの問題にみられるように、人間に与えられる直接的感覚体験である、意味づけと価値づけの体験ではありません。意味づけと価値づけは、受動的綜合である連合や触発をとおして、受動的志向性として生成し、能動的綜合による知覚や判断、比較や推量などをとおして、言語的意味や概念的意味を付け加えていきます。したがって、本来いかなる意味づけも、価値づけももたない、脳生理学的研究成果を、人間の意味づけと価値づけを担う、身体知に活用しようとしても、またその身体知とのズレや、不調和を感知できたとしても、その意味づけや価値づけの源泉にいたることは、できないのです。なぜなら、能動的綜合に属する言語と数を前提にする自然科学研究は、現象学的還元と本質直観を前提にする脱構築を経ずして、受動的綜合の働く、暗黙知の領域に入り込むことは、できないからです。

（b）場の理論において、ＳＥＣＩモデルを位置づけるとき、場の理論における成人の我-汝-関係、あるいは西田幾多郎の「主客未分」の「純粋経験」、ないし仏教文化の伝統に根ざす「無我」や「無心」とＳＥＣＩモデルとの関係が、改めて問われることになります。暗黙知とは、「私たちは言葉にできるより多くのことを知ることができる」そのような知の領域を意味しており、言葉以上という意味で成人における我-汝-関係を指すだけでなく、幼児や動物における言葉以前の我-汝-関係における知を指してもいます。

ということは、暗黙知は、言葉以前の受動的綜合による意味づけと価値づけの下部層の上に、言葉以上の我-

汝-関係における究極的な意味づけと価値づけの上層部が重なるという二重の構造になっている、ということができるでしょう。これがSECIモデルの共同化の二重構造ということもできます。この共同化の二重構造は、受動的綜合の下部層による基礎づけをとおして、幼児や動物や自然の世界との先言語的コミュニケーション、すなわち生命共同体との無限に深まる暗黙知の交換の世界を開き、他方では我-汝-関係における自己中心性からの解放、ないし無心をとおしての共同体における無限に広がる知の創造性の世界（共創の世界）の実現へと方向づけることになります。

この暗黙知の二重構造は、まさに生活世界の三層構造、つまり、受動的綜合と能動的綜合と我-汝-関係、言い換えれば、幼児期の我-汝-関係と成人の我-それ-関係と我-汝-関係という三層構造において、暗黙知の下部層と明示知（形式知）と暗黙知の上部層という位置づけを獲得しうることになります。こうして、SECIモデルのスパイラル的運動は、暗黙知の二重構想の生成の秩序に即した共同体における知の創造プロセスの必然性を、反映しているといえるでしょう。

（c）このような暗黙知の二重構造において、重要な解明の課題であるのは、暗黙知の下部層を前提にするその上部層における我-汝-関係、ないし主客未分の純粋経験や無心の行為が実現されうるための条件です。この条件の解明と学際的哲学としての現象学の方法論との関係は、どのようになっているのでしょうか。まず、明確に確証できるのは、（1）成人における我-汝-関係が成立しうるためには、幼児期の我-汝-関係の成立が前提にされるが、その前提が欠損している場合、困難であっても、その再生が試みられなければならず、その可能性は残されていることです。この再生の試みに際して大きな寄与をなしうるのは、すべての意味の生成を問う発生的現象学における連合と触発による受動的綜合の形成の視点です。この研究領域は、これまで精神病理学と現象学との学際的研究において豊かな展開がみられており[31]、これからの進展が期待されているといえます。（2）幼児期の我‐汝‐関係の解明のためには、能動的綜合（ポランニーの内在化）を脱構築して、受動的綜合である連合と触発の働き方が形式知（哲学的認識）にもたらされねばなりません。脱構築は、発生的現象学における理論的脱構築と身体的疾患や精神的疾患などの場合に生じる実践能力の脱構築、および自我の活動を抑制する座禅などにおける方法的脱構築などに区別ができます[32]。これらの脱構築をとおして露呈されてくる連合と触発の働き方の解明は、成人の我‐汝‐関係の実現の前提になる幼児期の我‐汝‐関係が成立するための条件を明確にすることができます。（3）成人の我‐汝‐関係において身体知の伝承が成立するとき、日々の能動的綜合としての身体的行動（訓練や練習）の積み重ねが前提とされますが、その蓄積による身体知（記憶）の形成は、受動的綜合の規則性である連合と触発によっていることが、正しく理解されねばなりません。知の創造性は、能動的綜合が二次的受動性における受動的綜合に転化し、暗黙知における潜在的志向性の蓄積と熟成をとおして、我‐汝‐関係として実現するのです。

注

第一章　微小表象と受動的綜合

（1）　G・W・ライプニッツ、Neue Abhandlungen über den menschlichen Verstand, Darmstadt, 1985, S.XXVII. 邦訳『人間知性新論』二四頁。

（2）　E・フッサール、『フッサール全集』第三五巻を参照。その素朴性の一つは『イデーンⅠ』では、「時間」を考察に入れていないことであり、「第二の超越論的素朴性は、……今や相互主観性にも及んでいる」（同上、一〇三頁）とされ、時間と他者の必当然的明証性への還元の必要性が説かれています。

（3）　K・E・ケーラー「意識とその現象」大西光弘訳、レナート・クリスティン／酒井潔編著『現象学とライプニッツ』所収、二八頁。

（4）　E・フッサール『論理学研究3』邦訳、五三頁以降を参照。

（5）　フッサールは、このような誰もが疑いきれない明証性を、「必当然的明証性」と呼び、そのような明証性に与えられている事象がどのようにそのような明証性の成り立ちへと至るのかを、十分に解明しえた明証性を「十全的明証性」といって区別しています。両者の区別について、『デカルト的省察』邦訳三八頁以降を参照。

（6）　このことの詳細については、山口一郎『人を生かす倫理』一五四頁以降を参照。

（7）　一九三二年に書かれたテキストで、フッサールは、自我論的時間構成の限界を、次のように記しています。「この体験の時間化は、たえず活動しているのではなく、超越論的現象学的自我であるエポケー〔判断停止〕において活動する、その自我を、必要とする超越的で純粋な時間化として、活動しているのではない。仮に絶えざる流れることが、現実の志向性をもつとすれば、無限遡及におちいることが確認されるのである」（Hua. XXXIV, S.181）。これに関連して以下のライプニッツの文章が、同一の内容について触れていることは興味深いものです。「しかも、彼らに対して反対のことを示すのは容易です。すなわち、私たちのあらゆる思考について常にはっきりと反省するのは不可能なのです。さもないと、精神は各反省について反省をし、それが無限に続くことになり、決して新たな思考に移行できないでしょう。たとえば現在の何らかの感覚を意識するとき、私はそれを思考していることを常に思考しなければならず、さらに、それを思考していることを思考していると思考しなければならない。かくして無限に続くのです。しかし、私はこうしたいっさいの反省についての反省についての反省をやめなければならず、結局、思考しなくてもすむ何らかの思考があるとしなければなりません」（『人間知性新論』邦訳一二三頁）。この文章に関連して訳者は、微小表象としての記憶に関連づけ、「何らかの表象に注意を向けるには記憶が必要であり、……表象することとそれを意識することが同時に成立しうるとすれば、……自己言及の難問に陥ることになるが」と興味深い訳注を記しています。ここで「記憶」とされているのが、フッサールにおける無意識の記憶としての「過去把持」を意味しています（邦訳、二二一頁、訳注四二を参照）。

（8）このことについて、フッサールは、『イデーンI』において「私たちが諸々の還元をとおして露呈させてきた超越論的に『絶対的なもの』は、実のところ究極的なものではない。それは、ある深い次元にある完全に固有な意味において私が構成し、その原源泉をある究極的で真なる絶対的なもののうちにもつような何かなのである」（Hua. III, S. 198）と述べています。したがってケーラーが、「それによって時間性は、根底的に理解されると、体験流の統一への遡及ないし、体験流の統一にたいする相関関係、つまりは、純粋自我への相関関係においてある」とするのは、フッサールの時間性の理解の根本的見解に相応していない、といわれねばなりません（ケーラー、同上、三五及び次頁を参照）。

（9）G・W・ライプニッツ、同上、S.XXV. 邦訳、二三三頁。

（10）無意識の過去把持と意識された過去把持の関係については、山口一郎『感覚の記憶』一四〇頁以降を参照。

（11）E・フッサール、『フッサール資料集』第八巻、八二頁。

（12）「受動的発生と能動的発生」の区別については、『デカルト的省察』第三八節、邦訳、一四一頁以降を参照。

（13）E・フッサール『デカルト的省察』邦訳一二二頁。

（14）メルロ＝ポンティは、『幼児の対人関係』でフッサールの「対化」の現象に依拠しつつ相互主観性の成り立ちを解明するなかで、いわゆる「古典心理学」による説明の限界を明確に示しています。メルロ＝ポンティ、同書、邦訳一三〇頁以降を参照。

（15）Hua. XXXV,『倫理学入門』一一一頁。

（16）同上、S.111f.

(17) 同上、S.111.
(18) 同上、S.332.
(19) 非本来的感情移入と本来的感情移入の区別に関し、次のテキストを参照。「非本来的感情移入とは、他の主観性を、受動的で連合的に表示するものであり、本来的な〈感情移入〉は、能動的な共同の活動であったり、同情、また自我をともなう動機づけであったりするが、……」（Hua. XIII, S.455. 強調は筆者による）。
(20) 酒井潔「自ら示すことの現象学への道」前掲『現象学とライプニッツ』所収、一二〇頁。
(21) 「先-現象」という概念は、『内的時間意識の現象学』における絶対的時間流の「自己現出（Selbsterscheinung）」という時間流の自己構成という決定的次元で「先現象的（präphänomenale）で先内在的時間性」というように表現されています。Hua. X, S.83.
(22) H・ポーザー「よく基礎づけられた現象」、前掲『現象学とライプニッツ』所収。
(23) 同上、邦訳、二頁から五頁までを参照。
(24) 同上、邦訳、五頁。
(25) 「したがって〈内在的〉対象性は、それそのものとしては、統覚をとおして意識されてはいない。そこでは〈原本的に意識されてあること〉と〈存在〉、また〈知覚〉と〈存在〉は重なっている。しかもそれはすべての現在に関してそうあるのである」（E・フッサール『受動的綜合の分析』邦訳、三二一頁）。またすでに『内的時間意識の現象学』の時期に、内在的な時間持続の統一に関して、同一の事象が、知覚と過去把持の関連のなかで明確に論述されています。「そのようにしてのみ持続の統一はそこにあり、この内在的な音の存在（esse）はそのような知覚と過去把持の移行の流れ（Fluß von perzeptionalen und retentionalen Übergängen）において「よく基礎づけられた本質的に所与されており、この流れの存在にあって、その流れから分離することはできないのである」HM. VII（『認識の現象学入門　一九〇九年の講義』）S.181 とされ、なお、同一の指摘として、同書、S.163 を参照。また一九〇六年から一九〇七年の冬学期の講義『論理学、認識論入門』において時間意識との関連で、「先現象的なもの（Vorphänomenale）」について言及されています。Hua. XXIV, S.245 を参照。
(26) 原意識（Urbewusstsein）の概念は、「私たちは単なる体験の概念を、原意識の概念として構成するのだが、そこでは所与がいまだ対象的には与えられてはいないが、その先現象的存在を明証的にもっており、そうでなければならないのだ」（Hua.

使用されています。

XXIV, S.245)、あるいは「時間対象を構成する原意識」(Hua. X, S.84.)、「現出を構成する原意識」(同上 S.292)というように

(27) 原触発として本能志向性や衝動志向性について、山口一郎『存在から生成へ』特に一一〇頁、三一九—三二二頁を参照。

(28) E・フッサール『受動的綜合の分析』邦訳二二三頁を参照。

(29) 同上、邦訳二五四頁。強調は筆者によります。また、「したがって無意識的なものの沈積物がたえず重なりあっていく」(『受動的綜合の分析』邦訳、二七四頁を参照)といったり、「眠っているもの、無意識的なものの〈覚起〉をとおして」、あるいは、「無意識的なものは、いたるところにあって、現在の領域においても、原理的に同様な定型をもっている」(Hua. XI, S.422)「再三再四覚起されうるものである無意識の生の領域」(同上)と表現されたりしています。

(30) H・ポーザー、邦訳、一〇頁。

(31) E・フッサール、Hua. XXXIII, S.276.

(32) G・W・ライプニッツ『人間知性新論』邦訳、二四頁。

(33) 酒井潔「自ら示すことの現象学への道」、『ライプニッツと現象学』所収、邦訳、一二二頁。

(34) この論点についての詳細な論証は、山口一郎『存在から生成へ』三四〇—四七頁、及び『人を生かす倫理』一六〇—六九頁までを参照。

(35) J・V・イリバルネ「フッサールの神概念とそのライプニッツとの関係」、『ライプニッツと現象学』所収、邦訳八五及び次頁。

(36) 同上、八六頁。

(37) 「本質と事実」、「形式と質料」という二項図式で理解できない「超越論的事実性」について、山口一郎『人を生かす倫理』一三二頁から一三六頁までを参照。

(38) J・V・イリバルネ、同上、邦訳一〇三頁。

(39) 同上、一〇二頁。

(40) 「超越論的遺伝資質」という用語は、「幼児の感情移入」をテーマとするとき、「原地平、遺伝資質とは、原義において空虚地平である」(Hua. XV, S.604)、という文章に表現されています。なお、フッサール発生的現象学における神経現象学研究の展

開とその可能性について、山口一郎『存在から生成へ』第一部第四章、『人を生かす倫理』第Ⅳ部第一章、『感覚の記憶』第Ⅱ部を参照。

(41) E・フッサール、Hua. XV, S.609.

(42) 同上、S.597。なお相互主観的時間化は、「モナド的に内在的な現前や、内在的なモナド的時間性の統一を、与えるだけではなく、間主観的な現前や、間モナド的-全モナド的な時間性の超越する統一をも、構成するのである」というテキストも参照（同上、S.74）。

(43) E・フッサール、Hua. XXXIV, S.471. なお発生的現象学におけるモナド論と二〇一四年に刊行された『現象学の限界概念』（『フッサール全集』第四二巻）第三部「形而上学。モナド論、目的論、哲学的神学」との関連について、浜渦辰二「訳者解説1」（『間主観性の現象学Ⅲ　その行方』所収）五七九頁から五八二頁を参照。

(44) E・フッサール、Hua. XV, S.595.

(45) 原触発としての衝動志向性について、山口一郎『存在から生成へ』第一部第三章を参照。

(46) E・フッサール、Hua. XV, S.595.

(47) 同上、S.609.

(48) 同上一七三頁、一七九頁、六一八頁を参照。

(49) E・フッサール、Hua. XIV, S. 260.

(50) 実的（レエール）と理念的（イデェール）の区別については、宮原勇氏の『現象学事典』の当項目に関する論述、『現象学事典』四六九頁を参照。

(51) E・フッサール、Hua. XIII, S.473.

(52) E・フッサール、Hua. XV, S.609.

第二章　メルロ=ポンティの「肉」とフッサールの「受動的綜合」

(1) E・フッサール『デカルト的省察』第五一節を参照。

(2) E・フッサール『フッサール資料集』第八巻、S.87.

（3） M・メルロ＝ポンティ『知覚の現象学』1、邦訳五二頁を参照。
（4） 同上、五四頁を参照。
（5） 同上、四六頁を参照。
（6） E・フッサール『デカルト的省察』邦訳第三九節を参照。
（7） ヴァレラの神経現象学における「現象学的還元」の必要性について、F・ヴァレラ「神経現象学」（『現代思想』2001. vol.29-12）一二四頁以降を参照。
（8） この詳細については、山口一郎『感覚の記憶』第Ⅱ部第二章、二〇一一年を参照。
（9） このことについて、二〇〇五年に来日したB・ヴァルデンフェルスは、戦後間もない現象学会におけるメルロ＝ポンティとレヴィナスのあいだの討論の内容として、箱根における研究会にて報告していました。
（10） E・フッサール『フッサール全集』第一五巻、五四五頁、強調は筆者による。
（11） E・フッサール『フッサール資料集 Husserliana Materialien』第八巻、八二頁。
（12） フッサールの衝動志向性に関する草稿についての言及が、他の個所（邦訳、三七五頁）でもみられます。
（13） この論点について、村井則夫『解体と遡行――ハイデガーと形而上学の歴史』の九七―一二七頁を参照しました。なお、appetitus, Drang は、村井氏によって「衝迫」と、酒井潔『ライプニッツのモナド論とその射程』では、「衝動」と訳されています。
（14） 同上、一〇二頁を参照。なお、ハイデガーとライプニッツの関係について、酒井潔『ライプニッツのモナド論とその射程』、第三部第七章を参照。
（15） 同上、一〇五頁参照。
（16） 受動的同一化については、山口一郎『他者経験の現象学』七八頁、一九八五年を参照。
（17） 村井則夫、同上、一〇八頁。
（18） 同上、一〇八頁。
（19） 同上、一一八頁を参照。ここで引用されているハイデガーのテキストは、M. Heidegger, Metaphysische Anfangsgründe der Logik im Ausgang von Leibniz, GA. 26, S.268。

（20）同上、一一六頁。
（21）GA. 26, S. 172, 同上、同頁にて引用。
（22）GA. 26, S. 242, 同上、同頁にて引用。
（23）M. Heidegger, Die Grundprobleme der Phänomenologie, S. 408.『ハイデガー全集』第二四巻の三版と同一のテキストの Klostermann Seminar 版による。
（24）この論点について酒井潔『ライプニッツのモナド論とその射程』一二五―二七頁、二〇一三年を参照。
（25）M・メルロ＝ポンティ「幼児の対人関係」、『眼と精神』所収、邦訳、一三六頁。
（26）同上、二六六頁。なお、メルロ＝ポンティ、ブーバー、禅仏教における我‐汝‐関係について、山口一郎『文化を生きる身体』第八章、二〇〇四年を参照。
（27）本書、二九一頁を参照。
（28）F・ヴァレラ「神経現象学」（『現代思想』2001.vol.29-12）一二五―二七頁を参照。
（29）M・メルロ＝ポンティ「人間の科学と現象学」、『眼と精神』所収、邦訳、九一―九三頁を参照。
（30）同上、九四頁。メルロ＝ポンティは、ここで、フッサールが考える「心理学的認識」は、経験主義者による帰納的認識ではなく、また反省哲学の語る反省的認識でもなく、反省が同時に経験でもあるような、『論理学研究』で呈示されている「実質的アプリオリ」にあたると述べています。そして、この実質的アプリオリの現象学的分析が、超越論的感性論ないし超越論的論理学という標題で記述されている『受動的綜合の分析』、『経験と判断』、『倫理学入門、一九二〇／二四』などに見られる「連合や触発」の志向分析として展開しているといえるのです。これに関連して、本質直観における受動的綜合の積極的役割について、山口一郎『他者経験の現象学』一一七頁及び次頁を参照。
（31）同上、なお、フッサールの「超越論的事実性」について、とくに『間主観性の現象学　その行方』の第四部三二「原事実性の目的論」（五二二―三五頁）を参照。
（32）F・ヴァレラ「神経現象学」一二九頁。
（33）F・ヴァレラ、同上、一三三頁。
（34）F・ヴァレラ「現在‐時間意識」（『現代思想』2001.vol.29-12）一七〇―九八頁参照。

（35）F・ヴァレラ「神経現象学」（『現代思想』2001.vol.29-12）一三三頁。

（36）このことについて、F・ヴァレラ「現在−時間意識」（『現代思想』2001.vol.29-12）一七四頁及び次頁を参照。

（37）同上、一七六頁。

（38）詳細については、山口一郎『人を生かす倫理』三五四―五八頁を参照。

（39）N. Depraz, The rainbow of emotions: at the crossroads of neurobiology and phenomenology, in: Phenomenology and the Cognitive Sciences, 2008. p. 239.

（40）自閉症とミラーニューロンの機能との関係について、ラマチャンドラン『自閉症の原因に迫る』日経サイエンス、二〇〇七年を参照。ミラーニューロンの発見について、ジャコモ・リゾラッティ他『ミラーニューロン』二〇〇九年を参照。またミラーニューロンと現象学の相互主観性論との関係について、山口一郎『感覚の記憶』第Ｉ部第一章を参照。

（41）この論点について、山口一郎『感覚の記憶』第Ⅱ部第二章を参照。

（42）リハビリにおける患者とセラピストとのあいだのカップリングについて、人見眞理『発達とは何か』第七章、二〇一二年、及び河本英夫『臨床するオートポイエーシス』「6　リハビリテーション」の章、また稲垣諭『壊れながら立ち上がり続ける』二〇一頁及び次頁を参照。

（43）金子一秀『スポーツ運動学入門』序章またフッサール現象学の時間論及び発生的現象学を基盤にして「動感運動学」を展開する金子明友『運動感覚の深層』を参照。

（44）野中郁次郎・遠山亮子・平田透『流れを経営する』第三章五を参照。

第三章　暗黙知と受動的綜合

（1）本章第一節、引用後のカッコ内の漢数字は、他の指示がない限り、M・ポランニーの『暗黙知の次元』（高橋勇夫訳、ちくま学芸文庫）の頁数を示します。

（2）E・フッサール『受動的綜合の分析』邦訳、二二四頁。

（3）同上、二五三頁を参照。

（4）栗本慎一郎は、「マイケル・ポランニーの自然科学と「言語」」（『創発の暗黙知』所収）において、意味論的側面を「現象学的にキャッチしようとする試みの一つ」と理解しているが、「～から～へ関係」を端的に志向性として捉えていないため、能動的志向性による意味の構成、という志向分析の視点を、展開できていない、といえましょう。栗本真一郎、同上、六二頁以降を参照。

(5) R・デカルトの「ego cogito」の cogito を意味し、フッサールにおいては、自我（ego）の働き（能作）を前提にすることから、能動的志向性に属し、自我の能作を含まない受動的志向性から区別されます。

(6) 学習について、ポランニーにおいて「二つの条件を連結することを学習してしまう」（二六）、外界の対象知覚のさいの「学習プロセス」（三五）、等の表現を参照。

(7) 原意識というのは、意識が意識として働いていることそのことを、働いているさなかで、働いているままに意識している、そこから先が考えられない、それ以上遡れない意識を意味し、その意味で「原意識」と呼ばれます。

(8) 幼児期の「原共感覚（無様式感覚）」から個別的感覚野の生成の詳細については、山口一郎『感覚の記憶』第Ⅱ部第二章を参照。

(9) 空虚形態とは、感覚の意味の志向が、充実した後、過去把持をとおして空虚な潜在的志向性へと転化して、意味の過去地平に潜在している様相を意味し、空虚表象とは、知覚の意味（何であるかという対象把握による意味）が転化した潜在的志向性を意味し、同様に、意味の過去地平に潜在しています。

(10) ポランニーの場合の第一条件に属する「連想（連合）」と、第二条件に注意が、移動することで、第一条件の暗黙知が、「信じられる」というとき、ポランニーは、ヒュームの理解する「連合と信念」に依拠しているように思われます。ヒュームの場合の連合は、「観念連合」といわれ、最終的には観念が、そこから由来する印象が、与えられる頻度という経験則にそくした確率の問題ですので、その明らかさは、確率にそくした「信念の明証性」を意味しています。それに対して、受動的志向性としての過去把持の明証性は、志向性の充実による「必当然的明証性」とされています。

(11) E・フッサール『間主観性の現象学』（『フッサール全集』第一三―一五巻）から重要な箇所が、抄訳された日本語訳として、『間主観性の現象学　その方法』二〇一二年、『間主観性の現象学　その展開』二〇一三年、『間主観性の現象学　その行方』二〇一五年、ちくま学芸文庫を参照。

(12) G・リゾラッティ／C・シニガリア『ミラーニューロン』一一七頁。なおミラーニューロンと現象学の間主観性の問いとの関係について、山口一郎『感覚の記憶』第I部第一章を参照。

(13) ポランニーにおける「分節化されたもの」と「分節化されないもの」とのダイナミックな相乗的関係の意義について佐藤光『マイケル・ポランニー 「暗黙知」と自由の哲学』一五一頁以降を参照。

(14) 剣道における「見取り稽古」について、山口一郎『文化を生きる身体』一一二頁を参照。

(15) 鈴木俊洋は、その『数学の現象学』で、ポランニーの近位項と遠位項の階層性を援用し、事物の知覚のさいの視覚に与えられる射映の統一を、近位項とみなし、対象知覚を遠位項とみなしています。そのさい、「同じ近位項がことなる遠位項による統一の可能性をもつような統一化構造を、フッサールは『能動的綜合』と呼ぶ。それに対し、知覚対象の構成のように、近位項の統一が近位項のあり方からほぼ自動的に決まってしまっているような統一構造は『受動的綜合』と呼ばれる」(鈴木俊洋『数学の現象学』一七五頁)として、能動的綜合と受動的綜合の区別をしています。

(16) 佐藤氏は、ポランニーの『個人的知識』からブーバーの「我と汝」と「我とそれ」についての言及を引用しています。人間関係において「相互性が非常に優勢なものになるので、下位の論霊的レベルに置かれた対象物に直面する観察者という論理的範疇は全く適用不能になってしまう。〈我‐それ (I - It)〉状況は徐々に〈我‐汝 (I - Thou)〉関係に転換されてきたのだ」(邦訳、三二八頁)佐藤光、同上、一七七頁及び次頁を参照。

(17) M・ブーバー「我と汝」、『ブーバー著作集I 対話的原理I』所収、田口義弘訳、みすず書房、一二頁。

(18) フッサールは、『経験と判断』(一一九頁を参照)で、この二つの受動性の区別を、「能動性以前の受動性と能動性における受動性」というように区別しています。

(19) フッサールにおける目的論について、『間主観性の現象学 その行方』の訳者解説2、五九〇頁以降を参照。

(20) もっとも、ポランニーの『個人的知識』において、幼児と動物における暗黙知の領域について、積極的に語られていることが見落とされてはなりません。となれば、なおさら、自我意識を前提にする能動的感情移入に代わる受動的感情移入の役割が、強調されねばならなくなることに変わりは、ありません。M・ポランニー『個人的知識』六六頁以降を参照。

(21) F・ヴァレラ「神経現象学」(『現代思想』2001.vol.29-12) 一二五―一二七頁を参照。

(22) 本質直観における超越論的相対性の詳細については、山口一郎『他者経験の現象学』一一五頁以降を参照。

(23) E・フッサール『経験と判断』四三九頁。この引用は、山口一郎、同書、一二一頁で言及されています。

(24) 本章第二節、引用後のカッコ内の漢数字は、他の指示がない限り、野中郁次郎『流れを経営する——持続的イノベーション企業の動態理論』の頁数を記しています。
(25) M・ポランニー『暗黙知の次元』邦訳、四三頁。
(26) M・ポランニー、同上、四五頁。
(27) 同上。
(28) グローバルに展開する国際企業にとって、それぞれの異国の生活世界において直接、身をもって暗黙知を共同体験することの重要さについて、野中氏は「現場で現物を手にとって現実を知る」とするホンダの「三現主義」について論じています。野中郁次郎、同上、三三頁を参照。
(29) 英米系の現象学研究者による、現象学を「内観主義」と誤解することについての適切な批判として、F・ヴァレラ「神経現象学」(『現代思想』2001.vol.29-12) 一一七頁を参照。
(30) 野中氏は、ワイガヤの三日目を「自己意識を超えて相手を理解し合うようになり、共同主観が生成される」と述べています。野中郁次郎、同上、六一頁を参照。
(31) 発生的現象学における自閉証についての考察に関して、山口一郎『存在から生成へ』三五五頁以降を参照。
(32) 理論的脱構築と実践的脱構築の違いについて、山口一郎『文化を生きる身体』三二〇頁以降を参照。

第Ⅲ部　発生的現象学の展開

これまで論ぜられてきたフッサール発生的現象学の解明は、現代のグローバル化された世界における、日本社会の抱える具体的諸問題に対して、どのような問題解決の端緒を、呈示することができるのか、ここで四つの観点から、論究してみたいと思います。まず第一に、西田哲学とフッサール哲学を、「直観と反省」という視点から解明することで、日本文化に根ざした新たな社会哲学の方向性を探り、次に、深刻な公害問題に直面する現代人にとって、世界規模で、すべての公害に対処するさいに採用されている「予防原則」の、福島原発事故への適用に当たって、フッサール現象学の呈示しうる「技術批判」の内実を、明らかにしてみたいと思います。第三の観点は、ヴァレラの提唱する神経現象学において、脳科学研究がフッサール発生的現象学に、どのように統合されうるかを、明らかにすることであり、それが第四の観点である「リハビリテーションの現場」において、どのように活用されているのか、オートポイエーシス論の鍵概念である「カップリング」と、受動的綜合の根本形式とされる「対化」の概念との、相応関係をとおして、明証的に理解されることになります。

第一章　西田幾多郎とフッサールにおける直観と反省

――新たな社会哲学を求めて――

西田幾多郎は『善の研究』（一九一一年）において、「純粋経験」の立場を呈示してのち、純粋経験に含まれる、直観の契機と反省の契機との論理的整合性をめぐり思索をかさね、その検討の結果が『自覚における直観と反省』（一九一三―一七年）に示されている、とされています。純粋経験は、その本質からして「主客未分」とされますが、思惟は、主客未分では成立しえません。西田は、主客未分の直観として成立している純粋経験という事態を、ベルクソンの「純粋持続」の直観と対応づけ、思惟の契機を、新カント派の論理と数理に関する考察における反省概念に対応づけて、両者を統合しようと試みます。両者の関係づけをとおして明らかにされる方向性は、フィヒテの事行（Tathandlung）の概念です。しかし、上田閑照氏の指摘による、「純粋経験／自覚／場所」とする西田哲学全体の展開からみて、この「自覚」の立場が依拠するフィヒテの事行は、その自我論という根本性格からして、純粋経験の「主客未分」と対応しえないことが、次第に明確になっていきます。フィヒテの事行は、「自覚」から「場所」への展開につれ、その自我論という根本特性からして、「我なし」とする「絶対無の場所」を基盤にする場所の論理に、段階的に解消されていくことになります。したがって、この『自覚における直観と反省』における、直観と反省という方法概念の考察にあたり、ベルクソンの純粋持続に対応づけられた、直観としての純粋経験の「主客未分」の次元が、新カント派の論理と数理に関わる反省概念をとおして、フィヒテの事行の概念に統合することができる、としたその理拠と、西田にその当時隠れたままであった、事行の概念への統合不可能性の根拠を、明確にしてみたいと思います。そのとき、フッサール現象学の「志向性」の概念と、フィヒテの事行の概念についての西田による理解が、重要な役割を果たしていることが、指摘されます。

さらに付け加えられる考察として、場所の論理への展開において決定的な要因になる「無」、ないし「否定」の契機が、純粋経験の「主客未分」の自発自展として、どのように解明しうるのか、ここに、上田氏の解釈を導入することで、フッサール後期現象学の受動的綜合としての、連合や触発との対比的考察をとおして、いかなる方法論的観点が、問題にされうるのかを、明らかにしてみたいと思います。そうすることで、「知情意」の全体を問題にする、西田哲学の主意論的根本性格に潜む方法論的問題点を、指摘できると思うからです。

第一節　西田の自覚の概念とベルクソンの純粋持続の理解に潜む問題点

西田は、『自覚における直観と反省』の「序」において、ここでいう「自覚」とは、「先験的自我の自覚である。フィヒテの所謂事行 Tathandlung の如きものである」(三)[1] と述べています。純粋経験の主客未分の次元を、先験的自我の自覚、端的にいえば、カントの「超越論的自我の超越論的統覚」を前提にする場面で、説明しようと試みるのです。この西田の見解が、もっともはっきり現れるのは、純粋経験に対応するとするベルクソンの「純粋持続」の解釈にさいしてです。西田は純粋経験に対応する、特有な「感覚の認識」(九三) を問題にし、ベルクソンが、純粋持続としての意識の流転にあって、「一瞬前の過去にも帰ることができない」(同上)、とする主張に対して批判的です。というのも、西田は、ベルクソンの考える純粋持続における、意識内容の変化と流転、という見解に対して、「時の推移、意識内容の変化ということを理会するには、その背後に超時間的、超変化的の意識がなければならぬ」、として、カントの「超越的統覚の統一」（九四）を主張し、「時の超越性を含まない『時』の意識というのは矛盾である」（九五）、としているからです。以上の、純粋持続の時間持続と、超時間的な自我の自己同一性に関する西田の見解について、いくつか問題点を、挙げてみたいと思います。

（1）西田は、ベルクソンの「純粋持続は繰り返さない」、という主張に対する批判を、「ベルグソンは純粋時間は繰り返すことができないというふが、繰り返すことができないというのは、その根底に時間を超越する或物がある故でなければならぬ。氏は時間の考えに捕らわれて変化を超越する統一の方面を見逃して居る様である」（二二〇）としています。この西田の見解は、カントの「超越的統覚の統一」による新カント派（ロッツェ等）の時間論の立場を、代弁することになり、そのことで、ベルクソンの「生命の創造的進化」という根本見解を、「先験的（超越論的）自我の自覚」という見解に、狭めることになっています。それが純粋経験の「主客未分」の次元を、フィヒテの事行の自我論によって、解釈しようとする結果になっている、といえるでしょう。この問題連関を次のように段階をおって明らかにすることができます。

①　西田はベルクソンの「純粋持続」を、ベルクソン自身の主張に即して、反省的思惟を受け付けない、直観をとおしてのみ直証的にのみ理解される、形而上学的事態として捉え、純粋持続そのものの、さらなる哲学的反省は遂行しません。哲学的反省が、直観の内実を歪めてしまうことに対する批判、とりわけ反省による「時間の空間化」に対する批判こそ、ベルクソンの直観概念の特徴といえます。それに対してフッサールは、「感覚の持続」の現象学的分析をとおして、「内的時間意識の現象学」を、展開しました。そのさい、批判的に克復したの

が、いま問題にされている、超越論的統覚の統一に依拠する新カント派の時間論です。ロッツェは、時間持続のような諸表象の連続が、連続として表象されるためには、それらの諸表象を、統一的に把捉する、それ自身「超時間的な知」が、必要であるとします[(2)]。フッサールはそれに対して、ここで表象といわれるすべての意識作用は、作用として働くときの、その働きそのもの時間持続として、明証的に「原意識されている」、と論証します。時間持続の意識の成立とは、意識流の原意識と、それに直属している過去把持による自己時間化の明証体験に他ならず、超時間的な超越論的統覚の自我の知とされるものは、時間化そのものに関与することなく、つねに時間化をとおして、想定されているに他ならない、とみなすのです。超時間的な自我の知が関与せず、必要とされないどころか、すべての意識作用の時間持続の明証性は、そのような自我の超時間的な知を、形而上学的独断として退けます。時間持続をとおして働く意識作用と、その時間持続の意識である原意識と過去把持を、明証的に区別することで、意識作用が意識作用を反省すると仮定することから生じる「反省主観の無限遡及の問題」を、仮想的問題として退けます。このときの論証の基軸として働いているのが、現象学的還元をとおした、意識の必当然的明証性（apodiktische Evidenz）なのです。

② このフッサールの原意識は、さらにその原意識のされ方が、過去把持という特有な志向性（後に受動的志向性といわれる）として解明され、意識された過去把持、意識にのぼらない、その意味で無意識の過去把持、連合、触発といった超越論的規則性として、開示されてくることになります。この原意識は、西田によって取り上げられる、フィヒテの「知的直観」と認識論的構造上、類似しているといえるのですが、フィヒテの場合、この「知的直観」は、さらなる認識論的解明が、展開されることなく、西田によって「意味即事実、事実即意味」と理解される「事行の概念」として、規定されることになります。

このとき注目せねばならないのは、西田がフッサールの「志向的体験」を、フィヒテの事行と次の点で類似する、とみなしている点です。西田は、「フッサールなどの有意味的体験 intentionales Erlebnis というものは余の所謂意味そのものの発展ともいふべき直接経験である、意味即事実、事実即意味なるフィヒテの事行 Tathandlung の如きものでなければならぬ、見るというのは色とか形とかいうものの自ずからなる発展である」（一五六）と述べます。フッサールの『イデーンI』期の志向性概念は、意識作用が感覚内容を活性化し、意識内容を構成するとする、「意識作用（ノエシス）―意識内容（ノエマ）の相関関係」という認識図式で、理解されています。この相関関係を、「意味と事実」の相即関係として理解しようとする西田の解釈の仕方は、それとして了承されるにしても、「知的直観」に相応するとされる、先に述べたフッサールにとっての「意識作用の原意識」と、対応づけることはできません。

というのも、原意識は、意識作用といわれる自我の能作ではないからこそ、諸作用の違いを原意識しうるからです。ということは、西田の「意味そのものの発展ともいふべき直接経験」を、先験的自我の事行として説明しようとすることは、意識作用と意識内容の相関関係によって解明される、能動的志向性の分析には対応しえても、ベルクソンのいう純粋持続としての時間持続そのものに働くともいえる、自我の能作以前の受動的志向性としての原意識や過去把持そして連合には、まったく対応しえる説明になっていない、といわれねばならないのです。

③　上記の引用で、西田のいう「意識内容の自己発展」という見解には、西田がそれを、フッサールの本質直観における「本質」と結びつけようとする意図がみられます。西田は、「たとえば或特殊なる色を一般なる色の中に包摂して考えるということは、色一般という如き経験内容即ちフッサールの所謂直観において与えられる本質 Wesen という如きものの内面的発展として考えることができるのではなかろうか」（四五）としています。こ

こで注意せねばならないのは、フッサールの考える本質直観における本質には、内面的発展という契機は、認められず、本質直観にいたるまでのプロセスの記述にみられるように、本質直観は、それらの経過をへた結果において生成するのであって、初めから前提にされる普遍的本質が、内面的に発展すると考えることはできない、ということです。具体例として、「赤の本質」について考えてみると、西田は、それについて、「『赤』という如き一つの具体的経験の中にも『赤』という性質、フッサールの所謂本質 Wesen の如きものと、『赤い物』即ち赤の性質をもった客観的存在と、感覚『赤』及び『赤』を意識する作用即ち感覚作用という如きものを区別して考えることができるのである」（一一二）としています。しかし、ここで重要なことは、フッサールは、時間持続と同様、感覚も認識論的に、意識作用と意識内容による相関関係においては理解せず、むしろ、理解できない、としていることです。フッサールにとって、「赤という経験」は、意識作用によって意識内容として構成されているのではなく、自我の能作の働かない、受動的綜合という連合をとおして先構成されたものが、モナド間の触発をとおして原意識にもたらされている、と理解されているのです。

第二節　純粋経験の自発自展の説明に活用された論理と数理

西田は、純粋経験という具体的経験に自己展開されているとされる思惟の契機を、新カント派の論理と数理の理解を活用することで、反省的自覚にもたらそうとします。そのときの活用の仕方に注目して、その方法論的特徴を、明確にしてみましょう。西田にとって、論理と数理は、形式的原理とされます。「我々の直接経験は意識内容それ自身の発展である、この発展を内容に関係なく純形式的に考えたものが論理、数理の体系である」

（七九）と西田は述べます。したがって、具体的な直接経験を出発点にとる西田にとって、論理と数理は、抽象的で形式的と規定されるものでなければなりません。この観点は、たとえば、時間と空間を感性の形式、すなわち、形式的アプリオリとするカントを批判して、「而してカントの云った如く時間、空間の形式によって数理が立てられるのではなく、却って数理の基礎たるリッケルトの所謂同質的媒介者の如きものによって時間、空間の形式が成立するのである」（八一）というときに、リッケルトの理解する数理が、カントのそれとことなり、「同質的媒介者」といわれる内容の契機を、前提にしていることに、明らかになっています。西田が、この同質的媒介者を「感覚的アプリオリ」として、ヴント心理学の「創造的綜合」と結びつけていることは、大変興味深い論点といえます。

周知のように、フッサールは、『論理学研究』において、形式的アプリオリに対する「実質的アプリオリ」を対置させ、それが、後の受動的綜合としての連合の開示のための端緒、となっているからです。西田は「有る感覚的性質のアプリオリから感覚的知識の体系を構成することができる。……ヴントの所謂創造的綜合である」（八七）と述べて、形式に先立つ具体的経験が、強調される一方、数理をとおして、無限と有限の関係を、規定しようとする傾向がみられます。そこで西田は、無意識と意識の関係を、無限と有限の関係として捉え、「ケプラー以来、切線における点の性質を考えることから、点を曲線の能生点（der erzeugende Punkt）と考える様になった。……点は単なる点ではなくしてその位置によって方向を含む点である、曲線はこの如き点から生ずるのである、『切線点』Tangenten-Punkte の全体である、有限なる曲線は無限小なる点より生ずると考えることができる、dx を x の根源として考えることができるのである」（一一〇）として、幾何学的曲線の dx と x との関係を無限級数の全体の両側面とみなすのです。この数理における無限と有限の区別を、純粋経験の自己展開に当てはめることの功罪について、下記に論究をすすめたいと思います。

① 西田は、カントの超越論的構想力の議論で呈示される「直線を引く」例を呈示して、数理と知覚の関係を論じていきます。そこで西田は、「視覚的直線と数学的直線とを同種のものと見ることはできないであろうが、両者の根底に何物かがなければなるまい、さなくば直覚的或物が直線として見られることはできないのである。しかしてフィヒテが『働く我を見る我は己が働きを線を引くとして見る』(das sich selbst als tätig anschauende Ich schaut seine Tätigkeit an, als ein Linienziehen) といった様に、余はこの如き連続的直線の根本的意識として、それ自身に動く具体的経験の創造的体系という如きものを考えることができると思う」(一三七 f.) とし、「……純粋思惟の対象たる数学的直線を任意に限定して主観的たらしむるものは何物であるか」(一三九) と問うのです。この記述には、多くの諸前提が含まれ、次のような展開をみせることになります。

② まず第一に、具体的視覚対象としての直線と、理念的な数学的直線の根底にあるとされる何物かの前提を、どうして、いとも簡単に想定することができるのでしょうか。ここでこの「何ものか」は、結局、文頭にあがっている先験的自我の統一としての自覚、すなわちフィヒテの事行ということになります。この何ものかは、フィヒテの自我において働く具体的経験の創造的体系とみなされ、ここに自我の活動の自己限定という理論的方向性が定まってきます。

③ この視覚的直線と、数学的直線の根底にあるものへの注視に関連して、西田は、まずは、数の系列である算術と解析の両者の関係を考察し、「両者のアプリオリは共に量 (Grösse) という同一の基礎を有するものであって、後者〔解析〕は前者〔算術〕の完成と考えることができる。連続というのは数の系列の完成と見ることもできる」(一七九) としています。次に、この連続は無理数 (Ideal) と有理数 (Real) を内に含むことで、数の

系列の完成とみなされ、フィヒテの事行が、「Ideal ＋ Real」と表現されることになります。「而して極限点〔理想点（ideale Punkte）としての無理数と実在点（reale Punkte）としての有理数〕をそれ自身の中に含む連続は実にIdeal+Realである、すなわち具体者Das Konkreteである。我々の自己は我々が反省によって到底達することのできない極限点である、……而して反省作用即自己なる自覚、すなわちフィヒテの所謂事行Tathandlung はIdeal+Realである」（一六六）とされるのです。こうして「連続的な自覚的体系は実在そのものを表わすものであって、不連続的なものは依他的であり主観的である、後者においては主観と客観とが分かれているが、前者に於いては合一しているのである、即ち前者は分裂をそれ自身の中に含む統一であることができる」（一七九）としています。こうして西田は、「数の体系は有理数と共に無理数を取り入れることによって、連続を表わすことができ、而して実在を数学的に取り扱うことができる」（一八〇）という見解を確立するのです。

④　この「実在の数学的取り扱い」は、フッサールが『ヨーロッパ諸学の危機と超越論的現象学』（一九三八年）で批判する、「生活世界の数学化」につながるともいえます。ここでいわれるIdeal とReal とされるものは、すでに思惟をとおした理念的存在です。連続的な自覚的体系が、主観と客観の分裂をうちに含む統一である、とするとき、純粋経験としての主客未分の具体的経験が、主客に分裂していく必然性は、いったいどこにあるのでしょうか。これこそ問われるべき問いといえますが、その問いに向かうことなく、西田は、「我々の知覚という事実を構成する連続の本質は数学的思惟の対象となり連続の本質と同一のものではなかろうか」（一七三）としています。しかし、そうみなしたところで、その連続的な自覚的体系の自己発展そのものとの関連は明らかになりません。

このとき、西田がフィヒテの事行に相応するとして、フッサールの本質に依拠した意識内容の自己発展に、その必然性の由来を、みようとするとき、その自己発展を数学的思惟の対象とみなすことで、理想点（Ideal）と実在点（Real）の数の系列を意識内容の自己発展に当てはめることは、できないと思います。なぜなら、西田の事行の特性とする「反省作用即自己なる自覚」、言い換えれば「意味即事実の自覚」は、両極限点に関係づけて説明できないからです。というのも、「我々が有意味体験 intentionales Erlebnis の作用の性質というのはこの如く自覚的体系の中における自覚体系の性質と見ることができるであろう」（一六八）として、「意識作用の性質の違いが自覚できる」としても、この自覚は、フッサールにとって原意識において与えられるというのに対して、西田の場合、数の系列の極限点を当てがい、その意識作用の性質の違いの自覚に届くことはない、という消極的規定、すなわち、「反省によって到底達することのできない極限点としての自己」という消極的規定をとおしてしか、確証できないからです。西田のいう、先に挙げた感覚の本質の領域を、「量という基礎」による計測によって確証することはできないのです。

第三節　純粋経験の主客未分に潜む「無」と「否定」の契機

主客未分と性格づけられる純粋経験は、「主でもなく、客でもない」、と表現することができます。西田は、「或一つの具体的一般者がそれ自身の発展においてある時は主もなく客もないが、この体験が其の背後に横たわる包容的主体の立場に於いて見られたとき、（この主体の連続として）其の発展の相が思惟作用とか視覚作用というごとき主観的作用と考えられ、この如き作用の起点、すなわち作用の経験と背後の主体の接触点が心理的我と考えられる」（二〇八、強調は筆者による）と述べています。ここで、西田は純粋経験の主客未分という特性と同時に、超越論的主観性と意識作用との接触点（どのように接触するのかは別にして）に、心理的‐経験的自我の所在を、認めています。ここでこの「接触」という働き方に接近するために、上田閑照氏の考察、すなわち、純粋経験の自己発展を、主客未分の観点から展開する考察を参考にしてみましょう。

（1） 上田氏は、西田の『哲学概論』の次の文章を引用して、純粋経験を、「意識」と「意識の原野」ないし、「無‐意識の意識」と関連づけて解釈します。西田は、「直接経験の事実は、ただ、言語に云い現わすことのできない赤の経験のみである。赤の外に『知る』とか『意識』とかいうことは不用である。赤の赤たることが即ち意識である」[3]と述べます。上田氏はこの文章を解釈して、この「赤が赤たること」は、「飛躍的に赤の方に寄ったところ、赤を赤と意識するということもない無‐意識において赤が赤であるところ、存在が意識において見られるのではなく逆に意識が存在の方に吸収され尽くしたところ、そこがしかも『即ち意識』されているのです[4]」、と説明します。ここで「無‐意識」といわれるのは、存在に「吸収されて意識が無となった無‐意識[5]」であるからとされます。この「無‐意識」という意識の仕方は、「反省の反省」ともいえる「意識を意識する」という仕方の意識ではない、とされます。そのような意識された意識は、ここで「無‐意識」とされる「意識しつつある意識」とはことなる、というのです。まさにこの「現に意識しつつある」ということが、「赤の赤たること」である、というのです。しかし、この「赤を赤と意識するということもない無‐意識」は、いったいどのように働いているのでしょうか。

このとき、上田氏は、メルロ＝ポンティの「志向的越境」という視点と、西田の見解を、対比的考察にもたらし、この「赤の赤たること」の現実に接近しようとします。「この事態の理解にとって、メルロ＝ポンティが言う意味での『志向的越境』(transgression intentionaelle) が一つの手援けになるように思われます。たとえば『こうした志向の越境がなければ、私は他人という概念をさえもち得なかったことでしょう』とメルロ＝ポンティはいっています……。現象学のいわゆる『対象の志向的内在』に対して『志向的越境』ということが言えるとしますと、さらに次のように言えるのではないでしょうか。意識しつつ、すなわち越境して現に何処に居るかというと、『ざわざわいへばざわざわ』、『赤の赤たること』に居るのだと。西田は『志向的越境』と言わずに、越境して現に居るそのところをそのまま出すことによって、意識しつつあるという現遂行を示し、そこから問題を始めようとします(6)」とされているのです。この引用文には、多くの興味深い論点が、含まれています。

① 上田氏が援用するメルロ＝ポンティのいう「志向的越境」は、相互主観性の根拠づけのさい使用されている、フッサールの『デカルト的省察』第五省察で述べられている、受動的綜合の基本形式としての「対化(Paarung)」に他なりません。したがって、上田氏のいう「対象の志向的内在」と「志向的越境」という対置は、対象知覚の領域に属する能動的志向性と無意識に働く受動的志向性の対置と、いうことができます。というのも、「対象の志向的内在」とは、能動的志向性が働くさいの意識作用(ノエシス)〔ノエシスは、意識に内的に実的な時間持続として与えられます〕であり、それが意識内容(超越的対象)を構成しているといえ、また、「志向的越境」とは、対象構成以前の、受動的綜合としての対化の連合に働く受動的志向性であり、本来、意識にのぼることなく、その意味で「無-意識」として働く、相互覚起をとおして成立している、〔その意味で内在と超越の区別なしに〕先構成する受動的志向性であるからです。

ということは、受動的綜合としての対化は、内在と超越の区別がない、つまり、この例では、感覚として先構成されていますので、まさに西田のいう「超越して現に居るそのところ」を、まさに「無-意識」のままに働くそのありのままとして、生命体と周囲世界のあいだの出来事として指示している、といえるのです。ですから、ここでいわれる「志向的越境」とは、まさに西田において、その如何（Wie）が説明されていない「無‐意識」の働き方の、より深化した認識論的解明である、といえるのです。さらにフッサールは、この領域を指示するだけではなく、この生命体と周囲世界のあいだに生起する、モナド間のコミュニケーションの生じ方を、発生的現象学において、連合と触発の規則性をとおして詳細に分析しているのです。

② したがって、ここで「越境」というのは、上田氏のいうように、もうすでに「反省以前に意識は無‐意識としてそこまで行っていなければなりません[7]」。そして、この「無‐意識としてそこまで行っていること」は、「物に触れたその『色を見、音を聞く刹那、未だ主もなく客もない』ところに脱自して、向こう側へと物に入って（後の西田は『物となって』と言います）、その『われなき』ところから始めて『われ』に返る[8]」というよう説明される一方、この「無‐意識としてそこまでいっている」ことが可能になるのは、実践的問題として、次のように理解されています。すなわち、「『われ』の働きとしての反省を停止し、物に密着しつつ現前に備えます。……反省停止は反省の反省という反省的作業ではなく、著しく『行《ぎょう》』的な性格をもっています。……知の問題がその根本で同時に始めから実践的問題です[9]」、と理解されているのです。つまり、実存哲学でいわれる「脱自（Ex-tase）」や、反省停止によって現前に備える、大乗仏教の修行に属する「行」的性格をもつとされるのです。このような大乗仏教における「われなし」という根本特性が、フィヒテの事行に含まれて居るはずもなく、上田氏の指摘するように、西田は一九三九年に出版された『哲学論文集第二』で自分の思索を振り返り、「併し最初から私を動かしていたものは、フィヒテの自覚の如きものではない。私の立場はフィヒテの『我』を超えたものと云うことができるが、又もっと手前の立場である[10]」としているのです。フィヒテの事行に、反省の停止を含む

「無」の契機を見出すことはできません。

③　おなじく、メルロ＝ポンティの志向性の理解に結び付けて、禅仏教の「行」の課題である「無になること」、ないし「無」や「空」を論じているのが、井筒俊彦氏です。氏は「禅仏教における物の脱事物化と再事物化」[11]という論文で、メルロ＝ポンティの「存在の世界に向けた先‐客観的眼差し」や、「客観的世界以前の生きられた世界としての生活世界へ回帰」について述べ、「大乗仏教は、事物の『先‐客観的眼差し』の重要性の強調に完全に同調しうるであろうが、それは、自身の立場とフランスの現象学者の立場との、根本的相違に気づかない限りにおいてである、といわねばならない[12]」としています。この根本的相違とは、メルロ＝ポンティの「先‐客観的眼差し」は、いまだ、認識論的主客対立構造が、前提されているため、いわば客観化の前段階の意味しかもたず、無の立場にいたるには、脱客観化のみならず、脱主観化が、同時に遂行されてはじめて可能になる[13]」とされているのです。ここでいう井筒氏の「脱主観化」は、上田氏のいう「行」において、「反省停止」として実践的に遂行されますが、理論的な意味での脱主観化と脱客観化は、フッサールのいう、発生的現象学の方法としての「脱構築」において、遂行されているといえるでしょう。他方、「行」としての実践的脱構築において、「赤の赤たることが即ち意識である」というときの意識は、フッサールにとっても同様に、反省する意識ではなく、ありのままが映される原意識であり、意識作用がそのまま原意識される場が、開かれているといえるのです。

第四節　「知・情・意」の全体からみた純粋経験の自己発展

(1) 主意主義的傾向性、人格と無我

自覚における「知」の側面から、「情意」の側面、さらに限定して「意」の側面に目を移すとき、西田において、カントの実践理性の見解からの影響は明確です。西田に、「我々の自覚はそれぞれ独立な自由な人格であると共に、大なる自覚の部分である、我々の人格は神の人格の一部である」（二一〇）とする言明が、みられます。カントの超越論的統覚の自我が、無前提に肯定されているのと同様、当然、問われるべき人格と仏教における無我の概念との根本的対立軸に論究することなく、人格の自由と、自然の因果の対立に基づく、カントにならった実践哲学の根本構造が踏襲されている、といわれなければなりません。

西田は、純粋経験を「知・情・意」の合一の経験とみなし、その経験において、「真の自己」が実現している、としています。藤田正勝氏が『善の研究』から引用するように、真の自己と真の人格が一つのこととされ、「自己の全力を尽くしきり、ほとんど自己の意識がなくなり、自己が自己を意識せざるところに、始めて真の人格の活動をみるのである」（『善の研究』一九一頁）と述べられています。[14] 純粋経験を生きる真の自己とは、真の人格に他ならず、それはすなわち、仏教哲学における自我の否定としての無我に他ならない、とするのです。

人格概念は、カントのいう「超越論的主観性」の働きを、前提にしています。このことを踏まえ、上田氏は、仏教の「我は我ならずして、我なり」という無我と対置して、次のように述べています。「『私』主観による構成を承認しながら、しかし、だからこそ構成以前に与えられるものの方を原経験とし、その後での主・客の枠によ

る構成を原経験のさまざまな相対化による展開とする見方である。……このような原経験は、『私』主観を打破して無にする『我なし』という（哲学的には『脱自』、経験的には『脱我』『忘我』などと言われる）仕方において与えられるのである」としているのです[15]。ということは、超越論的主観性が、「主・客の枠による構成」の働きとして、理解されている、ということを意味する一方、西田が『善の研究』で言及する「真の自己としての真の人格」は、この意味での超越論的主観性として、捉えられることなく、「没我的な自己が自己を意識しない」関係性としての人格、フッサールのいう「人格主義的態度における人格」、ブーバーの「我-汝-関係」における人格に、対応している、といわれねばなりません。

（2）「私と汝」――他者関係論

上田氏の主張によると、西田は、自覚から場所の論理への展開において、「絶対無の場所」の領域に到達した、とされます。この段階において、具体的世界における他者関係が、問題にされ、ブーバーの「我-汝-関係」に対応するともいえる、「私と汝」の論文が、執筆されます。この「私と汝」の論文は、上田氏の指摘によると、いまだなお、個としての私から世界へという視点に捕らわれ、「私と汝」の「と」と表現される「間《あいだ》」の観点からの論究がなされない、という西田自身の自己批判が、展開している、とされます。上田氏のいうように、ブーバーの「我-汝-関係」の理解にあたって、我と汝との間の理解、間から考える我-汝-関係という視点は、決定的に重要であるといえます。さらに、フッサール現象学の根本概念である志向性は、間という関係性からのみ、唯一、適確に了解しうる、ということも、強調されねばなりません。この間という特性からして、ブーバーの「我-汝-関係」及び西田の「私と汝」を対比的考察し、我-汝-関係、ないし純粋経験が、「直観と反省」という哲学的方法論に即して、社会生活において実現しうる条件性を解明してみたいと思います。

①　上田氏のブーバーの「我‐汝‐関係」と西田の「私と汝」との対比的考察は、この「間」の理解をその中心に位置づけています。上田氏は、ブーバーの「我と汝」の間に、「永遠の汝」が位置づけられ、西田の「私と汝」の間は、絶対無の否定性として、特徴づけられるとしています。「我なし、汝なし」というときの西田の否定性と、ブーバーの個々の汝との我‐汝‐関係のさい、自己中心性から解放され、「個我の解消としての没自我性」が、実現していることに関してその共通性と相違が、問われることになります。

まず第一にいえることは、「我なし、汝なし」というときの我の否定と、汝の否定とは、「対象として意識された我や汝の否定」ではない、ということです。知識の対象としての「我と汝」、すなわち、対象認識としての「我と汝」の否定なのではありません。上田氏のいう「行」の一例として、禅の修行において修行者は、たえず到来する諸感覚や諸想念には、「無頓着」によって対応し、呼吸にのみ集中しています。あらゆる感覚や想念に「無頓着、引きずられない」ということは、それを、反省対象として否定すること、とは異なっています。肯定／否定が意識作用として行使されるとき、つねに自我の能作を含む能動的志向性が、働いています。つまり、それは反省に反省を重ねることであり、上田氏のいう「反省停止」ではないのです。

②　上田氏のいう「無‐意識」は、意識以前に、その物と一つになっている事態を表現するものであり、その事態から我に立ち戻ることで、主客の対立が成立します。我‐汝‐関係が崩れて、「我‐それ‐関係」に陥ることが、「我なし」という否定をとおして、主客の対立に立ち戻ることに他なりません。このプロセスを、印象深く記述しているのが、一一歳だったブーバーにあって、馬との触れ合い（出会い）が、自分の心と自分の身体という主客の対立の体験に、変転（堕落）してしまう経験の描写です。このとき、個々の汝の体験は、必ず「我‐それ‐関

係」に変転せざるをえない、という人間存在の宿命が語られ、この意味での個々の我‐汝‐関係の我と汝の間の否定的有限性が、永遠の汝という「それになることのない汝」と我との間を、示唆することになります。上田氏は、絶対無という否定性としての間を、永遠の汝の肯定的出会いとしての間と、対置させますが、この対置からみえてくるのは、「我‐汝‐関係」と「私と汝」の考察における、実践哲学の課題である、具体的社会における「制度化と組織化」の問いとの関係の問題です。

③ 上田氏は、永遠の汝の性格づけにあたって、絶対者の否定的特性として表現される「彼（Er）」という特性に言及し、ブーバーにおいてこの彼の契機は、「我‐汝‐関係」と「我‐それ‐関係」との関係の問題として、「汝に彼は含まれない」以上、ブーバーにおいて難問に留まるとしています。[16] 他方、ブーバーにとって、「我‐汝‐関係」と「我‐それ‐関係」との関係は、難問というより、次のような一貫した明瞭な理解にもたらされているといわれねばなりません。出会いという我‐汝‐関係が成立しているとき、「それ」としての個我である自分も、他の人も、一切、意識にのぼることなく、その意味で否定されている、といえますが、その因果的関連性の内実は、完全に背景に退いてはいても、「汝の光のもとに包まれている」、とされます。我‐汝‐関係において、否定され排除されるべき「我‐それ‐関係」は存在しません。このことをブーバーは、「ひとつの全体としてその樹を見るために、その樹のことで私があえて無視せねばならぬようなものは何ひとつなく、……その形相も機構も、色彩も化学的組成も、……ともにその樹のなかに存在し、すべてがひとつの全体性のうちに包まれているのである」[17] といっています。

④ 西田のいう、個の具体性と歴史性は、ブーバーにとって、汝の具体性と歴史性が、「それ」としての具体性と歴史性として、表現されたものに他なりません。我‐それ‐関係の具体性と歴史性は、文化と学問、社会制度

の成立という、具体的形態として、展開します。そのさい、我–汝–関係の土台の上に、「我–それ–関係」が展開しうる、という基本構造の確認は、実践哲学や、社会哲学を構築するさいの基礎的見解を、意味します。これに対して、仏教哲学における「我なし、汝なし」と表現される否定性の強調は、西田の「場所の論理」以降、呈示されている「歴史的身体」の具体性と歴史性が、人格の自由が展開しうる社会制度の確立という社会哲学の構築に、どのような寄与をなしえているのか、厳密に考察せねばならない課題、といえるでしょう。

というのも、「我なし、汝なし」の否定性と無の場所の強調は、森有正が日本人の人間関係を、親子関係において典型的に現れている「二項関係（汝–汝–関係）」と規定していることと、なんらかの関係性が、みられると思えるからです。この関係性とは、上田氏の述べる「彼（Er）」の契機が、無の場所にどのようにして具体化されているのか、つまり、ブーバーの「我–それ–関係」が日本の人間関係において十分に社会化され、制度化されているのか、という問いとして、解明されなければならないのです。

⑤　いままでの考察のまとめとしていえることは、

（a）『自覚における直観と反省』におけるベルクソンの直観と、新カント派の反省の概念を純粋経験の自己発展の理論に統合する西田の試みは、直観の概念に関しては、「純粋持続」の形而上学的規定に留まらず、フッサールの現象学研究の可能性に開かれているということができ、具体的には、時間持続の現象学的分析として、展開しうることが示されています。反省の概念に関しては、超越論的自我の統覚という反省の最終根拠は、現象学の明証性、とりわけ原意識の明証性の概念をとおして、モナド論的現象学によって基礎づけられ、統合されることになるといえましょう。

（b）西田において、純粋経験の自己発展と形式的原理としての論理と数理の関係を、どう考えるか、ということは、複雑な問題を含んでいます。フィヒテの事行を、「Ideal ＋ Real」と表現することで「実在を数学的に取り扱うこと」は、すでに、具体的感覚、及び知覚の次元において、不可能であるといわれねばなりません。というのも、西田が事行を、フッサールの有意味的体験（intentionales Erlebnis）に対応づけて理解する限りにおいて、感覚と知覚は、数の系列を超えた意識の志向性（無意識の受動的志向性を含む）として、理解されねばならないからです。

（c）　主客未分の純粋経験は、「無の場所」において、「我なし、汝なし」という否定をとおして、「私と汝」が対峙し合うこととして表現されます。ブーバーの「我‐汝‐関係」における、人格間の関係性を土台にして、社会的規範としての「我‐それ‐関係」が、成立しうることに対置させると、西田の否定的自覚における直観と反省は、「我‐それ‐関係」の「彼」という第三者的視点を組み込みうる実践哲学の構築の可能性を、呈示しうるか、いないかが、問われなければならない課題とされます。

第二章　「予防原則」の理論的背景について

この章において、公害に対する「予防原則」の問題を扱うのは、このような現代社会の直面する地球規模の公害問題に対して、フッサールの発生的現象学が、どのような問題解決の視点を提供しうるか、明らかにしてみたいからです。

まずもって、予防原則とは何かを問うにさいして、様々な変遷を経ながら、現在、当の原則を活用するさい、準拠の対象とされる現行の「予防原則」に、焦点を合わせることが適切とおもわれます。それは、EU（欧州共同体）の委員会で作成された「委員会からの通達――予防原則の適用[1]」（二〇〇〇年）というテキストです。しかし、このテキストに直接向かう前に、まずは、「水俣病公害訴訟」の問題との関連において、「予防原則」に言及している丸山徳次氏の「日本における環境問題とその解決の困難さ」（二〇一〇年）の論考に、目を向けたいと思います。

第一節　予防原則と科学的知見の関係

（1）　丸山氏は、「水俣病事件の経緯を振り返り、過去の経験からまなぶべきこと」の一つとして「予防原則の明確化が必要」であるとしています。(2)あえて明確化が必要であるとするのは、日本政府・行政がこの当の予防原則を、骨抜きにしているからだ、というのです。丸山氏は、このことを「水俣病事件」を振り返り、まず、次のように説明します。

「予防原則において肝心な点は、環境劣化と危害の防止が、因果関係の科学的不確実性を理由として妨害されてはならない、ということである。水俣病事件では、何らかの重金属が魚介類を汚染し、それが原因で病気が発生していることはほぼ確実であったにもかかわらず、『原因物質』が科学的に解明されていないというチッソの主張によって、可能な対策が一切とられないまま放置され、いたずらに被害が拡大されてしまった。(3)」

ということは、もし、「重金属汚染による病気」という事態が、明らかになった段階で、予防原則を適用し、チッソの操業を一旦停止し、因果関係の解明に努める、という予防措置が、とられていれば、膨大な被害が防げたのに、それができなかった、ということを意味します。そして、ここで述べられている予防的措置と経済的側面である「費用対効果」との関係は、一九九二年に地球サミットで採択された「リオ宣言」で、予防原則第一五原則として、次のように表現されています。

「環境を保護するため、予防的方策は、その能力に応じて広く適用されねばならない。深刻な、あるいは不可逆的な被害のおそれがある場合には、科学的確実性の欠如が、環境悪化を防止するための費用対効果の大きな対策を延期する理由として使われてはならない。」

ところが、この点に関して、丸山氏は、日本政府の「予防原則の骨抜き」を批判します。というのも、「日本政府がリオ宣言を批准して成立した環境基本法は、その第四条において〝環境の保全は、……科学的知見の充実の下に環境の保全上の支障が未然に防がれることを旨として、行われなければならない〟と述べることによって、予防原則の核心部分をはぐらかしている」からだ、というのです。すなわち、「リオ宣言」では、「科学的確実性の欠如」と「予防的対策の不履行」が、問題にされているのに対して、一九九三年に制定された日本の「環境基本法」では、「科学的知見の充実」と「環境保全上の支障の予防」の関係に置き換えられている、というのです。ということは、ここで、予防原則と科学的知見の確実性、及び不確実性との関係が、明確に理解されねばならないことが、明らかになってきた、といえるでしょう。いったいここで、「科学的知見の不確実性」とは何を意味しているのでしょうか。

(2) 予防原則と科学的知見の関係

二〇〇〇年にEUの委員会で定められた予防原則において、この両者の関係は、きわめて明瞭に理解しうる内容になっています。「リオ宣言」で述べられている「科学的確実性の欠如」について、EUの通達の5.1.3において、「科学的不確実性は、通常、科学的方法の五つの特質から生じる。すなわち、選択される変数、行われる測定方法、採られるサンプル、利用されるモデル及び使用される因果関係である」、と規定されています。さらに、6.1で述べられている予防原則適用の指針にあって、「予防原則に基づくアプローチの実施は、できる限り包括的な科学的リスク評価から始めるべきであり、可能であれば、この評価のあらゆる段階において、科学的不確実性の度合いを確認すべきである」とされています。ということは、科学的不確実性とは、つねに、最大限で包括的な科学的リスク評価と突き合わせられる中で、その不確実性の度合いが常に、その評価の段階、段階において、もっとも科学的で客観的データとして、確認され続けなければならない、ということを意味するのです。そして、この確実性の増大という指針に即して、いったん取り決められた予防措置でさえ、新たな科学的データにそって、変更せねばならない、とする科学的知見の客観性に基準を合わせた、予防原則の適用であることが、示されています。

このことは、6.3.5では、「かかる措置は、新たな発見に照らして、特定の期間までに、改正されたり、又、廃止されたりされなければならない可能性もある」、と明確に表現されています。

ということは、予防原則の適用は、包括的な科学的リスク評価からそもそも始まり、一貫して、科学的確実性と不確実性の度合いに、科学的判断の照準を合わせることで、科学的因果関係の探求を、促進こそすれ、拒否したり、排除したりするのでないことが、明らかなのです。

なお、予防原則の適用に関して、付け加えておかねばならないのは、科学的因果関係の、絶えず完全性を目指す解明の課題は、被害者ではなく、環境悪化を生じさせている企業の側の課題、とされていることです（EU通達、6.4「立証責任」Die Beweislastを参照）。「因果関係は認められない」とする証明は、反証する事例を、すべて説明できる完全性に即した証明でなければならないのです。

第二節　福島原発事故における予防原則の適用の是非について

一ノ瀬正樹氏は、『放射能問題に立ち向かう哲学』（二〇一三年）の中で、以上の予防原則を、原発事故へ適用することの是非について、論じています。そこでの氏の主張の概要は、「事故が勃発した当初、福島第一原発周辺の地域に関して、多くの人々が『予防原則』的な方針を採ることを訴えた。……事故直後の、放射性物質が急激に大量に飛び散っていたときには正しい考え方であった」（一六三）[4]。しかし、事故発生後二年近く経過した現時点（当書物の出版時からみて）において「『予防原則』の適用継続は、被害の実態に比して、かえって逆の弊害をもたらす結果になっている」（一六四）、としています。この判断が、何に依拠しているか考えるさい、一ノ瀬氏がそもそも「予防原則」をどのように捉えているか、まずもって明らかにされねばなりません。

氏は、「基本的な発想として、『予防原則』というのは、確率込みの方針、それは『期待効用（expected utility）』を利用した意思決定に基づくものだが、それを排して、直ちに一律に予防措置行為を遂行すべし、という考え方といってよいだろう」（一五六頁及び次頁）、と捉えています。つまり、確率込みの方針を排して、即座に予防措置を遂行する原則である、というのです。他方、氏は、標宣男氏の次のテキストを引用し、「予防原則により規制しようとするリスク（target risk 目標リスク）に対し、予防原則そのものが原因となって予期しないリスク（countervailing risks 対抗リスク）を生じさせるかもしれない。医学において意図しない副作用が調べられているように、公衆の健康や環境を守る為の予防的な措置は対抗リスクについて十分解析される必要が有る（標 2003, p.104）」（一五九）として、予防原則適用に含まれる「リスク・トレイドオフ（二律背反）解析」を介した

「確率論的完全評価」の介在を指摘します。こうして氏は、次のように結論づけます。

「『予防原則』は、実は、そのまま意思決定の基準指針となるのではなく、その適用を決定する前に、リスク、ひいては、確率を考慮した分析をしなければならないということである。換言すれば、『期待効用』のような、確率概念を媒介した意思決定方針とは異なる立場から、『深刻な危険』に重きを置く形で提起された『予防原則』の考え方は、実はそうした元々の意義に相違して、適用可能性あるいは実行可能性を具体的に考えていくと、結局再び確率概念に依拠せざるをえない、ということにほかならない」(一六〇)、というのです。

この論述に対して、いくつか疑問点が、生じてきます。

① そもそも、「確率込みの方針を排して一律に予防措置を遂行すべし」とする一ノ瀬氏自身の予防原則の理解そのものが、問われなければなりません。上に述べたように、EUの通達にみられる予防原則の適用は、もともと「確率込みの方針」を排することはないどころか、科学的知見、確率論的完全評価、リスク評価、またつねに新たな科学的評価を、前提にして初めて、実施されているからです。この一ノ瀬氏の予防原則の理解は、原発事故の初期段階において、予防原則が適用されても、その二年後には、適用に対して否定的である氏の見解に深く結びついています。というのも、「闇雲に、データ評価なしにとにかく避難するべし」、という捉え方で、予防原則を考えるからこそ、事故二年後の段階で、同じように理解された予防原則を当てはめるのは、不適切である、とする判断がなされているからです。つまり、あくまでも、氏の理解する本来的な意味での予防原則には、「確率的評価」は、含まれていないのです。このことから、氏は、具体的に、「年間一ミリシーベルト」という低線量被曝の基準値を、予防原則の対策基準として規定しつづけるのは、予防原則の適用として、不適切であるだけでなく、有害な結果をもたらす、と主張するのです(一五四頁以降を参照)。

②　他方、科学的評価から出発して、科学的不確実性と確実性の境界線を、つねに視野に入れつつ、リスク評価、リスク管理を、一貫しようとするEU委員会における予防原則ほど、科学的確率的評価に根ざす原則が今、現在、どこにみられる、というのでしょうか。原発事故後七年を経た今、予防原則に代わる、原則は見受けられません。その意味で、一ノ瀬氏の言及する影浦峡氏の論文で、「『予防原則』が『国際的な共通了解事項』と説明されている」（一六四）とする主張は、納得しうる主張といえますが、一ノ瀬氏は、これを「事実誤認」（一六五）として退けるのです。ここでいったい「何の事実の誤認」であるのかは不明といわれなければなりません。

③　予防原則適用の有害性について論じる一ノ瀬氏の次のような考察には、因果関係をめぐる問題点が浮上してきます。

「しかし、いずれにせよ、今回の避難行動に限っていえば、自殺や志望、精神的不安病状の増大・増加は事実である。それはまさしく「予防原則」が牙をむいてしまう、すなわちきわめて重大な被害を招いてしまう、一面である。」（一七七）

ここで、原発事故直後に、予防原則が適用されるのは、当然であるとされるのは、発災時、必要なデータが揃わず、大きな被害が、想定されたからです。その後、次第に、線量が測定され、科学的データが、ととのってきた段階で、「年間一ミリシーベルトの基準」が、設定されることになりました。この過程で、科学的評価、並びにリスクの評価がなされ、予防原則が一貫して適用されてきたといえます。

ところで、避難行動による自殺等の被害について、考えるとき、はたして、予防原則を適用したから、これらの被害が生じたとする一ノ瀬氏の因果関係の考察は、正当といえるでしょうか。予防原則を適用する、ということは、徹底した科学的評価によって、予防措置を実施することであり、新たな科学的評価が、生じれば、それに応じて、対策を変更していくことを、意味しています。ですから、科学的評価と「リスク・トレイドオフ解析」が、予防原則適用の基礎基準になっています。

④　この予防原則の適用と、避難行動による被害とを直接、因果関係で結びつけることはできません。予防原則の適用は、科学的データとリスク評価の全体を前提にして、為政者、政治家が決断するのであって、それによる避難指示が、下されています。ただし、その避難指示に従うか、従わないかは、個人の自由であると、被害者にいうことはできません。そもそもこのような苦渋の選択を強要したのは、原発事故である、という根本的な因果関係が見失われてはなりません。この第一の根本的な因果関係が、避難か避難せずか、という選択と、その選択によって生じた結果（第二の因果関係）を導くことになっているのです。

避難した後の自殺などの否定的結果と、避難によって被曝の被害から免れる、という肯定的結果を、データとして集め、因果関係を見極めようとすることは、原発事故に拠って、避難するかどうかという選択に迫られる、という第一の因果関係と、避難に拠る否定的、ないし、肯定的結果という第二の因果関係を、時間軸上で線引きする、境界線を引くことを、意味します。はたして、このように、時間軸上で因果関係を線引きしたいところで、〝恣意的〟に二分することは、現実の放射線被害の展開に即した因果関係の考察、といえるでしょうか。

⑤　二〇一四年八月二七日の新聞報道（朝日新聞）によると、「福島第一原発の事故後、二〇一一年六月、計画的避難区域〔年間二〇ミリシーベルトに達する恐れがある地域〕に指定された川俣町から福島市に避難した渡辺はま子さん（当時五八歳）の自殺をめぐる損害賠償訴訟で、二六日の福島地裁判決は、『原発事故がうつ状態と

自殺の原因になった』と認定」と報ぜられていました。このとき、「原発事故が自殺の原因とする因果関係」を認めることは、原発事故が、避難／避難せずの選択を強制した、とする第一の因果関係と、避難することによって自殺が結果した、とする第二の因果関係とを、結びつけて、大きな因果関係として、総合的に捉えていることを意味します。そうとしてしか、理解できない理由は、第一の因果関係が存在しなければ、第二の因果関係の問いは、そもそも、成立しえなかったからです。原発事故がなければ、避難／避難せずの選択の問いそのものが、生じることがなかったからです。

⑥ ところが、一ノ瀬氏は、あえて、第一の因果関係と第二の因果関係を分離して、別個に考察しようとします。時間軸上の物の運動の因果関係を考える場合、時間は絶えず過去に流れていく以上、現実の因果関係は、つねに現在にその結果を残すというあり方でしか、考えられませんので、時間軸に即して、時間を区切り、第一の因果関係と、第二の因果関係というように独立して考えることが、できるかもしれません。たとえば、ビリヤードの玉、A、B、Cが横ならびに、一定の距離で並んでいて、それが順番に、AがBにBがCにぶつかる場合、AがBにぶつかってBがCに向かって動くときの、Aの動きとBの動きの因果関係と、BがCにぶつかるときのBの動きとCの動きの因果関係は、二つの個別的因果関係として分離して観測することは、もちろん可能です。しかし、「原発事故さえなければ」という根本原因への思いは、避難を余儀なくされた人々の心に、当然ですが、過ぎ去った個別の因果関係としてではなく、避難するか／しないかの選択のさい、いまなお、根本的原因として働き続けるといわねばならないでしょう。人の心は、偶然にまかされることない、歴史的記憶を宿し、それが生きる動機と行動の選択に、つねに働きかけています。

⑦ もちろん、一ノ瀬氏は、恣意的に時間軸に区切りをつけているわけではありません。避難するか、しない

かの選択にせまられた時期があります。このとき、決断しなければならない当事者の立場にあって、その決断のさいに、決定的な要因になるのは、そのとき獲得しうる最大限の科学的データと、それによるリスクの予想（学者による解釈のズレをも当然含んだ、幅と確率評価によるリスク評価）、そしてその土地に生活を築いてきた、共同体における当該者家族の生活の歴史です。この、その土地とのつながりの深さは、避難した後になってはじめて、痛切に感じられる場合が多く、決断のさいの科学的データのように、数値に表現しにくいものです。この決断の後に気づく、土地との深いつながりということと、決断の後に明確になる放射線量に関わる、より厳密な因果関係とを対比的に考察してみることができます。過去の因果関係の明確化は、未来の決断のさいのリスク評価のための有効なデータになります。他方、その土地（周囲世界）と繋がった生活習慣の意味は、そのかけがえのなさが、深く自覚されるとき、その自覚は、未来の決断のための有効なデータになるのではなく、未来の決断のさいの「動機」になるものです。決断のさいのデータと動機は、区別されなければなりません。

第三節 「道徳のジレンマ」？

一ノ瀬氏の論ずる「道徳のジレンマ」は、はたして、真のジレンマといえるのでしょうか。氏は、原発事故以後の道徳のジレンマの例として、自分の子供の健康を留意して、放射線被災地の生産物を忌避することが、当の被災地の産業復興を、妨げることになる場合を挙げます。子供に対する善意が、被災地にとっての、悪意とはいわずとも、さらなる被害を意味する、つまり、同一の行動が、一方にとっての善であっても、他方にとっての悪となってしまい、道徳的ジレンマに陥る、というのです。なんとなく、「通りやすい議論」に聞こえますが、はたして、本当に避けることのできないジレンマ、といえるのでしょうか。

この主張に対して、これまで述べられてきた「予防原則の適用」が遂行されれば、この「道徳のジレンマ」は、ジレンマでないことが、次のように判明することになります。

（1）そもそも、その社会で、「予防原則が正しく適用される」ということは、そのつどの予防措置（対策）が、客観的な科学的データに即するだけでなく、それに加えて、「リスク評価、リスク管理、リスク情報交換からなるリスク分析への構造的アプローチの枠組みにおいて」（EU委員会通達、要約の四を参照）採られた予防措置であることが、前提にされていることを、意味しています。言い換えると、その社会で生きる人々が、政府によって決断される予防対策は、その時点での科学的確実性／不確実性の「程度」を、科学的評価に拠って決断された、予防原則の適用に則った、予防対策であることを信用し、信頼していることを、意味するのです。

（2）しかし、この予防原則に適用における政府の政治的決断を、信頼するということは、どの社会でも実現していることではありません。その真逆の例として、水俣病事件における政治的決断の例を、挙げなければならないでしょう。EU委員会の通達は、この問題をしっかり把握しており、政策決定について、明白に次のように規定しています。

「政策決定者は、入手可能な科学的情報の評価の結果に伴う不確実性の程度について認識することが必要である。社会にとってリスクの「許容可能な」水準がいかなるものかを判断することは、何よりも『政治』の責任である。……意思決定手続きは、透明度が高くあるべきであり、できる限り早期に、合理的に可能な範囲で、すべての利害関係者を関与させるべきである。」

ここで特に重要であるのは、政府の意思決定手続きのさい、手続きそのものの透明性、つまり、政府が、科学的確実性／不確実性の程度について、どのようなデータのもとに、どのようなリスク評価を、政策決定の材料にしたのか、その意思決定手続きが、その政策にかかわるすべての人々に、「透明」でなければならない、としていることです。しかも、その手続きに、「すべての利害関係者」が、できるだけ早く関与せねばならないのです。このようなあるべき姿としての予防原則の適用のあり方を、これまでなされてきた、日本における環境問題に対処する場合の意思決定のあり方と、対置させることで、予防原則の適用のために必要とされる、「社会そのものの科学的知見にたいする成熟度」、ということが、問われることになります。

（3）　このような科学的知見に対する成熟度が十分である社会が、実現している場合、産地がどこであろうと、一定の基準値以内であると計測済みの産物を、購入して食するのは、被災地から離れたところで生活する人であれ、また福島の被災地に近く住む人であれ、同じように基準値内の産物を、購入して食するはずです。つまり、このような場合には、科学的評価に則って、生活行動を方向づけることが、自明とされ、自分の子供の健康について考え、被災地の子供の健康について考えることは、同じ科学的に規定された基準値において、考えることとして、同一のことであり、自分の食する食物と、被災地の人々の食する食物に、違いはないはずです。もちろん、政府は、そのような食物がいつでも、どこでも供給できるよう、経済的、あるいは、流通上の援助が、とりわけ、被災地に向けてなされる、のでなければなりません。ですから、自分の子供の健康を考えて、食物を購入することが、同時に、被災地で生産された食物を、忌避することには、つながりません。被災地の人であれ、被災地から離れて生活する人であれ、基準値外の作物は、市場に出回らないように規制され、いつどこであれ、基準値内の食物が、売買されるように努力されており、その努力の社会的信頼性が、確保されているからです。

これに対して、「それはたんなる建前で、現に風評被害がでているではないか」、と風評被害の現実を、指摘する人もいるでしょう。しかし、それは、政府のとる予防政策に対する不信、つまり、「予防原則がただしく適用されていない」という不信感の表現に他なりません。科学的データに対する対処の仕方に不慣れであり、その不慣れなことが、政治家不信につながっているのです。中西準子氏は『原発事故と放射線のリスク学』のなかで、除染に関する八〇回以上の説明会にさいして、国や行政に対する大きな不信から、科学の専門家による科学的評価や科学的説明を、まったく受け入れまいとする被災者の態度について、幾重にも渡り、論じています(5)。

第四節　感覚と言語、数量化の呪縛

(1)　では、ここで、一ノ瀬氏の「道徳のジレンマ」、という考え方の背景に働いている「『ソライティーズ・パラドックス』の現実化」とい哲学上の見解について、考えてみましょう。「ソライティーズ・パラドックス」というのは、元来、言語哲学上の問題として扱われ、ギリシャ語の sorites（堆積物の）に由来するパラドクスとされ、例えば、「砂山の砂の一粒一粒をとりのぞいていって、一粒の砂が残ったとき、それをなお、砂山と呼べるか」、という問いに、表現されている、とされます。逆にいえば、一粒一粒砂粒を集めてきて、いつになったら砂山といえるのか、という問いとも表現できます。ヒュームにおいては、例えば、黄色から橙、そして赤へと漸次的に変化する帯状の色の広がりが、見えるとき、隣り合う色同士は、ほとんど違いはみえません。しかし、どこかで、区切りをつけるのでなければ、黄色と橙、橙と赤が一つのものになってしまい、黄色は赤だということになってしまいます。とすれば、いったい、感覚上、違いが感じられないのに、私たちは、いったい、どうやって、感じられない違いに、区切りをつけ、ここまでは、黄色、ここからは橙、ここから赤と見ているのか、という問いとしても、表現されるのです。

これは、感覚と言語、ないし知覚と言語の関係の問いとして、理解することもできます。一ノ瀬氏は、このパラドクスを、人間の言語表現一般に当てはめ、「日常言語」の曖昧さ、「曖昧な述語」の本性をそこに見極め、一定の低線量被曝が、「安全である、あるいは、危険である」、という言葉の使い方に、そもそも始めから、「曖昧さ」がつきまとうことを、自覚すべきである、と主張します。しかし、曖昧とはいいながらも、私たちは、自分たちの感覚に相応する言葉を、当てはめ、色とか、音とか、触覚で感じる触感のそれぞれの感覚の性質を、感じ分けつつ、言葉にしています。

いくら曖昧とはいっても、見えている色の感覚質と聞こえている音の感覚質とは、ちゃんと感じ分けられます。とりわけ、重要な随意運動、わざと他人の足を踏みつけるときの自分の身体の動きにともなう運動感覚と、電車の急ブレーキで不本意ながら他人の足を、踏みつけてしまったときの、不随意運動のときの運動感覚との区別はつきますし、つかなければ、行動の責任を、問われる社会生活はおくれず、この区別は、いわば社会倫理の基礎といえます。この基礎が、基礎といえるのは、不随意運動のとき、身体の動きが、先に起こって、それをその直後に感じた、という時間の前後の順序が、間違いないものとして、直接、直観されているからです。

このように、感覚と言語の関係をみてみると、「ソライティーズ・パラドックス」という、「数量による表現」と、「感覚質の違いや、言葉の意味の違い」とを、関係づけようとする論理的分析は、日常言語を使用するときの私たちの現実的生活の実感から、ほど遠い、哲学者の捏造したパラドクスにしか聞こえません。この抽象的捏造性の特性は、不随意運動の運動感覚のさい、運動が先に起こり、それが直後に意識される、という明確な時間の前後関係の直観と、水平に引かれた時間軸上に $-t_1$, t_0, $+t_1$ と記して、過去と今と未来を表現する、計測される時間と対比させるとき、明瞭になります。時間の前後関係の直接的直観において、「先立った過去と、意識される今」との関係が、成立するのに対して、$-t_1$ が過去だとして、$-t_1$ と t_0 との間にある $-t_{0.5}$ も当然、過去であり、さらにその半分の $-t_{0.25}$ も過去ということになり、無限に切り刻んでいっても、永久に、過去の始まりを特定できないことも明らかです。いくら切り刻み、量的規定を厳密にしていっても、「過去、今、未来」という時間の意味の質的規定には、届かないのです。

ということは、実は、「ソライティーズ・パラドックス」とは、この質的規定と量的規定の違いを無視して、すべての質的規定は、量的規定に対応しており、それに還元されるはずだ、とする盲信を前提にし、その盲信を忘却しつつ、しかもその盲信に即して論証をすすめることからする、論理的「自己破綻」の別の表現に他なりません。

一ノ瀬氏は、この「ソライティーズ・パラドックス」を前にして、「ゲンシュタルト変換」という解決法に目を向けますが、「真理である度合いが突然、一から〇に変わるのではなく、おそらく〇・五を下回ったときに『ゲンシュタルト変換』が生じるという辺りが妥当な理解であろう」（二三九）として、質の変換であるゲシュタルト変換を、あくまでも量的規定に還元して、理解しようとします。ゲシュタルト心理学の原理的出発点になった「仮現運動」の運動視覚の質的生起には、もちろん、光点が点滅するときの時間間隔の量的規定が、重要な役割を果たしてはいますが、運動が運動（ゲシュタルト）として、見えるためには、「受動的志向性としての過去把持」が前提にされなければならない必然性が、見失われている、とされねばなりません。(6)

（2）「ソライティーズ・パラドックス」の解決策の一つとして、「集団的合意」によって、述語の意味を、「各人の考え方の分布の期待値によって、その述語の意味を、確率的に決める」、という言葉の意味の定義を、客観的に決める」という方法があります。この場合、まさに日常言語の使用にあたって、感覚と言語を、集団で突き合わせる、という私たちの言語使用の現実により近い方法、といえるでしょう。この方向に考察を深めるとき、発達心理学の視点から、感覚と言語使用の相互関係と、その発達が研究課題とされることになります。そのさい重要であるのは、当然のことながら、「感覚と言語」は、個体としての人間を、社会的存在としての人間から分離して、個体における感覚と言語の発達、と考えることはできず、本質的に、人間と人間の関係性をとおしてしか、換言すれば、相互主観的にしか、考察不可能であることです。(7)

この「感覚と言語の相互主観的発達（発生）」を、現象学の分析にもたらすことを目指しているのが、フッサールの発生的現象学です。そのさい、フッサールの指摘する「ヨーロッパの諸学問の危機」に潜む「生活世界の数学化」にこそ、上に述べられた、すべてを、量的規定に還元しようとする自然主義に対する批判の核心が明らかにされています。「生活世界」とは、ドイツ語の Lebenswelt にあたりますが、Leben にあたる「生（命）」にしろ、「生活」にしろ、また Welt にあたる「世界」にしろ、たんなる自然科学の研究対象という意味に含まれない、精神の側面を、あわせもっています。生活世界は、質的規定や意味づけ、価値づけや、自然の因果ではない「精神の動機」なしには、語りえず、哲学の対象にもなりえません。

とりわけ、生活世界の概念が、重要な意味合いをもつのは、たとえば、上記の「予防原則の適用」を、最終的に決断するのが、諸倫理委員会の議論を踏まえた、私たちの生活世界をともに生きる政治家の決断である、ことにあります。倫理委員会において、科学的データの収集と、リスク評価、リスク管理等の総合的判断が求められますが、そのさい果たす哲学者の役割が、明確にされることで、政治的決断の内実が、すべての国民に客観的に共有しうる、透明性のある判断であるよう、求められることになります。

第三章　学際的哲学としての神経現象学の方法論

学際的哲学の一例として、F・ヴァレラの提唱する「神経現象学」の方法論を明確にし、一般的な学際的哲学の方法論として、どのような特性をもつのか、明らかにしてみたいと思います。

第一節　神経現象学の方法論

神経現象学の特徴の一つは、徹底した方法論的自覚によって貫かれており、現象学の目指す明証性の基準と、自然科学研究のもつ方法論的限定性が、明確に認識されていることです。ヴァレラは、「現象学的還元」の四つの契機として「(1) 還元、(2) 直観、(3) 不変項、(4) 安定性」を挙げ[1]、それぞれ、還元を「自動的な思考パターンをカッコづけし、その源泉へと反省の眼を向けること」、直観を「真理の基準となる明証性の核となる想像的変更を経た本質直観」、さらに不変項を「公共的記述による具現化をとおした不変項の確立」、最後に安定性を「現象学的還元そのものの訓練をとおして安定性を獲得すること」、と説明しています。学際的哲学研究の方法論としての現象学的還元にとって、特に強調すべきは、「公共的記述による不変項の獲得と、研究共同体における現象学的還元の訓練」、という側面である、と思われます。

（1） 現象学的還元の第一の契機としての「還元」について

① 現在進展している脳科学研究においては、現象学的還元の必要性は、神経現象学を除いて、まったく看過されているのが現実である、と思われます。たとえば、よく知られたB・リベットの「意識」についての研究にあって、大脳皮質に与えられた電気刺激と、皮膚に与えられて電気刺激に気づく（意識する）時間のズレの発見が、研究の出発点になっています。このとき、この「時間のズレ」は、計測機器によって計られた時間のズレであり、計測される時間は、「地球の自転」であったり、今日では「原子の振動」だったり、物の運動を基準にして計測された時間として、一般的に規定されています。このことは、ニュートンの「絶対時間」であれ、これを否定するアインシュタインの「伸び縮みする時空」であれ、原理的に同じことです。計測し計測される時間が、自然科学研究にあって、手放されることは、決してありえないのです。ですから、自然科学研究の方法である、計測し、計測される時間を、使用する脳科学研究が、この計測される時間を、「カッコづけ」し、主観的にすぎない人間の意識体験へと還元することなど、思いもよらないだけでなく、計測による時間を、使用しなければ、脳科学研究そのものが、成り立たないのです。

② このときヴァレラが提案するのは、（4）で指摘されている研究共同体における現象学的還元の訓練と、自然科学研究としての脳科学を、並行して進展させることです。座禅の実践と、哲学研究を、並行して深化させることに類似している、といえるかもしれません。実際、ヴァレラは、チベット仏教の瞑想の実践と、生命科学研究を、並行して遂行していました。脳神経研究にあたっては、神経ダイナミズムの脳生理学的研究が、推進され、それと同時に、現象学的還元をへた、意識体験の現象学的志向分析、という研究領域に踏み込み、事象の本質直観の獲得に努め、現象学研究者との協働研究を、実現しようとするのです。こうして二つの研究方向が、相

互に補足し合う協働研究の方向性が、提案されています。

③　それでもなお、この協働研究の方向性に、まったく注意を向けようとしない自然科学研究者に対して、現象学的還元の必要性と、必然性が明らかにされるためには、自然科学研究の方法論に含まれる内的矛盾が指摘され、その矛盾の構造そのものが、明確に示す必要があります。それは、たとえば、上に挙げた「時間」に関していえば、そもそも「時間とは何か」、「空間とは何か」、といった「〜とは何か」という「ものごとの本質」の問いの前に、自然科学研究者が立たされるときです。

(2)　真理の基準としての明証性と本質直観

①　この「〜とは何か」という問いは、現象学では（2）で示されている真理基準とされる明証性に即した「本質直観」の問い、とされます。たとえば、「時間とは何か」、という問いに対して、フッサールは、まず、客観的時間といわれる計測による時間を「カッコづけ」し、これを使用せずに、自分に直接与えられている意識体験としての「時間の経験」を、考察の対象とします。フッサールは「音の持続」を例にして、過ぎ去るという過去の意味は、過去把持という志向性によって構成され、まだこぬ未来という未来の意味は、未来予持という志向性によって構成され、この過去把持と未来予持とが、交差して成立する印象の今とあいまって、幅のある生き生きした現在が成立している、と説明します。こうして、「時間とは何か」が問われるとき、「過去、現在、未来」という時間の意味が、どのように成立してくるか、その源泉が示されているのです。しかも「過ぎ去るという過去の意味」は、たんにどこかの国の言葉の意味ではなく、厳密に概念の意味として、理解されるだけでなく、絶対疑いきれない直接体験として、直観の明証性にもたらされています。たとえば、幾度となく挙げられた事例で

「電車の急ブレーキ」で倒れそうになるとき、まさに先に身体が動いて、動いたことに直後に気づく、という時間の前後関係は、絶対に疑いきれない意識体験であり、先に起こった過去のことと後に気づいたその今との違いが、直観されています。未来を先取りする未来予持の働きも、「考え事をしながら歩いていて歩道の出っ張りにつまずいてしまうとき」の、意識にのぼらない「平坦な歩道」の予測の働きとして、露呈されることになります。

② ところが、自然科学研究者は、このような、彼らにいわせれば、たんに「主観的な」体験には、まったく依拠することなく、客観的な自然科学の対象としての時間に、「時間とは何か」、つまり、「現在、過去、未来とは何か」の答えを、見つけることができると、盲信しているのです。盲信というのは、客観的時間の記号によるモデルとして描かれる時間軸上の時間点に、「時間の意味である過去や今や未来」を見出せるとして、$-t$を過去の意味内容、$+t$を未来の意味内容、t_0を今の意味内容と、それぞれ同一視できる、と盲信しているからです。それは、時間の概念の意味内容の由来を問うことなく、それをそのまま使って、$-t$とt_0と$+t$という時間の変数に当てはめているだけである、ということに無知なのです。試しに過去は、どこから始まるか、時間軸上のどの時間点に当てはめることができるか、その時間点を探してみてください。t_0の今に無限に近づいて、過去の始まる点を確定しようとしても、無理です。――一秒と〇秒のあいだは、無限に切り刻まれるからです。また、「同時の今」という「同時」の意味を、数値上の一致に求めようとすれば、「相手と握手するときの同時」は、永久に見つかりません。なぜなら二人の脳に、握手するときの感覚刺激が到達して、握手している、と意識される時刻に、数値上のズレがあって、このズレが埋まることは考えられず、脳科学的にいって、「二人が同時に握手しているのではない」ということは、必然だからです。この典型的な一例が、相互主観的アスペクトから、「幼児の対人関係」を研究しているD・N・スターンの母子関係において生じている、間情動的な交流が、同時に起きて

いるとする、「相互交流的同時性」の説の否定のさいの立論です。母子の脳内活動を計測して、情動領域の活性化が、数値上、同時に起こっていないとして、この説が否定されるのです。脳科学者は、数値上の同時性と、共有体験の同時性を取り違え、共有体験に由来する「同時という意味」を、数値上の数の一致に当てはめようとしている錯誤に、気づかないのです。共有体験の同時性は、体験されるものであり、数値の一致に求めても、見いだせません。数値を基準に、「同時ではない」というのは、もともとの同時の意味を、理解せずに、数値に意味の基準を、求めているのです。このような錯誤は、体験の意味の喪失を意味し、フッサールが「生活世界の数学化」といって、科学的世界観を批判するその批判の核心に他なりません。

③　現象学の本質直観に含まれている、真理基準としての明証性に関して、自然科学と現象学の方法の対立点が、もっともはっきりしてきます。先に挙げた「電車の急ブレーキ」のさい、不随意運動が先立ち、その先だった不随意運動が、直後に直観にもたらされるときの明証性（意識にのぼらない受動的志向性としての過去把持の充実による明証性）と、時間軸上の時間点の数値（-tという変数）のもつ明証性との質的な違いです。この相違が明確に現れている事例として、B・リベットが、倫理の根幹に働く自由意志を擁護しようとして、「行動遂行の直前、〇・一五秒前に働く遂行拒否能力」を確定できた、とする事例を挙げることができます。通常、私たちが、自由な行動の基準としているのは、「電車の急ブレーキ」の場合のような、随意運動と不随意運動の区別の意識体験のさいの明証性です。私たちは随意運動として自分が、自由に起こした行動の責任をとります。随意運動の場合、リベットの言うように、その意識が、〇・五秒遅れていようと、いっこう構いません。リベットが、例として出す、見えない剛速球をヒットしているバッターは、もともと「打つつもり」でバッターボックスに立っています。そもそも「野球選手になりたい」ということは、自分で自由に決めたことです。交通事故が、起こらないように

人は、ハンドルを握っています。それらの自由意志が先行するからこそ、〇・五秒たたなくても、その意志に即した行動が、意識される以前にヒットを打ち、車前に飛び込んできたサッカーボールが、見えると意識される以前に、急ブレーキできるのです。ということは、自由意志が働きうる時間点を、時間軸上の〇・五秒のあいだに確定しようとすることは、先に述べたように、時間軸上に、過去が始まる時点や、未来が始まる時点を確定しようとすることと同様、無意味な企てであり、ヴァレラがいうように、「一トンのキャベツを背負って、大洋を泳ぎ切ろうとする」ことと同じなのです。(2) 自由の明証性を、時間点の数値の明証性に見出すことは、不可能です。

④ 先に述べた数値上の「同時」と、共有体験の「同時」の明証性の違いを、アインシュタインの相対性理論における、「同時の意味の転換」のもつ明証性を、例にして考察してみましょう。高速に近い測度で飛行する宇宙船内部で、左右に同距離にある光受容器に、真ん中から発せられた光が、宇宙船内部の観察者にとって、「同時」に到着するように見えるのに対して、宇宙船外でその飛行を、眺めている宇宙空間に静止する観察者にとって、左の受容器に先に到達し、右の受容器には遅れて到達するというのです。したがって、時間の客観的同時性は、成立せず、観察者の視点によって、同時が同時でなくなる、というのです。このアインシュタインの実験で、実証されるとする立論は、先程のリベットの、「自由」を時間軸上の時間点に確定しようとする立論と、本質的に同じことを、意味するに他なりません。「自由」にしろ、「同時」にしろ、その概念の意味内容そのものの把握と、数値にそれらの意味を宛てがう、つまり使用するという、まったく異質の行為の違いに気づかず、それらを、同一視し、「〜とは何であるか」の解答になると誤解しているのです。

宇宙船外部の観察者にとって、「同時にならない」、といっているときの「同時」と、宇宙船内部の観察者にとっては、「同時である」といっているときの「同時」の意味そのものは、まさに同一の「同時の概念の意味内容」に他ならないのです。そして、この同一の「同時の概念」を自然科学者は、そのまま、実験結果に当てはめているだけであること、ただそれだけなのです。また、この同時の概念の意味内容そのものは、自然科学の研究対象ではありえません。自然科学者は、日常語で使用されている言葉の意味を、日常生活からそのまま借りてきて、そのまま使っているだけなのです。概念の意味内容を、研究対象にしているのは哲学であり、現象学は、概念の意味内容の構成のされ方を、意味の生成の問いとして、受動的先構成と能動的構成の二階層に区別して、静態的現象学の本質直観の方法と、発生的現象学の脱構築の方法を往来し、重複することで解明しようとしているのです。

⑤　本質直観の方法は、「〜とは何か」、「その何かは、どのように構成されているのか」、この「何」と「どのように」の問いの解明が、『イデーン』期にその構造を明確にし、「ノエシス－ノエマの相関関係」における、志向分析として展開する静態的現象学の方法とされます。しかし、本質直観の方法は、静態的現象学でその役割を果たすだけでなく、でき上がり済みの、概念の意味内容の生成の秩序を問う発生的現象学でも、脱構築の方法と並ぶ重要な方法であることに変わりはありません。なぜなら、たとえば「時間とは何か」という時間の本質直観は、一度、方法として活用されれば、それでその「何であるか」の本質が、（3）の契機で言われている「不変項」を、獲得したことにはならないからです。それは真理基準とされる明証性の概念にも妥当します。意識体験として「過去把持」の働きが、疑っても疑い切れない必当然的明証性として確証されても、その過去把持が、「生き生きした現在」において、どのように原意識されているのか、その働き方の「如何に」は、さらに探求され続け、『受動的綜合の分析』で、その過去把持の生じ方をめぐり、「連合と触発」の規則性が露呈されてくることになったのです。この「如何に」の十分納得のいく解明を目指す探求は、十全的明証性を目指す探求とい

われます。したがって現象学の明証性の概念は、事象の必当然的明証性を出発点にして、十全的明証性をめざす、ということができます。本質直観は、この明証性の探求をとおして、「不変項」の解明に向けられているのです。このことから明らかなように、絶対的に明証的な本質が、一度の本質直観をとおして獲得されうると、M・シェーラーによって、盲信されることはあっても[3]、フッサールにおいては、主張されえません。フッサールの場合、理性の目的論において、本質直観の歩みは、「エンテレヒー（完成態）」として、与えられてはいても、プラトンに即した「イデアの直視」ということはできないのです。

（3）　現象学的還元の第三の契機とされる「不変項」を呈示するさい、ヴァレラは、本質直観に与えられたものを、言語的コミュニケーションをとおして「公共のもの」として、「具現化」する方法を挙げています。この言語的コミュニケーションは、すでに本質直観の第一段階といえる「事例化」のプロセスにおいて、自然科学と精神科学の研究成果を、積極的に取り込むさい、活用されている、といえるのですが、ここでいわれる「我々の経験の対象を、肉づけしながら形作る具現化[4]」では、言語的コミュニケーションの成立そのものが、現象学の相互主観性の問いの解明によって、基礎づけられていることが、重要といえます。この「公共的記述」といわれる「不変項」は、公共性そのものの成立の問いとしての相互主観性の構成を問わずには、ヴァレラのいうように、数学の客観的学問性[5]さえ、成立しえないのです。

①　自然科学研究にあたって、その研究対象の明確な自覚が欠如していることと同時に、強調されねばならないのは、自然科学研究の哲学的基礎と考えられる、イギリス経験論における、実在論的立場において、学問の客観性の基礎づけとして相互主観性の問いが立てられていない、学問的素朴性（無知性）の指摘です。他者の主観

性の明証性の問いが、立てられることなく、複数個体の脳活動のあいだに、言語的、及び情動的コミュニケーションが成立しうる、と考える素朴さは、その素朴さに気づいていない、という二重の素朴さで特徴づけられます。

②　この二重の素朴さの典型的な事例が、ミラーニューロンによって、哲学の問いとしての他者の主観の明証性の問いに、答えを与えることができる、とする脳科学者の非客観的素朴さです。ミラーニューロンが働くから、他の生命体の運動（行動）の意図（志向）が分かるのではありません。これは因果関係による説明です。因果関係の前提になるのは、時間の前後関係であり、時間の前後関係の意味そのものは、客観的時間軸の上の特定の時間点に見出すことはできず、時間の意味は、生活世界における、相互主観的起源をもつことが、現象学的明証性にもたらされています。ということは、ミラーニューロンの発見そのもの、広く脳科学研究そのものが、相互主観性を前提にしているのであって、ミラーニューロンが、前提にする相互主観性を、因果的に説明できるはずがないではありませんか。

③　現象学的還元の四つの契機の（2）で言われている本質直観そのものが、相互主観的に生成することが、注視される必要があります。このことが見失われると、脳科学研究が、「意識とは何か」、「意識はどのように機能するのか」、という問いを立てるとき（現象学での本質直観の問いを立てるとき）、求める解答の因果関係の明証性と、本質直観の明証性の次元との違いが、理解されないことになります。B・リベットは、意識についての本質直観の方法をへずして、「意識とは、初期ＥＰ反応への〇・五秒間の主観的時間遡及である」、という結論を導きだしました。意識は、意識内容と無関係に働きうる主観のもつ形式的原理、とされたのです。このことから帰結された、自由意志の働きが、行為の実施の〇・一五秒前の「拒否の意識の働き」に置かれる、とする論理的破

綻、ないし自己矛盾は、明らかです。リベットは、この論理的破綻が、実験データの解釈のさい、「過ぎた〇・五秒を主観（精神）が遡りうる」と仮定していることに起因する、まさにそのことに気づいていません。「時間を遡りうるとする精神」を、前提にし、確信して、あるいは仮定して、意識の生成を導き出していることが、自覚できていないのです。現象学的還元の方法に即せば、当然、この仮定は、仮定として、まずは還元されねばなりません。還元をとおして行き着く先は、先に例として挙げた「不随意運動のキネステーゼの、意識にのぼる前の過去把持の必当然的明証性」です。この意識以前の過去把持の必当然的明証性は、その必当然的明証性において、確証されている不随意運動のキネステーゼの意味の生成そのものが問われることで、発生的現象学の脱構築の方法をへて、その十全的明証性に向けて、生活世界からの意味の生成の解明が、目指されているのです。

（4）　訓練をとおしての安定性

ここでヴァレラのいう「周知のように還元の態度は意外に脆いものなので、……注意深い括弧入れと直観力を安定させ深めるための訓練、ならびに記述を明確なものにするための訓練」[6]が必須である、とする論述に注意する必要があります。この現象学的還元の訓練の必要性は、上記の脳神経科学研究の領域だけでなく、リハビリテーション、精神療法などの現場において、その必要性、及び遂行の困難さとして、明確に自覚されなければなりません。還元をとおして、原意識ともいわれる内的意識の明証性に向かい、「感じること（ただただ感覚すること）の生起と再生」の実現が、知覚による対象構成の介入によって妨げられ、阻害される現実が、注視されなければなりません。対象知覚をカッコづけ、間身体的に生起する、感じることへの我を忘れた没入において、受動的綜合である対化（Paarung）、すなわちカップリング（accouplement）が生じる現場の実現が、訓練の課題として経験され、その経験が、重ねられなければなりません。対化であるカップリングが、そのまま生じている次元に、定位するためには、対象構成の意味づけ（能動的綜合）以前の、「感じるがままの世界」に住まう工夫が必要とされるのです。

第二節　神経現象学の「現在‐時間意識」の解明

上記の現象学的還元の方法による神経現象学の作業仮説は、ヴァレラによって「経験の構造の現象学的説明と、認知科学におけるその対応物は、互いに補足し合う制限関係によって相互に関係している」[7]、と表現されます。この作業仮説は、はたして、神経現象学の一重要課題である「現在‐時間意識」[8]の解明において、どのように実際に展開しているのか、確認しつつ、今後の学際的哲学としての現象学の方向性を、明確にしてみたいと思います。

（1）ヴァレラは、現在という時間意識を、神経現象学の解明の課題とするさい、まずもって、フッサールの『内的時間意識の現象学』を中軸にした、フッサールの時間意識の分析や、ハイデガーとメルロ＝ポンティの時間の自己触発の議論を、全面的に、「経験の構造の現象学的説明」として、受け入れます。それというのも、「現象学的説明なしには、経験の直接的性質が消失してしまう」[9]からです。脳科学研究による実在的連関の因果関係そのものの解明には、生命体の活動である意味づけや、価値づけの内実は、与えられていません。この作業仮説において、現象学の側が補足し、制限する役割は、「経験の意味づけと価値づけ」の解明にある、といえるのです。ただし、現象学的説明を、受け入れるとして、「過去把持と今と未来予持」による現在の時間構造の説明を、どう理解し、その理解そのものが、フッサールのこのテーマに関する、他の現象学的分析と照らし合わせる中で、初めて適切な理解となってくる、という現象学的還元の（2）から、（4）の項目をめぐる、現象学研究そのものの展開と不可分に結びついていることが、見失われてはなりません。この観点からみるとき、ヴァレラの「過去把持、及びその二重の志向性」の理解には、幾多の誤解が、含まれていること、また、受動的綜合である連合の規則性が、時間意識の分析に活用されていないことなど、現象学研究そのものの、さらなる展開を、どう受け止めるかが、問われることになりますが、これはまさに、脳神経学者の課題、というよりも、むしろ、現象学研究者にとっての主要な課題であり、現象学の側の説明不足、とされねばならない、といえましょう。

① まずヴァレラの「過去把持」の理解について、検討を加えると、幾つかの批判的論点が、浮き彫りになってきます。その第一の論点は、過去把持が、想起と区別されつつも、最終的には、フッサールの言明に由来する「木でできた鉄」というパラドクシカルな表現に留まること[(10)]、第二の論点として、このパラドクスは、過去把持の二重の志向性による、絶対的時間流の自己構成によって、新たなパラドクスとして呈示されている、ということができるでしょう[(11)]。この二つの論点の由来は、ヴァレラが過去把持を、通常理解される志向性、すなわち能動的志向性としての作用志向性の特性をもたない、特有な志向性である「受動的志向性」として、理解できていなかった、ことにあります。しかも、この受動的志向性としての過去把持は、受動的綜合である連合という超越論的規則性に即して働いていること、すなわち、『受動的綜合の分析』の現象学的分析を受容するにいたっていない、といわれなければならないでしょう。しかし、ここでヴァレラの無理解を指摘するよりも、むしろフッサールの過去把持の理解、ないし無理解をめぐる、ハイデガー及びメルロ＝ポンティの解釈こそ問題なのであり、現

象学研究そのものの展開にあって、現象学内部における批判的検討の課題とされねばならないのです。

②　ハイデガーは、フッサールの過去把持そのものを、自身の時間論において定題化することはありませんでした。それが明確に現れているのは、彼のカントの超越論的構想力の解釈において、「覚知（Apprehension）」の今にも、「再生（Reproduktion）」の過去にも、また「予認（Praekogniton）」として解釈する「再認（Rekoginition）」の未来のそれらのどこにも、受動的志向性としての過去把持の領域が、確定されていないことにおいてです。覚知における「模-像（Ab-bilden）」が、どのように「統一体と多様性との根源的紐帯」をなすのか、言明のみで、それ以上、現象学的記述による分析は、まったく呈示されていません。また再生は、フッサールの作用志向性としての想起に対応し、自由に過去に遡る能作を意味しえますが、それは能動的志向性であり、原意識において受動的綜合である連合に即して成立している過去把持を、前提にしているのであり、ハイデガーは、この決定的な事象分析に、盲目のままなのです。受動的志向性としての過去把持が、ハイデガーの時間論の視野に入ってこなかったことが、時間意識の現象学的分析の展開に与えた影響は、多大なもの、とされなければなりません。その一つは、ハイデガーが時間を、志向分析によってではなく、「現存在の存在了解」として、最終的には、「未来の自己の死に対する実存的決断」に由来する、本来的時間性の見解において、時間化の相互主観的特性が、完全に欠落してしまったことです。自己の死は、我-汝-関係における汝の死をとおしてしか、自己の死になりえないことが、ハイデガーの自覚にもたらされていません。第二に、時間化の相互主観的特性が、自覚にもたらされないことから、自然科学研究のさい前提にされる、計測による客観的時間の相互主観的構成の問いが、現象学的分析の課題として、立てられないことです。それに代ってなされているのは、自然科学を、「存在者」についての研究領域として、それに対する「存在の学」としての哲学を、存在論的差異をとおして峻別し、対置させることに

終始することだけなのです。

③　メルロ＝ポンティは、現象学と自然科学との相互補足的協働研究の方向性に関して、このハイデガーの存在論的差異の主張を、正面から批判しています。彼は、ハイデガーが「世界内存在」の把握に潜む、哲学的認識の絶対的優位によって、哲学と「人間の科学」を、「存在論的差異」の議論において、哲学に属する「存在論的認識」と、帰納的自然科学に属する「存在的認識」とに、対立させることだけに終始していると批判します。メルロ＝ポンティは、したがって、「フッサールの方が、〈世界内存在〉を究めようと欲したハイデガーより、はるかに大胆に、〈哲学者の世界への内属〉を、認めていた、ということになりましょう(12)」、と論じています。ここで言われる「世界への内属性」は、メルロ＝ポンティの『見えるものと見えざるもの』にあっては、「過去と現在の相互内属の同時性としての肉」によって、時間論の視点から解明されており、そのさい、ここで問われているフッサールの「過去把持」の解釈をめぐり、錯綜した立場表明を行うことになります。

（a）　メルロ＝ポンティは、すでに『知覚の現象学』においてみられるように、過去把持を、作用志向性ではなく、作動志向性、ないし潜在的志向性と、理解されねばならないとして、時間の「経過の現象（Ablaufsphänomen）」において把握されねばならない、としています。

（b）　ところが、この作動志向性、ないし潜在的志向性は、もはや「志向分析」では、解明されえないとして、「志向的分析論は、……諸意義に関する『意識』の秩序であり、そしてこの秩序においては過去-現在の『同時性』なるものは存在しない、存在するのは、過去と現在との隔たりの明証性である――(13)」、と述べているのです。

（c）　この矛盾的解釈は、メルロ＝ポンティが、フッサールの過去把持の二重の志向性による時間流の自己構成についての志向分析に、正面から取り組むことなく、ハイデガーの時間の自己触発の議論を、そのまま受け入れている見解に、明瞭に現れているのです（本書二三三頁及び次頁を参照）。

④　ヴァレラは、「木でできた鉄」と表現される過去把持のパラドクス的特性を、過去把持の二重の志向性による絶対的時間流の自己構成のパラドクスとして、理解しようとします。そのさい、メルロ＝ポンティの過去把持の理解と共通しているのは、過去把持を、受動的綜合である連合の規則性をとおして捉えきれていない、ところにあります。ヴァレラは、過去把持の二重の志向性を、独自の解釈を展開することで、交差志向性（縦の志向性）に発生的観点を、延長志向性に静態的観点を割りあて、新たな時間図式を提案しています。そのさい、縦軸に表現される交差志向性の下方に、「前‐反省的触発的基体」ないし「内在的触発的素因」を宛てがい、上方に「意識的に含まれる自己」、ないし「客観‐出来事の創発」を、宛てがうことで、発生的構成が、受動的綜合と能動的綜合に区分されて、理解されています。[14]このとき、「触発的基体」と「触発的素因」が、受動的綜合の規則性である連合をとおして、働いていることが、理解されれば、メルロ＝ポンティの「過去と現在の同時性としての肉」、及び、ヴァレラ自身の見解とされる、N・デプラスによって表現された「対化（連合の基本形式）」と「カップリング」の共通性が、現象学の志向分析をとおして、十全的明証性に接近する一歩とみなすことが、できるのです。

⑤ヴァレラは、この「触発的基体と要因」を、過去把持の視点からではなく、未来予持の視点から語ることを試み、ハイデガーとメルロ＝ポンティの「時間の自己触発」について言及しています。そのさい、触発をめぐり、N・デプラスによって紹介されている、フッサールの「衝動志向性」の記述や情動的傾向性の役割が、強調されることで、その相互主観的側面が明らかにされる一方、ハイデガーの「時間の自己触発」は、現存在の存在了解の原点に働く、「現存在の自我性（Egoität）」によって理解されていることに、考えが及んでいない、といわれね

ばならないでしょう。とはいえ、先に述べたように、「時間の自己触発」そのものの現象学的解明は、むしろ現象学研究者の課題であり、研究者間の厳密な検討が、要求されることになります。

（2）　相補的協働研究における制限的考察をめぐり、現象学の側の役割が、明確にされたとして、脳神経科学、生命科学の側の補足的–制限的役割の内実が、適確に理解されねばなりません。ヴァレラは、神経ダイナミズムの研究にあたって、自身のプローチとして、イナクティヴ（enactive）、すなわち生命体と周囲世界のあいだの相互作用（interaction）として、行為者の側の感覚・運動系のカップリングというアスペクトと、神経活動の創発する内部発生的配列、という自己組織化のアスペクトによる身体化（embodied）された力学的研究を、展開しています。この「現在–時間意識」の研究において、ヴァレラは、「時間的現出の神経ダイナミクス」を、「（1）基本的ないし基礎的出来事（1／10スケール）、（2）大規模な統合のための待機時間（1スケール）、（3）記述的・叙述的説明（10スケール）」と、三つのスケールに分けて、「現在–意識」の活動領域を、（2）の1スケールと対応づけ、そこで生じる神経ダイナミズムの機能を解明しています。この1スケールにおいて、「特定の神経アセンブリ〔組成〕が、ある種の時間的共振ないし「つなぎ」を通じて創発する」、詳しく述べれば、「特定の神経アセンブリが、下位の閾をもつ競合する神経アセンブリに属する活性化されたニューロンの急速な過渡的位相固定を通じて選択される」[15]、と説明されています。この神経アセンブリにおける競合と選択のプロセスは、およそ〇・五秒（リベットの意識にかかる〇・五秒を参照）を一単位として統合され、弛緩するプロセスとして、説明されています。ヴァレラは、この神経アセンブリの競合と選択のプロセスがフッサールの「過去把持–今–未来予持」からなる生き生きした現在の意識に、対応するとしています[16]。この神経アセンブリのプロセスは、フッサールの印象と過去地平における、空虚な形態と表象のあいだの連合による相互覚起（ヴァレラの相互作用（interaction））に相応しており、神経アセンブリにおける共時的カップリングと、相互覚起における連合の根本形式としての対化とが、同じ事象の神経学的解明と現象学的解明を、意味していることは、神経現象学の相補的協働研究の方向性を、明確に示しているといえます。

（3）ヴァレラの「現在-時間意識」の分析において、オートポイエーシス論の中軸になる概念として、カップリングの観点から、「現在-時間意識」が、解明されています。彼は、現在の時間意識を、神経アセンブリの同時的カップリングによって、と説明するだけでなく、生命体と周囲世界との相互作用を、生命システムと、周囲世界システムとのシステム間のカップリングとみなすのです。このカップリングは、ヴァレラとの協働研究者であるN・デプラスの論文では、直接、フッサールの対化との関係性について、「両者は、同じ四つの構成要素を含んでいる。すなわち、（1）身体への投錨性、（2）時間に基づく力動性、（3）関係的意味、（4）必然的に他者性を許容する連結の創造である」[17]、と述べられています。以下、この四つの項目に即して、現象学研究と、脳科学研究の相補的協働研究との方向性を、確定できるか、試みようと思います。

①　身体への投錨性に関してですが、ここで言われている「身体」は、近代哲学における「心身関係」の問いで前提にされている、実体としての精神とされる「心」と、同じく実体として捉えられた物質としての「物的身体」、という二元論における「身体」を意味しません。受動的綜合の根本形式としての対化は、意識以前に働いているだけでなく、自我の能作を前提にする能動的志向性が、様相変化した受動的志向性、つまり能動的志向性に由来する受動的志向性（二次的な受動的志向性）ではなく、本来的な受動的発生による、自我極形成以前の、

つまり自己意識をともなわない、しかも超越論的統覚の自我が働く以前の、情動的‐感性的志向性としての本来的な受動的志向性を、意味しています。具体的には、たとえばヴァレラが、「感覚・運動のカップリング」というとき、フッサールがすでに、一九〇六／〇七年の『物と空間』において、視覚と運動感覚の「つながり」（ミラーニューロンにおける視覚系と運動系の交換ないし翻訳）を内的時間意識における連合（対化）として、記述していたことは、注目すべきことであり、一九二〇年代の「受動的綜合の分析」の準備的考察が、展開していた、とみなすことができます。つまり、ここでいわれている、身体に働く「視覚と運動感覚との対化＝カップリング」というとき、意識する心と意識される身体、という主観と客観に区別されている、客観としての身体ではないことが重要です。また、ここで語られている身体の本質として、その「間身体性」が強調されねばなりません。主客に分離される以前の、心身関係が問われる以前の間身体性が、ここでいわれている身体の本質であることです。このことは、現象学では、間モナド的コミュニケーションにおける、対化連合の相互覚起として、またオートポイエーシス論では、生命体と周囲世界のあいだにおける相互作用としてのカップリングとして、それぞれ表現されています。

② （2）の時間の力動性について考察するとき、対化とカップリングとメルロ＝ポンティの語る「過去と現在の同時性としての肉」との関連において、明確になることが、いくつかあります。

（a） まず第一に、「過去と現在の同時性」は、観念論においても、実在論においても成立しえない非真理、とされねばならず、現象学の記述をとおして、その明証性にもたらされている事象である、といえることです。メルロ＝ポンティは、この過去と現在の同時性によって、「『垂直な』過去がそれ自身のうちに、かつて知覚されたことがあるという要求を含んでいるからである。……逆に Bewusstsein von 〔すなわち〕過去を知覚したことがあるということこそ、実質的な『存在』としての過去によって担われているのである[18]」として、「存在としての過去」を肉として主張しています。しかし、メルロ＝ポンティは、この肉の領域には、志向分析では届かないとして、それ以上の志向分析に、もたらされることはありません。

（b）この領域に、受動的志向性による受動的綜合である、対化連合をとおして到達し、「過去と現在との同時性」を、現象学的分析の明証性にもたらしているのが、フッサールの後期時間論のC草稿のテキストです。そこでは、生き生きした現在において、時間内容が、原印象の今と、過去把持の過去との受動的綜合である連合による相互覚起をとおして、「同時性」において、成立していることが、記述されています。「私たちがここにもつのは、ある時間野、すなわち、今において同時に（simultan）存在する過去の絶えず発展する形成である。そして、この〔時間〕野において、遠隔連合、対化、形態配置（Konfiguration）が機能している。――〝無意識〟において、ないし、〝意識〟から無意識なものに向けてである[19]」、というのです。ここでは、ヴァレラによる、上述の「1スケール（〇・五秒間）」の神経アセンブリの競合と、選択における共時的カップリングのプロセスが、原印象と過去把持のあいだの類似性と、コントラストによる連合をとおした、時間内容の成立のプロセスとして、明証的な志向分析にもたらされている、といえるのです。ここでいわれる共時的カップリングは、現在に与えられる感覚刺激と、記憶として残っている過去の意味内容（潜在的志向性）とのあいだの相互作用（相互覚起）、といえるのです。

（c）ということは、すべての意識内容が、意識されるまでの〇・五秒間の脳内活動とは、たんに初期ＥＰ反応に遡って、意識内容が意識されるための通路（内容を欠く形式）なのではなく、初期ＥＰ反応として与えられる現在の感覚刺激と、過去の記憶（無論、感覚記憶も含む）とのあいだの競合と選択のプロセスとして、理解されうるのであり、ミラーニューロンの働きとは、まさに視覚系と運動系との共時的カップリングに他ならず、発生的現象学からみて、視覚の感覚質と、運動感覚の感覚質との相互覚起をとおして成立する、対化連合によって時間内容を共有し合う現在の成立を意味するのです。このとき、視覚と運動感覚の感覚質は、それぞれの感覚形態（Gestalt）という感覚記憶として、現在の感覚刺激をつねに待ち受けている、といえます。このようにして、時間は、時間内容として、対化連合としてのカップリングをとおして成立するのであり、時間の中に、対化とカップリングが、生じるのではありません。

③（3）における関係的意味とは、たとえば視覚と運動のカップリングというとき、カップリングをとおして、視覚の感覚質が、視覚の感覚質でありつづけ、運動の感覚質も同じ感覚質であり続けていることを、意味しています。つまり、それぞれが、視覚$_1$—運動感覚$_1$、視覚$_2$—運動感覚$_2$、……というように、対になりながらも、視覚は、視覚$_1$—視覚$_2$、運動感覚は、運動感覚$_1$—運動感覚$_2$というように、対の関係性をとおして、視覚は、視覚系に納まり、運動感覚は運動感覚にまとまり続けているのです。

（a）となると、ここで問われてくるのは、そもそも、それらの感覚質の意味は、どのように生成してくるのかという問いです。対化における連合項の感覚形態そのものの生成は、フッサールにおいて発生的現象学の志向分析の課題とされ、原共感覚からの個別的感覚野の形成が、解明されることになります[20]。能動的綜合による「ノエシス–ノエマの相関関係」としての意味の構成と、受動的綜合による感覚的意味の先構成の、それぞれの領域の関係的意味の生成が、問われるのです。

（b）現象学の意味の生成の問いに対応するように、ヴァレラとマトゥラーナによる「自己組織論（オートポイエーシス論）」の場合、その第一原則に、「すべての行為は認識であり、すべての認識は行為である」、そしてその第二原則に、「いわれたことのすべてには、それをいった誰かがいる」が、挙げられています[21]。したがって、自己組織論は、本来、意味と価値づけの世界と無縁である自然科学研究とことなり、はじめから、認識を認識することとして内に含む、意味づけ、価値づけを研究対象とする生命哲学として、理解することができるでしょう。となると、自己組織論にとって、ここで問われている個々の「感覚質の意味の生成」の問いとは、認識行為の原意である「有効なアクション〔行為〕」、つまり「生物として存在してゆくうえで、効率よく作動すること[22]」の「説明」に属する、といえるでしょう。有効性には、「生物として存在してゆく」という意味づけと価値づけが、含まれているのです。この認識行為を説明するための仮説として立てられたのが、「適応（構造的カップリング）を維持しつつおこなわれる、系統発生的・個体発生的ドリフト〔推移、動向[23]〕」、とされます。したがって、生命体の構造的カップリングには、環境への生物の適応として、「関係的意味づけと価値づけ」が、その発生の問いとして含まれている、といわれねばならないのです。

④（4）の「必然的に他者性を許容する連結の創造」には、対化とカップリングに含まれる、連合の相互覚起におけるヒュレー的与件と、受動的志向性との関係性と、カップリングにおける、環境と生命体との相互作用の関係性とが、考察対象となっています。このことについて考えるさい、この関係性は、（2）の時間性の問題と関連づけると、原理的に明瞭になります。ヴァレラは、未来予持に関連づけて、ハイデガーの「時間の自己触発」に言及していますが、その言及は不適切とされねばならないでしょう。そのさい、フッサールの時間論の本質といえる、間モナド的時間化における他のモナドとのコミュニケーション、という間モナド性における他のモナドの他者性と、ハイデガーの現存在の存在了解としての「モナドの衝迫」の解釈に含まれる、現存在の「自我性（Egoität）」による、「汝なるものが実存し、我–汝–関係が実存しうることを可能にする形而上学的な制約[24]」を

主張する、「他者性（汝）の喪失」とは、他者の他者性を許容しているか、いないかに関して、峻別されなければならないからです。フッサールの間モナド的衝動志向性による、間モナド的時間化におけるモナドの他者性（根源的先構成の層におけるヒュレー的与件）と、人格的共同体における「我-汝-関係」における汝は、ハイデガーのいう現存在の「自我性」による、「形而上学的制約」によって、形而上学的に解消されてしまうことは、ありえません。他者の他者性と称される汝に向かう我-汝-関係そのものに、形而上学的制約を読み込もうとすることは、我-汝-関係という事象そのものに照らし出されていないことに、他ならないのです。

第三節　神経現象学からみた学際哲学の方法論

これまでの考察を振り返り、学際的哲学の方法論の骨子になる論点を、まとめてみたいと思います。

①　神経現象学の鍵概念となりうる「対化」と「カップリング」の原理を考察していいうる第一の論点は、四つの共通点をとおしてその同質性が確認された「対化とカップリング」は、観念論と実在論という二元論において把握不可能である、という論点です。

対化の概念は、すでに受動的志向性をその本質として、受動的綜合の規則性である連合と触発をとおして作動することから、つまり、志向性の概念であることから、すでに主観と客観の二元対立を原理的に克服しています。とりわけ受動的志向性による受動的綜合である連合の根本形式と称される対化は、先反省的、先述定的、また先表象的綜合として、感覚素材と感覚質（感覚形態）の潜在的志向性（空虚形態の志向）とのあいだの、同時的融合による時間内容の成立として、すなわち表象化以前の、「意味づけ」と「価値づけ」として、主客の対立以前に成立していることは明らかです。上述の「電車の急ブレーキ」のさいの、「意識以前に感じ分けられ、過去把持されている、身体の不随意運動の運動感覚」の例を、想い出してください。

また、能動的志向性による能動的綜合も、すでに能動的綜合は、受動的綜合を前提にすることからして、また、「ノエシス-ノエマ-の相関関係」そのものは、つねに関係性の成立後の志向分析であることからして、主客の分離を前提にする立場は克服されている、といわれねばならないのです。それは、カップリングの場合も妥当することであり、カップリングという相互作用をとおしてこそ、自己組織化する生命体と周囲世界との主客関係が、事後的に成立するのです。システムの内と外は、カップリングそのものをとおして生成します。

② 神経現象学の方法論の作業仮説とされる、「現象学的説明と認知科学との相互補足的制限関係」は、学際的哲学一般の方法論に照らして、どのような有効性をもちえるのでしょうか。それをリハビリテーションと精神療法の領域を例にして、脳科学研究と現象学との相互補足的制限関係として、考察してみましょう。

（a） このとき、まずいえることは、自然科学研究としての脳科学研究の方法論的制限を、十分に理解する必要があることです。それは、端的な事例として、B・リベットの実験データの解釈の段階、またミラーニューロンの発見とその理論的解明の段階における、脳科学研究の方法論的制限が理解されていないこととして明らかになります。ヴァレラが、脳科学研究における「神経-還元主義」と、「機能的連結主義」の批判にみられるように、三人称的観察に徹するとする、自己の方法論的立場の自覚が欠けるとき、現象学的還元を経ることのない、それぞれの生活世界に由来する意味づけと価値づけの文化的相対性を完全に無視した、自然科学主義の蒙昧さが、露呈することになります。脳科学研究そのものの進展のためには、現象学的還元の訓練が必須なのです。

（b）現象学的説明の制限性は、現象学研究者は、脳科学そのものを研究するのでもなければ、リハビリテーションや精神療法そのものを実践するのでもないところに、明確になります。リハビリテーションの実践にあたって、セラピストと患者のあいだに生起する、カップリングの現実は、セラピストと患者のあいだに生じるのであり、それが生じうるか、生じえないかの決定的な「感じ分け」の成立は、現象学者が、直接、経験することはできません。脳科学研究の研究成果そのものは、現象学者に実験データとして、呈示されるのであって、現象学者は、呈示された実験データを、本質直観における「事例化」のプロセスに取り入れることになります。

（c）これは現象学研究内部の問題ともいえますが、そもそも現象学研究が、他の個別科学との学際的研究を遂行する、方法論的原則と態勢をもっているのか、否かが、問われることになります。メルロ゠ポンティの指摘にあるように、M・シェーラーの「本質直観」の絶対視による、フッサールによって開かれた超越論的事実性（経験）における、本質直観の超越論的相対性の問題領域についての無理解、及びハイデガーの「世界内存在」の把握に潜む、哲学的認識の絶対的優位によって、哲学と「人間の科学」を「存在論的差異」の議論において、哲学に属する「存在論的認識」と、帰納的自然科学に属する「存在的認識」とに対立させ、それに終始することによっては、当然ながら学際的哲学の展望は開かれず、方法論の呈示もできません。それに対して『自明性の喪失』の著者であるW・ブランケンブルクは、フッサールの「受動的発生」に依拠しつつ、晩年には自己組織論において展開可能なモナドの概念に接近していました。フッサールの指し示す志向分析に根ざした、モナド論的現象学の方向性は、衝動の目的と理性の目的という、モナドの発展（系統発生的及び個体発生的発展）の観点において、現象学と諸個別科学が、学際的哲学として、統合されていく明確な方向性を示すことができます。

③「時間とは何か」という問題設定において、自然科学研究の前提とされる、計測による客観的時間と、現

象学をとおして開示されてきている、「対化とカップリング」をとおして生起する、いってみれば現象学的時間との関係が、学際的哲学における自然科学研究と、哲学である現象学との、重要で決定的な個別的問題となります。このとき、自然科学研究は、いわゆる客観的時間の構成の起源を、現象学的時間、すなわち間モナド的時間化に位置づける本質直観の見解を、どのように理解するのでしょうか。理解の可能性は、大きく二つに分かれるでしょう。一つは、現象学的時間を完全に無視し、時間の意味（同時の今、過去、未来の意味）を日常言語の意味で十分として、そこで遂行している「意味づけと価値づけ」の起源、つまり人間の「認識行為」の働き方を、問うことなく、「生活世界の数学化」に由来する時代の危機を自覚することなく、自然主義的世界観を生き続けること、二つには、「認識行為」の問いを、問いとして受け止め、現象学的還元を遂行することをとおして、個別科学と現象学の相補的制限関係を自覚しつつ、学際的哲学研究の方法論の射程をつねに反省しつつ、学際的哲学の研究を進展させるなかで、現象学的時間による、客観的時間の基礎づけの論証を、さらに十全的な明証性にもたらそうとすること、このように表現できるでしょう。この後者の選択の有意義性が、これまでの議論で十分に論証されたことを期待しつつ本章を閉じることにします。

第四章　カップリング（対化）をとおしての身体環境の生成

人見眞理氏の『発達とは何か――リハビリの臨床と現象学』で語られている中核となる命題は、「リハビリというプロセスにおいてセラピストと患者はカップリングの関係にあり、お互いに連動する。そのための変化はセラピスト側にも患者側にも生じることになる」[1]、であると思われます。この命題をめぐり、「カップリングの関係」の内実を明らかにし、どのように「連動」が生じているのかを、究明したいと思います。

この究明をとおして見えてくるのは、人間の生きる環境とは、発達をとおして生成してくる、身体環境そのものにその基礎と基盤がある、ということです。人間にとっての自然環境とは、各自が生まれてくる以前に、前もって物理的自然として、まるで大きな箱ものののように、外界としてでき上がっているのではありません。各自は、それぞれの身体環境の生成をとおして、周囲世界という環境を、作り上げていきます。そのさい、中心的役割を果たしているのが、ここで指摘されている、人と人のあいだに働く「カップリング（coupling）」という関係です。そして、カップリングの関係とは、実は、フッサールが相互主観性を、超越論的に根拠づけるさいの根本的規則性として規定している、受動的綜合の根源的形式である「対化（Paarung）」に近似しています。

以下、まずは、人見氏の呈示するリハビリの現場に近づき、そこで働いているカップリングの内実を、カップリングと対化の対照考察をとおして明確にし、カップリング（対化）をとおした身体環境の生成を、解明していくことにしたいと思います。

第一節　リハビリの現場でのカップリングの働き

文頭の引用にあるように、リハビリのプロセスそのものが、セラピストと患者のあいだのカップリングである、とするならば、リハビリの現場で、いったいどのようにカップリングが生じているのか、考えてみましょう。

（1）『発達とは何か』の序章で、「Aくんというプロセス」について、人見氏は、二歳のAくんの様子を、次のように描いています。（a）「Aくんの身体は、常に努力をしていなければ滞ってしまう呼吸と突然全身が反り返り呼吸も止まってしまうほどのジストニックな強い緊張（不随意で持続的な筋肉の収縮）をもっていた」（一四）[2]。（b）「呼吸が苦しいときにはじっと耐えながら、ただ苦しいという感じを感じていたが、それが楽になると大きく息をついてやっと戻ってこられたというかのように微笑んだ」（一五）。（c）「三歳からは介助がなくても呼吸が落ち着き始めたが、姿勢が変わるときには必ず反り返った。このようなときには『前』へ来るように声をかけ、『前』とは胸の方であることを伝えると力が抜け、容易に前へ抱きおこすことができた」（一五）。

では、ここでこのように描いている人見氏に見えて、感じていること、そして、Aくんとのあいだにどのような、またどのようにカップリングが起っているのか、考えてみましょう。そのとき、まずいえることは、（a）の描写は、距離をもった第三者的視点にたった観察の描写である、と性格づけられるのに対して、（b）の場合、「苦しいという感じを感じていた」と描くということは、Aくんの感じを、直接、感じているのではない（人見氏ご自身が呼吸困難に陥って苦しんでいるのではない）にしろ、Aくんが「自分の身体に起る変化を感じとる能力があることが察せられた」（一五）、とあるように、正確にいえば、「感じていると察せられた」ということになります。リハビリにさいして、患者が、何をどう感じているか、察しうることは、決定的に重要です。これなくして、感覚の変化を感じ合う、カップリングは、生成し得ないと思われます。（c）の描写は、そのカップリングが、明確に生じていることの描写とみなすことができるでしょう。「『前』へ来るように声をかけ、『前』とは胸の方であることを伝えると力が抜け」、ということは、セラピストが患者に声をかけ、患者の方は伝えられたことが分かって「力が抜け」た、というセラピストと患者とのあいだに生じる一連のプロセスが、カップリングの内実を示している、ということです。ではここで、（b）と（c）のなかで何がおこっているのか、詳しく考えてみましょう。

（2）「感じていると察せられた」というときの、「察せられた」という言い方と、「察した」ないし、「推察した」という言い方には、微妙な言い方の違いがあります。その違いは、「感じた」というのと、「感じられた」、そして、「思った」と「思われた」という言い方の違いと同じです。相手に対して「御心痛、お察し致します」、あるいは、「事情をお察し下さい」、というとき、それぞれ、察する内容が決まっていて、「察する」は、目的語をもつ他動詞である、と文法で説明されます。「ご推察申し上げます」と丁寧にかたっても、それは同じです。それに対して、「察せられる、感じられる、思われる」は、他動詞の場合の行為する人の積極的関わりが、前提にされません。文法でいえば、自発形という「〜れる」、「〜られる」という助動詞が使われ、「自然にことが起ること」が表現されます。

ということは、セラピストとして、どんなに一所懸命に患者の感じを察しよう、推察しようとしても、自然に「感じられないもの、察せられないもの、推察されないもの」は、「感じ、察し、推察する」ことはできません。どうしてでしょうか。なぜなら、「感じられる」ことが先に起らないと、「〜と／〜を感じる」という表現は、なりたたないからです。「感じられないものを感じることはできない」からです。このことが、もっともはっきり現れているのは、重症脳性マヒ児の場合、「自分の身体の重さが感じられない」、ということにおいてです。このとき、セラピストは、その幼児が、「身体の重みを感じていない」、ということが、察せられるのでなければなりません。では、「〜を感じていないこと」が察せられうるのは、どうしてでしょうか。

そのためには、「感じていること」と、「感じていないこと」との違いが察せられる、のでなければなりません。「感じられるということ」が、自然に起って、「感じる」ということが成立するのですから、その幼児が、「身体の重みが感じられていない」ことが察せられる、ということは、「感じられないこと」と「感じられること」との違いが察せられている、ことでなければなりません。

このとき、この違いが「察せられる」、（むしろ「感じられる」が適切な表現だとおもわれますが、）この感じられるか、感じられないかの、もっともはっきりした「感じ分け」が、「『前』とは胸の方であることを伝えると力が抜け、容易に前へ抱きおこすことができた」という文章（c）に、表現されています。というのは、「力が抜け」、ということは、抱くときに直接、Aくんの身体に触れ、抱くときのAくんの身体の緊張が、直接、はっきり感じられていた、まさにその感じがなくなる、つまり「抜ける」感じとして、セラピストに感じられている、ということを意味するからです。Aくんの身体の力が抜けるのは、抱いているセラピストには、まるで自分の身体の力が抜けるときのように、直接、感じられます。逆に力が入るときも同じで、力が入ったそのとき、直接そのことが、セラピストに、自分の身体に力が入ったように感じられます。

（3）この人見氏が、直接、Aくんの身体の力が抜けることが感じられる、と表現するときの「感覚の変化」の「感じ分け」は、次の症例でさらに明確になります。それは、人見氏が四歳になる仰向けになっているBちゃん（女の子）の手を包むように受け止め、Bちゃんの身体の中心に向けて一緒に手を動かそう、とするときに、Bちゃんの手の動く萌しが、しっかり感じとめられていることに現れています。人見氏は、Bちゃんの手の動く萌しが、感じられるので、「まだだよ、一緒に行こう」、ということができます。「一緒に動く、共に動く手」、という運動感覚を共有する、「共に生きる体験」こそ、セラピストと患者、むしろ、人と人のあいだに生じる、カップリングの内実であると思えます。このとき起こっているカップリングの内実は、直接、両者のあいだに、自他の動きがぴったり一致する、という一つの運動感覚の持続として、両者に体験されています。このことは、人称関係の観点からして、一人称の描写でも、三人称の描写でもなく、互いに相手に向き合う二人称の関係にあることが、強調されねばなりません。そもそも人見氏が、「まだだよ」といえることは、当然ですが、Bちゃんが手を動かそうとすることが、直接、感じられているからです。では、この他でもない、Bちゃんの、「動こうとする萌しが感じられる」ということは、いったい、どういうことでしょうか。

「手を動かそう」、とするということは、「意図を含んだ運動」であることを意味します。この意図を含んだ随意運動と、意図を含まない不随意運動の違いは、社会生活をおくる私たち成人にとって、各自の自由な行動の責任が問われるとき、はっきり自覚されているものです。故意に行われる行動か、そうでないかの区別がつかなければ、自分の行動に責任がとれません。Bちゃんが「手を動かそう」、とするその「起こり」が、感じられるということは、セラピスト自身の感じる「随意運動」と、「不随意運動」の運動感覚の違いが、起こり始める随意運動の萌しを、「随意運動」として、感じられるさいに、「感じ分けの基準」として役立っている、としてしか考えられません。自分が、「自分の手を動かそう」とするときの運動感覚と、Bちゃんが「手を動かそう」とするときの「動きの起こり」の運動感覚が、ぴったり一致するからこそ、セラピストが、「まだだよ」といえるのであり、Bちゃんもそれに応じて、動きを止め、改めてもういちど、セラピストとぴったりいっしょに、手を動かすことができるのです。

他方、Bちゃんの側からみて、「まだだよ」といわれるときと、「いっしょ行こう」といわれて、それがうまくいき、「そうそう、じょうず、じょうず」といわれているときとの感じ分けができている、つまり、「まだ」といわれるときのBちゃんの手の動きの感じと、「いっしょ」といわれるときの、セラピストとBちゃんの手の動きが、ぴったり一致しているときの感じとが、セラピストの、「まだ」というときと、「いっしょ」というときの語りかけの違いとともに、しっかり感じ分けられるようになっていくことを意味しています。そして、Bちゃんの側にしろ、セラピストの側にしろ、このとき、もっとも決定的であるのは、「手の動きの起こり」を、「起こり」として、つまり、「起こる前と、起こったときの起こり、という変化」として、気づけて（感じ分けて、原意識できて）いることとです。起こる前と後の感じ分けが、Bちゃんの側にも、セラピストの側にも、二人にとって、感じ分けられる同質の感覚の変化として、相互に確かめられあっているのです。このことは、実際に、Bちゃんが、セラピストの語りかけに応じて、「一緒に手を動かすこと」が、できていることに、はっきり現れています。そしてこのとき、Bちゃんとって、自発的に身体を動かす原点になりうるのは、「まだ」のときに、すでに起こってしまっている動きの起こりの感じと、「いっしょ」に動くときに感じている動きの感じ、との違いです。セラピストの手の動きと、ぴったり一致して動いている自分の手の動き、つまり、いっしょに動いているときの持続、すなわち、《いつ》この「いっしょ」が始まり、《いつ》終わるのか、この持続が始まる前と終わった後、この持続の前後関係、いいかえれば、感覚の持続と変化が、Bちゃんにとっての時の刻み、時間の流れの成立を意味します。こうして時間の前後関係が、感じ分けられているのです。

このことは、始めに述べられたAくんの場合も、同じです。人見氏に、「前に」といわれて、胸の方の前と、前になる以前の後ろとの区別ができ、それにしたがって「前かがみ」になるとき、身体の緊張がほどけ、力が抜けるという、「緊張―前かがみ―力が抜ける」という一連の感覚の変化が、直接、Aくんに感じ分けられている、のでなければなりません。そうでなければ、セラピストの声に即して、前かがみになることはできず、それによって力が抜け、抱かれやすくなる、ということが実現されえないからです。

第二節　カップリングと対化

これまで、AくんとBちゃんのセラピーを事例にして、セラピストと患者のあいだに生じうる、カップリングの内実に迫ろうとしてきました。ここで、さらに、カップリングの内実により接近するために、フランスの現象学者N・デプラスが、オートポイエーシス論の創始者の一人であるF・ヴァレラとともに考察されたとする論稿で、フッサール現象学の受動的綜合の根源的形式とされる「対化（Paarung）」と、オートポイエーシス論のカップリング（coupling）の共通点と相違について述べていることを、参考にしてみましょう。それによれば、これまで言及されてきたように、「両者は、同じ四つの構成要素を含んでいる。すなわち、（1）身体への投錨性、

（2）時間に基づく力動性、（3）関係的意味、（4）必然的に他者性を許容する連結の創造である。これらの構造は、一方で、フッサールの発生的現象学において対化（Paarung）という名称で、他方で、チリ学派のオートポイエーシス論においてカップリング（acoplamiento）という名称で知られているものである」[4]、とされています。では、この四つの構成要素に即して、セラピストと患者のあいだに生じるカップリングに、迫ってみましょう。

（1）「身体への投錨性」というのは、対化も、カップリングも、身体において働いている、ということを意味しています。その身体相互のかかわりにおいて、もっとも生き生きした、根源的かかわりといえるのが、身体接触といえます。Aくんのときも、Bちゃんのときも、セラピストの触れる手を、受け入れている、ということが、決定的に重要なことです。このセラピストの触れる手を受け入れ、動きを共にするとき、どうして、受け入れることができ、どうして、共に動くことができるのか、問われなければなりません。このとき、順番は、逆ですが、どうして共に動くことができるのか、という論点から考えてみましょう。

① このとき、「自分の身体を動かす」ときの随意運動と、身体がまず先に動いて動いた直後に、それに気づく不随意運動のときの、それぞれに感じる運動感覚の違いについて、まず考えてみます。両者とも、同じく身体の動きですが、その動きについての気づき方が違っています。不随意運動の場合、勝手に先に身体が、動きます。幼児の運動の発展において、誕生後、不随意な本能的な身体の動きであるGM（ジェネラル・ムーブメント、運動パターンの複雑で流暢な自発的運動）がみられます。運動発達の「U字型発達モデル」は、この不随意的な身体運動であるGMが、二ヶ月期に入ると凍結期にはいり、その後その凍結が、解放されることで、随意運動の成立がみられてくる、としていいます。小脳を中心にした皮質下と、大脳皮質の間の「ニューロン電位振動子間の相互

の興奮や抑制をとおして、相互作用が成立し、その同期をとおして、運動の制限とパターン化が成立すること」[5]で、随意運動生成の準備が整う、とされるのです。

②このことを、志向性の観点から考察すれば、随意運動には、「動きたい」とする「意識生」の関与が認められることから、大脳皮質をへた運動制御には、能動的志向性が働き始めている、といえます。それに対して、本能的な不随意運動は、自我の関与を含まない、受動的志向性による受動的綜合である連合（その根本的形式が対化）をとおして、成立しています。そのさい重要であるのは、能動的志向性による能動的綜合は、受動的志向性による受動的綜合を前提にしてしか、機能し得ませんので、不随意運動が、成立していないところで、随意運動は、生じようがない、ということです。ということは、随意運動が働くときに感じられる「ゼロのキネステーゼ」[6]は、本能的不随意運動が、生成することなくして成立しえない、といえるのです。

③となれば、「ゼロのキネステーゼ」の生成に向けられたセラピーは、不随意運動そのものの十分な形成をうながすセラピーをとおして、可能になることを、意味しています。そして、ここで問題になっているカップリングと対化の一側面である「身体性への根づき」とは、まさに、意識によって制御する以前の意識にのぼらない不随意運動を成立させている、受動的綜合である連合（対化）の形成（言いかえれば、カップリングの形成）を、意味しているのです。したがって、ここに示されている身体性の特徴は、「気づかれない、意識にもたらされる以前の身体が生存しようとしている」、ということなのです。

④気づき以前を生きる身体こそ、セラピストの触れる手を受け入れるか、受け入れまいとするか、そもそもセラピストの接近をどう受け止めるのか、セラピーの成否を、決定づけるものです。脳性マヒ児のリハビリテーションにあたり、幼児や小中高生がリハビリをどのように受け止めているかが、肝要なこととなります。「お母

さんが喜ぶから」、とか「リハの後ジュースが飲めるから」とか、幼児は本当の動機をもっているものです。とりわけ、セラピストの触れる手の受け止めは、「生きる身体」の根本的動機にかかわるものであり、受け入れる準備ができ上がっていない身体にとって、外からのすべての刺激は、得体の知れない感覚の洪水であることが、想定されます。このような状況を人見氏は、仰向けから横向きにしようとするだけで、号泣してしまうWくんの症例を挙げるなかで、「姿勢を変えたり視界が急に変わったりすることがとんでもなく怖いのだということがわかってきた」(7)、と書いています。

⑤　このような感覚の秩序が、身体にあって形成されるか、されないか、という問題については、感覚障害とされる自閉症患者の場合を、参考にすることができるかもしれません。というのも、自閉症にみられる感覚の秩序の形成について、D・ウィリアムズの語る「物をペアにして」感じることが、起こってしまったパニックを、緩和するよい方法である、という指摘がみられるからです(8)。もちろん、ここで努力して「ペア(対)に」しなければならない、ということは、普通は、あえて、対(ペア)にする必要もなく、対になって感じられ、受動的綜合である「対化」が、意識にのぼらずに生じている、ということを、逆に論拠づけていることにもなっているのです。視覚であれ、触覚であれ、聴覚であれ、リズミカルな刺激の繰り返しをとおして、対(ペア)が対(ペア)として成立しているのが、身体に根づいた対化と、カップリングの働きによるものなのです。

(2)　感覚のリズムがリズムになるには、また、繰り返しが繰り返しになるには、そして、「ペアがペアになる」には、時間の規則性が欠かせません。対化とカップリングの第二の共通点といわれる「時間の力動性(ダイナミズム)」が、ここで重要な役割をはたすことになります。先に挙げた人見氏がBちゃんの手を包むように受け止め、「さあいっしょにいこう」、「まだだよ、いっしょだよ」と語りかけるとき、まさに「いっしょの今の動き」、「いっしょにならなかった、早すぎた動き」、「いっしょにならなかった遅すぎた動き」など、二人のあいだに生きた時間が体験されています。この「今、前、後」などの時間の意味の区別が、両者のあいだに共有される時間体験の内容です。このような時間体験は、どのようにして、――つまり、これがカップリングと対化の生じ方を意味する――なりたっているのか、明らかにすることが求められます。

①　そのさい、まず取り上げられるべきは、F・ヴァレラが、「現在」といわれる「今の意識」は、どのような構造と働きをもっているのかについての分析で、カップリングの重要な役割を示していることです。ヴァレラは、現在の意識の成り立ちを、感覚刺激が与えられ、それが意識にもたらされ、言語表現にもたらされるまでの三段階で考察し、意識にもたらされる二段階目が、現在意識の中核を占めており、ここに当のカップリングが働いている、としています。第一段階で与えられた感覚刺激は、この第二段階において、それをきっかけにして生じる「神経アセンブリ〔組成〕の自己選択」をとおして、現在意識として「創発」されるとされます。この神経アセンブリの自己選択の過程が、神経細胞間の「共時的カップリング」とよばれ、このカップリングは、〇・五秒かかって生滅する、とされます。[9]この自己選択は、上に述べた「二ヶ月革命」を期に、GMの凍結と凍結後の解放による随意運動の生起と対応づけると、皮質下と皮質をとおしたニューロン電位振動子間の相互の興奮や、抑制（相互作用）による同期、つまり「ニューロンの急速な過渡的位相固定をとおした選択」、といえるでしょう。

②　通常、〇・五秒後に、感覚刺激が意識にのぼるとされますが、脳性マヒ児の場合、この〇・五秒が延長して、二、三秒後に意識される様子が、みられます。たとえば、視覚課題として、パネルに描かれた視覚像が与えられて、視覚上の感覚刺激を、秩序だって感じとることができず、恐怖で泣き出すのですが、その刺激が与えら

れて即座に、泣き出すのではなく、二〜三秒後あとに、泣き出す場合があるのです。この場合、注意せねばならないことがいくつかあります。まず第一に、このズレは「さあ、いっしょに行こう」、「まだだよう、いっしょだよ」というときと同じように、セラピストと患者とのあいだで、そのつど感じられているズレである、ということです。Bちゃんとのセラピーの場合に、「いっしょに動く」ときの「ぴったり感」は、セラピストが、自分の手を動かそうとするときの、その動きの起こりを、感じ分けるときと同じような精度で、感じ分けられていることです。自分の両手の動きが、ぴったり一致しているときと同じようなぴったり感です。これはもちろん、意識にのぼっている「ぴったり感」です。しかし、セラピストは、この意識にのぼっている同じ明らかさで、Bちゃんの「ぴったり感」が実際に感じられているのか、いないのか、意識として直接、体験することはできません。しかし、確実なことは、Bちゃんが、この「ぴったり感」を目指して、自分の手の動きを、制御しようとしている、ことであり、それがうまくいけば、「じょうず、じょうず」とほめられることに向かっている、ということです。それをとおして「動かす」という能動的志向の充実、予期されるぴったり感に向けられたキネステーゼの充実が、「いっしょというそのとき」に生じるか、それ以前か、それ以後かの感じ分けが、「ぴったり感」の生起や、ズレとして、セラピストとBちゃんのあいだの感じ分けの体験として、共有されているのです。Bちゃん自身の内部での、キネステーゼにむけたカップリング（つまり、〇・五秒間に生じる神経細胞アセンブリによる自己選択）の働きは、セラピストの手の動きによって自分に与えられるキネステーゼ（他動によるキネステーゼ）と、ぴったり一致するように、自分のキネステーゼを、起こそうとするのです。Bちゃん自身のカップリングは、ただ、自動機械のようにかってに生じているのではありません。カップリングによる意識の創発は、他の生命システムをも含めた周囲世界との相互作用（interaction）に向けて、生命システムと周囲世界とのカップリングに向けて、生じています。

③　Bちゃん自身のキネステーゼとして発現するカップリングは、セラピストのカップリングとの一致に向けて、生じようとします。「ぴったり同時に」、に向かっているのです。つまり、生命システムと周囲世界のあいだの相互作用（現象学では相互覚起といわれます）をとおして、「ぴったりという同時性の今」、「まだだよ、といわれるときの到来していない未来」、「遅れた場合の過去」、という時間の意味が、そのつど、セラピストと、Bちゃんのあいだに、共に体験されているのです。時間の意味は、こうして、セラピストと患者のあいだのカップリングの共有体験として、いわば、お互いの二人称体験として間身体的に生起しているのです。

このシステム間（現象学での「モナド間」）の時間の生成における、カップリングの機能は、ヴァレラにおいて、とりわけ「未来の契機としての触発」の分析において、相互作用から生じる時間の生成として、明確に呈示されています。このことをヴァレラは、「運動を実行しようとする志向は、様々な程度の情動的トーンにおける変化とカップリングされている[10]」、と述べています。触発は、特定の情動的トーンを、つねにともなう生き生きした現在において、印象を待ち受ける触発力の強度を、変化させています。

先程、述べた「じょうず」とほめられる、という情動的トーンの変化に応じて、その変化を予期することに、運動の志向の充実が、向けられている、ということなのです。このようにシステム間に生成する、カップリング相互の一致とズレが、真の時間の成立を、意味するのであり、時計などの計器の計測によって決められている、三人称的観察のさいの客観的時間は、その時間の意味（過去、現在、未来などの意味）を、この真の時間の意味から借用しているにすぎないのです。カップリングと対化の第二の共通の側面である、「時間性のダイナミズム」とは、まさに、真の時間と、その意味の生成に他ならないのです。

（3）　デプラスが三番目の「関係的意味」で表現したいのは、カップリングが、「閉じていると同時に開いている」という関係性を、主観的意味と客観的意味が、相互に関係しながら、同時に成立する、ということと、対化の場合も同様に、身体において主観性としての心と、客観性としての物（的身）体、という主観的意味と客観的意味が、同時に、連合をとおして成立する、という共通性なのです。この「心身関係」を例にとれば、「意味」はすべて、通常、意識された心の働き（主観性）によって生じる、と考えられています。しかし、（1）と（2）でいわれているように、感覚の意味内容（たとえば色とか音とか、触覚や運動感覚などの感覚質の感じ分け）は、意識にのぼる以前に、カップリング、すなわち対化をとして、すでに成立して（現象学では、「先構成」されて）います。意識された心の働きとされる概念的把握以前に、感覚の意味の感じ分けが、すでに成立しているのです。

もしそうでないと、見ただけで、相手の行動の意図が分かるときに機能している、とされる、ミラーニューロン[11]における運動系と知覚系の意味の連合は、説明できないことになります。なぜなら、すでに感じ分けられ、意識されたキネステーゼと、同じように、感じ分けられ、意識された視覚像とのあいだに、感覚質相互の「意味の交換、あるいは翻訳」といったことは、成り立ちえないからです。キネステーゼの感覚の質そのものが、色や形の感覚質に変化したり、変換すること、あるいはその逆に色や形の視覚的感覚質が、キネステーゼの感覚質そのものに変化したり、変換することは、考えられないからです。いわゆる「共感覚」を別にして、キネステーゼが、そのまま視覚像に変化したり、その逆もありえないからです。

（a）　ミラーニューロンの働きを、運動系と知覚系のあいだのカップリング（対化）として、みたとき、この運動する意味の働き方を、より明確に理解することができます。ヴェレラのいうように、「運動の志向が情動的トーンとカップリングしている」ということは、いっしょに動こうとするAちゃんの運動志向は、セラピストに褒められる、という情動的トーンの変化（促進されるか、抑制されるかの変化）に対応するように、その充実／不充実が評価・選択されている、といえないでしょうか。つまり、このカップリングにおける主観的意味と、客観的意味の関係性、という観点からするとき、主観的予期として働く運動志向が、生起することと、その予期に含まれた「褒められる、という情動による行動の肯定」が充足するか、しないか、という客観的評価（現象学における衝動志向性の充実／不充実、すなわち、神経アセンブリの共時的カップリングによる自己選択の成立／不成立）との関係性が、そのつどのリハビリに生成している、といえるでしょう。

（b）リハビリにおけるセラピストと患者のあいだに、そのつど生成している情動的関係性の重要性は、まずもって考察外にして、運動系に含まれる触覚、及びキネステーゼと、知覚系に属する視覚とのカップリングの例として、セラピストが患者の手をとって、パネルに張られた物の表面を「見ながら触る」、「眼を閉じて触る」、「再度眼を開けてどれに触ったか、見て当てる」という練習で、どのようにカップリングが、生じているのか、考えてみましょう。このとき、ヴァレラとマトゥラーナの描く、構造的カップリングの図式を参照してみます。

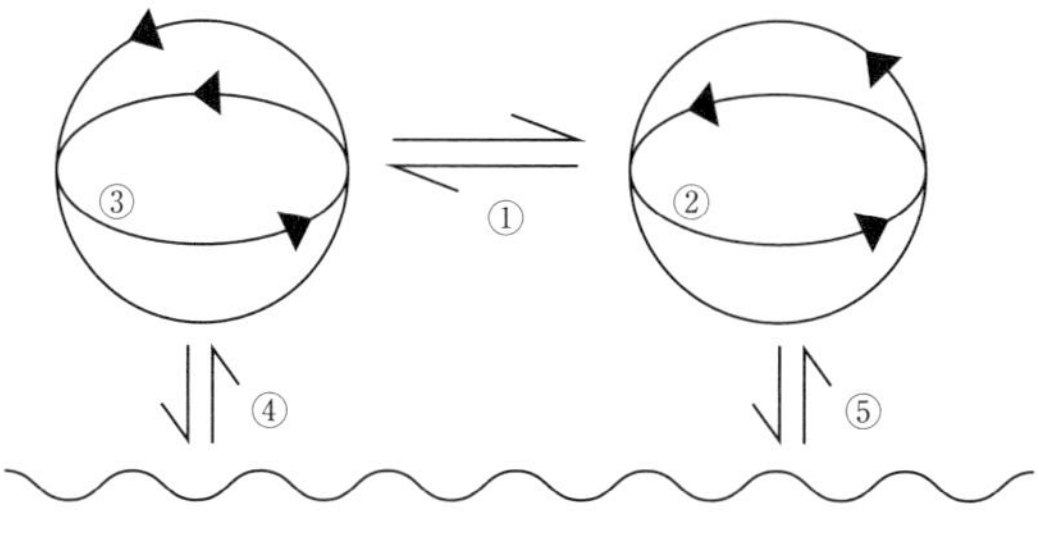

図７『知恵の樹』212頁より

この図７で、円の内部に描かれた②と③の円は、それぞれ、セラピストと患者の神経ネットワークのカップリングを意味しており、それぞれの言語や自意識の働きを描いていきます。①は、セラピストと患者のあいだに働くカップリング、④は、患者と、患者の周囲世界（〜線の連続で表記）とのあいだに働くカップリングであり、⑤は、セラピストと、その周囲世界のあいだに働くカップリングを意味しています。この図をもとに、先のリハビリの課題の内実を、考えてみます。セラピストは患者（幼児）に「さあ、いっしょに触ろう」、と語りかけながら、幼児の手を包むようにもちつつ、波線の周囲世界にあたる、パネルに張った物の表面に触れます。セラピストが①をとおして、②の働きと同時に、③に働きかけ、セラピストの手の動き（患者の自発的動きでないので「他動」という）で、④を遂行します。④のさいの周囲世界は、パネルに張られた物の表面です。ここで大切なことは、①、②、③、④と順番に記述していますが、実は一つのことを、諸相に分けて書いているだけ、であることです。というのも、セラピストの⑤のカップリングが、②のカップリングをとおして、一つの相互作用（カップリング）として、起こっているときのように、セラピストが、①の身体性と社会性を介して、患者に語りかけながら（つまり、③のカップリングに働きかけながら）、④のカップリングをとおして、ちょうど、⑤のカップリングをとおしてと周囲世界に向かうように、二人が、同時に物の表面に触れるからです。ただし、このとき、セラピストが、一人で②と⑤をとおして周囲世界にかかわっているときと違って、患者の③と④のカップリングにさいして、③の運動系と知覚系のカップリングの働きが、十分に機能せず、キネステーゼの十分な形成がなされていません。このとき患者が、セラピストの他動で、④をとおして、パネルに張られた物の表面に触れることは、実は、セラピストの②と⑤による物との接触と同じことが、なされているのですが、患者にとって、セラピストの②と⑤のカップリングを、そのまま遂行するのではなく、まるで、②と⑤をとおしてであるかのように、③と④を行おうとする、擬似的な遂行なのです。

（c）この擬似的遂行を、模倣ということもできます。そしてその模倣の内実は、セラピストの②のカップリ

ングを、kをキネステーゼの略号として、vを視覚像の略号として表記すれば、

$$\begin{array}{ccccccccc} k_0 & — & k_1 & — & k_2 & — & k_3 & — & \cdots \\ | & & | & & | & & | & & \\ v_0 & — & v_1 & — & v_2 & — & v_3 & — & \cdots \end{array}$$

となり、患者の③のカップリングは、

$$\begin{array}{ccccccccc} (k_0 & — & k_1 & — & k_2 & — & k_3 & — & \cdots) \\ (\,| & & | & & | & & |\,) & & \\ v_0 & — & v_1 & — & v_2 & — & v_3 & — & \cdots \end{array}$$

と表記できます。（　）づけによって、（　）づけられた内実が、いまだ機能していないことを、表現しています。

セラピストの②のk_0—k_1—k_2—k_3——……のとき、kの持続が、実線（—）で結ばれていますが、これは、kの持

続が、過去把持と未来予持である連合をとおして、持続として成立していることを、意味し、k_0—v_0（実際はタテに描かれている）の実線—による連合は、能動的志向性である動機として働くキネステーゼ（主観的意味）と視覚像（客観的意味）とが、対化連合（カップリング）によって、結合していることを意味しています。セラピストが⑤を遂行するように、患者の④を他動で行うことは、患者にしてみれば、他動による④の遂行によって、セラピストの②のキネステーゼであるk_0—k_1—k_2—k_3—……の系列が、意識に上ることなく遂行されることで、視覚像の系列であるv_0—v_1—v_2—v_3—……の対として、連合（カップリング）しているはずのkの系列との結びつきが、予期される状況を、作り出しているといえるのです。

（d）成人の脳性片マヒのリハビリにさいして、セラピストによる他動をきっかけに、ともに患者が健側（健常な側）を自動で（自分で）動かす場合、セラピストの②の場合と同じように、kとvの系列の連合（カップリング）が生じています。このことから、セラピストが患者の健側を他動（他者の動き）で動かしたあとに、患側を他動で動かすとき、患側の場合に欠損しているkの系列が、過去把持されていた健側のkとvの系列と比較され、kの欠損そのものが、きわだってきます。このような、機能しているはずの志向性が、まさに、その志向性の欠損をとおして、原意識にもたらされるその典型的な例があります。それは、これまで何回となく取り上げられた事例で、母親が幼児の喃語を模倣することによって、キネステーゼそのものの志向性が、母親が喃語を発するさいに、幼児に欠損している「ゼロのキネステーゼ」として、原意識される事例です。この欠損として、いったん原意識にもたらされたキネステーゼは、それ以後、それが予期として働き、満たされる（充実される）ことをとおして、ますますその志向性としての特性が、明確に原意識されるようになるのです。

（4）　さて、四番目の共通点で挙げられている、「他在（ないし他者性）」の成立、ないし他であるものとのかかわりの必然性」について、考えてみましょう。このことは、実は、すでに（3）のなかで間接的に述べられていること、といえます。というのも「ゼロのキネステーゼ」と、「ゼロの視覚野」が、形成されるということは、「内なる自」と「外なる他」の区別の成立を意味し、内なるキネステーゼと、外なる視覚野とのあいだの、異質の感覚野間の対化連合（カップリング）の同時的成立を意味したからです。そして、ゼロのキネステーゼの成立にとって決定的に重要であるのは、セラピストの語りかける、「さあいっしょに行こう」をとおして、随意的運動にともなう「ゼロのキネステーゼ」の気づきへと、導くことです。そのさい、（2）で描かれているように、「まだ」や、「いっしょ」に含まれている、区別された時間体験の共有、つまり共働体験による共有時間の体験をとおして、ともに動くというゼロのキネステーゼの共有体験によって、他者の関わりのある体験と、その体験後の自分単独の場合の、ゼロのキネステーゼの体験との区別が、なされることになります。

このとき重要であるのは、セラピストによる関わりです。つまり、一緒に身体を動かす、という促しをとおして、患者に随意運動の動機づけを、生じさせうる、ということです。このとき不随意運動が、準備されていて初めて、随意運動が生起する可能性が、開かれるのですが、その「きっかけ」を与えているのが、セラピストなのです。このことをフッサールは、高次の段階にある能動的志向性が、その志向性が、覚醒していない潜在性においてある、同趣の志向性に働きかけ、覚醒を促す、といっています。言い換えれば、セラピスト（他者）の関わりがなければ、幼児の自己の形成はできず、幼児にとって与えられている、周囲世界の側からの、幼児に潜在的に与えられている「自己」への働きかけが、あって初めて、潜在的志向性として与えられている「ゼロのキネステーゼ」が、覚醒しうるのです。

図5に見られるように、生命システムと周囲世界のシステムのあいだのカップリングは、重層的構造をもっており、セラピストは①のカップリングをとおして、患者の③と④のカップリングが作動し出すように、働きかけます。実は、この働きかけは、患者が幼児の場合、すでに胎児のころから始っている、といえます。しかし、ここで注意せねばならないのは、すべてのカップリングにおける相互性、という規定です。セラピストの働きかけとはいっても、決して一方的に影響を与えるのでないことは、当然のことであり、現在、顕在的である志向性と、潜在的に存在する志向性の覚醒化をとおしてしか、幼児は、成人の働きかけに、対応できないのです。

改めて、カップリングと対化における他者性の契機について、次のようにまとめることができるでしょう。

（a）カップリングの図5で①のカップリングの場合の他者性の契機は、①の矢印←によってセラピストの側からの働きかけとして、記されています。このとき、しかし矢印→に対応しうるのは、幼児の患者の③のうちに覚醒化された本能志向性と、習慣化された衝動志向性に限られます。ところが、脳性マヒ児の場合、神経ネットワークの形成が、制限されており、通常のカップリング①に対応しきれず、③の内部のカップリングの生成そのものが、リハビリの課題とされます。そのさい、乳幼児の原共感覚からの、個別的感覚野の生成の観点が、重要な役割を果たすことになります。[12] このとき、上に述べた志向性の不充実による直観化のプロセスの分析が、カップリング（連合）の生成の解明に、大きく寄与することになります。

（b）カップリング、ないし対化そのものの形成が、問われるとき、他者性の契機に関連づけて、明らかになるのは、リハビリにさいして、他者性の働きかけに応じて、患者の側の潜在的志向性が、覚醒し、その機能を高める可能性に開かれていることです。この事例として、適切といえるのが、D・ウイリアムズが、パニックに陥った自閉症児にたいして、その子の腕をとり、リズミカルにその腕を軽くたたきながら、その子の中に同じリズムの対化連合が、生成するように、促すことです。そのさい、リズムに合わせたメロディーを歌うことも、聴覚とひとつになった、全体的リズム感の連合（カップリング）が、生じることで、それをとおして、パニックが、収まってくる、というのです。他者に起因する幼児への働きかけが、共有体験にもたされている好例といえます。

（c）この生きた身体を介した、セラピストのかかわりの重要さは、両親による幼児へのかかわり方の場合に類似しており、身体に模した機械的な刺激の呈示だけでは、健常な発達が、見られないことにも明らかになると思われます。このことは、幼児が言語を習得するさい、テレビ画面の人物による繰り返しの授業と、身体をそなえた現実の人物による授業との大きな差としても、論ぜられています。このことは、図に描かれているカップリング①、②、③、④、⑤の構図からして、明らかなものとなります。セラピストの側の①における働きかけは、幼児の③の働き方に、感情移入しながらの働きかけであり、幼児の「動く動機」への働きかけであり、「準備ができているか、いないか、感じ分け」、「少し早めの場合、それをそれとして感じて、早い、といってあげられるか、どうか」、「じょうずにうまくいったときを、感じ分け、ほめてあがられるか、どうか」、また一緒に周囲世界に向かって、同じ行為を、行使する④のカップリングの場合、患者の身体をとおして、セラピストの身体が運動をともに遂行しています。この身体が一つになって働くことに、カップリング生成の中核がある、と思われます。受動的綜合の生起と、能動的綜合の遂行を、ともにするのです。能動的綜合が、一つのこととして、行われるとき、その準備としての受動的綜合の前提がいかようにあれ、能動的綜合の遂行のための制御に適応するかたちで、整えられていることを意味するのです。そしてこの一つの運動に、誘導しているのが、セラピストの能動的綜合としての身体運動なのです。

（d）このとき明らかになってくるのは、セラピストの身体が、ロボットの物的身体にとって代わることはない、ということです。最近、ＨＡＬといわれるコンピューターを、内蔵した帯身装具による、リハビリテーションの成果が、話題になり、ドイツでのリハビリにも、活用されていることが、知られています(13)。このリハビリの成果は、成人の脳障害の場合にあって、原理的に説明可能である、と思われます。というのも、成人の場合、すでに随意運動のさいのカップリングの層構造は、でき上がったものであり、運動系の障害による片マヒですので、大脳皮質からの運動命令が、抹消神経に届かないとき、その信号が、体内電位に変化を与え、それをコンピューターを経由して選択し、運動の作動に結びつけることは、神経生理学的に納得いく説明になります。しかし、幼児の重症脳性マヒ児のリハビリの場合、随意運動の前提になる不随意運動の形成も、定かでなく、随意運動のための「ゼロのキネステーゼ」の獲得そのものが、課題とされています。不随意運動の十分な形成と、随意運動の覚醒が、同時に課題とされているのです。このとき、特定の形成済みの運動信号を拾いとることは、できないのです。

第三節　カップリング（対化）による身体環境の生成の特質

さてここで、これまで述べられてきた内容を、哲学上の観点をとおして、特性づけることにしましょう。

①　カップリングの図５に描かれているように、カップリングの核心的特性の一つは、生命システムと、環境システムの間の相互作用（現象学でいわれる相互覚起）として作動する、という点にあります。環境が、一方的に生命を規定するのでも、また生命が、一方的に環境を規定するのでもなく、システム間のカップリングをとおして、主観としての生命と、客観としての環境が、初めて成立する、ということなのです。認識論的見地からみれ

ば、そもそも、主観と客観の対立は、構造的カップリングをとおしてのみ、成立することを、意味することから、生成済みの主観に立脚する観念論の立場も、同じく生成済みの客観に立脚する実在論の立場も、ともにカップリングの相互作用による「識別行為[14]」、そして対化の相互覚起による「受動的綜合としての連合」という認識論的源泉と根源に、達しえません。

なお、ここで注意しておかねばならないのは、オートポイエーシスで語られる「すべての行為は認識であり、すべての認識は行為である[15]」というときの「行為」とは、単細胞単体の行動をも含めたactの訳語であり、相互作用（interaction）のactを、意味していることです。この意味での「行為」は、ドイツ近代、及び現代哲学で語られる「認識と実践（行為）」の対立において語られる、「行為（Handlung）と実践（Praxis）」の意味での「行為」ではないのです。Handlungの意味の行為は、自由と責任の意識主体による行為に限定されるのであり、単細胞単体の行動に当てはめることはできません。身体環境について語られるとき、従来の近世哲学の二元論に立脚する主観‐客観の対立において理解できない、とするとき、ドイツ哲学における「認識と行為」の対立において、理解できないことを意味しているのです。

② そのことが、もっとも明白に了解されうるのは、カップリングと対化をとおして初めて成立しうる、「現在、過去、未来という時間の意味」の生成についての考察において、であるといえます。時間の意味は、「現在の意識」において、「神経細胞アセンブリの同時的カップリング」による自己選択をとおして、しかもセラピストと患者のあいだのカップリングの重層構造をとおして、「ぴったりした今」、「まだの未来」、「ズレてしまった過去」などの共有体験として獲得されます。時間の意味は、このように、生命システム間のカップリングをとおして生成しているのであり、計測される客観的時間そのものには、いかなる時間の意味もなく、意味は、こ

のカップリングによって獲得される時間の意味から借用しているに他ならないのです。空間の意味も同様であり、身体に根ざすキネステーゼをとおして、つまり生命システム間のカップリングをとおして、空間の意味（内外、上下、左右、前後）の区別が、成立しているのです。身体環境を語るさい、カップリングと対化をとおした時間と空間の意味の生成を語ることなく、いかなる言表も、無意味な言表にとどまることになります。

③　構造的カップリングは、重層的構造をなしていますが、構造的カップリングとして、一貫した規則性とみなすことができます。それに対して、相互覚起として作動している対化の場合、受動的綜合の根源的形式という特性に限定され、言語や自己意識における能動的綜合における、能動的志向性の規則性そのものには、妥当しません。神経ネットワーク内部のカップリングによる「言語と自己意識」の作動は、もはや「対化」である受動的志向性のみによっては、作動せず、能動的志向性である「知覚、判断、再想起、言語使用」等の能作をとおして、初めて可能になります。とはいえ、能動的志向性による能動的綜合も、受動的綜合の根源的形式とされる対化の特性である「相互覚起」を、そのまま前提にしており、そのことは、能動的綜合は、受動的綜合をつねに前提にし、能動的綜合が働くときは、いつもその前提としての受動的綜合が、働き済みであることです。ということは、身体環境は、系統発生上、高位の神経ネットワークのカップリングの作動する単体間のカップリングにおいて、つねにそのつど連続的に生成し続けることを、意味するのです。

④　身体環境は、それぞれの生命システムにとって、生命システム間のカップリングをとおして生成していきます。セラピストと患者のあいだに働くカップリングをとおして、それぞれの身体環境が、拡張されていきます。とりわけ、患者の側からするとき、そのカップリングの共同の作動をとおして、新たな身体環境が獲得され、世界に向かって生きることの意味の獲得が、遂行されうるのです。リハビリにさいしてのカップリングの働きに

注視するとき、患者の側の神経ネットワークのカップリングの形成とその解明が、課題とされます。この課題に正面から取り組んでいるのが、ヴァレラの主張する「神経現象学[16]」であり、この神経現象学のもつ方法論的特性は、リハビリに働くカップリングの性格づけに重要な観点を、提供しています。そのさい、もっとも重要な論点は、神経現象学の方法は、たんに、現象学によるとされる「一人称的考察」に、脳科学による「三人称的観察」を付け加え、互いに補足、補完し合うだけの方法ではなく、システム間の相互作用（相互覚起）の根本性格である「相互の二人称関係」が、方法論的根幹であり、カップリングの本質をなしていることです。相互作用と相互覚起は、三人称的観察による外からの観察結果なのではありません。この二人称的相互性こそ、本章冒頭に挙げたセラピストと患者のあいだに生じる「お互いに連動し、変化し合う」カップリングの内実なのです。

注

第一章　西田幾多郎とフッサールにおける直観と反省――新たな社会哲学を求めて

（1）本章、引用後のカッコ内の漢数字は、他の指示がない限り、西田幾多郎『自覚における反省と直観』岩波書店、一九一七年版の頁数とします。
（2）このロッツエの時間論に対する批判として、E. Husserl, Husserliana, Bd.X, S.19-23 を参照。
（3）上田閑照『経験と場所』一四一頁。
（4）同上、一四三頁。
（5）同上。
（6）同上、一四四頁及び次頁。
（7）同上、一四五頁。
（8）同上、一〇七頁。
（9）同上、一〇〇頁及び次頁。強調は筆者によります。
（10）同上、二一四頁。
（11）T. Izutsu, Die Entdinglichung und Wiederverdinglichung der „Dinge“ im Zen-Buddhismus, in: Yoshihiro Nitta (Hg.) Japanische Beiträge zur Phänomenologie, S.13-S.39.
（12）同上、二一頁。
（13）同上、二〇―二二頁を参照。
（14）藤田正勝『現代思想としての西田幾多郎』一八四頁及び次頁を参照。
（15）上田閑照『私とは何か』一六七頁及び次頁。
（16）同上、一三三頁を参照。

（17）M・ブーバー『対話的原理I　我と汝　対話』邦訳、一二頁。

第二章「予防原則」の理論的背景について

（1）ブリュッセルで二〇〇〇年二月二日に採択された文章です。邦語訳として、高村ゆかり氏の翻訳を参照にしながら、ドイツ語の文章からの翻訳で、内容を明らかにしていきます。

（2）丸山徳次「日本における環境問題とその解決の困難さ」、『エコ・フィロソフィ研究　別冊四号』二〇一〇年、東洋大学「エコ・フィロソフィ」学際研究イニシアティブ（TIEPh）事務局、四四頁を参照。

（3）丸山徳次、同上、四五頁。

（4）本章引用後のカッコ内の漢数字は、ほかの指示がない限り、一ノ瀬正樹『放射線問題に立ち向かう哲学』二〇一三年の頁数を示します。

（5）中西準子『原発事故と放射線のリスク』一四七頁以降を参照。

（6）一ノ瀬氏は、この仮現運動の成立を、「逆向き因果」で、説明しようとしますが、因果の方向を、逆向きにしようとすると き、残っている運動の起点が、過去把持されていなければ、逆向きの方向が、成立しないことを、見過ごしています。一ノ瀬正樹『功利主義と分析哲学──経験論哲学入門』二六六頁及び次頁を参照。なお、同趣の批判について、山口一郎『人を生かす倫理』四六──四九頁を参照。

（7）D・N・スターンの言う「個体的発達心理学から間主観的発達心理学への転換」を参照。D・N・スターン『乳児の対人関係理論編』を参照。

第三章　学際的哲学としての神経現象学の方法論

（1）F・ヴァレラ「神経現象学」（『現代思想』2001.vol.29-12）一二五──二七頁を参照。

（2）F・ヴァレラ／H・マトゥラーナ『知恵の樹』三〇二頁以降を参照。ここで、「固定観念」や、「先入観」や、「確信」などを、「認識することの認識」としての「反省的思考」にもたらすことの必要性が、強く主張されてます。

（3）メルロ＝ポンティが、フッサールの本質直観について、そこに含まれる超越論的事実性に起因する相対性（素朴さ）についてのフッサールの自覚と、その分析の方向性を、シェーラーの本質直観の絶対性に対する批判をとおして高く評価していることに注意せねばなりません。M．・メルロ＝ポンティ「人間の科学と現象学」（『眼と精神』所収）九一―九三頁を参照。

（4）F・ヴァレラ、同上、一二六頁。

（5）F・ヴァレラ、同上を参照。また、相互主観性の問いについての次の論述も参照。「私の意識は他者の意識と現象学的世界へと強固な網で解けないように結びつけられているのだが、人間的経験の構造の研究にとって、その結び付きのいくつかのレヴェルの考察が必須であることを早急に自覚したことは、現象学運動の中で最も重要な発見の一つである」（F・ヴァレラ、同上、一二九頁）。さらに、数学的対象の生活世界からの歴史的発生について、鈴木俊洋『数学の現象学』第一三章「技術から生まれた数学――生活世界からの数学的対象の発生」を参照。

（6）F・ヴァレラ、同上、一二六頁。

（7）F・ヴァレラ、同上、一三三頁。

（8）F・ヴァレラ「現在-時間意識」（『現代思想』2001.vol.29-12）一七〇―九八頁を参照。

（9）F・ヴァレラ「神経現象学」（『現代思想』2001.vol.29-12）一三三頁。

（10）F・ヴァレラ「現在-時間意識」（『現代思想』2001.vol.29-12）一八〇頁を参照。

（11）同上、一八七頁及び次頁を参照。

（12）M・メルロ＝ポンティ「人間の科学と現象学」、『眼と精神』所収、邦訳、九四頁。

（13）M・メルロ＝ポンティ『見えるものと見えざるもの』邦訳、四〇一頁。

（14）F・ヴァレラ「現在-時間意識」（『現代思想』2001.vol.29-12）一九四頁及び次頁を参照。

（15）同上、一七六頁。

（16）詳細については、山口一郎『人を生かす倫理』三五四―五八頁を参照。

（17）N. Depraz, The rainbow of emotions: at the crossroads of neurobiology and phenomenology, in: Phenomenology and the Cognitive Sciences, 2008. S. 239.

（18）M・メルロ＝ポンティ『見えるものと見えざるもの』邦訳、四〇一頁。

(19) Ｅ・フッサール、HM, Bd.VIII, S. 87. 強調は筆者による。
(20) この詳細については、山口一郎『感覚の記憶』第Ⅱ部第二章を参照。
(21) ウンベルト・マトゥラーナ／フランシスコ・バレーラ『知恵の樹』二九頁を参照。
(22) 同上、三四頁。
(23) 同上。
(24) 村井則夫『解体と遡行――ハイデガーと形而上学の歴史』一一六頁。ここで引用されているハイデガーのテキストは、M. Heidegger, Metaphysische Anfangsgründe der Logik im Ausgang von Leibniz, GA26, S.242。なお、このハイデガーの時間の自己触発における他者性の欠如については、本書三二一頁を参照。

第四章　カップリング（対化）をとおしての身体環境の生成

(1) 人見眞理『発達とは何か――リハビリの臨床と現象学』三〇二頁、青土社、二〇一二年。
(2) 本章第一節、引用後のカッコ内の漢数字は、人見氏の『発達とは何か』の頁数をさしています。
(3) 以下の描写は、人見氏のリハビリを見学したさいの、私信のやり取りから、引用させていただいたものです。これについて、山口一郎『感覚の記憶』二四九頁以降を参照。
(4) N. Depraz, The rainbow of emotions: at the crossroads of neurobiology and phenomenology, in: Phenomenology and the Cognitive Sciences, 2008. S. 239.
(5) 山口一郎『感覚の記憶』二二七頁。
(6) Ｅ・フッサール『間主観性の現象学　その方法』五〇二頁。この「ゼロのキネステーゼ」に関して、人見眞理「『ゼロのキネステーゼ』までに」、『現代思想　総特集メルロ＝ポンティ』所収、二〇〇―一一頁を参照。
(7) 人見眞理「『ゼロのキネステーゼ』までに」、『現代思想　総特集メルロ＝ポンティ』所収、二〇〇三頁。
(8) 詳細について、山口一郎『存在から生成へ』三五七頁以降を参照。
(9) このことの詳細については、山口一郎『人を生かす倫理』三五四―五八頁を参照。
(10) Ｆ・ヴァレラ「現在-時間意識」（『現代思想』vol 19-12）二〇〇一年所収、一九二頁。

（11）ミラーニューロンの発見については、G・リゾラッティ／C・シニガリア『ミラーニューロン』紀伊國屋書店、二〇〇九年を参照。
（12）幼児の原共感覚から個別劇感覚野の発生については、山口一郎『感覚の記憶』二三五頁以降を参照。
（13）ホームページ「サイバニクス・グループ山海研究室」を参照。
（14）F・ヴァレラ／U・マトゥラーナ『知恵の樹』四九頁。
（15）同上、二九頁。
（16）F・ヴァレラ「神経現象学」（『現代思想』vol 19-12）二〇〇一年所収。

あとがき

本書は、筆者の退職を機に、それ以前と以後にさまざまな学会や研究会で発表され、学会誌や論文集において掲載された諸論文を中心に、新たに書き下ろした論稿を加え、標題「発生の起源と目的」のもとに、全三部によって構成されることとなりました。目次を追って、今回の書き下ろしを含め、各論文の初出について言及してみたいと思います。

序　論

二〇一三年一月に行われた最終講義「改めて受動的綜合を問う」(『白山哲学第47号』掲載)に、本書全体の内容との関連について言及しつつ、補足、拡充させた論稿です。

第Ⅰ部

第一章　心と身体の関係――「我-汝-関係」の現象学

二〇一五年に開催された日本ゲシュタルト療法学会での発表論文「人と人の『あいだ』からみた心と身体――現象学の考察」として『ゲシュタルト療法研究　第6号』に掲載された論文に修正と補足がなされた論稿です。

第二章　受動性と能動性の関係についての原理的考察

書き下ろし

第三章　相互主観性論と受動的綜合

浜渦辰二氏との監訳によるE・フッサール『間主観性の現象学』の訳書全三巻のうち、第二巻『間主観性の現象学Ⅱ　その展開』の訳者解説と第三巻『間主観性の現象学Ⅲ　その行方』の筆者による訳者解説2をもとに、補足し、拡充した論稿です。

第Ⅱ部

第一章　微小表象と受動的綜合

二〇一二年に刊行された『ライプニッツ読本』（酒井潔ほか編）に収められた「微小表象と受動的綜合――フッサールのモナド論的現象学の方向づけ」に補足、拡充した論稿です。

第二章　メルロポンティの肉の概念と受動的綜合

二〇一五年に開催された「日本メルロ＝ポンティ・サークル第20回研究大会」での発表後、『メルロ＝ポンティ研究　第20巻』（二〇一六年）に「メルロ＝ポンティの『肉』とフッサールの『受動的綜合』」として掲載された論文に若干の補足がなされました。

第三章　暗黙知と受動的綜合

書き下ろし

第Ⅲ部

第一章　西田幾多郎とフッサールにおける直観と反省――新たな社会哲学を求めて

二〇一二年に開催された「WEB国際会議『哲学の方法としての直観と反省』」での発表後、『国際哲学研究2号』（東洋大学国際哲学研究センター編、二〇一三年）に「直観と反省をめぐって――西田とフッサール」として掲載された論文に補足が加えられた論稿です。
第二章　「予防原則」の理論的背景について
『ポストフクシマの哲学』（村上勝三　東洋大学国際哲学研究センター［編著］、二〇一五年）に収められた「予防原則の適用と環境倫理の方向性」と題した論文を改題した論稿です。
第三章　ヴァレラの神経現象学――脳科学の発生的現象学への統合
『現象学のパースペクティブ』（河本英夫・稲垣諭 編著、二〇一七年）に収められた「学際的哲学としての神経現象学の方法論」を改題した論稿です。
第四章　カップリング（対化）をとおしての身体環境の生成
『エコ　ファンタジー』（河本英夫・山田利明 編著、二〇一五年）に収められた論文「カップリング（対化）をとおしての身体環境の生成」の再録です。

以上、受動的綜合の解明が、第Ⅰ部の原理的考察、第Ⅱ部の歴史的考察、第Ⅲ部の現代の諸問題への応用についての考察をとおして、一貫して遂行されることとなりました。そのさい、第Ⅰ部と第Ⅲ部の「理論と実践」とのあいだを行き来する、相互に啓発的な問いかけが、つねに哲学研究の進展の原動力となっているといえます。第Ⅱ部の歴史的考察は、この進展をもって、ライプニッツ、メルロ＝ポンティ、M・ポランニーのテキストに向き合った研究成果であるということもできます。
ここで、筆者にとって、第Ⅲ部の問題領域への関与を可能にしてくださった方々に、深く感謝申し上げるとともに、つねづね、理論的研鑽の機会を与えてくださっている現象学研究者の皆様に、改めて深く感謝いたします。

本書の出版に際して、今回も深いご理解の上、お引き受けいただいた知泉書館の小山光夫氏、また校正にあたられた齋藤裕之氏に心より感謝申し上げます。

なお、本書は日本学術振興会平成三〇年度科学研究費助成事業（研究成果公開促進費）の交付を受けて出版されました。

ようやく秋の気配を感じつつ　横浜にて

二〇一八年　九月

山口　一郎

人名索引

ア 行

カ 行

サ 行

タ 行

ナ 行

ハ 行

マ　行

ヤ　行

事項索引

ア　行

カ　行

サ　行

タ　行

ナ・ハ　行

マ・ヤ　行

ラ・ワ 行

参考文献

I．フッサールの文献（主に参考にした文献のみ示す）

・『フッサール全集』Husserliana

Bd. I, Cartesianische Meditationen, Den Haag 1950.（『デカルト的省察』浜渦辰二訳，岩波文庫，2001 年）

Bd. III/1, Ideen zu einer reinen Phänomenologie und phänomenologischen Philosophie, Erstes Buch, 1. Halbband, Den Haag, 1976.（『イデーン I-I』渡辺二郎訳，みすず書房，1979 年；『イデーン I-II』渡辺二郎訳，みすず書房，1984 年）

Bd. IV, Ideen zu einer reinen Phänomenologie und phänomenologischen Philosophie, Zweites Buch, Den Haag 1952.（『イデーン II-I』立松弘孝・別所良美訳，みすず書房，2001 年；『イデーン II-II』立松弘孝・榊原哲也訳，みすず書房，2009 年）

Bd. VI, Die Krisis der europäischen Wissenschaften und die transzendentale Phänomenologie, Den Haag 1954.（『ヨーロッパ諸学の危機と超越論的現象学』細谷恒夫・木田元訳，中公文庫，1995 年）

Bd. X, Zur Phänomenologie des inneren Zeitbewusstseins, Den Haag 1966.（『内的時間意識の現象学』立松弘孝訳，みすず書房，1967 年：『内的時間意識の現象学』谷徹訳，ちくま学芸文庫，2016 年）

Bd. XI, Analysen zur passiven Synthesis, Den Haag 1966.（『受動的綜合の分析』山口一郎／田村京子訳，国文社，1997 年）

Bd. XIII-XV, Zur Phänomenologie der Intersubjektivität, Den Haag 1973.（『間主観性の現象学』I-III，浜渦辰二・山口一郎監訳，ちくま学芸文庫，2012-15 年）

Bd. XIX/1, Logische Untersuchungen, Zweiter Band, I Teil, Den Haag 1984.（『論理学研究 3』立松弘孝・松井良和訳，みすず書房，1974 年）

Bd. XVII, Formale und transzendentale Logik, Den Haag 1974（『形式的論理学と超越論的論理学』立松弘孝訳，みすず書房，2017 年）

Bd. XXIV, Einleitung in die Logik und Erkenntnistheorie, Dordrecht 1984.

Bd. XXXI, Aktive Synthesen: Aus der Vorlesung “Transzendentale Logik”1920/21, Dordrecht 2000.

Bd. XXXIII, Die Bernauer Manuskripte über das Zeitbewusstsein(1917/18), Dordrecht 2001.

Bd. XXXIV, Zur phänomenologischen Reduktion, Dordrecht 2002.

Bd. XXXV, Einleitung in die Philosophie Vorlesungen 1922/23, Dordrecht 2002.

Bd. XXXVII, Einleitung in die Ethik Vorlesungen Sommersemester 1920 und 1924, Dordrecht

2004.
Bd. XLII, Grenzprobleme der Phänomenologie, Dordrecht 2014.
・『フッサール資料集』Husserliana Materialien
Bd. VII, Einführung in die Phänomenologie der Erkenntnis Vorlesung 1909, Dordrecht 2005.
Bd. VIII, Späte Texte über Zeitkonstitution (1929-1934), Dordrecht 2006.
・その他のテキスト
Erfahrung und Urteil, Hamburg 1972.（『経験と判断』長谷川宏訳，河出書房新社，1975 年）

Ⅱ．他の文献

井筒俊彦, Die Entdinglichung und Wiederverdinglichung der „Dinge" im Zen-Buddhismus, in: Yoshihiro Nitta (Hg.), Japanische Beiträge zur Phänomenologie, Alber 1984.

一ノ瀬正樹『放射線問題に立ち向かう哲学』筑摩選書，2013 年。

――――『功利主義と分析哲学――経験論哲学入門』放送大学教育振興会，2010 年。

稲垣諭『壊れながら立ち上がり続ける』青土社，2018 年。

イリバルネ，J.「フッサールの神概念とそのライプニッツとの関係」，『ライプニッツと現象学』レナート・クリスチャン／酒井潔編著，大西光弘訳，晃洋書房，2008 年所収。

ヴァルデンフェルス（Waldenfels），B., Zwischenreich des Dialogs, Den Haag 1971.

ヴァレラ，F.「神経現象学」，『現代思想』2001.vol.29-12 所収。

――――「現在−時間意識」，『現代思想』2001.vol.29-12 所収。

――――／マトゥラーナ，H. 共著『知恵の樹』管啓次郎訳，ちくま学芸文庫，1997 年。

ウィリアムズ，D.『自閉症だったわたしへ』河野万理子訳，新潮文庫，2000 年。

上田閑照『私とは何か』岩波新書，2000 年。

――――『経験と場所』岩波現代文庫，2007 年。


金子明友『スポーツ運動学――身体知の分析論』明和出版，2009 年。

――――『運動感覚の深層』明和出版，2015 年。

金子一秀『スポーツ運動学入門』明和出版，2015 年。

河本英夫『臨床するオートポイエーシス――体験的世界の変容と再生』青土社，2010 年。

キューン（Kühn），R., Husserls Begriff der Passivität, Karl Alber 2008.

栗本慎一郎「マイケル・ポランニーの自然科学と「言語」」，『創発の暗黙知』青玄社，1987 年所収。

ケーラー，K. E.「意識とその現象」，『現象学とライプニッツ』レナート・クリスチャン／酒井潔編著，大西光弘訳，晃洋書房，2008 年所収。

小林隆児『自閉症と行動障害――関係障害臨床からの接近』岩崎学術出版社，2001 年。


斎藤慶典「時間」（事項説明）『現象学事典』木田元・野家啓一・村田純一・鷲田清一編，弘文堂，1994 年。

酒井潔「自ら示すことの現象学への道——ハイデガーとライプニッツの現象概念」,『現象学とライプニッツ』レナート・クリスチャン／酒井潔編著，大西光弘訳，晃洋書房，2008 年所収。

————『ライプニッツのモナド論とその射程』知泉書館，2013 年。

榊原哲也「時間意識」（事項説明）『現象学事典』木田元・野家啓一・村田純一・鷲田清一編，弘文堂，1994 年。

佐藤光『マイケル・ポランニー「暗黙知」と自由の哲学』講談社選書メチエ，2010 年。

ザハヴィ（Zahavi），D., Husserl und die transzendentale Intersubjektivität Eine Antwort auf die sprachpragmatische Kritik, Dordrecht 1996.

鈴木大拙『禅と日本文化』岩波新書，1940 年。

鈴木俊洋『数学の現象学——数学的直観を扱うために生まれたフッサール現象学』法政大学出版局，2013 年。

スターン，D. N.『乳児の対人関係　理論編』岩崎学術出版社，1989 年。


田口茂『現象学という思考——〈自明なもの〉の知へ』筑摩選書，2014 年。

谷徹『意識の自然——現象学の可能性を拓く』勁草書房，1998 年。

デプラス（Depraz），N., The rainbow of emotions: at the crossroads of neurobiology and phenomenology, in: Phenomenology and the Cognitive Sciences, Dordrecht 2008.

中西準子『原発事故と放射線のリスク』日本評論社，2014 年。

西田幾多郎『自覚における直観と反省』岩波書店，1917 年。

新田義弘『世界と生命——媒体性の現象学へ』青土社，2001 年。

野中郁次郎『流れを経営する——持続的イノベーション企業の動態理論』（共著）東洋経済新報社，2010 年。


ハイデガー，M.『現象学の根本問題』（『ハイデッガー全集』第 24 巻）溝口競一・松本長彦共訳，創文社，2001 年。

浜渦辰二　E. フッサール『間主観性の現象学　その方法』（共監訳）の訳者解説，ちくま学芸文庫，2012 年，及び，同『間主観性の現象学　その行方』（共監訳）の訳者解説 1，ちくま学芸文庫，2015 年。（なお，この二つの解説は，浜渦辰二『可能性としてのフッサール現象学』晃洋書房，2018 年，第一部第五章にて再録されている）。

人見眞理「『ゼロのキネステーゼ』までに——脳性麻痺児の身体」,『現代思想 総特集メルロ＝ポンティ』青土社，2008 年。

————『発達とは何か——リハビリの臨床と現象学』青土社，2012 年。

ヒューム，D.『人間本性論 第 1 巻 知性について』木曾好能訳，法政大学出版局，1995 年。

ブーバー，M.『対話的原理 I　我と汝　対話』田口義弘訳，みすず書房，1967 年。

藤田正勝『現代思想としての西田幾多郎』講談社選書メチエ，1998 年。

ブランケンブルク，W.『自明性の喪失——分裂病の現象学』木村敏・岡本進訳，みすず

書房，1978 年。

ヘリゲル，E.『弓と禅』稲富栄次郎・上田武訳，福村出版，1981 年。

ヘルト，K.『生き生きした現在――時間と自我の現象学』新田義弘・谷徹・小川侃・斎藤慶典訳，北斗出版，1997 年。

ポーザー，H.「よく基礎づけられた現象」，『現象学とライプニッツ』レナート・クリスチャン／酒井潔編著，大西光弘訳，2008 年所収。

ホーレンシュタイン（Holenstein），E., Phänomenologie der Assoziation, Den Haag, 1972.

ポランニー，M.『暗黙知の次元』高橋勇夫訳，ちくま学芸文庫，2003 年。


松尾正『沈黙と自閉――分裂病者の現象学的治療論』海鳴社，2004 年。

丸山徳次「日本における環境問題とその解決の困難さ」，『エコ・フィロソフィ研究　別冊 4 号』，東洋大学「エコ・フィロソフィ」学際研究イニシアティブ（TIEPh）事務局，2010 年。

宮原勇「レアール／イデアール」（事項説明），『現象学事典』木田元・野家啓一・村田純一・鷲田清一編，弘文堂，1994 年。

村井則夫『解体と遡行――ハイデガーと形而上学の歴史』知泉書館，2014 年。

メルロ＝ポンティ，M.『眼と精神』滝浦静雄・木田元訳，みすず書房，1966 年。

――――『知覚の現象学』1，竹内芳郎・小此木孝訳，みすず書房，1967 年：同 2，竹内芳郎・木田 元・宮本忠雄訳，みすず書房，1974 年。

――――『見えるものと見えざるもの』クロード・ルフォール編，中島盛夫監訳，法政大学出版局，1994 年。


山口一郎『他者経験の現象学』国文社，1985 年。

――――『現象学ことはじめ――日常に目覚めること』日本評論社，2002 年：改訂版，2012 年。

――――『文化を生きる身体――間文化現象学試論』知泉書館，2004 年。

――――『存在から生成へ――フッサール発生的現象学研究』知泉書館，2005 年。

――――『人を生かす倫理――フッサール発生的倫理学の構築』知泉書館，2008 年。

――――『感覚の記憶――発生的神経現象学研究の試み』知泉書館，2011 年。

ライプニッツ，G. W.『人間知性新論』米山優訳，みすず書房，1987 年。
ラマチャンドラン，V. S.／オバーマン，L. M.「自閉症の原因に迫る」，『日経サイエンス特集：ミラーニューロンと自閉症』2007 年 2 月号所収，日本経済新聞社，2007 年。
リゾラッティ，G.『ミラーニューロン』茂木健一郎監修，柴田裕之訳，紀伊國屋書店，2009 年。
リベット，B.『マインド・タイム――脳と意識の時間』下條信輔訳，岩波書店，2005 年。

山口 一郎（やまぐち・いちろう）

1947 年宮崎県に生まれる。1974 年上智大学大学院哲学研究科修士課程終了後，ミュンヘン大学哲学部哲学科に留学．1979 年ミュンヘン大学にて哲学博士（Ph.D.）取得．1994 年ボッフム大学にて哲学教授資格（Habihtation）取得．東洋大学名誉教授．

〔著書〕Passive Synthesis und Intersubjektiviät bei Edmund Husserl, Phaenomenologica Bd. 86. 1982,『他者経験の現象学』（国文社，1985 年），Ki als leibhaftige Vernunft,Übergänge Bd.31,1997,『現象学ことはじめ』（日本評論社，2002 年；改訂版 2012 年），『文化を生きる身体』（知泉書館，2004 年），『存在から生成へ』（同，2005 年），『人を生かす倫理』（同，2008 年），『感覚の記憶』（同，2011 年），Genese der Zeit aus dem Du, Welten der Philosophie 18, 2018.

〔論　文〕Bewußtseinsfluß bei Husserl und in der YogācāraSchule, 1984,「改めて時間の逆説を問う」（『現象学会年報』15 号，北斗出版，1999 年），「原触発としての衝動と暴力」（『哲学を使いこなす』知泉書館，2004 年）．

〔訳書〕エドムント・フッサール『受動的綜合の分析』（共訳，国文社，1997 年），同『間主観性の現象学』I-III（共監訳，ちくま学芸文庫，2012-15 年），ベルンハルト・ヴァルデンフェルス『講義・身体の現象学』（共監訳，知泉書館，2004 年），同『経験の裂け目』（監訳，同，2009 年）．

〔発生の起源と目的〕　ISBN978-4-86285-282-3

2018 年 10 月 15 日　第 1 刷印刷
2018 年 10 月 20 日　第 1 刷発行

著　者　山　口　一　郎
発行者　小　山　光　夫
製　版　ジ　ャ　ッ　ト

発行所　〒113-0033 東京都文京区本郷1-13-2　電話03（3814）6161 振替00120-6-117170　http://www.chisen.co.jp　株式会社 知泉書館

Printed in Japan　印刷・製本／藤原印刷